독재의 유혹

極權的誘惑

독재의 유혹

THE TOTALITARIAN TEMPTATION

쉬즈위안 許知遠 지음 | 김영문 옮김

글항아리

평행의 역사

한국에 대한 내 최초의 인상은 TV 화면으로부터 왔다. 학생들은 거리에 빽빽하게 모여 돌멩이와 화염병을 던지고 있었고, 경찰은 최루탄과 곤봉으로 그들을 진압하고 있었다. 나는 학생들의 그 치열한 투쟁정신에 감동했다.

그 당시 1980년대는 마닐라에서 타이베이와 서울에 이르기까지 '인민의 역량'이 들끓어 오르던 시대였다. 오랫동안 사람들은 민주라는 것이 서구에서나 생산되는 것이지 동양 사회에서는 뿌리를 내리기 어렵다고 생각했다. 그러나 민주와 자유에 대한 이 지역 사람들의 갈망은 이 잘못된 이론을 전복시켰다.

불행하게도 그 민주화의 물결이 베이징에서는 학살로 저지당했다. 톈안먼天安門의 비극과 거기에 수반된 고속 경제개혁이 지금 이 순간 중국의 모습을 함께 창조한 셈이다. 중국 정부는 정치체제와 재산 증식을 성공적으로 한데 결합시켰다. 중국은 그 자체의 규모가 방대하기 때문에 이와 같은 왜곡된 체제가 아마도 놀랄 만한 유혹의 힘을 발휘하는 듯하다. 중국에서 과연 새로운 정치·경제 체제가 태어날 수 있을까? 그러나 이러한 기형적인 체제 속에서 살아가는 중국인들은 아마도 민주와 자유의 필요성을 그렇게 절실하게 느끼지 못하고 있는지도 모르겠다.

한국 독자들은 틀림없이 이러한 언급을 어디선가 들어본 듯한 느낌이 들 것이다. 박정희 시대가 바로 이와 같지 않았던가? 그 시대에 한국인들은 고속 경제성장을 이뤘지만 개인의 존엄과 자유를 그 대가로 지불해야 했다. 만약 한국과 중국 두 나라의 역사를 잘 알고 있는 독자라면 1980년 광주와 1989년 톈안먼 비극이 두 민족에게 가져다준 엄청난 상처와 아픔을 기억할 것이다. 중국 지식인의 한 사람으로서 나는 심지어 2008년 베이징 올림픽이 1988년 서울 올림픽처럼 중국에 새로운 변화를 몰고 오기를 기대했다. 그러나 유감스럽게도 중국에는 아무런 변화가 일어나지 않았다.

이 책에 실린 글들은 주로 2009년 여름에서 2010년 가을에 걸쳐 쓴 것이다. 그때 나는 마침 영국 케임브리지대 클레어 홀에서 방문학자 생활을 하고 있었다. 그곳에 도착한 지 얼마 안 되어 나는 뜻밖에도 김대중 선생도 한때 그곳에서 생활한 적이 있다는 사실을 알게 되었다. 1993년 그는 대선에서 낙선한 후 정계 은퇴를 선언했다. 그건 영광스러우면서도 유감스런 선언이었다. 그는 한국의 민주화 운동에 평생을 바쳤지만 응분의 보상을 받지 못하고 있었다. 물론 역사는 최종적으로 그에게 응분의 영광과 책임을 부여했다. 이 작은 에피소드로 인해 나는 김대중 개인과 한국 역사에 더 많은 흥미를 느꼈고 더 많은 것을 이해할 수 있기를 바랐다.

　나는 실크로드 에이전시 고혜숙 대표를 통해 이 책을 한국 독자에게 소개할 수 있게 되어 무척 영광스럽게 생각한다. 더욱이 김영문 선생이 이 책을 번역하게 된 것은 나에겐 행운이라고 할 수 있다. 나는 한국어를 모르지만 김선생의 편지를 통해 이 책의 정감과 사유에 대한 수준 높은 이해를 알 수 있었다.

2012년 8월 14일

쉬즈위안

역사의 함정?

1

1879년 왕지춘王之春은[1] 남양대신 심보정沈葆楨의[2] 명령을 받들고 일본 시찰을 떠났다. 여행길에서 그는 이렇게 썼다. "우리 조정의 위엄과 신령스러움이 널리 떨쳐서, 가는 길마다 풍속이 동일하다. 만국의 조공품을 받고 천하의 예물이 모여든다. 문장을 청하는 자가 계속 답지하고 황실의 문물을 읊는 자도 아주 먼 곳에서부터 오고 있다. 천명에 부합하는 운세가 모여드나니, 이건 진 시황이나 한 무제의 시대를 이야기하는 말이 아니다."

왕지춘의 감개무량한 느낌은 당시 식자층과 관료계의 보편적인 정서였다. 그러나 그로부터 20년도 되지 않아 사람들은 청淸나라가 곧 붕괴될 거라는 사실에 공감했다. 영국과 프랑스 연합군이 원명원圓明園[3]에 불을 질러 소각하고 황제가 청더承德에서 세상을 떠나자 두 젊은 태후가 어린 천자를 보좌하게 되었다. 태평천국이 중국 남부를 점거하고 베이징을 탈취하려는 북벌 전쟁을 발동했다. 그러나 내란이 일찌감치 평정되고 총리아문總理衙門 주관으로 외국과의 관계가 적절하게 처리되자 새로운 세대 지방 영도자들의 뛰어난 통치가 사람들의 감탄을 불러일으켰다. 즉 그들은 강남의 생산력을 회복했고, 서북의 분열 세력을 진압했으며 여기에 더하여 양무운동洋務運動을 추진하기 시작했다. 제국帝國이 다시 평온함을 회복하는 것처럼 보이자, 사대부들은 바삐 '동치중흥同治中興'이란 찬사를 갖다 붙이며, 이 시대가 주周 선왕宣王과 한漢 광무제光武帝 그리고 당唐 숙종肅宗 시대에 비견할 만하다고 믿었다. 역사 속 그들 시대는 모두 전쟁에서 승리했거나 쇠락의 종지부를 찍은 시대였다.

　일부 서구의 관찰자들은 이 늙은 국가에 심지어 "새로운 조짐이 나타나고 있음을 주시하고 이전에는 일고의 가치도 없는 것으로 비하했던 원인이 무엇인지 탐구하기 시작했다." 그들은 또 목전의 방향으로 순항해갈 것으로 믿었다. 즉 "이 나라는 땅도 넓고 물산도 풍부하고 백성들도 부지런하고 검소하므로 정부가 강력하게 내란을 진압하고 평화를 유지할 역량만 갖출 수 있다면 바로 화려하고 강대한 국가가 될 수 있을 것으로 믿었다."

　왕지춘이 말한 '천명에 부합하는 운세'는 오래 지속되지 못하고 겨우 15년 후인 청일전쟁 때 그 미몽이 산산조각 나고 말았다. 지난 몇 년 동안 우리는 중국 관방의 매스컴과 공공 여론으로부터 왕지춘식의 낙관적인 정서를 많이 접해왔다. 즉 '개혁 개방 30년의 위대한 성취' '중화 문명의 위대한 부흥' '천 년 만에 맞은 태평성대' 혹은 서구인들이 창조한 '베이징 컨센서스' '중국 모델' 등의 말이 과연 '동치중흥'과 무엇이 다르단 말인가? 덩샤오핑鄧小平의 개혁은 위기의 시대에 시작된 것이다. 세계의 역사를 암담하게 만든 '자아파괴'의 시대가 지나간 후 덩샤오핑은 중국 사회를 이끌어 정상적인 시대로 진입하게 했다. 그는 다시 세계와의 연대를 회복하고 개인에게 더욱 큰 자유를 선사하면서 사회생활 속에서 국가의 힘을 점차 퇴출시키기 시작했다. 사회의 거대한 생기가 회복되면서, 지칠 줄 모르는 생산력과 소비 시스템이 구축되었고, 중국은 또다시 세계를 경악시켰다. 낙관적인 정서가 용솟음치면서 사람들은 이제 중국이 중흥에 그치지 않고 세계를 이끌 것이라고 생각하게 되었다.

그러나 중국은 다시 그 '성공' 때문에 무너질 가능성이 있음을 주목해야 한다. 국가 사회의 전체 분위기에 자만심이 넘쳐흐르면서 이제까지 중국을 성공으로 이끌었던 모든 요소를 내팽개치고 있다. 중국은 대외를 향해 공부하던 대문을 걸어 잠그고 거만한 목소리로 다른 나라를 꾸짖는 모습을 보여주고 있다. 시장경제가 발전의 동력이라는 사실을 망각하고 목숨을 걸고 국유 기업을 확장하고 있다. 자유로운 사상과 개인의 창조력이 새로움을 만들어내는 원천이라는 사실을 망각하고 다시금 교육을 통제하며 당의 선전을 통해 젊은 세대를 양육하고 있다. 권력 분산이 사회의 조화를 가져오고, 또 시민의 동정심과 주체성을 발휘하게 하는 원동력이라는 사실을 망각하고 관료 시스템을 통해 사회 변혁을 추진하고 있다. 이러한 경향은 실패를 초래할 뿐이다. 또 중국은 정보 공개와 자아비판이 개혁의 황금시대를 창조한다는 사실을 망각하고 '조화和諧'라는 명목만으로 다양한 목소리를 압살하고 있다. 전면적인 위기가 벌써부터 나타나고 있다.

2

이 작은 책은 '성세위언盛世危言'[4]이 아니다. 또한 역사 관성慣性의 무정함(때로 확실히 이런 경향이 있다)에 대한 개탄도 아니다. 이것은 세계 인식에 관한 우리의 인지認知다. 지금까지 우리의 인지에는 환상과 자아 기만이 가득 차 있었다. 지난 몇 년 동안 중국은 역사의 새로운 동력으로 인정받았고, 새로운 정치·경제의 모델을 창조한 국가로 인정받았다.

인류의 기억은 언제나 일시적이어서 항상 과거에 대한 망각을 통해 '참신한 시대'로 진입한다. 지난날 진부하게 여겨지던 담론도 늘 중대한 의의를 가진 계시록으로 다시 변모한다. 앞에서 예를 든 만청晚晴의 역사를 제외하고도 나는 구소련·독일·일본·미국의 역사에서 비슷한 사례를 두루 열거할 수 있다. 나는 이러한 사례를 이용하여 중국의 경험이 결코 우리가 상상하는 것처럼 독특한 것이 아니며, 그 속에 내재된 곤경이 표면상의 번영을 삼킬 수도 있다는 사실을 분명하게 드러내고 싶다. 역사 속에서 우리는 오랫동안 사악한 세력을 공개적으로 찬양하며 그 거대한 규모와 권력에 두려움을 가졌고, 그런 과정에서 개인적 자유와 존엄의 중요성을 망각했다. 중국의 현상은 최근의 한 사례에 불과하다. 이것은 또 이 책 제목의 원천이기도 하다. 이에 이 책의 제목 '독재의 유혹極權的誘惑'은 프랑스 작가 장 프랑수아 르벨Jean Francois Revel의 동명 작품에서 빌려온 것이다. 그는 전에 이 제목을 사용해 소련 모델을 숭배하는 프랑스 지식인을 묘사했다. 현재 중국에서도 독재가 유혹하는 대상에는 경제의 고도성장을 숭배하는 외국인들뿐만 아니라 중국인 자신까지 포함되어 있다. 사람들이 생활 속에서 자신감을 상실하면 할수록 더욱 강력한 영도자와 무소불위의 강권체제를 갈망한다. '독재極權(강권)'라는 말은 아마 정확하지 않을지도 모른다. 중국에는 이미 마오쩌둥 시대와 같은 전면적인 강압 통치는 없기 때문이다. 그러나 본질적인 측면에서는 정권의 성격이 아직도 전혀 변함이 없다.

이 책은 엄격한 의미에서 책이라고 부를 수 없을지도 모른다. 왜냐하면 겨우 10여 편 내외의 긴 글로 구성되어 있기 때문이다. 이 책은 중국의 이미지 변화, 검열제도, 사회 심리 그리고 개인 반항자의 이야기를 다루고 있다. 지난 10년 동안 두 가지 중국 이야기가 동시에 발생했다. 국제무대에서 중국은 신속하게 굴기崛起한 새로운 제국으로 인식되었다. 그러나 국내에서는 다시 국가화를 강화하고 있다. 사회의 독립 공간, 개인의 독립성, 시장과 기술이 가져온 짧은 자유가 다시 국가 권력에 삼켜지고 있으며 사회의 창조력과 열정도 제거되거나 왜곡되고 있다. 여러 부문에서 중국은 이미 만족을 모르는 괴수처럼 변했다. 진보의 신념, 전제의 왜곡, 자본주의, 산업화, 정보화 등의 현상이 엇섞이며 자원에 대한 재난성 약탈이 빈발하고 있고, 여기에 현란한 기술 문명이 보태져서 조급하고 탐욕스러우며 물질숭배로 전락한 추악한 문화가 조성되고 있다. 중국 역사의 장구함과 복잡함으로 인해 갖가지 변화가 끊임없이 이어지고 있다. 전근대와 포스트모던에 관련된 요소가 분리되지 않은 채 뒤엉켜서 가치 체계의 혼란을 야기하고 있고 이에 따라 중국을 이해하는 일의 어려움이 더욱 늘어나고 있다.

나의 정서도 이러한 현상에 영향을 받는다. 영국 시인 오든은 이렇게 읊은 적이 있다. "나쁜 책을 공격하는 것은 시간 낭비일 뿐만 아니라, 자신의 품성에도 좋지 않은 영향을 미친다." 유감스럽게도 나는 시인의 가르침을 따를 수 없어서 이 작은 책에서 여러 나쁜 책을 공격했다. 나는 나 자신의 불안과 분노를 억누를 수 없었다.

나의 친구 옌허延賀와 자쉬안家軒에게 감사의 마음을 표한다. 그들은 이 책 출판에 대한 최초의 의견을 제시해주었고 최후의 편집도 담당해주었다. 이 책의 주요 편장篇章은 내가 영국에서 유학할 때 완성된 것이다. 그때 나의 친구 솔리나의 비분에 찬 지지가 없었다면 이 책은 완성되지 못했을 것이다. 마지막으로 내 여자 친구 쯔타오子陶에게도 고마운 마음을 전하고자 한다. 다행스럽게도 3년 전에 그녀는 내게 시몬 레이스를 소개해주었다. 물론 내게 미친 그녀의 영향은 여기에 그치지 않지만……

| 일러두기 |

· 신해혁명 이후의 인명과 오늘날의 지명은 현대 중국어 표기를 따랐으나 신문과 잡지명은 한자
  독음으로 표기했다.
· 본문에서 별도의 표시가 없는 주석은 모두 옮긴이가 단 것이다.

제1장

미래의
매력

"『베이징 컨센서스』란 책은 중국 사회가 사람들에게 주는 인상과 흡사하다. 즉 번잡하고 혼란스러우면서도 대단한 자신감에 차 있지만, 때로는 지나치게 우스꽝스럽고 황당하기까지 하다. 중국에서 생활해본 사람이라면 관리들이 민주·자유·실사구시·창신創新 등과 관련된 주제를 이야기할 때, 그들의 마음은 이런 어휘의 진정한 의미와 아무런 관계가 없다는 것을 분명하게 알 수 있을 것이다. 사람들은 구호, 표어, 공문서를 이야기하고 있지만 실제로 생각하고 행동하는 것은 다른 논리를 따르고 있다. 따라서 사람들은 어떤 외국인이 『구시求是』에 실린 엄숙한 글과 고위층의 담화를 영어로 번역하여 중국 현실의 증거로 제시하는 것을 목도하면 다소 기묘하고 부적절한 느낌에 사로잡힐 것이다. 그것은 마치 '썩힌 발효 두부臭豆腐'를 서양 식탁에 올려놓고 그것을 중국의 주식이라고 자랑하는 것과 같다."

1

"그들은 중국의 정치 제도가 독재라고 말하지만 그것은 사실상 새로운 민주주의다." 이 대담한 판단은 세계적으로 유명한 미래학자 존 나이스빗John Naisbitt이 내린 것이다. 베이징에서 그의 신간 『메가트렌드 차이나China's Megatrends: 中國大趨勢』[1]가 널리 팔리고 있을 때, 그는 중국의 관리들과 보통 사람들에게 이렇게 말했다. "중국에 대한 서구인들의 이해는 편견으로 가득 차 있다. 그들은 자신들이 민주주의의 심판자라고 생각하며, 반드시 선거를 통해서만 민주제도가 성립될 수 있다고 인식한다. 그러나 '민주주의'를 창조한 그리스인들은 결코 선거를 하지 않았고, 심지어 그들은 노예까지 거느리고 있었다. 중국은 바야흐로 서구와는 다른 체제를 만들고 있다. 그것은 수직식 민주주의다. 리더는 지시를 내리고, 인민은 의제를 제기한다. 그것은 하의상달下意上達과 상의하달上意下達 운동이 함께 작동하는 유기적

시스템이다."

나는 2009년 9월 중순 『남방주말南方週末』이란 신문에서 나이스빗의 이 주장을 읽었다. 같은 신문에는 또 중화인민공화국 60주년 보도 기사와 중국식 모델에 관한 탐색 기사가 실려 있었다. 또 신문에는 성취감에 젖은 득의만만한 기류의 배후에 깊고 깊은 곤혹감이 감추어져 있었다. 즉 중국은 어떻게 전제 정치와 경제 성장이 이처럼 유효하게 결합한 국가가 되었는가? 그러나 그 신문은 다소 비관적인 예언과 심층적인 모순이 존재함에도 불구하고 중국의 더욱 강력한 성장은 아마도 막을 수 없는 추세가 될 것이라고 전망했다.

정치·경제·사회를 분석하는 기존의 이론 체계로는 중국의 성장을 더 이상 설명할 수 없게 된 것일까? 중국은 지금 완전히 새로운 체계를 창조하고 있는 것일까? 긍정적인 결론을 도출한 뒤 나이스빗은 심지어 현재 중국을 지탱하는 8개의 기둥을 찾아냈다고 했다. 그것은 바로 '사상해방' '상의하달과 하의상달의 결합' '산림 계획(성과를 내기 위한 전략적 큰 틀)' '수목의 자유 성장(실사구시가 이끄는 성장)' '예술과 학술의 맹아' '세계와의 융화' '자유와 공정성' '올림픽 금메달에서 노벨상까지' 등의 항목이다.

중국에 대해 진지하게 생각해본 사람이면 누구나 중국을 열정적으로 찬양하는 나이스빗의 이 유치한 '8대 기둥론'에 다소 놀라운 감정을 갖게 될 것이다. 이 여덟 가지는 흡사 중국 정부의 선전 문건에서 정리해낸 것 같다는 생각이 들 정도다.

중국 사회는 열광적으로 이 '8대 기둥론'을 옹호했다. 『메가트렌드 차이나』 출판은 문화적인 사건이었을 뿐 아니라 정치적인 사건이기도 했다. 중국공산당 중앙선전부에서는 중국 신문에 그 주요 내용을 연재하도록 했고, 고급 관리들을 파견하여 나이스빗과 중국의 과거 및 미래에 대해 유쾌한 대담을 나누도록 지시했다. 그 책이 독자들의 광범위한 환영을 받은 것도 단지 정치적인 원인에서만 그런 것은 아니었다. 수많은 도시에서 상인과 청년들이 진지하고도 열렬하게 나이스빗의 방문을 환영했고 어떤 대학 교수는 나이스빗이 옛날에 쓴 저작의 긴 단락을 암기해 보이기도 했다.

최근 한 세대 중국인들은 모두 나이스빗의 열렬한 독자가 되었다. 20여 년 전부터 그는 니체, 사르트르, 마르케스, 토플러, 아이아코카 등과 동시에 중국으로 진입했다. 그들은 상이한 시대, 상이한 지역에서 살고 상이한 주장을 가진 사람들이지만, 동일한 시기에 중국인의 두뇌로 파고 들어왔다. 중국은 다시 세계와 자아의 관계를 발견하고 있었다. 여러 해 동안 폐쇄·억압·자아 마비의 과정을 겪은 뒤 중국인들은 자아 봉쇄의 우월성이 모두 거짓말에 불과하다는 사실을 인식하게 되었다. 그들은 초조함에 가득 찬 채 새로운 지식을 수용함으로써 모든 외래 사상과 인물에 대해 분석도 해보지 않은 채 마음 가득 경외심을 품게 되었다. 그들은 '타인은 곧 지옥'이라는 사르트르의 소외론에서 문화대혁명의 원인을 찾아내기도 했고, 아이아코카 자서전에서 기업가의 역량을 발견하기도 했으며, 니체의 '초인' 속에서 개인을 억압하는 전체주의에 대한 대항 이론을 탐색하기도 했다.

나이스빗과 토플러의 미래학은 사람들에게 생각지도 않은 위로를 전해주고 있었다. 중국인들은 강렬한 위기의식에 빠져서, 세계 3분의 2에 달하는 사람들이 고통 속에서 신음한다고 믿었다. 그러나 곧 자신들이 서구인들에 비해 훨씬 비참하게 살고 있고, 심지어 한국, 싱가포르, 말레이시아 등과 같이 이전에는 중국인들의 안중에도 없던 나라들까지 큰 성공을 거두고 있다는 사실을 발견하게 되었다. 이보다 더 중국인들을 고통스럽게 만든 것은 바로 타이완이었다. 국민당 정권은 중국 대륙을 잃고 타이완으로 들어가서 선진국 대열로 진입하고 있었던 것이다. 수많은 지식인은 중국이 지구에서 국적을 잃어버리지나 않을까 우려했다.

이러한 상황에서 미래학자들은 중국인들에게 신선한 낙관을 제공해주면서, 우리가 잠시 역사와 현실에 대해 느꼈던 우려를 씻을 수 있게 해주었다. 즉 우리는 제1의 물결과 제2의 물결에서는 뒤졌지만 앞으로 모든 일을 타당하게 처리하고 제3의 물결에 시의적절하게 대처하기만 하면 단번에 그 물결의 선두에 나설 수 있다는 것이다.

2

'억제할 수 없는 낙관', 『뉴욕 타임스』는 나이스빗의 특징을 이렇게 평가했다. 그것은 1982년 그가 막 출판한 『메가트렌드Megatrends』[2]란 저서가 전국을 일시에 진동시킨 베스트셀러가 되었을 때 내린 평가다.

이 책이 표현하고 있는 어떤 예견성을 회의하는 사람은 아무도 없다. '산업시대에서 정보시대로' '민족 경제에서 세계 경제로' '남방에서 북방으로' '등급 관료제에서 온라인 제도로' 등 모든 예언은 현실이 되었다. 그러나 그의 성공은 예견에 힘입은 것이 아니다.

만약 우리가 미래학 계보를 조금이라도 이해하고 있다면 나이스빗의 모든 예언이 이전의 어떤 사람들에 의해 제기된 이론이라는 사실을 발견할 수 있을 것이다. 사상의 창조성만 가지고 논한다면 나이스빗은 대니얼 벨Daniel Bell이나 피터 드러커Peter F. Drucker 그리고 엘빈 토플러 등에 훨씬 미치지 못한다. 그러나 나이스빗은 훨씬 절대적인 판단을 내리고, 훨씬 통속적인 서술어를 사용한다. 그는 어떻게 해야 잡다하고 무질서한 정보를 연결시켜 독자들의 구미에 맞는 새 어휘를 창조할 수 있는지 알고 있다. 그런 뒤에는 정감에 기대어 의심을 용납하지 않는 어투로 큰 소리로 이야기한다. 그가 전달하는 것은 사상이 아니라 개념이다. 그는 우리가 독립적인 사고를 전개하도록 고무하지 않고 '원래부터 그런 것이었구나'라는 깨달음을 얻게 해준다. 사람들은 다니엘 벨의 추종자가 되는 것은 어려워하지만 존 나이스빗의 추종자 대열에 합류하는 것은 쉽게 생각한다. 전자는 고밀도의 지적 탐색을 전개하지만 후자는 사람들에게 편안한 심리적 위로, 즉 세계는 언제나 희망으로 가득하다는 사실을 일깨워준다. 더욱 중요한 것은 나이스빗이 급변하는 대중의 정서에 영합하는 방법을 잘 알고 있다는 점이다. 우리가 만약 1980년대 초 미국의 사회적인 정서를 모른다면 『메가트렌드』란 저서가 왜 그렇게 폭발적인 인기를 누렸는지 이해하기 어려울 것이다. 당시 미국으로 말하자면 1970년대까지 사회 전반에 음울한 기운이 가득 차 있었다. 워터게이트 사건에서 오일 쇼크까지, 베트남 철수에서 이란 인질 문제까지, 소련의 확장에서 일본의 부흥까지 실패와 상심이 미국 사회와 전체 서구 사회를 지배하고 있었다.

사람들은 몹시 깊은 상심에 젖어 있었다. '뉴에이지' 운동이 그때부터 시작되었다. 정치와 사회를 바꿀 수 없을 바엔 우리의 내면을 바꾸자고 했다. 사람들은 요가를 연습하며 인도에서 지혜를 찾고, 채식하며 건강과 행복을 이야기했다. 그들은 모든 정력을 자신의 몸에 투자했다. 사람들은 격동에 젖을 만한 그 무엇을 찾고 있었다. 톰 피터스Tom Peters와 로버트 워터먼Robert H. Waterman의 『초우량 기업의 조건In Search of Excellence : 追尋卓越』[3]은 초대형 베스트셀러가 되었다. 그들은 이 책에서 미국인을 향해 미국 재계가 일본 회사 앞에서 암담한 모습을 보이는 것이 절대 아니며, 그들에게는 미국 나름의 독특한 경영노하우가 있다는 사실을 밝히고자 했다.

나이스빗의『메가트렌드』에는 더욱 낙관적인 정서가 가득 차 있다. 미래의 예언자는 로마 클럽의 비관에서 벗어났을 뿐만 아니라, 심지어 조지 오웰식의 음울한 그림자도 벗어던지고 있다. 즉 오웰이 말한 '1984년'이 다가오는데도 강권주의가 승리하지 못했을 뿐만 아니라, 심지어 정치 그 자체도 더 이상 중요하지 않게 여기는 시대가 되어가고 있다는 것이다. 신기술이 모든 것을 변화시키게 되면 미래는 필연적으로 더욱 자유롭고 더욱 평등하며 더욱 아름다운 시대가 될 것이라고 했다. 사람들은 모두 자신의 삶에서 더욱 좋은 느낌을 갖기를 갈망했다. 나이스빗의 낙관적인 정서는 전 세계로 퍼져나갔고, 당시 온통 슬픔에 젖어 있던 중국에까지 영향을 미쳤다.『메가트렌드』는 전 세계에서 1400만 부나 팔렸다. 그 속에 사람들을 경악시킬 만한 중국 해적판의 숫자는 포함되지도 않았다.

『메가트렌드』가 나이스빗이 10여 년 동안 부지런히 스크랩한 결과물과 그것을 분석한 성과라고 할 수 있다면, 그 이후 그가 출판한 책은 모두 혐오스러운 자기 중복의 산물에 불과하다.『메가트렌드』는 결국 하나의 사업 아이템으로 변하여, 시대의 유행이나 뒤쫓는 장사 수단이 되고 말았다. 20년 동안 그는『메가트렌드 2000Megatrends 2000』[4],『여성 메가트렌드Megatrends for Women』[5],『메가트렌드 아시아 Megatrends Asia』[6] 등의 책을 출판했다. 그와 관련된 신문 지면의 뉴스나 개인 경력의 에피소드 그리고 구호식의 제목에는 모두 영원히 식을 줄 모르는 낙관 정서가 충만해 있고 거기에는 또 응원단의 외침 소리가 뒤섞여 있다. 그 환호성에 파묻힌 축구팀은 응원단의 흥분에 몸이 쪼그라들어 제 실력을 발휘하지 못하고, 결국 경기가 끝난 뒤 자위적인 경축 행사에나 몰두하고 있는 것이다.

3

나는 나이스빗의 낙관주의로부터 가르침을 받은 적이 있다. 2007년 여름 어느 날 아침 우리는 '중국호텔' 커피숍에서 테이블을 사이에 두고 마주 앉았다. 창밖의 창안가長安街에는 자동차가 꽉 막혀서 그야 말로 장사진을 이루고 있었다. 길 건너편으로는 건축 중인 거대한 사각형 건물이 바라보였다. 그것은 베이징에서 가장 비싼 아파트 건축 공사였다. 오염된 대기로 인해 그 건물은 꼭대기가 뿌옇게 보였다. 여기가 바로 들뜬 분위기에 오염으로 뒤덮인 베이징이었다. 베이징은 역사상 가장 장엄한 올림픽을 준비하고 있었다.

나이스빗은 검은색 긴 소매 와이셔츠를 입고 있었으며, 희끗희끗한 구레나룻과 옅은 갈색 머리칼이 일체를 이루고 있었다. 그는 대공황이 시작된 그해(1929)에 태어났지만 그 우울한 시대의 영향을 전혀 받지 않았다. "우리가 왜 암흑에 대해 이야기해야 합니까? 그걸 다루

는 사람은 이미 차고 넘칩니다." 그는 이렇게 나에게 반문했다. 나는
지구 온난화에 대해 질문을 했다. 그는 나에게 30년 전 베스트셀러
인『세계적 한랭화: 또 다른 빙하기의 도래인가? 우리는 이 과도기적
난관을 뚫고나갈 수 있을까?』를 읽어보라고 일깨워주었다. 내가 세
계적으로 만연한 테러리즘에 대해서 이야기하자, 그는 그건 분명히
과장된 현상이며 지금이 냉전 시대보다 훨씬 안전하다고 했다. 그는
또 나에게 40년 전 베트남 취재 때의 이야기도 들려줬다. 그는 당시
에 전쟁의 비극을 취재하러 가는 건 내키지 않았지만, 전쟁 중에 아
이들이 무엇을 하는지는 알고 싶었다고 했다. 왜냐하면 그들은 미래
의 희망이며 새로운 가능성이기 때문이라는 것이다.

　우리는 또 중국에 대해 이야기를 나눴다. "여러분은 새로운 기회를
모색하려 해야지, 어떤 문제를 해결한 뒤 목표를 실현하려 해서는 안
됩니다. 중국은 끊임없이 새로운 기회를 찾는 나라이므로, 어떤 문제
라도 모색의 여정에서 해결될 수 있다는 사실을 믿어야 합니다. 중국
과 중국인의 우수한 경쟁력은 어떤 필요성과 결과를 위해서도 기꺼
이 자신을 조정하려 한다는 데 있습니다."

　내가 그런 과정에서 수많은 원치 않는 대가를 치러왔다고 추궁하
자 그는 다음과 같은 비유를 들었다. "어항 속에 사는 물고기는 아마
도 어항의 모양이 어떤지, 또 물이 도대체 무엇인지 모를 겁니다."
그러면서 그는 감정에 북받친 듯 처음 중국에 왔을 때의 광경을 회
고했다. 그때가 1972년이었고, 눈길 닿는 곳마다 "모두 부서진 가옥
에 회색빛 빨래가 널려 있었고, 거리는 온통 인민복 물결뿐이었습니
다." 그러나 지금 그는 어항의 장관에 환호하는 모습 외에는 아무 표
현도 할 줄 모르는 사람 같았다.

그날의 만남에서 그는 중국에 관한 또 다른 책을 쓰고 있다고 했다. 정보기술, 해방된 여성, 새로운 아시아 등 하나하나 역사의 동력을 발견한 뒤, 그는 중국이 흔들림 없이 미래의 편에 서게 될 것이라고 확신하고 있었다. 중국은 20년 후 세계 최고의 경제 대국이 될 것이며, 40년 후에는 모든 부문에서 미국의 지위를 대신하게 될 것이라고 했다. 그것은 마치 영국이 19세기를 주도하고, 미국이 20세기를 주도한 것처럼 중국은 장차 21세기 역사의 기관차가 된다는 것이다.

그는 다시 또 시대의 민감한 신경과 접촉하고 있었다. 세계는 초조하게 중국을 이해하려 하고, 중국도 초조하게 자기 자신을 이해하려 한다. 30년 전의 『메가트렌드』가 사람들을 비관적인 현실에서 빠져나오게 했다면, 지금의 『메가트렌드 차이나』는 자신에 대한 경축 선언이라고 할 수 있다. 중국은 이제 더 이상 '지구에서 국적'이 삭제될까봐 몸부림치지 않아도 될 뿐만 아니라, 오히려 세계 모든 국가가 중국을 새로운 발전 모델로 인식하고 있다. 그는 미래학자의 신분으로 '미래는 불가피하게 중국에 속할 것이다'라는 소식을 전해주고 있다.

나이스빗은 미래를 예언하면서 과거도 확인하려 한다. 미래가 이미 그의 손에 단단히 잡혀 있다면 그것은 틀림없이 지금의 방향이 정확하기 때문이다. 그것을 의심한다는 것은 질문자가 아직 그 내재적 의미를 잘 이해하지 못했기 때문이다. 즉 중국은 자체적으로 독특한 정치·경제·사회 제도를 만들었고 그것은 하나의 새로운 시스템이라는 것이다.

4

최초의 구상에서 탄생에 이르기까지 『메가트렌드 차이나』는 중국에
관한 새로운 스토리가 형성되었음을 상징한다. "주석께서 이 이야기
를 들려주시는 것이 좋겠습니다. 우리는 당신이 필요로 하는 모든 지
원을 아끼지 않겠습니다." 나이스빗은 장쩌민江澤民과의 만남을 즐겨
회고한다. 그는 심지어 장쩌민과의 짧은 만남에서 두 사람의 몇 가지
공통점을 발견했다. 즉 나이가 비슷하고 모두 농촌에서 자랐다는 것
이다. 이것이 바로 전형적인 나이스빗식 사유 방식이다. 그는 표피적
인 연관성을 찾아낸 뒤 본질적인 상이함은 소홀하게 취급한다. 미국
유타 주의 사탕무 농장과 중국 양저우揚州의 소농 경제, 미국의 농장
주인과 중국의 농민생활은 확연하게 구분되는 두 세계다.

1996년 중국의 미사일 발사 훈련이 아시아 전체에 불안을 야기하
고 타이완 해협을 위기로 몰아넣던 때에 그는 장쩌민을 만났다. 중

국은 당시 다른 나라를 핍박하는 교만한 얼굴로 세계를 불안에 떨게 했다.

중국은 아주 재미있는 스토리가 필요하다. 이것이 바로 나이스빗의 문제 해결 방법이다. "장 주석님, 타이완은 스토리가 아주 짧지만 그 스토리를 재미있게 얘기할 줄 압니다." 그는 장쩌민에게 이렇게 건의했다. "반면 중국은 스토리가 매우 길고 크지만 그 스토리를 아주 형편없이 얘기합니다." 나이스빗의 세계관에 따르면 정치의 위기는 이미지의 위기를 초래하고, 이미지의 위기는 또 홍보의 문제로 귀결되지만, 그것은 기술적으로 해결할 수 있다.

장쩌민은 그를 초청하여 그런 스토리를 듣고자 했다. 중국 현대사를 잘 아는 사람들은 훌륭한 스토리가 중국의 운명을 결정했다는 사실을 분명하게 이해할 것이다. 헨리 루스Henry Luce는 그의 미디어 왕국에서 장제스蔣介石와 쑹메이링宋美齡을 언급하면서 불굴의 저항 인물 스토리로 이미지화했고, 이는 마침내 미국 민중이 중국 국민당을 지지하게 하는 감동적인 계기를 만들어주었다. 그러나 이 스토리도 에드거 스노Edgar Snow의 홍색 중국 스토리에는 대적할 수 없었다. 그것은 중국 서북쪽 한구석에서 고통받고 있으면서도 낙관적이고 평등하게 생활하며, 자유와 민주를 갈망하는 새로운 정권에 관한 스토리였다.

지금 중국에 관한 새로운 이야기는 무엇인가? 그와 장쩌민의 만남은 유쾌했지만 나이스빗은 아직 이에 대한 대답을 준비하지 못한 듯했다. 한편으로 그는 스스로 중국을 아직 잘 이해하지 못한다고 느꼈겠지만 아마도 더욱 중요한 것은 그가 지난날 중국의 스토리에 대해서도 애매모호하게 이해하고 있다는 점이다. 중국은 아직 톈안먼 사태의 그늘에서 벗어나지도 못했지만 벌써 새로운 곤경이 닥쳐오고 있다. 정치권력의 부패, 국유기업의 붕괴, 타이완·홍콩과의 마찰, 미국과의 긴장 관계 등 이 모든 것이 중국의 앞날을 불투명하게 하고 있다. 비록 중국이 고속성장을 하고 있지만 사람들은 보편적으로 현 중국의 정치체제에 치명적인 결함이 있다고 생각한다. 이에 따라 사회 안정을 유지할 수 없을 뿐만 아니라 경제 성장을 장기적으로 지속할 수 없고, 더 나아가 국제무대에서도 여러 국가와 잦은 충돌을 야기한다는 것이다. 나이스빗의 낙관적인 정서에 비해 사람들은 매우 비관적인 논조에 빠져 있는 셈이다. 1997년의『닥쳐오는 중·미 충돌 The Coming Conflict with China』에서 2001년 출판된 장자둔章家敦의『닥쳐오는 중국 붕괴卽將到來的中國崩壞』에 이르는 일련의 책들이 중국에 대한 비관적인 정서를 대변한다.

중국이 붕괴되지 않고 오히려 나날이 강성해지자 이러한 회색빛 스토리는 점점 잊혔다. 2004년이 되자 날이 갈수록 더 새로운 중국 스토리가 만들어지고 있었다. 한 대담한 청년이 아무런 의심도 없이 중국의 몸에『베이징 컨센서스』라는 빛나는 라벨을 붙였다. 이 책에서는 1990년대『워싱턴 컨센서스』의 실패가 세계를 움직이는 힘의 이동을 암시한다고 언명하고 있다.

이 책의 저자 조슈아 라모Joshua Cooper Ramo는 "중국의 굴기는 이미 새로운 국제 질서를 창조하면서 발전과 동력의 새로운 물리학을 이끌어내고 있다"라고 진술하고 있다.『베이징 컨센서스』는 87쪽으로 된 논문으로 시류에 편승한 신문기자의 전형적인 창작이라고 할 수 있다. 16세기 덴마크의 한 수학자의 발견에서 앨런 그린스펀과의 한담에 이르기까지, 하이젠베르크의 '불확정성의 원리'에서 '몰mol의 정의'에 이르기까지, 그리고 그것에서 다시 『구시求是』 잡지에 이르기까지, 워싱턴 컨센서스에서 중국 특색을 풍부하게 갖춘 글로벌화에 이르기까지, 브라질 대통령에서 중국의 국가 주석에 이르기까지 눈이 어지러울 정도로 다양한 사례를 인용한 뒤 작가는 중국이 다른 나라들과는 확연히 구별되는 발전 모델을 창조했음을 증명하려 하고 있다. 이 모델은 1990년대의 워싱턴 컨센서스보다 훨씬 더 활발하게 개발도상국을 고무시키고 있으며 또 그들 나라에 참조 체계로 제공되고 있다. 『베이징 컨센서스』란 책은 중국 사회가 사람들에게 주는 인상과 흡사하다. 즉 번잡하고 혼란스러우면서도 대단한 자신감에 차 있지만, 때로는 지나치게 우스꽝스럽고 황당하기까지 하다. 만약 중국에서 생활해본 사람이라면 관리들이 민주, 자유, 실사구시, 창신創新 등과 관련된 주제를 이야기할 때, 그들의 마음은 이런 어휘의 진정한 의미와 아무 관계가 없다는 것을 분명하게 알 수 있을 것이다. 사람들은 구호·표어·공문서를 이야기하고 있지만 실제로 생각하고 행동하는 것은 다른 논리를 따르고 있다. 따라서 사람들은 어떤 외국인이 『구시』에 실린 엄숙한 문장과 정치인들의 담화를 영어로 번역하여 중국 현실의 증거로 제시하는 것을 목도하면 다소 기묘하고 부적절한 느낌에 사로잡힐 것이다. 그것은 마치 '썩힌 발효 두부臭豆腐'를 서양 식탁에 올려놓고 그것을 중국의 주식이라고 자랑하는 것과 같다.

『베이징 컨센서스』는 아마 때를 잘 만나서 국제사회뿐만 아니라 중국 내에서도 열렬한 반응을 불러일으켰을 것이다. 사람들은 '중국위협론'에 염증을 느끼며 회의하고 있었고, 마침 주니어 부시가 등장하자 미국 주도의 세계질서에도 더욱 강한 반감을 드러내고 있었다.

『베이징 컨센서스』는 방대하면서도 모호하고 포괄하지 못할 것이 없는 이론 틀이며, 그 배후에는 중국에 대한 사람들의 잠재적인 욕망이 감추어져 있다. 즉 중국이 기존 세계 질서에 건설적으로 기여해야지, 일본과 독일의 재판이 되어서는 안 된다는 바람이 그것이다. 중국의 권력 엘리트 계층도 이 이론을 환영했고, 이 이론은 이제까지 중국이 거둔 성취가 그들의 정치 아래 이루어졌다는 새로운 자신감을 심어주었다. 근래 불과 몇 년 사이에 그들은 늘 탐욕스럽고 굼뜨고 독재적이라는 비판을 받아왔지만 이제 전략적인 마인드가 뛰어나서 참신한 모델을 창조했다고 묘사되고 있다. 그들은 이제 개혁의 방해자가 아니라 개혁의 설계자로 신분이 뒤바뀌었다.

사람들은 자신들의 가치가 새롭게 발견되었다는 흥분에 사로잡혔다. 그들은 심지어 공허한 개념 하에서는 아무런 결과도 얻지 못한다는 사실을 따져볼 마음마저 없는 듯했다. 『워싱턴 컨센서스』는 사람들의 지탄을 받았지만 적어도 지금까지 명확한 이념과 정책을 보여주고 있다. 즉 그것은 모두 자유 경쟁 시장 시스템을 둘러싸고 진행된 이념과 정책이다. 그러나 『베이징 컨센서스』는 무엇을 의미하는가?

라모는 이 새로운 모델의 특징을 세 가지로 귀결시키고 있다. 첫째, 창조적인 가치를 강조하고 있다. 둘째, 지속 가능한 성장과 평등을 강구하고 있다. 셋째, 자주성이다. 그러나 이 세 가지 중 어느 것이건 추궁과 비판을 견딜 수 있어야 한다. 첫째 창조성을 추구한다는 것은 무엇인가? 어떤 나라의 성공이 창조성을 따르지 않는단 말인가? 둘째, 지속 가능한 성장과 평등은 또 어떤가? 아마도 우리는 『인민일보人民日報』와 관방의 문건에서나 이런 특징을 발견할 수 있을 것이다. 중국에 대해 조그만 상식이라도 갖추고 있는 사람이라면 누구나 현재 중국의 빈부 격차는 극심하고, 사회가 형평을 잃고 있으며 미래를 생각하지 않는 사회라는 사실을 인정할 것이다. 도시와 농촌의 차이, 환경 파괴, 교육 실패가 이 모든 현상을 입증해주고 있다. 셋째, 자주성은 또 어떠한가? 이것이 라모의 가장 득의만만한 발견이다. 그는 이렇게 묘사하고 있다. "중국은 다른 나라에 새로운 길을 열어주었다. 자기 나라를 발전시켰을 뿐만 아니라, 국제 질서 속으로 어떻게 융화되어 들어가는가를 알고 있는 동시에, 자신의 진정한 독립성을 유지한 채 자신의 생활 방식과 정치적 선택을 보호하면서, 거대한 역량을 갖고 있는 이 세계 유일의 중심 세력에 끌려들어가지 않고 있다." 그러나 이 독립성이 중국 정부가 의식적으로 만들어낸 것인지 아니면 중국 자신의 역사와 규모에 의해 저절로 이루어진 것인지에 대해서는 논란의 여지가 있다.

035
/

그러나 모든 베스트셀러처럼 이 책의 표지 제목도 그 내용에 비해 더욱 중요한 의미를 담고 있다. 『닥쳐오는 중국 붕괴』가 온갖 문제를 가득 담고 있는 것과 비교해볼 때, 『베이징 컨센서스』는 압도적인 승리감으로 가득 차 있다. '환경 문제, 사회적 불안정, 부패, 정부와 대중 간의 상호 불신' 등 중국 사회가 직면하고 있는 이런 심각한 문제들은 가볍게 처리되고 있다. 따라서 이 책은 우리에게 중국에 내재되어 있는 곤경과 위험들이 모두 소홀하게 취급될 수 있다는 인상을 준다. 그리고 중요한 것은 그런 중국의 모습이 전 세계적으로 새로운 각색, 즉 미국과 구별되는 모범적인 각색으로 연출되고 있다는 점이다.

『베이징 컨센서스』는 전 지구적으로 나타난 새로운 정서를 상징하고 있다. 이 새로운 정서는 '발전주의'로 이름붙일 수 있다. 한 국가는 오직 발전을 통해서만 국내적으로나 국제적으로 자연스러운 합법성을 갖게 된다는 것이다. 이에 그 국가의 기타 문제는 그것이 얼마나 심각한 것이든 간에 저절로 은폐될 수밖에 없다. 발전은 정의하기 어려운 말이다. 그것은 아주 쉽게 경제발전이란 말로 단순화되고 한 걸음 더 나아가면 경제발전은 GDP란 말로 단순화된다. 그리하여 끊임없이 단순화되는 발전주의의 신념 속에서 GDP 성장은 중국인들에게 현란한 영광을 선사해주었다.

새로운 중국에 대한 이미지가 날이 갈수록 강력해지고 있다. 공산주의 이데올로기는 그 빛을 잃었고, 내부적으로 모순이 가득하고 형평을 잃은 중국에 대한 의심의 목소리도 점점 줄어들었다. 정치적 독재와 공산당에게 붙여놓았던 비난의 꼬리표도 전부 떼어냈다. 그런 비난은 냉전적 색채가 무척 진해서 현 시대에는 마땅히 폐기되어야 한다는 이유였다.

중국을 대대적으로 찬양하는 시대가 시작되었고, 각양각색의 사람들이 그 대열에 합류했다. 지난날의 정객, 상인, 신문기자, 좌파 학자 외에 심지어 건축가까지 끼어 있었다.

중국에 대한 미화는 2008년 여름 최고조에 달해서 경제 영역으로부터 정치·사회, 심지어 심미의 영역으로까지 확대되었다. 먼저 베이징 올림픽에서 눈부신 성공을 거두자 『뉴욕 타임스』 칼럼니스트 데이비드 브룩스는 "기적적인 성장이 이뤄낸 조화和諧 사회의 첨단 기술 전시회"라고 칭송했다. 올림픽 개막식은 "중국의 발전이 서양의 자유주의에서 온 것일 뿐만 아니라, 동양의 집체주의 모델에서도 왔다"라는 사실을 선언하는 행사였다. 중국이 획득한 올림픽 메달 숫자가 또다시 이 "동양 집체주의"의 승리를 인증해주었다.

건축평론가 니콜라이 오로소프는 이렇게 묘사했다. "서양인들이 비행기에서 내려 새로운 베이징 국제공항으로 발을 들여놓으면서 현란하고 곤혹스러운 느낌에 사로잡혔다면, 그건 이해할 만한 일이다. 그곳은 공간의 광활함 때문만이 아니라, 지금 당신에게 또 다른 세계의 입구를 통과하고 있다는 거역할 수 없는 느낌을 주고 있기 때문이다. 강렬하게 개혁의 열매를 끌어안고 있는 이 세계가 지금 서양 국가들을 자욱한 먼지 속으로 내팽개치고 있다. 이러한 정서는 사람들에게 지난날 아돌프 로스가 느낀 감상을 상기시켜준다. 이 빈의 건축가는 한 세기 전에 기선에서 내려 뉴욕 항으로 들어섰다. 그는 미래의 문지방을 넘으면서 문화적인 의미에서 유럽의 시대는 이미 지나갔다는 사실을 알게 되었다."

베이징 올림픽이 끝난 지 한 달도 안 되어, 리먼 브러더스 투자은행이 갑자기 도산했다. 금융 위기가 월가로부터 전체 서양세계를 휩쓸었다. 이와 같은 집단적인 미망 속에서 중국의 매력이 한층 더 강화되었다. 중국 정부의 강력한 힘은 깊이 있고 원대한 계책으로 여겨졌고, 사회주의 마크는 보통 사람들을 보호해줄 수 있는 안전망으로 이해되었다. 일찍이 지탄받아온 폐쇄적인 금융 시장은 이제 전염성이 강한 경제 공황에서 벗어나 (…) 거의 세계에서 마지막 남은 희망의 땅이 되었다. EU 집행위원장 조제 마누엘 두랑 바호주와 프랑스 대통령 사르코지는 모두 중국이 이번 금융 위기를 해결하는 데 중요한 공헌을 해야 한다고 촉구했다. 『워싱턴 포스트』지의 데이비드 이그나티우스는 다음과 같이 썼다. "2008년의 대공황 때 우리는 시장의 칼날 위에서 생활하기를 희망하는 사람은 아무도 없다는 현실에 직면해야 했다. 우리는 자본주의 경제 특유의 활력과 유연성을 필요로 한다. 그러나 우리는 또 시장이 붕괴되었을 때 우리와 가족을 보호해줄 수 있는 안전망을 필요로 한다." 그는 중국이 바로 이러한 안전망을 제공해주는 나라임을 인정하면서 "우리는 지금 모두 중국인이다"라고 공언했다.

이러한 호감은 2009년에도 1년 동안 계속 이어졌다. G2와 차이메리카Chimerica(China+America)가 바로 그런 중국의 이미지를 묘사하는 더없이 선명한 어휘였다. 즉 오직 중국과 미국만이 세계의 운명을 결정할 수 있다는 것이다. 이 두 나라 중에서 분명하게 더 강력한 힘을 갖고 있는 나라는 근심에 휩싸였다. "지금 오직 한 가지 제도만이 일당독재보다 훨씬 나쁘다. 그것은 바로 우리 미국의 일당 민주 제도이다." 토머스 프리드먼은 이렇게 서술했다. 그는 이어서 다음과 같이 묘사하고 있다. "일당 독재는 물론 약점을 갖고 있다. 그러나 오늘날의 중국처럼 이성적이고 개명한 사람들에 의해 나라가 운영된다면 그런 제도도 아주 커다란 강점을 갖게 된다. 그와 같은 일당 독재는 정치적으로는 해결이 어렵지만 대단히 중요한 정책들을 집행할 수 있다. 그것은 한 사회의 21세기로의 전진에 필요한 정책들이다. 중국이 전동차, 태양에너지, 에너지효율, 건전지, 핵에너지, 풍력에너지 부문에서 우리를 뛰어넘은 것은 결코 우연이 아니다. 중국의 지도자들은 인구가 폭발하고 국력이 굴기하고 있는 신흥 시장의 중산계급 세계에서 깨끗한 에너지와 에너지 효율에 대한 수요가 증가할 것이라는 사실을 알고 있다. 베이징은 자신의 산업과 정책을 확보하여 그것을 시행하고 싶어한다. 거기에는 점점 치솟고 있는 천연가스 물가인상 현상도 포함되어 있다."

또 다른 칼럼니스트 밥 허버트도 비슷한 느낌을 토로했다. 그는 태양에너지를 사용하는 경쟁에서 미국이 중국에 패배하고 있다는 사실을 인정했다. "오염 저배출 시대가 이미 도래했다. 우리는 중국과 같은 지도 국가에 의해 이 더 새롭고 더 녹색인 세계로 이끌려 들어왔다. 혹은 우리는 지금 자신이 지도 국가가 되기 위한 도전에 직면해 있다." 모든 것이 옛날에 이미 알고 있던 사실과 비슷했다. 50년 전에 그들은 소련과의 우주 경쟁을 이야기했고, 지금은 중국과의 에너지 경쟁을 이야기하고 있다.

21세기의 첫 10년을 총정리하면서 많은 사람은 중국이 최대의 승리자라고 믿었다. 심지어 할리우드 영화조차 이러한 정서에 호응했다. 지구가 멸망한다는 2012년이 되면 오직 중국만이 노아의 방주를 제작할 수 있다는 것이다.

5

『메가트렌드 차이나』가 중국에서는 큰 반향을 불러일으켰지만, 세계적인 관심은 이끌어내지 못했다. 왜냐하면 영국 기자 한 사람이 나이스빗보다 더욱 열광적으로 또 더욱 과장해서 이 중국 신드롬을 주도하고 있었기 때문이다. 그는 중국이 독특한 모델을 창조했을 뿐만 아니라, 장차 그 모델로써 세계를 통치할 것이라고 했다.

마틴 자크Martin Jacques의 『중국이 세계를 지배하면When China Rules the World』[7]은 마치 증보판 선전 수첩처럼 책 전체가 극도로 흥분된 구호로 가득 차 있다. 마틴 자크가 흥분을 금치 못한 이유는 바로 그가 '문명국가'라는 개념을 찾아냈기 때문이다. '중국 특색'이라고 이름붙일 수 있는 모든 것이 이 이론적 틀 안에 담길 수 있고, 전지구적 범위에서 새로운 조공 시스템이 형성되고 있다는 것이다.

그러나 모든 것이 정말 이와 같이 될 것인가? 여러 해 뒤 우리가 다시 이 흥분에 찬 선언을 읽을 때 어떤 감상에 젖게 될까? 미래 산업이 벌써 탄생한 것일까? 아니면 또 한 차례의 허튼소리일까?

"미래학의 본질은 현재가 과거에 결정되었듯이 미래도 현재에 결정된다는 믿음에 있다. (⋯) 그러나 나의 관점에서 볼 때, 미래학의 바탕은 감동적이기는 하지만 완전히 허망한 가정에 바탕하고 있다고 할 수 있다. '시간의 연속성과 변화의 연속성, 사건의 연속성을 동보적으로 매치시키고 있다.'" 로버트 니스벳의 이 말은 『메가트렌드 차이나』에 아주 잘 적용될 뿐만 아니라, 중국에 대한 세계인의 상상에도 아주 잘 적용된다.

이처럼 뻔뻔한 논리가 일찌감치 탄생한 듯하다. 왜냐하면 중국의 경제적 성공이 정치적 성공도 증명할 수 있기 때문이고, 또 이 시각 중국의 성공이 틀림없이 미래의 성공도 증명할 수 있기 때문이며, 나아가 중국은 반드시 미래를 영도할 것이기 때문에, 이 시각의 사상과 행동이 모두 정확하고 그 계발의 의미도 풍부하다는 것이다.

이러한 가정들이 한데 뒤섞여 새로운 중국 스토리의 사상적 동력이 되고 있다. 그러나 역사는 여태껏 그렇게 간단하게 진행되지 않았고, '불가피한 미래'는 늘 일종의 환상일 뿐이었다. 중국이 새로운 문명국가라고 공언한 마틴 자크는 75년 전 영국의 저명한 좌파 인사 웹 부부(시드니 웹과 비어트리스 웹)가 소비에트 공산주의를 일종의 새로운 문명이라고 공언한 사실을 망각하고 있다.

제2장

타자의
상상

"리둔바이이건, 조슈아 라모이건, 존 나이스빗이건, 토머스 프리드먼이건, 마틴 자크이건, 중국은 그들에게 환상의 산물일 뿐이다. 중국은 미 패권에 도전하는 나라이고, 13억 시장을 가진 황금국이며, 치명적인 권력 유혹을 갖고 있는 국가라는 묘사 등을 통해 중국인들은 언제나 다른 사람들의 상상 속에서 생활하고 있다. 그러나 이러한 상상 속에서 기본적인 가치 판단을 상실한다면 그건 흔히 역사의 오점이 되고 만다. 사람들은 소련을 찬양했을 뿐만 아니라 히틀러와 무솔리니에게도 소리 높여 갈채를 보냈다. ― 그들은 독일과 이탈리아를 작동할 수 있게 해주었지만 유대인의 운명에 대해서는 그 누가 마음을 썼단 말인가?"

1

"지식인들은 민주 국가의 결함에 대해서는 추호도 사정을 봐주지 않지만, 휘황찬란한 이론의 명의로 범하는 대죄大罪에 대해서는 관용을 베푼다"고 레몽 아롱Raymond Aron은 개탄했다.

이곳은 1955년 프랑스다. 세계의 미래에 관한 논전에서 대다수 지식인들은 왼쪽에 섰고, 소련이 바로 그들의 유토피아였다. 그들은 자본주의의 소외 현상을 질책하면서도 소련이 저지른 갖가지 악행에 대해서는 침묵을 지켰다. 그들은 자신의 두뇌 속에 있는 '혁명과 진보'라는 환상이 깨질까봐 걱정했다. 그것은 마치 적나라한 현실보다 훨씬 더 잔혹한 듯했다.

아롱은 이런 개탄을 내뱉은 첫 번째 인물이 아니다. 앙드레 지드는 그보다 19년 전에 소련을 방문하고 돌아온 후 다음과 같이 썼다. "모두들 이제 분만 상태에 놓여 있는 광활한 대지로 가서 잠시 머물고

045
/

제2장 / 타자의 상상

싶을 것이다. 우리는 이 광활한 대지가 바야흐로 미래를 낳고 기르는 것을 목도할 수 있을 듯하다." 당시 수많은 유럽과 미국의 지식인들처럼 그도 소련의 열렬한 지지자였다. 자본주의가 정치·경제 그리고 인간성의 위기로 빠져들자, 소련의 집체주의와 평등사상이 미래의 참신한 가능성을 의미하게 되었다. 그것은 지드가 "그곳에는 역사상 전례 없는 실험이 진행되고 있고, 그것은 우리의 마음속에 희망을 가득 채워준다"라고 묘사한 것과 같다.

진정한 소련의 모습은 지드가 상상한 것과는 달랐다. 공사장, 공장, 동호회, 문화관에서 그는 진보의 대가를 목도했다. 특히 찬양을 받은 집체 농장에서 그는 "모든 주택에는 천편일률적이고 차마 봐주기 어려운 가구와 스탈린상이 갖춰져 있었다. (…) 개인의 물건은 하나도 없었다. (…) 집체 농장의 커다란 경작지도 모두 모양이 같아서 서로 맞바꿔놓아도 상관없을 것 같았다." 그리고 "사람들의 행복은 개개인의 비개성화를 대가로 취득된 것 (…) 개인을 희생하여 얻어진 것이었다"라는 사실을 발견했다.

지드의 비평은 소련과 세계를 잠시 불안에 떨게 했다. 소비에트의 모범 농장은 차르 시대의 포톰킨Potyomkin[1] 마을이 이어진 것이었고, 소련 당국에서는 전시해야 할 것만 전시하고 있었다. 방문자들은 똑같은 관광 구역으로 안내되었고, 똑같은 사람들과 한담을 나누면서 똑같은 성취를 목도했다. 수많은 방문자는 내심 이러한 경관에 기꺼이 매료되려고 했다. "나는 이미 미래에 도달했고 내가 보기에 미래는 대단히 훌륭해 보인다"라고 미국 기자 링컨 스테펀스('부정부패 폭로' 스타일의 문체를 창시한 기자)는 묘사했다. 영국의 웹 부부는 소련을 여행한 후 900쪽에 달하는 책을 써서 소비에트 공산주의가 일종의 신문명이라고 공언했다.

지드는 더욱 가공할 만한 '수용소 군도'에 대해서는 전혀 알지 못했지만 소련에 대한 자신의 묘사가 장차 몰고 올 불안감에 대해서는 잘 알고 있었다. 또 다른 작가 로맹 롤랑은 그보다 5개월 앞서 소련에 도착한 후 유사한 의혹을 묘사했지만, 그는 집요하게 자신의 일기를 먼지 속에 봉인해두었다가 50년 후에야 발표를 허락했다. 그렇게 함으로써 동반자들을 아름다운 꿈으로부터 깨어나지 않게 할 수 있었다.

그러나 지드는 소련에 대한 세계의 관점을 바꿀 수는 없었다. 그의 첨예한 비판의 목소리는 다른 사람들의 찬양의 목소리에 묻혀버렸다. 소련의 유혹은 소련과 독일의 전쟁 과정에서 계속 높아만 갔다. 소련의 제도와 군대가 강대한 나치 독일을 격파하자 거의 소련이 세계를 구제한 것으로 여겨졌다.

지드의 목소리는 무시되었고 소련의 망명객들은 심지어 자신들에게 의사를 표현할 기회조차 없다는 사실을 발견하게 되었다. 더욱 직접적이고도 더욱 잔혹한 그들의 개인 경력에 아무도 관심을 기울이지 않았다. 소련의 반역 망명객 보리스 수바린Boris Souvarine은 서구에서 자신의 회고 작품을 펴내줄 출판사를 찾는 데 커다란 어려움을 겪었다. 프랑스 작가 앙드레 말로는 그와 나눈 사적인 대화에서 이렇게 말했다. "수바린! 나는 당신과 당신의 친구들이 옳다고 믿습니다. 그러나 지금 단계에서는 나를 당신의 지지자로 여기지 마십시오. 당신이 사회적으로 우월한 위치에 서게 되었을 때, 나는 비로소 당신 편에 설 수 있을 겁니다."

이 말은 진실하면서도 세상을 조롱하는 느낌을 담고 있다. 이러한 정서가 지식인에서 일반 대중에 이르기까지 1930~1940년대 서방 세계를 뒤덮고 있었다. 자유 시장에 소란스럽고 불안한 상황이 넘쳐흐르고 자본가들의 탐욕은 한도 끝도 없는데 왜 계획체제를 창조하여 사회의 재부財富를 통일적으로 분배하지 않는 것인가? 그러나 소련은 당시 바야흐로 새로운 민주 제도를 창조하고 있었다. 인민이 국가의 주인이 되어 더 이상 편견에 가득 찬 매스컴의 전횡을 감수하지 않아도 되었고, 또 더 이상 정객들의 조종을 받지 않아도 되었다.

주요 지식인들이 분분히 소련으로 견학가고 있던 무렵 일부 보통사람들도 행복의 낙원으로 달려갈 채비를 하고 있었다. 아직 1931년이 되기 8개월 전, 뉴욕 주재 소련 무역사무소에는 10만 부가 넘는 이민 신청서가 접수되었다. 대공황을 겪고 있던 미국인들은 새로운 일자리와 삶을 찾기 위해 소련으로 가고 싶어했다. 이것이 미국 역사에서 발생한 첫 번째 해외 이민 신청 사태였다. 신청자들은 더러는 많게 더러는 적게 당시 유행한 베스트셀러『새로운 러시아의 첫 번째 공연—제1차 5개년 계획 이야기』를 읽고 거기에 묘사된 소련 생활에 매료되었다. 그곳에는 실업도 없고 착취도 없다는 것이었다. 수천 명의 미국인이 최종적으로 소련에 의해 받아들여졌다. 물론 그들은 행복한 생활을 영위하지도 못했고 대부분 노동개조 장소에서 생명을 잃었다.

꽤 오랜 시간 지식인들의 진보적 좌표는 소련에 대한 태도가 어떠하냐에 달려 있었다. 왜 좌파들은 소련의 죄악에 장기간 침묵을 유지할 수 있었을까? 정채롭고도 출중한 저서『지식인들의 아편』에서 레몽 아롱은 이에 대한 해답을 찾으려 시도하고 있다. 그는 좌파 신화가 형성된 근원으로 거슬러 올라가서 마르크스주의에 내포되어 있는 종교식 언어의 매력과 미국에 대한 프랑스 지식인의 모순된 심리를 그 원인으로 꼽고 있다. 그리하여 소련의 실험은 그들에게 다음과 같은 심리적 위로감을 가져다주었다고 했다. 즉 "프랑스 지식인들 자신은 프랑스 대혁명이라는 영광스러운 전통 속에 자리 잡고 있고, 소련은 바야흐로 진보·자유·평등·박애 정신을 구현하고 있다." 프랑스 지식인들 입장에서는 소련 사람들의 생활이 어떠한지는 전혀 중요하지 않았고, 진보를 대표하는 그 역사적 동력이 더욱 중요했다. 현실 속의 프랑스는 사람들에게 매우 심한 불안감을 안겨주고 있었다. 대혁명 이래 여러 세기 동안 그들에겐 한 번도 휘황찬란한 시간이 없었다. 10년 전에는 치욕스럽게도 나치 독일의 통치에 굴복했다. 소련을 찬양하는 말과 글 속에서 그들은 새로운 역사적 동력과 융합되면서 마음의 초조함도 줄어드는 것을 느낄 수 있었다.

2

흐루쇼프의 비밀 연설이 공개되고 헝가리 혁명이 폭발한 뒤 '소련 신화'가 퇴색하기 시작하면서 적어도 그 도덕적인 우월성은 사라지는 듯했지만, 그 환상 속의 매력은 여전히 존재하고 있었다.

　사람들은 소련의 착오를 구체적인 지도자에게 전가하면서도 공산주의 체제 자체의 시비 문제에 대해서는 전혀 의심의 눈길을 보내지 않았다. 이후 서구 자본주의에 위기가 닥칠 때마다 소련에 대한 그들의 호감이 되살아나기 시작했다.

　장 프랑수아 르벨은 "이 무지하고 건망증이 심한 대지에서는 교훈이라는 것이 한 번도 받아들여지지 않았다"라고 서술했다. 당시 1970년대 중반 프랑스에서는 지식인들이 또다시 소련에 대해서 환상을 가득 품기 시작했다. 미국은 베트남 전쟁의 수렁에 깊이 빠져 있었고, 오일 쇼크와 경기 침체가 다시 한번 자본주의의 내재적 모순을 폭로하는 것처럼 보였다. 반면 소련은 석유 매장량이 풍부했고, 세계의 모든 국가를 합친 것보다 더 많은 철강, 석유, 시멘트 및 심지어 트랙터까지 생산하고 있었다. 또 소련은 군사력에서 미국과 막상막하의 실력을 보이면서 세계에서 두 번째로 큰 경제체제를 유지하고 있었다. 영국 수상 해럴드 맥밀런은 소련 사람들이 군사기술을 공업 생산기술로 전환시킬 수 있을 것이고, 그렇게 되면 소련의 체제가 마침내 자본주의를 뛰어넘을 것이라고 믿었다. 칠레에서 에티오피아에 이르기까지 공산주의자들이 제3세계에서 정권을 쟁취하자, 소련의 세계적 영향력도 점차 강화되는 듯했다. 장 프랑수아 르벨은 프랑스 지식인들이 또다시 20년 전 사르트르와 레몽 아롱 사이에서 벌어진 논쟁을 반복하고 있음을 발견했다. 좌파가 여전히 우세를 점한 뒤 자본주의의 쇠퇴, 사회적 불공정, 매스컴의 상품화, 소비 지상주의, 군국주의를 저주했다. 이에 비해 소련의 모든 것은 훌륭하기 이를 데 없고, 심지어 가격이 인상되지 않는 모스크바의 지하철 승차권까지 찬양의 대상이 되었다. 신문지상에는 '사회주의: 세계 위기를 해결할 유일한 방법'과 같은 제목이 넘쳐흘렀다. 그들은 여전히 사르트르의 논리를 따라 프랑스 사회와 자본주의를 비판하는 것을 가장 우선적인 임무로 삼았고, 이 과정에서 소련이 아주 훌륭한 참고 체계가 된다고 했다.

그러나 소련은 결코 그들이 상상한 것처럼 훌륭한 참고 체계가 아니었다. 소련은 석유 위기는 겪지 않았지만 다량의 밀을 수입해야 했다. 가격이 인상되지 않는 모스크바 지하철 승차권에 감탄을 금치 못하던 파리 사람들은 소련의 감자 가격이 끊임없이 치솟고 있다는 사실을 알지 못했다. 소련은 인공위성, 핵탄두, 전투기, 철강 제조 부문에서는 막강한 역량을 드러내고 있었지만 자신의 인민에게는 생활필수품을 충분하게 제공하지 못하고 있었다. 그것은 '발전 수준이 저급한 슈퍼 대국'에 불과했다. 소련은 만인평등을 공언하고 있었지만 오히려 등급이 엄격한 사회를 창조하고 있었다. 또 소련은 늘 프롤레타리아를 대표한다고 말했지만, 관료 시스템이 모든 걸 지배하고 있었다. 그리고 소련은 전면적인 인간 해방을 실현해야 한다고 했지만 결과적으로는 인간에 대한 전면적인 통제를 실시하고 있었다. 아울러 소련은 물질세계와 정신세계의 풍요로움을 동시에 가져올 수 있다고 호언장담했지만 사실은 드넓은 황무지를 창조했을 뿐이었다.

'국가의 부강함'이란 것도 사람들이 표면적으로 목도한 것처럼 그렇게 강성하지 않았다. 공산주의 국가의 경제 성장에 관한 책과 논문이 일찍이 미국의 학술지와 유행잡지를 뒤덮었고 거기에서 다수의 미국 학자는 소련이 그들과는 상이한 발전 모델을 갖고 있다고 믿었다. 경제학자 캘빈 후버가 1957년에 발표한 한 편의 글이 당시의 유행 정서를 대표하고 있다. 그의 믿음에 의하면 소련의 통계 수치는 전적으로 믿을 만한 것은 아니지만 아마도 '집체적·전제적' 정권이 자유 시장에 기반한 민주적 정치체제보다 훨씬 신속한 경제 성장을 이루게 할 수 있고, 이에 소련은 아마도 1970년대에 이르면 미국을 추월할 것이라고 했다. 소련의 경제 성장은 그 정치적 동원 능력으로부터 온 것이지만 결국 경악할 만한 대가를 치른 바탕 위에 이룩된 것이다. 농업은 보편적 낙후와 대기황[2]이라는 대가를 치르면서 중공업을 위해 자금을 제공했고, 수백만 명에 달하는 유배자가 현대판 노예로 살아가고 있었다. 그처럼 장기적으로 강요된 대가는 사람들을 경악시키기에 충분했다. 놀랄 만한 환경 파괴, 몇 세대에 걸친 두뇌 정체 현상, 전체 사회의 분열, 이기심, 냉혹, 허위의식이 사방에 만연하고 있었다. 전체 역사에서 인간의 존엄성이 이처럼 유린된 것은 매우 드문 일이었다. 이 같은 성공이 절대로 오래 지속되어서는 안 되는 것이다.

국외자들은 이 모든 사실을 모르거나 아마 믿을 수 없었을 것이다. 서구 잡지에는 스스로를 진단하는 '위기'라는 글자가 넘쳐났고, 거기에는 자신에 대한 비판의 의미가 담겨 있었으며, 그것은 다원 사회의 특징이기도 했다. 그러나 소련이 공개한 정보에서 사람들은 '위기'라는 단어를 찾아볼 수 없었고 다만 성취와 환희라는 말만 넘쳐났을 뿐이다. 잔혹한 대가는 대수롭지 않게 용서되었고 미래는 언제나 찬란한 빛으로 장식되어 있었다. 사람들은 이러한 정보의 블랙홀에서 대체 무슨 일이 일어났는지를 추측에 의거하여 상상해볼 수밖에 없었다. 1989년 이전까지는 이 체제가 이미 작동 불능의 상태에 처해 있다는 사실을 진정으로 의식한 사람이 아주 드물었다.

프랑스 좌파 입장에서는 실재하는 현실과 이론적 관점은 각각 별개의 상황으로 취급되었다(그들이 소련의 상황을 알고 있었다고 해도). 그들은 실재하는 현실로 기존의 관점을 수정하려고 하지 않았다. 애초에 가졌던 진지한 신념은 이미 쇠미해질 대로 쇠미해져서 결국 마지막에 이르러서는 완고한 신분 확인으로 변모하고 말았다. 그들은 소련을 진심으로 찬양했다기보다는 역사의 상처를 은폐하기에 급급했다고 할 수 있다. 그것은 또한 반미 정서의 연장이었고, 프랑스 좌파는 미국의 영향력이 확대되는 상황에 대해 깊은 불안감을 품고 있었다.(미국이 과거 나폴레옹의 영광을 도둑질해가는 것으로 인식한 것이 아닌가?) 그들은 소련을 배반한 사람들의 진술을 인정하려 하지 않았

053
/

고, 그 배반자들을 냉전 음모의 일부에 속하는 자들일 뿐이라고 인식했다. 수많은 사람이 솔제니친이 묘사한 수용소 군도가 지나치게 과장된 상황이라고 생각했다.

소련 신화가 빛을 잃자 새로운 대체자들이 출현하기 시작했다. 나세르의 아랍 사회주의가 중동 전역을 흥분시켰고, 더 나아가 반식민의 입장에 선 서구 지식인들의 찬양을 받았다. 또 카스트로가 쿠바 혁명을 성공시키자 수많은 사람이 기뻐하며 소리쳤다. 그리고 베트남 공산당도 사람들의 보편적 동정심을 불러일으키며 순결한 수난자로 인식되었다. 소련이 역사 속의 항성으로 찬란하고도 오래 지속되는 빛을 발산하며 미래의 또 다른 가능성을 제시해주고 있었다면, 위에서 거론한 몇몇 국가는 항성의 주위를 도는 행성처럼 항성과 구조는 비슷했지만 자체의 빛발은 훨씬 미약했다. 그러나 이 행성들은 모두 반식민지 파도의 선구자였고 제국주의에 대한 도전자였으며 공명정대함을 찾아가는 약자와 수난자로 인식되었다. 따라서 이들 국가 내부의 살육, 공포, 압제 등의 요소는 모두 이처럼 분장된 각색 아래 은폐되었다.

이 모든 대체자 중에서 마오쩌둥毛澤東의 중국이 가장 기대치가 높은 각색으로 분장되었다. 중국이 불러일으킨 환상은 20세기 공산주의 이데올로기에서 유래한 것이었고 더 나아가 중국의 오랜 역사에서 유래한 것이기도 했다. 지식인뿐만 아니라 정치가와 일반 대중까지도 극도의 흥분을 감추지 못했다.

3

벨기에인 시몬 레이스Simon Leys(본명 Pierre Ryckmans)는 '속성의 중
국학'이란 어휘를 만들어내 아무런 상식이나 원칙도 없는 중국 문제
전문가들을 조롱했다.

1960~1970년대 서구에는 이러한 인물들이 넘쳐났다. 그들은 기
자·학자·작가들로 그중 몇 사람은 여러 해 동안 중국에 거주한 적이
있지만 대부분은 아주 잠깐 중국을 여행한 사람들일 뿐이었다. 그들
은 더러는 길게 더러는 짧게 글을 써서 '혁명에 성공한 중국'을 끊임
없이 찬양했다. 그들은 마오쩌둥이 교육과 의료의 평민화를 추진하
여 더욱 평등하고 소박한 사회를 창조했다고 믿었다. 또 어떤 프랑스
경제학자는 이렇게 썼다. "중국 노동자의 구매력은 프랑스 노동자에
비해 절대로 뒤지지 않는다. 그들의 노동 여건은 열악하지만 노동 시
간은 훨씬 길다. 1주일에 하루만 쉬고 유급 휴가는 없다. 그들은 거

주 여건도 우리보다 훨씬 못하다. (…) 그러나 문제는 절대적인 비교에 있지 않고 상대적인 비교에 있다. 사회의 기타 구성원에 비해서 중국 노동자들의 지위는 프랑스와 서구 민주 국가의 노동자들보다 훨씬 높다. 임금으로 말해보더라도 한 숙련 노동자의 임금이 의사, 교사 또는 정부 관리들보다 훨씬 많다." 그는 왜 훌륭한 교육을 받은 의사의 임금이 노동자의 임금보다 적은지에 대해서는 질문할 마음을 갖고 있지 않았다.

'문화대혁명'을 바라보는 시각에는 더욱더 낭만적인 정서가 넘쳐흘렀다. 이 오래된 역사를 가진 중국 도처에 찬란한 문화와 빛나는 혁명이 가득하다고 인식했다. 중국은 버클리, 파리, 베를린, 도쿄의 반역 청년들에게 영감의 원천으로 작용하고 있었을 뿐만 아니라, 더 많은 제3세계 국가가 모방하는 표준 모델로 떠오르고 있었다.

마오쩌둥과 닉슨의 정상회담으로 중국은 이제 세계적으로 유행하는 화두가 되었다. 닉슨과 키신저는 마오쩌둥이 누리고 있던 지고무상의 권력을 부러워했다. 어떤 민주 국가의 지도자도 그처럼 마음대로 행동하면서 거의 신과 같이 세계 최대의 국가를 통치할 수 없었다. 따라서 중국은 세계 질서를 다시 창조하고자 하는 개인적인 야심가에게는 협력자로도 인식될 수 있었다. 여태껏 '홍색 국가'를 지원한 적이 없는 사람들에게도 중국은 새로운 매력으로 다가오고 있었다. 즉 중국은 소련에 대항하는 미국의 맹방이었던 것이다. 이처럼 새로운 시각 아래 중국의 모든 것이 인정이나 사리에 맞는 것으로 미화되었다.

"(중국의) 정치체제는 (…) 우리의 관점으로 볼 때 중국인 절대 다수의 지지를 받고 있다. (…) 지난날의 정권은 실패했지만 중화인민공화국은 성공적으로 경제를 운용하여 안전하게 빈곤에서 벗어났고, 질서로 무질서를 바로잡았고, 대중의 정의로 대중에 대한 압제를 물리쳤고, 대중의 힘으로 물리적 압력을 극복했고, 민족적 자부심으로 민족적 굴욕을 대체했다." 한 미국 대표단이 중국을 방문한 후 위와 같은 진술을 남겼다. 저명한 기자 제임스 레스턴은 또 다음과 같은 믿음을 보여줬다. "그들은 이제 바야흐로 아주 의미 있게 생활하며 자신의 국가를 재건하고 있을 뿐만 아니라 자기 자신도 재건하고 있다." 심지어 중국인의 단조로운 차림새조차 특별한 기품을 지닌 것으로 칭송되었다. "여성들은 절대 화장을 하지 않는다. 중국 여성들은 세계의 모든 민족 가운데서도 가장 방대한 인구를 양육하고 있지만 자신의 가슴은 단단히 감추고 있다. 오늘날 서구 국가의 노출형 패션과 비교해보면 중국 여성들의 옷차림새는 아주 순결하다. 거의 같은 모양에 구식 디자인을 하고 있다. 그러나 거기에는 거대한 아름다움과 기품이 서려 있다."

그들은 정치의 혼란, 경제의 붕괴, 사회적 압박, 개인적 절망과 같은 진실한 중국의 모습에 대해서는 아무것도 감지하지 못하고 있었다. 저명한 기자 해리슨 솔즈베리는 1972년 5월에 문혁의 혼란은 이미 진정되었고 새로운 정신이 도래하고 있다는 사실을 인정했다. 그가 소련에서 목도한 젊은이들이 맹목적으로 서구를 숭배하고 서구의 유행 문화를 추종하는 것과는 달리 중국인들은 자존심을 표현하고 있다고 했다. 그는 "그들이 떨쳐 일어났다. 그들에게는 자존과 존엄이 있다"고 묘사했다.

그들은 진정한 중국 전문가가 아니고 여태껏 성실하게 중국의 역사와 정치에 대해서 공부한 적이 없다. 그들이 중국에 와본 적은 있지만 모두 수박 겉핥기식의 여행을 하는 데 그쳤다. 여정을 세심하게 마련했다고 해도 마음의 빗장을 열고 그들에게 허심탄회한 이야기를 들려줄 중국인은 아무도 없었다. 그것은 어떤 미국인이 이렇게 말한 바와 같다. "모든 중국인, 즉 주방에서 걸어 나와 우리의 칭찬을 받은 주방장으로부터 국무원 총리에 이르기까지 모두 대화할 때는 완전히 동일한 어휘를 사용했다." 이처럼 세심하게 만들어낸 중국은 1930년대 소련의 또 다른 판박이였다.

그러나 진정한 중국 전문가들은 어떤 생각을 했을까? 이와 관련하여 시몬 레이스는 한쑤인韓素音(본명 Elisabeth Comber, 중국어 본명 周光湖)과 로스 테릴Ross Terrill(중국명 譚若思)을 거론하고 있다. 한쑤인은 영국인과 중국인의 혼혈로 중일전쟁에서 문화대혁명까지의 역사를 직접 목격했고, 쑹메이링宋美齡에서 저우언라이周恩來까지의 주요 인물에 대해서도 매우 잘 알고 있었다. 그녀는 당시에 영어로 중국을 소재로 한 저작을 발표하여 서구 독자들에게는 아주 인기 있는 작가의 하나로 인정받았다. 세계인을 위해 쓴 중국 관련 저작에서 그녀는 '문화대혁명'을 '인류의 대약진'일 뿐만 아니라 경제 발전을 촉진시킨 운동이라고 했으며, 또 홍위병에 대해서는 행동이 양호하고 민주적 관념이 풍부했다고 했고, 장칭江青을 묘사하면서는 그녀가 가능한 한 폭력의 발생을 줄이려 했다고 공언했다……

로스 테릴은 학계의 공인을 받는 중국학 연구자다. 중국에 대한 그의 저작은 영어권 세계에서 일시를 풍미한 베스트셀러였고, 특히 그가 쓴 『마오쩌둥Mao: A Biography』 중국어판은 지금까지도 마오쩌둥을 다룬 전기 중에서 중국인들에게 가장 환영받는 저서의 하나로 남아 있다. 시몬 레이스는 로스 테릴의 저서에 한쑤인이 떠벌린 것과 같은 거짓말은 없다는 걸 알았지만 그도 중국의 진상을 전혀 폭로하지 못했다는 사실을 발견했다. 그는 해학적이면서도 늘 예민한 감각을 유지해온 관찰자였다. 중국은 그의 붓끝에서 낯설고도 특이한 땅으로 묘사되었다. 그는 잔혹하고 허위적이고 불공정한 중국에 대해서는 묘사도 하지 않았고 도덕적 판단도 내리지 않았다. 시몬 레이스는 로스 테릴의 저작 스타일을 이렇게 평가하고 있다. "오락성을 갖추고 있지만 가급적 논쟁거리를 제공하지 않으려고 한다. 곤혹스러운 일을 초래하거나 불안을 야기하거나 혹은 불쾌한 일이 뒤따를 만한 사안은 회피한다. 개개인의 비위를 맞추려고 한다." 시몬 레이스의 관점에서는 로스 테릴이 자신의 저작 『마오쩌둥』에 바친 헌사가 그의 이러한 스타일을 더할 나위 없이 잘 보여주고 있는 셈이다. "오늘날 일부 국가에서 갈망하는 천재적 지도자에게 바친다. 마찬가지로 지도자의 신비감에서 벗어나고자 하는 보통 사람들에게 바친다." 모든 고통은 이 헌사에 의해 희석되면서 지도자와 인민은 전부 올바른 입장을 견지한 것으로 인식된다. 따라서 결과적으로 그 모진 역사에 대해 책임을 지는 사람은 아무도 없게 된다. 사회주의가 예술가들에게 작품 속의 회색빛 요소 또는 부정적인 정서를 삭제하도록 요구하면서 오직 투쟁심을 북돋우는 내용만 쓰도록 강제하고 있다면, 로스 테릴도 스스로 이와 유사한 자기 검열을 하고 있다고 할 수 있다. 그의 어조와 결론은 늘 낙관에 치우쳐 있으며, 심지어 논리적 관계에 대한 추궁을 망각하는 지경에 빠져들기도 한다. 1949년 이후의 중국을 평가하는 과정에서 그는 중국의 새로운 정권이 "세계 4분의 1의 인구를 양육하고 있으며, 공업 생산 수치도 매년 10퍼센트나 성장하고 있다"고 언급했다. 즉 중국은 "30년 동안 사회적 진보"를 이루었다는 것이다. 설령 우리가 대기황의 진상을 추궁하지 않는다 해도(3년 동안 굶주림으로 죽은 사람의 숫자가 심지어 중일전쟁 8년 동안 죽은 사람의 숫자보다 많다) 지금까지 여전히 사람들을 혼란스럽게 하는 논리는 바로 세계 4분의 1의 인구가 스스로를 양육하고 있다는 것이다. 그러나 또한 중국 정권이 세계 4분의 1의 인구를 양육한 것이 아니라, 세계 4분의 1의 인구가 중국 정권을 먹여 살려왔음도 부정할 수 없다. 농민들은 '고통스러운 과거를 기억하고 달콤한 미래를 생각하자憶苦思甛'는 운동에 참가하면서 자연스럽게 '3년 자연 재난 시기'를 떠올리게 되었다. 그들의 기억 속에서 당시보다 더 고통스러운 세월은 없다. 그 재난은 '자연 재해'가 아니라 광기어린 정책의 결과였다.

"그들(서구인들)의 관점에서 보면 서구의 파시스트 정부가 잘못된 길을 선택하여 문명을 배반하고 또 그 문명을 수치스럽게 하더라도 그것은 한 가족 안의 말썽꾸러기로 치부될 뿐이었다. 그러나 스탈린 정권은 또 다른 별에서 온 특이한 생명체로 간주되었다. 그들이 서로 살육을 하고 싶어하더라도 그것은 그들의 일일 뿐이었다"라고 장 프랑수아 르벨은 언급하고 있다. 그는 지식인들이 왜 독일의 파시스트 정권에 대해서는 엄격한 비판을 가하면서도 공산주의 소련에 대해서는 관용적인 태도를 유지하는지 해석해보고자 했다.

말썽꾸러기라는 비유는 냉혹하지만 아마도 사실일 가능성이 있다. 러시아는 동방에서 왔으므로 사람들은 직접 폭력에 의해서 좌우되는 러시아의 전통을 인정했다. 코카서스인들에 비해 중국은 그야말로 진정한 동방이었다. 그것은 더욱 멀고도 신비한 또 다른 별처럼 보였다. 닉슨의 감탄은 감탄도 아니었다. 중화인민공화국 건국 이후 20년 동안 중국에 가본 미국인은 달나라를 방문한 사람보다 적었다. 따라서 중국의 잔혹성은 더욱 쉽게 받아들여졌다.

시몬 레이스는 바오뤄왕包若望, Jean Pasqualini의 회고록『마오의 죄수들Prisonniers de Mao』과 천뤄시陳若曦의 소설『인 현장尹縣長』이 마오쩌둥 시대를 진실하게 폭로하기는 했지만 이 책들이 서구인들의 중시를 받지는 못한 사실을 발견했다. 당시 중국인들이 겪고 있던 고통이 중국의 또 다른 이미지 속으로 매몰되고 있었다. 중국에 대한 그들의 낙관적인 판단은 다음과 같은 논리에 바탕을 두고 있었다. 중국은 정말 다르다. 우리는 중국에 대해 또 다른 표준을 적용해야 한다. 중국도 그들만의 문제가 있고 우리도 우리만의 문제가 있다. 우리에겐 중국인을 질책할 권한이 없다. 폭력에 대한 숭배, 강 건너의 불을 구경하는 즐거움, 싸구려 오리엔탈리즘이 이들 중국 숭배자의 마음속을 장악하고 있었다.

시몬 레이스는 그 시대의 이단아였다. 그는『논어論語』를 번역한 적이 있고 중국 산수화에도 심취했다. 1955년 그는 처음으로 새로 성립된 중화인민공화국에 와서 끝없는 흥분에 휩싸였다. 그러나 계속된 세월 속에서 그의 태도는 희극적으로 변해갔다. 1967년 그는 홍콩에 거주하면서 주장珠江강의 물결을 따라 떠내려왔거나 파도를 따라 해안으로 밀려온 시체들을 목격했다. 그들은 광둥廣東 무장 투쟁의 희생자들이었다. 그는 홍콩으로 도망쳐온 중국인들과 대담을 나누고 중국어 신문을 읽으면서 점차 중국의 진상을 이해하게 되었다. 1972년 그는 외교관 신분으로 베이징에서 반년을 살았다. 이러한 경험을 통해 그는 중국이 세계에서 가장 압제가 심한 나라라는 판단을 또다시 내리게 되었다. 다른 외국인들이 분분히 중국의 '새로운 정신'과 '새로운 중국인'에 감탄을 금치 못하고 있을 때, 그는 마오쩌둥의 문화대혁명이 '세계에서 가장 총명한 인민을 바보로 타락시키는 거대한 프로젝트'라고 했다. 몇 년 뒤 출판된『중국의 그림자中國的陰影』란 책은 마치 중국 문인화의 거리두기 기법과 조지 오웰의 신랄한 묘사 기법을 혼합한 듯한 방법으로 이 정권에 대한 자신의 분노를 표출하고 있다. 그의 관점은 서구 좌파들로부터 심한 의구심을 불러일으켰다.

한 미국 학자는 "분명 이 책은 반공 지식인의 시류에 편승한 저작이다. 특히 제3세계를 날카롭게 비판할 때는 더욱 그렇다"라고『뉴욕 리뷰 오브 북스The New York Review of Books』에 투고한 글에서 언급했다. 이어서 그는 또 다음과 같이 서술하고 있다. "……유럽 지식인들의 이러한 경향은 적어도 헤겔에까지 거슬러 올라갈 수 있다. 헤겔은 동방의 전제주의라는 말로 중국을 형용했다."

설마 중국이 전제주의 국가가 아니란 말인가? 1980년대 중국학 연구자들이 이전과는 다른 덩샤오핑 체제에 열광하고 있을 때도 시몬 레이스만은 여전히 "이 정권이 전혀 바뀌지 않았다"는 사실을 강조했다. 톈안먼 사태가 그의 비관적인 논조를 증명했다. 오래지 않아 그는 또 한 편의 글에서 다음과 같이 예언했다. "서구인들이 다시 이 피의 참극을 망각할 것이고, 정객과 상인들도 신속하게 중국으로 달려와서 개혁의 명분을 촉진시키며 중국 정부와의 관계를 새롭게 회복할 것이고, 그럼 중국의 정권도 계속 유지될 것이다. 그들에게 충분한 시간만 주면 이 짧은 순간의 도덕적 상처를 시의적절하게 치유할 것이다."

4

도덕적 상처를 봉합하는 일은 생각보다 훨씬 빨랐다. 지난날의 신화는 파괴되었지만 새로운 신화가 신속하게 생겨났다. 즉 '중국의 혁명'은 여전히 지속되고 있고, 그것은 이데올로기에서 상업으로, 문혁의 슬로건에서 GDP 수치로 전환되었다는 것이다. 또다시 '속성의 중국학 연구자'들의 물결이 밀어닥쳤다. 그들은 계급투쟁과 사회주의를 동경할 필요도 없이 비즈니스와 수출입 액수를 토론하고, 또 『논어』와 『손자병법』의 구절을 인용해야 했다. 이들 고서의 이것도 좋고 저것도 좋다는 식의 이론으로 자신들의 입장을 의미심장하게 포장할 수 있었다. 그들은 다시 중국이 세계 초강대국이 될 것이라는 미묘한 확신을 품게 되었다. 미국인 리둔바이李敦白, Sydney Rittenberg보다 이러한 변화를 더 잘 드러내는 사람은 없을 것이다.

1980년 중국을 떠날 때 리둔바이의 가슴에는 쓰라림과 환멸이 가득 차 있었다. 그는 중국에서 35년을 살았고 세계에서 유일하게 외국 국적을 가진 중국공산당원이었다. 그는 옌안延安의 동굴에서 마오쩌둥과 미국에 대해 토론했고, 저우언라이와도 아주 잘 아는 사이였다. 그는 중국 혁명에 깊이 매료되었다. 여기에는 '인류의 평등과 정의를 위해 분투한다'는 이상뿐만 아니라 그가 줄곧 갈망해온 귀의처를 찾았다는 의미가 포함되어 있다.

그는 미국 사우스캐롤라이나 유대인 가정에서 태어났다. 그의 아버지는 유명한 변호사였다. 타고난 유대인 신분으로 인해 그는 사회의 불공정한 면을 매우 민감하게 의식하게 되었다. 대학을 다니면서 그는 미국공산당에 가입했다. 미국공산당은 그에게 '주위에 가득한 불공정 현상을 바로잡을 수 있다는 희망'을 부여해주었다. 이어서 그는 미군에 입대하여 중국어를 배웠고 이후 중국에 파견되었다. 그는 전후 중국 문제를 해결하기 위한 미군 대표단의 젊은 장교로 근무했다. 국민당 통치기구의 추악한 모습, 불공정성, 부패로 인해 그의 마음에는 혐오감이 일었고, 동시에 공산당의 선전 자료를 읽으면서 그곳을 향한 동경심이 생겨나기 시작했다.

저우언라이의 도움으로 그는 옌안으로 가서 그곳이 아름다운 신세계라는 사실을 인정했다. 그곳에서는 모든 사람이 평등하게 공통의 이상을 위해 분투하고 있었다. 그는 또 여태까지 받지 못했던 뜨거운 관심을 받고 있다는 사실을 발견했다. 마오쩌둥도 그에게 뜨거운 관심을 표하고 있었고 그곳의 모든 사람도 그를 특별히 대우하고 있었다.

그는 자신의 능력을 발휘할 기회를 얻었다. 그는 외국에서 오는 전보를 중국어로 번역했고 또 외국을 향해 중국공산당의 정책과 주장을 선전했다.

그는 에드거 스노와 베순Henry Norman Bethune의 대열로 진입했다. 그 대열은 중국 혁명에 대한 국제주의자internationalist(인터내셔널리스트)들의 원조를 의미할 뿐만 아니라, 중국 서북 일각의 허약한 정권이 외부 세계를 향해 드러내는 갈망을 의미하기도 했다.

미군의 임무는 끝났지만 그는 중국에 남았다. 시드니 리튼버그 Sidney Rittenberg는 중국식으로 리둔바이李敦白가 되었다. 그러나 그에게는 공산당의 승리에 따라 재난도 함께 들이닥쳤다. 1949년 1월 그는 제국주의의 간첩으로 몰려 감옥에 갇히게 되었다.

차가운 감옥생활도 그의 신념을 훼손시키지 못했고, 그는 오히려 더욱 열광적으로 변했다. 그는 이 일이 그의 충성심에 대한 당의 시험이라고 믿었다. 6년 뒤 그는 석방되었고, 그에 대한 비난은 황당무계한 착오라는 것이 증명되었다.

그 이후 13년 동안 그는 신중국 건설에 온 정열을 쏟아부었다. 그의 모호한 느낌으로도 이 나라가 바야흐로 반우파·대약진·대기황 속에서 재난을 당하고 있다는 사실을 알 수 있었다. 그러나 그는 여태껏 그런 재난들이 제도상의 근본적인 결함에서 온 것으로 보지는 않았다. 하물며 그의 개인 생활은 암담한 국가 상황과는 다르게 상승일로를 걷고 있었다. 그는 베이징 외국인 사회의 중심인물이었고, 중국 관료계를 출입할 수 있는 유일한 외국인이었으며, 보통 사람들은 접하기도 어려운 홍색 문건을 쉽게 열람할 수 있는 몇 안 되는 사람 중 하나였다.

당에 대한 그의 정치적 충성심은 개인적인 정감을 압도했다. 그의 아내가 우파 친구들과 왕래할 때면 그는 긴장하여 불안에 떨면서 자기 아내를 제지하려 했다. 이러한 상황에 대해 그는 다소 불만을 갖고 있었지만, 1966년(문화대혁명이 시작된 해)에 이르러서는 그런 불만이 철저하게 소멸되었다. 문혁이 폭발하자 그는 중국이 다시 새로운 시대로 진입하고 있다고 느꼈다. 1949년 시작된 신중국의 모든 폐단이 새로운 혁명 속에서 깨끗하게 사라질 것으로 생각했다. 그는 마오쩌둥 주위로 사인을 받으러 몰려가기도 했고, 집회에서는 홍색 어록집을 흔들어대면서 마오 주석의 말씀을 큰 소리로 외쳤다. 사우스캐롤라이나 출신 미국인이 푸른색 인민복을 입고 있다는 사실이 바로 중국 혁명의 매력을 절대적으로 드러내주는 상징적인 광경이었던 셈이다.

문혁의 불길은 중국을 태웠고, 그의 마음을 태웠으며, 마지막에는 그의 육체까지 태웠다. 그는 또다시 제국주의의 간첩으로 몰려 감옥에 갇혔다. 그 연옥의 시절을 그는 어렵사리 견뎌냈다. 1977년 집으로 돌아왔을 때 그는 확실히 '사회주의의 세례를 받은 신인'이 되어 있었다. 그에게 있어서 근심은 아내와 자식 문제가 아니라 '사회주의 혁명'이 성공하느냐 실패하느냐였다. 도처에 환멸, 침울, 원망이 가득차 있었다.

다시 등장한 덩샤오핑은 사람들에게 희망을 안겨주었다. 그러나 1980년에 이르러 리둔바이의 희망은 다시 파괴되는 것 같았다. 그가 시단西單 민주의 벽에 글을 썼다가 투옥된 웨이징성魏京生을[3] 위해 변호를 하자, 한 고위 관리는 그에게 "누구라도 웨이징성 재판의 공정성을 부정하려 한다면 그들은 모두 중국 인민의 적이다"라고 했다. 보아하니 이 정권은 조금도 변하지 않은 듯했다. 그는 중국을 떠나기로 결심했다.

리둔바이가 미국으로 돌아간다는 소식이 전해지자 그의 출국을 만류하는 공작이 한바탕 벌어졌다. 그는 정치협상회의 전국위원의 자격으로 무료 의료보장 혜택을 받을 수 있게 되었고, 아울러 수시로 외국으로도 나갈 수 있게 되었다. (…) "명성, 떠받듦, 존경, 곳곳의 특수 대우를 받아들인다면 영원히 내 개인의 독립을 포기해야 할 것 같았다." 나중에 그는 이렇게 서술했다. 그리고 또 다음과 같이 말했다. "나는 더 이상 존경하지 않는 체제의 속박 가운데서 생활하고 싶지 않았다."

　　리둔바이의 회고록은 1993년에 출판되었고 그것은 바로 성격이 다른 두 개의 중국이 상호 전환을 이루는 시기였다. 아낌없이 총알과 탱크로 자신의 인민을 상대한 중국은 여전히 건재했다. 4년 전인 1989년 어느 여름 밤 리둔바이는 베이징 창안가 옆에 살고 있는 두 딸과 밤새도록 방바닥에 엎드려 있어야 했다. 쏟아지는 총알이 창문을 뚫고 벽과 천정으로 날아들었다. 그러나 또 다른 중국이 다시 탄생하고 있었다. ― 그것은 바로 전 세계에서 가장 매력적인 시장이었다. 이해에 백악관으로 들어간 빌 클린턴은 '건설적인 교류'를 통해 중미 관계의 긴장을 풀고 무역으로 중국의 정치 문제를 해소해주었다.

　　리둔바이의 새로운 생활도 이러한 정세에 의존하게 되었다. 시애틀에서 그는 중국 관련 자문회사를 열고 날이 갈수록 밀접해지는 중미 무역의 연결점 역할을 하기 시작했다. 그는 중국의 정계와 맺은 폭넓은 관계망을 이용하여 지금도 정보, 금전, 제품 등을 광범위하게 유통시키고 있다. 중국인과 미국인은 모두 그의 경험과 지혜를 필요로 하고 있다. 그는 최신형 BMW를 운전하고 있다. 중국에 대한 그의 분석에 귀 기울이는 게스트 명단에는 다음과 같은 유명 회사가 포함되어 있다. 마이크로소프트, 인텔, 델, 폴라……

상업 중국의 이미지가 신속하게 정치 중국의 이미지를 덮고 있다. 리둔바이의 새로운 역할도 나날이 더 환한 빛을 발하고 있다. 그가 겪은 잔혹한 혁명은 바야흐로 또 다른 낭만이 되었다. 그와 마오쩌둥, 그와 저우언라이의 교유에 관한 이야기는 식탁에서의 흥미진진한 한담 거리가 되었다. 사람들은 그의 일생을 '마오이즘에서 마이크로소프트에 이르는 대장정'이라고 묘사하고 있다.

그러나 중국에서는 그에 대한 기억이 또 다른 방식으로 전해지고 있다. 2006년 그의 회고록이 중국에서 출판되었다. 그 제목은 원래 제목인 *A Man stay behind*에서 더욱 선동적인 『붉은 장막 뒤의 양키紅幕後的洋人』로 바뀌었다. 이건 또 다른 궁정 회고록처럼 보이지 않는가? 웨이징성이나 톈안먼 사건에 관한 그의 기억, 그리고 중국에 대한 그의 의문은 얼마나 사소한 것이든 모두 삭제되었다. 중국은 '조화和諧 사회'를 건설하는 중이기 때문에 그 기억들은 모두 '부조화'의 목소리로 간주된 것이다.

2009년 10월 그는 중국중앙텔레비전방송국CCTV 스튜디오에 앉아서 자신감 넘치는 목소리로 자신의 세월과 마오쩌둥에 관한 견해를 이야기했다. 그것은 마치 자신의 젊은 시절에 대한 또 한 차례의 회고라고 할 수 있을 것이다. 그는 최후까지 생존한 역사의 증인이었으므로 누가 감히 그의 느낌과 관점에 의문을 제기할 수 있겠는가? 그가 베이징 외국인 기자 클럽에서 담화를 발표할 때 보시라이薄熙來[4]에서 달라이 라마Dalai-Lama XIV[5]에 이르기까지, 그리고 더욱 젊은 세대 서방 기자들까지 모두 중국의 비밀을 탐지하려는 듯이 귀를 세우고 경청하지 않을 수 없었다.

독재의 유혹

그는 '속성의 중국학 연구자'가 아니었다. 그러나 만약 그처럼 풍부한 인생 경력이 그에게 특별한 통찰력을 부여했을 것이라고 생각한다면 그것은 우리의 일방적인 소망에 그칠 것이다.

그는 지금의 중국인들이 영혼을 잃어버렸고, 공산당도 그들을 성공시키는 비법을 상실했다고 비판한다. 그들에게는 지도 사상이 없고 더 이상 실사구시적으로 생각하지도 않는다는 것이다. 그는 티베트 문제를 이야기하면서 이렇게 탄식하고 있다. "왜 한 나라가 이렇게 훌륭한 외교 정책과 타이완 정책을 갖고 있으면서 또 이렇게 나쁜 민족 정책을 펼치는가?" 그는 여전히 중국이 더욱 양호한 민주 시스템을 건설할 수 있을 것으로 믿고 있다. "왜냐하면 미국의 민주 시스템은 돈에 의해 완전히 통제되고 있기 때문이다."

그는 조금도 변하지 않은 듯하다. 그처럼 열광적인 공산주의 신도였으며 또 이처럼 냉소적인 비즈니스 고문이 되어서도 그는 여태껏 한 번도 중국의 내부 논리가 무엇인지에 대해서는 전혀 의식하지 않았다. 1945년에도 그는 옌안의 표면적인 평등과 소박함 아래에 얼마나 많은 폭력과 불공정이 행해졌는지는 의식할 수 없었다. 공산주의 신도로서 그는 다만 자신이 믿는 것만 선택해서 보았을 뿐, 엄혹한 현실에 대해서는 보고도 못 본 척했다. '인민을 구제한다'는 명분을 내세우면서도 그는 인민에 대해서 지금까지 추호의 관심도 보이지 않았다. '사회주의 실험'에 대한 관심이 처자식이나 친구보다 더 강한 사람이 어떻게 진정으로 현실 속 구체적인 사람에게 관심을 기울일 수 있겠는가? 50년 후에야 그는 지난날의 열광이 가소롭다는 사실을 의식하게 되었다. 그는 매우 교활한 사람으로 변모하여 자신의 진실한 생각을 말하려 하지 않고 있다. 그는 여전히 중국인의 진실한 상황에 대해 아무런 흥미도 없다. 그는 자신의 개인적인 경험에 미련을 갖고 있을 뿐이다. 30년 전에는 그래도 웨이징성의 재판에 분노를 느꼈지만 지금은 류샤오보劉曉波[6]에 대해서 분노할 정력도 마음도 갖고 있지 않다. 아마도 그의 평생의 운명은 중국과 밀접한 관련을 맺고 있는 것 같다. 중국은 그의 신분을 일정 부분 변화시켰고, 이에 그의 고통과 영광은 모두 중국에 의해 주어졌다. 그는 자신이 겪은 생애의 의미를 부인할 수 없겠지만 이제 그는 또다시 부패한 포로로 변모했을 따름이다.

그러나 그 누가 이러한 부패의 힘에서 벗어날 수 있겠는가? 리둔바이가 미국으로 돌아간 10년 뒤, 보편적인 서구 지식인들은 중국을 찬양하면서 이 정권의 성격이 이미 바뀌었다는 믿음을 갖고 있다.

"리둔바이건, 조슈아 라모건, 존 나이스빗이건, 토머스 프리드먼이건, 마틴 자크건, 중국은 그들에게 환상의 산물일 뿐이다. 중국은 미 패권에 도전하는 나라이고, 13억 시장을 보유한 황금국이며, 치명적인 권력 유혹을 갖고 있는 국가라는 등등의 묘사를 통해 (…) 중국인들은 언제나 다른 사람들의 상상 속에서 생활하고 있다. 그러나 이러한 상상 속에서 기본적인 가치 판단을 상실한다면 그것은 쉽사리 역사의 오점이 되고 만다. 사람들은 소련을 찬양했을 뿐만 아니라 히틀러와 무솔리니에게도 소리 높여 갈채를 보냈다. ― 그들은 독일과 이탈리아를 작동할 수 있게 해주었지만 유대인의 운명에 대해서는 그 누가 마음을 썼단 말인가?" 도덕의식은 망각되고 은폐되고 금전으로 교환되었다.

현대 역사 속의 중국인은 혁명의 재료가 아니면 생산자와 소비자일 뿐이었으며 그들은 지금까지 풍부한 개체성을 갖지 못하고 이목

구비조차 불분명한 사람이었을 뿐이었다. 루쉰魯迅의 분노와 조롱은 지금도 다시 거론할 만한 가치가 있다. "무릇 중국에 온 외국인이 머리를 싸매고 이마를 찌푸리며 중국을 증오한다면 나는 진심으로 그에게 나의 감사를 봉헌할 것이다. 왜냐하면 그는 틀림없이 중국인의 인육을 먹고 싶어하지 않는 사람이기 때문이다!"

우리는 결국 다른 사람의 상상을 제지할 수 없다. 상상은 인류의 뿌리 깊은 약점이다. 앞에서 그렇게 많은 외국인의 우둔함과 거짓을 증거로 나열하고 나서야 나는 비로소 우리가 자신을 기만하려고 했기 때문에 이처럼 다른 나라 사람들의 거짓말에 몰두하게 되었다는 사실을 인정하지 않을 수 없었다.

제3장

의심스러운 회고

"대중에 대해서 말하자면 그들은 사회가 붕괴·분리되려는 걸 느끼고는, 즉 과거의 이데올로기는 이미 효력을 잃었지만 미래도 애매모호하다고 느끼고는 사상의 혼란과 정감의 미망에 빠져들었다. 이에 마오쩌둥의 이미지가 사람들에게 위로를 주었고, 사람들은 생활 속에서 여전히 어떤 확정된 것이 있어야 함을 느끼고 있다. 마오쩌둥은 정치적 인물일 뿐만 아니라 민족 영웅이며 또 반인반신半人半神의 대중적인 우상이기도 하다."

1

폴란드의 클라코 기차역 근처 한 호텔에서 나는 2009년 11월 4일자 『데일리 텔레그래프』를 읽었다. 그 제27면에는 바츨라프 하벨 체코 대통령 특집 인터뷰 기사가 실려 있었다. 사진 속 하벨은 왼손을 반쯤 감아쥐고 자신의 뺨을 받친 채 미소짓고 있었다. 잔털로 덮인 수염과 눈썹은 그다지 정밀하지 못한 인쇄 기법으로 인해 더욱 해학적이면서도 온화하게 보였다. 20년 전 클라코의 막스 앤 스펜서 백화점 빌딩 발코니에 서 있던 그의 모습과 비교해보면 훨씬 성숙하고 우아해 보였다. 아마도 세월, 명성, 권력이 그를 시들게 하지 않고 더욱 매력적으로 변하게 한 것 같다. 중유럽 여행을 하다보면 우리는 도처에서 하벨의 존재를 느낄 수 있다. 벨벳 혁명[1]이 일어난 지 20년이 지났지만 우리는 하벨이 없었다면 체코, 심지어 전체 중유럽 사회가 어떻게 되었을지 상상하기 어렵다. 고압적이고 차갑고 허위적이고 분노가 가득하며 갑자기 해체되어가던 사회에 안정되고 이성적이고 관용적이고 정감이 풍부한 목소리는 얼마나 중요한 요소로 작용했겠는가? 그는 모든 사람을 다시 결집시켜 그들을 어둠에서 벗어나도록 격려하면서 그들이 겪고 있던 현실 속의 불편함을 위로했다. 또한 그는 자유에는 대가가 필요하고 우리는 그에 상응하는 책임을 져야 한다고 경고했다. 이전에 공산주의였던 모든 나라가 그 독재[강권] 시대에 대한 그리움에 직면한 적이 있다. — 잔혹한 기억이 사라져감에 따라 사회 형태의 전환 과정이 소용돌이 속으로 빠져들 수밖에 없었다. 사람들은 압제로 가득했던 그 시대를 미화하여 지금보다 더 안정적이며 사회적으로 더 많은 보장을 받았던 시대라고 공언했다.

그 신문의 23면에는 마오쩌둥에 관한 기사 한 편이 실려 있었다. 창사長沙에 지금 100피트 높이의 마오쩌둥 조각상이 설치되고 있다는 뉴스였다. 일찍이 중국 전역의 공공기관, 대학, 광장 등에 조성된 마오쩌둥의 전신상과 달리 이 새로운 조각상은 우뚝 서서 손을 흔드는 마오쩌둥 노년의 모습이 아니라 잘생기고 씩씩한 젊은 시절의 모습이며, 게다가 머리 부분만 조각을 한다는 것이었다. 사진상으로 볼 때 가설물로 둘러싸인 그 조각상은 이미 절반 정도 완성되어 있었고 파도처럼 물결치는 헤어스타일은 흡사 베토벤을 연상케 했다. 어떤 사람이 곁에서 이렇게 말했다. "이 모습은 역사적 실존 인물의 모습과는 잘 맞지 않는 것 같아. 스핑크스랑 비슷하잖아." 마오쩌둥은 확실히 중국 역사 속의 스핑크스다. 그가 세상을 떠난 지 벌써 33년이 지났지만, 그는 여전히 우리의 사상과 생활에 강력한 영향을 미치고 있다.

"마오쩌둥을 정확하게 평가하는 일은 단순한 감정상의 문제나 학술적인 문제가 아니라, 아주 중대한 정치적·사회적 문제다. 이러한 의미에서 우리는 중화인민공화국 60주년을 기념하는 이 시점에 객관적이고 이성적으로 그리고 진실하게 역사의 경험과 교훈을 총결해야 하지만, 마찬가지로 떳떳한 논리와 당당한 태도로 바로 직전 30년이 포함된 신중국 60년 역사를 널리 홍보해야 한다. 우리는 객관적이고 공정하게 마오쩌둥을 평가해야 할 뿐만 아니라 더욱 떳떳한 논리와 당당한 태도로 '마오쩌둥을 보위해야' 한다." 이것은 일군의 청년 학자들이 『중국 노선과 중국 모델中國道路與中國模式』이란 보고서에서 주장한 논리다. 중국 서부의 최대 도시인 충칭重慶에서는 "동녘이 붉게 물들더니 태양이 솟아오르고, 중국에서 마오쩌둥이 태어났다네"라는 노래가 광장, 공원, 집회 및 노래방에 가득 울려 퍼지고 있다. 홍콩에서는 한 억만장자가 앤디 워홀의 1972년작 「마오毛」를 1700만 달러에 매입했다. 뉴욕의 구겐하임 미술관에서는 세계적인 명성을 누리고 있는 한 중국인 예술가가 그의 전시회 도록에 다음과 같이 썼다. "우리에게 있어서 마오쩌둥은 20세기 후반에 가장 큰 영향을 미친 사람이다. 그는 우상이었고 하느님과 같았다. 그의 예술적 재능, 서예, 시, 군사 전략, 철학, 글쓰기와 혁명운동은 모두 우리 세대에게 깊은 영향을 미쳤다……." 베이징에서는 인터넷에서 마오쩌둥을 비판한 어떤 중학교 선생님이 일군의 마오쩌둥 지지자들에게 포위 공격을 당했다. 경제계에서는 사업가들이 집단적으로 마오쩌둥 사상에서 영감과 신념을 얻고 있다는 사실을 인정했다.

만약 내 기억이 틀리지 않는다면 이런 현상들은 마오쩌둥이 세상을 떠난 이래 두 번째로 달아오른 마오 신드롬이다. 그 첫 번째는 1990년대 초에 있었다. 당시에 자동차와 상점 카운터에는 마오 주석

사진이 걸려 있었고 서점에도 마오에 관한 저작이 넘쳐흘렀다. 「붉은 태양紅太陽」이라는 테이프는 한 달 만에 100만 개나 팔렸다. 마오쩌둥의 시사詩詞를 익숙하게 암송할 수 있는 베이징대 대학원생은 순식간에 일시를 풍미한 뉴스 속 인물이 되었다. 사람들에게 더욱 널리 알려진 전설은 선전深圳에서 발생한 한 교통사고에서 마오쩌둥의 사진을 걸고 다닌 운전기사만이 살아남았다는 이야기였다.

이것은 정말 눈이 휘둥그레질 만큼 엄청난 변화였다. 불과 10년 전만 해도 덩샤오핑이 '개혁 개방'이라는 새로운 정책을 선포한 지 얼마 되지 않아서, 신화서점新華書店 관리인은 그때까지도 서고書庫에 가득 쌓여 있던 『마오쩌둥 선집』 때문에 걱정이 이만저만이 아니었다. 더 이상 그 책에 관심을 갖는 사람이 아무도 없었던 것이다. 마오쩌둥의 명성은 밑바닥까지 곤두박질쳤다. 비록 역사의 재판정 피고석에 떠밀려 올라간 것은 '사인방'이었지만, 사람들은 마오쩌둥 자신도 그 죗값에서 벗어나기 어렵다는 사실을 깨닫고 있었다. 지식인들은 반성하기 시작했고 마오의 '개인숭배'가 온갖 재난의 원인이었다고 인식했다. 정치 무대에서 화궈펑華國鋒[2]이 정식으로 물러나자, 비록 마오의 초상화가 여전히 톈안먼 성루에 걸려 있고, 그의 유체도 아직 수정관水晶館 속에 진열되어 있기는 했지만, 마오의 유산은 더 이상 돌이킬 수 없을 정도로 퇴색한 듯했다. 사적인 대화에서 몇몇 역사학자는 다음과 같은 가정을 해보기도 했다. "만약 마오쩌둥이 1949년에 죽었다면 그는 당연히 아무 부끄럼 없는 위대한 인물이 되었을 것이다. 그는 중국을 통일했고, 중국을 독립시켰다. 혹 그가 1956년에 죽었다 해도 여전히 공산주의 진영의 영도자로 남았을 것이다. 중국의 사회주의 개조는 언뜻 대단히 성공한 것처럼 보였기 때문이다. 만약 그가 1966년에 죽었다면 그의 명성이 크게 훼손되었을 것이다. 그러나 그의 정책이 중국 역사에서 가장 처참한 기황饑荒을 초래해 다소 결함은 있지만 아직도 거인으로 대접받고 있다. 하지만 그는 1976년에야 세상을 떠났다. 10년에 걸친 문화대혁명 이후 그는 히틀러와 스탈린의 대열에 합류했다. 그들은 모두 역사에서 사람들이 가장 증오하는 독재자다.”

이러한 정서는 오래 지속될 수 없었다. 일부 지식인들 중에서도 마오쩌둥을 전반적으로 부정하는 사람은 유행을 쫓는 아주 소수의 지식인에 불과했다. 상당수의 보통 사람에게 있어서 마오쩌둥은 새로운 매력을 발산하는 인물이었다. 개혁의 진통은 1980년대에 이미 시작되고 있었다. 날개 돋친 물가, 곳곳에 만연한 부패, 정체된 임금, 신속하게 이뤄지는 빈부 격차 등의 사회 현상에 많은 사람이 분노하며 불안해했다. 일부 사람들에게서 마오쩌둥 시대의 평등, 즉 부유하지는 않았지만 그렇게 큰 격차도 없었던 시절의 평등에 대한 그리움이 생겨나기 시작했다. 톈안먼 사건(1989년 6월 4일) 이후 사회적 불안감과 공포심이 또 새롭게 마오쩌둥의 매력을 강화시켰다. 국가주의자들에게 대해서 말하자면 그들은 중국이 국제적으로 다시 고립무원의 상태에 처하자 대외적으로 강경 노선을 추구하던 마오쩌둥의 태도에 더욱 큰 동경심을 갖게 되었다. 대중에 대해서 말하자면 그들은 사회가 붕괴·분리되려는 걸 느끼고는, 즉 과거의 이데올로기는 이미 효력을 잃었지만 미래도 애매모호하다고 느끼고는 사상적 혼란과 정서적 미망에 빠져들었다. 이에 마오쩌둥의 이미지가 사람들에게 위로를 주었고, 사람들은 생활 속에서 여전히 확정된 어떤 것이 있어야 함을 느꼈다. 마오쩌둥은 정치적 인물일 뿐만 아니라 민족 영웅이며 또 반인반신半人半神(반은 인간, 반은 신)의 대중적인 우상이기도 하다. 마오쩌둥의 사진을 차에 걸고 다니는 택시 기사들은 그를 관공關公이나 진경秦瓊처럼[3] 떠받든다. 청년 학생들에게 있어서 마오쩌둥은 교정의 냉랭한 분위기에서 큰소리로 토론할 수 있는 몇 안 되는 화제의 주인공 중 한 사람이다. 마오쩌둥의 사상과 시사詩詞는 인기 그룹 샤오후두이小虎隊[4]의 노래, 유명 시인 왕궈전汪國眞[5]의 시와 함께 무대에 등장하기도 했다. 바야흐로 흥행하기 시작한 대중문화 비즈니스 기획자들은 마오의 이미지에서 이익 추구에 유리한 요소를 발견했다. 언론 검열이 아주 엄격한 중국이지만 마오쩌둥에 관한 모든 것은 대량으로 인쇄하여 출판할 수 있다.

이 열광적인 신드롬은 마오쩌둥 탄생 100주년 기념행사에 이르러 정점에 달했다. 심지어 궁정식 사생활이 끊임없이 폭로되어도 그의 영향력은 결코 줄어들지 않았다. 『마오쩌둥과 그의 여인들毛澤東和他的女人們』과 유사한 책이 광범위하게 유통되었고, 해적판 『마오쩌둥의 개인 의사毛澤東的私人醫生』라는 책도 음으로 양으로 널리 읽혔다. 사람들이 흔히 알고 있는 소박한 마오 주석, 즉 많이 먹어도 훙사오러우紅燒肉(돼지고기를 살짝 볶은 다음 간장을 넣어 다시 익힌 요리) 한 그릇 이상은 먹지 않는다는 그의 모습과는 달리 진실한 마오쩌둥의 사생활은 사치와 타락과 부패에 젖어 있어 봉건 시대의 제왕과 다를 바가 없었다. 그럼에도 불구하고 그의 매력은 전혀 사그라들지 않고 오히려 강화되었다. 그는 신격화된 모습을 벗어던지고 더욱 인간적인 모습으로 다가오고 있었던 것이다.

이러한 열기는 경제개혁 정책의 신속한 전개에 따라 점차 약화되는 듯했다. 사람들은 잠시 미망에서 벗어나서 새로운 사업 기회를 갖게 되었다. 그러나 마오쩌둥은 또 다른 방식으로 강력하게 생명을 이어가게 되었다. 새로운 비즈니스 엘리트들이 그의 열광적인 추종자로 떠올랐다. 한때 최고 갑부로 꼽혔던 머우치중牟其中[6]은 마오쩌둥처럼 머리를 올백으로 빗어 넘기고 창강長江강에서 수영을 하며 '강물 속에서 물결을 치다到中流擊水'라는 사진을 촬영했다. DHA 판매로 유명한 스위주史玉柱[7]는 마오쩌둥 시대의 인민 전쟁을 현대 사업과정의 인해전술로 바꾸었다. 그는 총사령부와 각 지역 '작전 구역'을 설립하고 '총공격령'의 형식을 발동하여 시장을 확장했다. 광고 문구도 '인민께서 증인이 되어주시라請人民作證'는 것이었다. 이들에게 있어서 1990년대의 사업 판도는 흡사 1949년 이전 중국에서 벌어진 전쟁과 같았다. 후난湖南 출신 농민 한 사람(마오쩌둥)이 자신의 모략과 수완에 의지하여 천하를 탈취했고, 이들도 사회의 변방에서 시대의 중심으로 도약해 들어왔다. 이들은 무기를 총포에서 광고와 홍보로 치환시켰고 병사를 외판 사원으로 변화시켰으며, 인민을 소비자로 바꾸었다. 이들은 '영웅 인물을 꼽아보려면 오늘날을 보라數英雄人物, 還看今朝'라는 마오쩌둥의 말을 속으로 되뇌며 중원에서 패권을 다투었다. 한 회사가 소규모에서 대규모로 발전하는 것은 마치 유격대가 정규군으로 변해가는 것과 같고, 회사의 관리도 당의 업무와 옌안 정풍운동延安整風運動을 처리하는 과정에서 유익한 성분을 섭취할 수 있다고 했다. 1990년대에는 야심가도 많았지만 실패자는 더욱 많았다. 국유 기업의 수많은 노동자는 대규모 퇴직 사태로 인해 마오쩌둥 시대를 그리워하지 않을 수 없었다. 마오쩌둥 시대에 그들은 존경받는 숙련 노동자였고 사회의 역량 있는 중견급 위치에 있었다.

지난 몇 년 동안 '마오쩌둥 신드롬'이 다시 수면 위로 떠올랐다. 집단적인 미련이 지난번 열기의 중심적인 정서였다면 이번에는 승리자의 자기만족이 대세를 이루고 있다. 마오쩌둥을 위해 환호하는 정부 관리, 비즈니스계의 엘리트, 인기 예술가, 저명한 지식인들은 이 시대의 흐름에 가장 잘 적응한 출세자이고, 새롭게 흥기한 중국의 지도자다. 마오쩌둥의 이미지는 개인의 운명을 지켜주는 수호신에서 또 다시 국가의 운명을 지휘하는 지도자로 복귀했다. 그가 창조한 국가주의의 철칙은 전 세계적인 경쟁 속에서 중국의 승리를 두드러지게 했다. 마오쩌둥은 '중국 모델'을 기초한 영웅이었다. 그는 심지어 바야흐로 중국이 갈구하는 소프트파워를 제공해주었다. 공자 아카데미는 전 세계로 퍼져나갔고, 마오쩌둥은 20세기 중국에서 가장 중요한 문화 수출 아이템이 되었다. 그의 혁명 어록은 40년 전 서구의 급진주의 학생들 사이에서 광범위하게 유포되었다. 그는 비틀즈, 체 게바라, 메릴린 먼로 등과 함께 20세기의 경전적 기호가 되었다. 중국 예술가들은 이제 그의 이미지·어록·사상을 전 세계 미술관, 비엔날레, 인기 신문 등에 전시·게재하고 있다. 마오쩌둥은 이제 번영하고 있는 현대 예술의 대변인이며 중국인이 보유하고 있는 창조력의 상징이 되고 있다.

2

1970년대에 마오쩌둥은 다시 중국을 방문한 에드거 스노에게 다음
과 같이 말했다. "나는 법도 없고 하늘도 없소, '중이 우산을 쓰면 법
도 없고 하늘도 없다和尚打傘, 無法無天'[8]는 속담처럼 말이오." 그가
1935년 옌안의 진실한 현실 상황을 통찰하지 못한 것과 마찬가지로
스노도 당시 마오쩌둥의 뜻을 깨닫지 못했다. 이어서 스노는 『생활生
活』잡지에 기고한 글에서 마오쩌둥을 '낡은 우산을 들고 세계를 떠도
는 외로운 스님'으로 묘사했다. 이 비유는 수많은 서구 독자에게 동
양적 선禪의 이미지를 풍부하게 전해주었다. 중국의 폐쇄적이고 광
적인 분위기는 마오쩌둥의 매력을 더욱 강화시켜주었다. 천진한 이
상주의자는 이 나라가 바야흐로 위대한 사회적 실험을 진행하고 관
료 시스템을 파괴하면서 자본주의와 소비주의의 소외 현상에 항거하
고 있다고 믿었다. 아울러 교육과 위생 영역도 새롭게 개선하여 보통

사람들에게 진정한 민주와 존엄을 부여하고 있다는 신념을 가졌다. 그리고 이 모든 것은 철학 의식을 풍부하게 갖춘 영수의 지도 아래 완성될 수 있다는 것이다. 또 다른 권력 숭배자들은 마오쩌둥이 보유한 지고무상의 권력에 아주 쉽게 경배를 올렸다. 당시로서는 8억의 인구를 가진 국가에서 그의 방종을 제약할 수 있는 사람, 조직, 역량은 아무(것)도 없었다.

아마도 오랫동안 중국 사회의 분위기에 젖어 산 사람이라야 '중이 우산을 쓰면 법도 없고 하늘도 없다'는 속담의 의미와 그 유혹에 대해 절실하고 분명한 이해를 할 수 있을 것이다. 상당수 중국인의 입장에서 말하자면 이점이 아마도 마오쩌둥이 지닌 매력의 본질이라고 할 수 있다. 마오쩌둥이 20세기 중국 역사에서 담당한 중심적인 역할, 그리고 그가 더욱 유구한 중국 역사에서 차지하고 있는 독특한 지위, 또 그가 아주 다양한 부문에서 발휘한 탁월한 재능을 부인할 수 있는 사람은 아무도 없다. 물론 이러한 재능은 모두 과장의 혐의에서 자유롭지 못하다. 강력한 선전 기관의 관리 아래 그의 착오와 실수도 모두 신속하게 은폐되었고, 본래 다른 사람이 이룩한 성과도 그의 이름으로 귀속되었다. 사실 가장 개인적인 분야에 속하는 시사詩詞와 서예 기법도 흔히 사람들이 지나치게 추켜세우는 것과 달리 창조성이 아주 부족하다. 당대唐代 시기詩歌를 연구해온 뛰어난 학자 아서 웨일리Arthur Waley는 이렇게 서술하고 있다. "(마오의 시는) 히틀러의 그림처럼 조잡하지는 않지만 처칠의 그림처럼 훌륭하지도 않다." 또 다른 예술사학자 시몬 레이스는 또 다음과 같이 그의 서예를 평가하고 있다. "처음 보면 세속의 작품과 다른 풍격에 놀라운 느낌이 들지만 실제로는 겉만 화려하고 실속이 없는 유아독존식 자만이 무례한 지경에까지 이르고 있다. 물론 그것을 방종이라고까지는 할 수 없지만……." 그는 지필묵의 세계에서는 방종으로 치달려가지 않았다 해도 현실 세계에서는 무절제한 방종으로 치우치고 말았다. 바로 이러한 방종이 그에게 일종의 '초인식'의 매력을 부여하고 있다. 그는 제3차 세계대전을 걱정하지 않았다. 왜냐하면 중국 인구의 절반을 죽일 수 있다는 준비를 하고 있었기 때문이다. 그는 가장 광적이고 야만적인 몽상가가 될 수 있었다. 왜냐하면 몽상이 초래할 수 있는 결과로서의 재난에 대해 전혀 개의치 않았기 때문이다. 그는 또 슈퍼 베스트셀러 작가와 인기 어록 창조자가 될 수 있었다. 왜냐하면 다른 사람의 언어와 사고를 금지했기 때문이다. 그리고 그는 종횡무진 활약하는 전략가가 될 수 있었다. 왜냐하면 국내에서는 그에게 대항하는 사람이 아무도 없었기 때문이다. 국가의 이익과 인민의 운명은 모두 점괘에 의지했다.

　이것은 결코 마오쩌둥 한 사람만의 힘에 의지한 것이 아니다. 수많은 객관적 요인이 그에게 이와 같은 방종의 토양을 제공해주었다. 길고 긴 전제주의의 전통, 근대 중국의 분열, 외세의 침략 등의 요인이 모두 강력한 영수에 대한 갈망을 부추겼다. 사람들은 그가 강력한 조직력을 갖고 그들의 공포와 미망을 제거한 뒤, 국가의 안전망을 마련한 바탕 위에서 온갖 치욕을 씻어주고, 이어서 그들의 인생에 바람직한 의미와 방향을 제시하고 그들의 인생이 지금부터 당당하게 새로 시작되었다는 사실을 선포해주기를 기대했다. 비평가 리제청李頡曾은 일찍이 마오쩌둥과 루쉰을 한 좌표의 양 극단으로 간주하면서 그들이 20세기의 어떤 사람들보다 중국의 곤경을 훨씬 잘 이해했다고 했다. 루쉰은 자신의 통찰을 국민성 비판으로 전환시킨 뒤 반신반의

하는 상태에서도 강철 방에서 깊이 잠든 사람들을 불러 깨우고자 했다. 그러나 마오쩌둥은 이런 능력으로 개인적인 야심과 환상을 실현한 뒤 가없는 자신의 권력욕을 만족시켰다.

장시江西의 AB단Anti-Bolshevik에서 옌안정풍운동에 이르기까지, 국공내전에서 한국전쟁, 반우파운동, 대약진운동, 중소분쟁, 문화대혁명에 이르기까지 개인적 권력 쟁취는 시종일관 마오쩌둥의 핵심 목표였다. 그의 입장에서는 이 세상에 아무것도 영원한 것이 없고 모든것이 상황에 따라 결정되는 걸로 인식되었다. 자신의 목표를 달성할수 있는 일이라면 서로 다른 역할도 기꺼이 맡을 수 있고 수시로 자신의 입장을 바꿀 수도 있었다. 이러한 태도가 그에게는 도덕적인 측면에서나 자신의 신념이라는 측면에서 아무런 거리낌이 없었다.

일본에 관한 마오쩌둥의 다음 말이 그의 이러한 태도를 더없이 선명하게 드러내주고 있다. 그것은 1964년 한 일본 대표단을 접견할때 언급한 내용이다. "우리가 해방된 후 난고 이치로南鄉一郎라는 자본가와 나는 이야기를 나눈 적이 있습니다. 그가 말하기를 '여러분 죄송합니다. 일본이 여러분을 침략했습니다'라고 하더군요. 내가 이렇게 말했습니다. '아니요, 일본 제국주의가 대규모 침략을 감행하여 중국의 절반을 점령하지 않았다면 전체 중국 인민이 단결하여 제국주의에 반대할 수 없었을 것이고, 중국 공산당도 승리를 거둘 수 없었을 것입니다.' 사실 일본 제국주의는 우리에게 아주 훌륭한 선생님이었어요. 첫째, 일본 제국주의는 장제스蔣介石를 약화시켰습니다. 둘째, 그 틈에 공산당의 근거지와 홍군은 큰 발전을 이룰 수 있었습니다. 항일전쟁 이전에 우리 군대는 30만에 달한 적이 있지만 우리 스스로 저지른 잘못 때문에 2만여 명으로 줄어들었습니다. 그러나 8

년 항일전쟁 기간 동안 우리 군대는 120만 명으로 늘어났습니다. 보십시오, 일본이 우리를 크게 도와준 것이 아닙니까?"

이 말 속에는 농담도 포함되어 있을 것이다. 또 이 말은 득의만만한 정치인 마오쩌둥이 아무 생각 없이 지껄인 말장난에 불과할 수도 있을 것이다. 그러나 누가 이것이 마오쩌둥의 일관된 논리 표명임을 부정할 수 있겠는가? 만약 일본의 침략이 공산당의 흥기에 도움을 주었다면 그것은 역사적 합리성을 갖고 있을 것이다. 그러나 그의 개인적인 권력과 욕망이 좌절되었을 때는 국가의 정권조차도 불필요하다고 생각했다. 그의 개인적인 앞길을 가로막는 장애물이 동지의 생명이든 아니면 민족의 운명이든 상관없이 그는 마음대로 그 모든 것을 희생시킬 수 있었다.

그러나 어떻게 이런 인물의 초상화가 여전히 톈안먼 성루 위에 걸려 있고, 그의 시체는 여전히 추앙을 받고 있고, 또 모두 변함없이 그를 그리워하고 있는가? 그의 이미지는 또 어째서 중국 굴기의 상징이 되어 전 세계의 소비 시스템 속으로 진입하게 되었는가? 그의 성취와 매력을 부인할 수 없지만 우리는 어떻게 그로 대표되는 거대한 암흑 세력에 맞서야 하는가? 그의 개인적인 오류는 중국 사회와 1000만 명의 보통 사람을 파괴하는 상처를 안겨주었다. 지금 우리는 이러한 점들을 보고도 못 본 체하는 것 같다.

한편으로는 마오쩌둥과 마오쩌둥 시대에 관한 반성이 여태껏 진정으로 시작된 적이 없다. 덩샤오핑이 또 하나의 흐루쇼프로 바뀔까봐 걱정이 되긴 하지만, 마오쩌둥은 지금까지 스탈린의 운명처럼 철저한 비난과 부정을 당한 적이 없다. 중국 공산당 입장에서는 마오쩌둥이 중국의 스탈린일 뿐만 아니라 중국의 레닌이기 때문에 그를 부정하는 것은 공산당 전체 역사의 합법성에 대한 부정을 의미한다. 마오쩌둥의 갖가지 언행과 그가 야기한 재난은 여전히 공문서檔案 자루 속에 깊이 잠들어 있다. 사실 관계가 전면적이고도 명확하게 정리되지 않으면 모든 비난은 지나치게 정서화되거나 심지어 단순화된 비난으로 치우치게 된다. 즉 마오쩌둥은 모든 불행의 근원이므로, 우리가 그의 그늘에서 벗어나기만 하면 자동으로 지혜와 정신의 순결을 얻을 수 있다고 단순화시키는 것이 그런 경향을 대표한다. 이것은 정말 풍자적인 결론이다. 사람들은 일찍이 마오쩌둥에 대한 무절제한 숭배와 과대포장을 통해 자신의 강력한 힘을 과시했다. 그러나 이제는 모든 죄목을 그에게 미루어버리고 자신은 아무 책임도 지지 않는다. 중국 공산당 정권도 틀림없이 소련의 교훈을 단단히 기억하고 있을 것이다. 고르바초프의 '공개적인 정책'이 소련 제국 붕괴의 첫걸음으로 작용했던 것이다. 갈수록 많은 비밀과 잔혹한 기억이 풀려나올 때 그것들은 해일과 같은 역량으로 현실을 뒤덮을 것이다.

관방의 압제는 단지 하나의 원인일 뿐이고 더욱 중요한 것은 절대다수의 중국인이 이 복잡한 역사와 어떻게 마주해야 하는지를 모른다는 점이다. 역사와 개인의 경력이 한데 뒤섞여 있고, 우리 모두는 서로 정도는 다르지만 이러한 비극적인 역사의 공모자이기도 하다. 러시아 역사학자 미하일 게프트는 이렇게 말한 적이 있다. "스탈린주의의 진정한 역량과 지속적인 유산은 국가 권력 구조도 아니고, 지도자에 대한 개인숭배도 아니며, 바로 우리 개개인의 마음속에 파고들어온 그의 영향력이다." 우리 몇 세대 중국인들에게도 모든 사람의 몸속에 마오쩌둥이 한 명씩 거주하고 있다. 두 세대에 한정해서 말해보더라도 그들이 열정적으로 옌안으로 치달려갔든 자신이 직접 신중국 건설과 문화대혁명을 겪었든, 이상도 좋고 청춘도 좋지만 그 과정에서 갖가지 재난을 겪으면서도 시종일관 마오쩌둥이 그들의 생명 역정에서 가장 중요한 부분으로 작용했다. 이것은 그들이 자신의 감정을 쏟아부어 스스로 선택한 결과였다. 자신의 과거를 철저하게 부정한다는 것은 정말 이만저만 어려운 일이 아니다. 이처럼 우리가 이해해줄 만한 정감의 배후에 중국 사회의 더욱 심층적인 곤경이 감추어져 있다. 마오쩌둥은 '권력'과 '악惡'에 대한 절대 다수 중국인의 태도를 두드러지게 드러내주고 있다.

거의 모든 사람은 마오쩌둥처럼 '법도 없고 하늘도 없는' 방종의 권력을 갈망한다. 식욕이나 성욕과 마찬가지로 권력욕도 인간 본연의 욕망이다. 그러나 그것이 중국 사회보다 더 집중되고(정치·경제·문화 권력이 늘 혼합되어 있고, 뒤의 두 가지는 항상 전자에 종속된다) 더 불평등한 사회는 아주 드물다. 심지어 중국인들은 이러한 형태를 습관적으로 받아들인다. 즉 자신이 무한한 권력과 자유를 보유하든지 아니면 다른 권력에 비참하게 노역을 당하든지 둘 중 하나의 형태로 살아가야 한다고 생각한다. 또한 인구가 지나치게 많고 부족한 물자로 인해 모종의 특별한 권력이 개인 생활을 유지하는 기본적인 보증 수표라고 여기고 있다. 근대의 내우외환이 닥치기 전에도 중국 사회는 고요하고 자족적인 향촌 사회라기보다는 온통 권력의 그물망으로 가닥가닥 뒤덮인 부패 사회였다. 이른바 조설근曹雪芹이 묘사한 '가우촌賈雨村의 세계'⁹였을 뿐만 아니라, 역사학자 우쓰吳思가 간파한 바와 같은 '불문율(배후의 규칙)'로 가득 찬 세계였다. 어떤 의미에서 권력은 중국 사회의 종교라고 할 수 있다. 그것은 생활을 안전하게 보장해주고 인생에 의미를 부여해주며, 갖가지 환락과 고통의 원천이기도 하다. 현대적 이데올로기와 기술의 힘을 빌려 마오쩌둥은 권력의 집중을 극단으로까지 밀어올렸다. 황제들도 관료 시스템의 통제를 받지는 않았지만 적어도 표면적으로는 선조들의 전통이나 유가儒家의 원리를 존중하고 하늘의 심판을 두려워해야 했다. 그들에게는 마오쩌둥처럼 그렇게 많은 사람을 동원하여 자신의 의지를 사회 구석구석에까지 전달할 수 있는 수단이 없었다. 마오가 "진 시황과 한 무제는 문학적 재능이 좀 부족하고, 당 태종과 송 태조는 시적 재능이 좀 모자라는구나秦皇漢武略輸文采, 唐宗宋祖稍遜風騷"[10]라고 탄식했을 때, 그는 아마도 자신의 능력에 대해 한도 끝도 없는 자신감으로 충만했을 것이다. 그는 전통 질서가 붕괴되고 현대 기술이 탄생하던 시대에 생활했기 때문에 무장한 현대 군대를 동원하여 방송이라는 거대한 확성기를 모든 마을에 설치하고 자신의 저작물을 모든 인민의 수중에까지 전달할 수 있었다. 그는 전통을 이해하지 않아도 되었고 루이 14세처럼 "내가 죽은 뒤 대홍수 따위야 알게 뭐냐"라는 망발을 해도 됐다.

이러한 권력은 외부의 제어장치도 없었고 내면의 반성도 부족할 수밖에 없었다. 이것은 '악惡'에 대한 우리의 태도와도 밀접하게 연관되어 있다. 한나 아렌트는 1945년에 다음과 같이 서술했다. "악惡이 장차 전후 유럽 지식인 사회의 근본 문제가 될 것이다. 마치 죽음이 지난 제1차 세계대전 이후의 근본 문제가 된 것처럼." '악'은 본래 포스트 마오쩌둥 시대의 근본 문제가 되어야 마땅하다. 1950년에서 1976년까지 점차 수위가 높아진 폭력과 거기에 수반된 죽음 및 원한이 중국을 석권하면서 그 악영향이 모든 사회 조직에까지 파고들었고, 가장 은밀한 가정과 개인의 사생활에까지 스며들었다. 남편과 아내도 서로의 경계를 분명하게 그어야 했고, 아들은 아버지를 비판대 위로 밀어올렸으며, 학생들은 선생님을 구타했고 무장 투쟁은 사람이 사람을 잡아먹는 지경에까지 이르렀다. 그 과정에서 상식적으로는 생각할 수 없는 잔혹함과 사악함이 연출되었으며 사람들은 모두 그 폭풍우 속으로 휘말려 들어갔다. 사람들은 피해자인 동시에 가해자였고 증인이었다. 모든 일이 마오쩌둥 어록을 외치는 사람들의 함성 가운데서 일어났다. 그러나 반성은 지금까지도 진정으로 시작된 적이 없다. 린뱌오林彪와 사인방四人幇[11]은 역사의 속죄양이 되었고, 상흔문학傷痕文學[12]은 사람들을 모두 피해자로 분장시켰다. 원로 작가 바진巴金이 행한 약간의 자아 참회[13]가 한동안 사람들의 찬양을 받았을 뿐이다.

죄악이 상세하게 기록되지 못하고 하나하나 해체되지 못할 때 그것은 기억하기 어려운 모호한 상태로 변한다. 이러한 경향은 중국의 문화적 전통과 밀접한 관계를 맺고 있다. 중국 문화에서는 지금까지도 악惡에 대한 심층적 해석이 발전하지 못했다. 악은 생명의 불가피한 한 측면으로 여겨지지 않고 정상에서 벗어난 일탈 행위로만 여겨졌다. 사람들은 갖가지 방식으로 악을 억누르고 회피하면서 그것을 하나의 도덕 문제로 단순화시켰다. 그러나 마오쩌둥 시대를 거치면서 가련하게도 이처럼 표피적인 도덕적 구속력까지도 상실하고 말았다. 허위적인 군자는 진정한 건달로 모습을 바꾸었고, 악도 최후의 제어 장치를 잃어버리고 당당하게 현실 무대에 등장했다.

그리하여 오늘날 우리는 마오쩌둥 추종자들의 신상에서 권력에 대한 미련과 도덕적 마비 증세를 관찰할 수 있다. 20년 전 마오쩌둥 신드롬의 열기가 충만하던 시절, 사회 개혁의 희생자를 추모하는 사람들의 신상에도 특권에 대한 그리움이 가득 차 있지 않았던가? 그들은 일찍이 중국의 특권자로서 자산계급과 지식인을 타도했고 관료들과도 비판투쟁을 벌였다. 이러한 열기 배후에는 끊임없이 들끓어 오르는 민족주의 정서가 숨어 있다. 조지 오웰이 언급한 것처럼 모든 민족주의자는 권력의 열렬한 지지자들이며, 그들은 개인의 권력욕을 집단의 배후에 은닉하고 있을 뿐이다. 국가주의자들의 입장에서는 국가가 강대해질 수만 있다면 어떤 대가를 지불하더라도 아무 상관이 없다고 여긴다. 물론 그 전제는 그들이 희생자가 아니라 성공의 중심에 서는 것이다. 그것이 사업가들에게 있어서는 기업 윤리는 돌아볼 필요도 없고 이윤 추구만이 최종적인 합법성을 보장해준다고 인식된다. 예술가들에게 있어서는 국제시장에서의 성공과 개인의 영예만이 궁극적인 목표로 인식된다. 그들은 예술가에 대해 책임감을 갖고 성실하게 역사와 현실을 마주해야 하는 존재로 생각하지 않는다. 마오쩌둥 시대의 가곡을 소리 높여 부르는 관리들은 세상 사람들을 향해 누가 이 홍색 정권의 계승자인지 외쳐 묻는다. 그들은 모두 어떠한 도덕적인 곤경이나 괴로움도 느끼지 못한 채, 양심이란 성공의 길을 가로막는 모종의 장애물 정도로만 여긴다. 현재 청년 세대에게 있어서는 이러한 역사 기억이 나날이 변질되어 그들은 문혁을 아쉽게 참여하지 못한 격정의 세월로 잘못 생각하고 있다. 그들은 총체적인 도덕 질서가 붕괴된 결과를 짊어지고 결국 적나라한 사회적 다원주의의 신봉자가 되어가고 있다.

전체 사회와 모든 구성원은 반드시 이에 대한 대가를 지불해야 한다. 그러나 기실 우리는 지금 바로 대가를 지불하고 있는 것이 아니다. 전체 사회의 붕괴에 대해 불만을 가지고 있으면서도 잔혹과 냉담이 넘쳐흐르지 않는 곳이 없다. 이러한 현상은 마오쩌둥의 유산 그리고 마오쩌둥에 대한 우리의 태도와 긴밀하게 연관되어 있다.

제4장

음모의
공황

"음모론과 굴욕감은 모두 일찍이 중요한 역할을 담당했다. 이것
들은 자신이 사면초가의 곤경에 처해 있다는 사실을 인정하지
않은 적이 한 번도 없다. 세계가 자신을 엄청나게 오해하고 있다
는 사실을 인정하지 않은 적이 한 번도 없다. 자신이 모든 굴욕
을 당하고 있다고 생각하지 않은 적이 한 번도 없다. 자신의 국
가 및 문화의 특수성을 굳게 믿지 않은 적이 한 번도 없다. 사회
내부의 논쟁을 억압하지 않은 적이 한 번도 없다. 자신의 국민에
게 개인이란 아무 가치도 없으며 오직 국가에 헌신하는 것만이
숭고한 인생이라는 사실을 확신시키려 시도하지 않은 적이 한
번도 없다……. 이러한 시기에 사회 전환의 고통, 역사의 굴욕,
야심가의 선동, 영예에 대한 갈망 등이 기묘하게 뒤섞여 농렬하
고 매력적인 독주毒酒가 만들어지고 있다."

1

『일곱 가지 금융 음모Seven Financial Conspiracies』라는 책은 저자 세라 에머리Sarah Emery를 사회적 영향력의 극점에까지 밀어올렸다. 19세기 미국 여성계에서는 에밀리 디킨슨이 가장 심오한 심령의 소유자였고, 에머리는 항거와 분노의 대표자로 인식되었다. 1895년 세상을 떠나기 직전까지도 에머리는 휴식을 모르는 강연자, 사회활동가, 페미니스트 그리고 선전 팸플릿 작가였다. 디킨슨이 자신의 내면을 향해 독백하는 사이에 에머리는 미국 중서부 농민들에게서 광범위한 공감을 얻었다.

이 책은 1887년에 출판되었고 그 이후 5년 사이에 36만 부 넘게 인쇄했다. 당시 미국 인구 7000만 명이 그렇게 넓은 대륙에 점점이 흩어져 살고 있었고, 또 셈에 넣을 수도 없는 해적판까지 고려한다면 이 책의 인쇄량은 실로 경이로운 숫자라고 할 만하다.

에머리는 이 책을 "장차 사망할 공화국에 노역하는 국민"에게 바친다고 썼다. 수많은 미국인이 자신이 바로 그중 한 사람이라고 믿었다. 남북전쟁 후의 미국에는 한 차례의 도금鍍金 시대가 도래했다. 석유 채굴, 철도 개설, 강철 공장 설립 등을 통해 미국은 산업자본주의 시대로 진입했다. 미국 대륙을 관통한 철도망, 개통된 수에즈 운하, 대서양을 이은 해저 케이블 등은 오스트레일리아에서 아르헨티나까지 그리고 다시 오래된 나라 중국과 인도까지도 모두 전 세계 시장의 일부분으로 만들었고, 그것을 또 모든 미국 농민의 생활과 연결시켜 주었다. 그것은 글로벌화의 물결이었다.

일부 사람들은 그 가운데서 무한한 기회를 발견했다. 그들은 강철왕, 철도왕, 석유왕, 목화왕이 되어 전대미문의 재산을 축적했다. 그러나 인간의 생활이 바야흐로 이해할 수 없는 혼란 속으로 끌려들어 간다고 느끼는 사람이 훨씬 많았다. 농민들은 자신들이 수확한 농산물을 원래의 좋은 가격에 팔 수 없고 또 자신들의 고된 노동이 생활을 개선시키지 못한다는 사실을 알게 되었다.

확연히 다른 두 개의 미국이 생겨나고 있었다. 그 하나는 새로운 재산과 권력에 의지하여 교만과 과시에 빠진 기업인, 금융인, 도시인의 미국으로 거기서는 전통적인 도덕이 소멸되고 있었다. 또 다른 하나는 근면하고 검소하고 순진한 시골 사람들의 미국이었다. 후자는 전자에 의해 잔혹하게 착취당하고 있었다. 남북전쟁이 바로 그 상징이었고 산업화된 북부가 농장 경제 위주의 남부에 승리를 거두었다.

도처에서 불만과 소동이 잉태되면서 지난날의 견고한 신념도 흔들리고 있었다. 이 거대한 대륙은 일찍이 모든 사람에게 자유와 풍요를 허락했고, '새로운 개척지'가 대대로 새로운 이주민을 유혹하고 있었다. 그러나 이제는 갈수록 더 많은 사람이 기회가 점점 줄어들고 있다고 느끼고 있으며, 어떤 무형의 강대한 힘에 의해 자신들의 삶이 조종당하고 있다는 생각을 했다.

에머리는 이 모든 불안, 초조, 분노, 곤혹을 조장해온 분명한 적을 찾아냈다. 그것은 바로 월가의 금융인들이다. 그들이 바로 미국을 타락시키고 있다는 것이다.

이러한 세라 에머리의 고발을 더욱더 밀고 간 사람도 있다. 그는 바로 또 다른 팸플릿 작가 윌리엄 하비William H. Harvey다. 그의 관점에 따르면 타락의 근원은 월가가 아니라 영국 런던의 유대인 금융가 로스차일드 가문이고, 바로 이 가문이 전체 미국을 파괴하려 한다고 했다. 1894에 출판된 『동전 금융학교Coin's Financial School』라는 책은 7년 전에 출판된 『일곱 가지 금융 음모』보다 훨씬 더 인기 있는 베스트셀러였다. 이 책은 11개월 동안 40만 부가 팔렸다. 한 국회의원은 다음과 같은 사실을 발견했다. "신문팔이들이 모든 기차역에서 이 책을 팔고 있고, 모든 담배 가게에서도 이 책을 팔고 있으며 (…) 거의 모든 사람이 이 책을 읽고 있다."

세라 에머리와 윌리엄 하비를 기억하는 사람은 매우 드물다. 더더욱 그들의 작품을 읽은 사람은 거의 없다. 이 책들은 과장이 심하고 갖가지 편견에 물들어 있다. 그러나 우리가 19세기 후반기의 미국 역사를 이해하려면 이 책들을 에돌아갈 수 없다. 이 책들은 미국이 도시화, 글로벌화, 금융화의 세계로 진입해 들어가면서 보여준 상처와 초조함을 잘 보여준다. 또 이 책들은 인류 사회의 탐닉과 편집증을 이해함에 있어서 더없이 좋은 자료로 제공될 수 있다. 한 사회가 사상적 혼란과 내면의 초조함에 빠져들 때면 단순하고 독단적인 결론이 ―그것이 얼마나 이성을 결핍하고 있는지는 상관없이― 흔히 전체 사회의 상상력을 빼앗아가곤 한다. 이 점도 인류 사회의 영원한 유혹과 재난의 원천이다.

미국의 200년 역사에서 세라 에머리와 윌리엄 하비의 음모론은 이제 더 이상 신선하지도 않고 또 아직 종결되지도 않은 채 갖가지 다른 모습으로 출현하고 있다. 역사학자 리처드 호프스태터Richard Hofstadter는 미국 건국 초기에 이미 미국인들이 항상 유럽발 국제 음모가 자신들의 젊은 공화국을 파괴할까봐 걱정했고, 그 음모가 주로 정치와 종교 영역으로부터 온다는 사실을 발견했다. 19세기 말에 이르러 음모론은 금융과 경제 영역에 대한 위협으로 변모했다. 그러나 20세기 중반기에 이르러서는 미국이 더 이상 유럽을 걱정하지 않게 되었지만 이제 동양의 공산주의가 사람들의 마음을 덮었다. 사람들은 미국 대통령 스티븐 클리블랜드조차도 유대인 은행가의 대리인에 불과하다는 윌리엄 하비식의 음모론을 더 이상 순진하게 믿지 않는다. 그러나 이 같은 유언비어는 끊임없이 떠돌고 있다. 즉 존 F. 케네디는 공산주의의 대리인이고, 그의 암살은 소련 공산주의가 그에게 부여한 임무를 그가 완성할 수 없었고, 또 미국에서 신속하게 프롤레타리아 혁명을 실현할 수 없었기 때문에 일어난 일이라는 것이다.

세계적인 범위에서 보면 세라 에머리와 윌리엄 하비에 호응하는 이가 여태껏 줄어든 적이 없다. 그것은 아마도 17세기 영국의 마녀 사냥과 비슷한 것으로 보인다. 1920년대 독일에서도 수많은 독일인이 유대인의 조작으로 자신들의 위대한 국가가 전쟁에서 패배해 결국 굴욕을 당하게 되었다고 믿었다. 1990년대 일본에서도 일부 사람들은 미국 금융가들이 강제로 플라자 합의에 조인하게 하여 번영 중인 일본 경제를 굴복시켰다고 생각했다. 최신의 사례는 바로 2007년 중국에서 쑹훙빙宋鴻兵이라는 아마추어 역사학자가 쓴 『화폐전쟁 貨幣戰爭』[1]이라는 책이다.

『동전 금융학교』와 『일곱 가지 금융 음모』처럼 『화폐전쟁』에서도 저자는 자신이 역사의 비밀을 발견했다고 선언했다. 미국에 거주하고 있는 아마추어 역사학자의 논리정연한 선언에 의하면 워털루 전쟁, 6명의 미국 대통령 사망, 히틀러의 등장, 일본 경제의 거품 붕괴, 아시아 금융 위기 등 두 세기를 뛰어넘고 서로 상관이 없는 듯한 사건은 사실상 모두 소규모 그룹 국제 은행가가 '화폐 발행권'을 쟁취하기 위해 벌인 사건이며 로스차일드 가문은 그중에서 가장 뚜렷한 역할을 담당하고 있는 그룹이라는 것이다.

출판사에서도 마지못해 이 책의 출판에 동의했다. 문체가 거칠고 책의 논리와 팩트가 사람들을 설득하지 못할 것으로 보였기 때문에 많아야 1만 부 정도의 매출을 예상했고, 저자 자신도 전혀 기대를 하지 않았다고 한다. 쑹훙빙은 1960년대 말 쓰촨四川에서 태어나 1990년대 초에 미국으로 건너가서 금융설계사와 금융분석사 일을 했다. 대부분의 미국 중산 계급과 유일하게 다른 점은 바로 그가 역사애호가라는 점이다. 이 책의 출판은 애초에 개인의 작은 허영심을 만족시키기 위한 일에 불과했다.

그러나 이어진 2년 동안 이 책은 200만 부 이상 팔렸고 해적판도 전국 거리의 좌판에 좍 깔렸다. 대중이 이 책을 열정적으로 옹호했을 뿐만 아니라 일부 정계와 재계의 주요 인물들도 이 책을 읽고 마음이 움직였다. 한 경제학자는 다음과 같이 언급했다. "어떤 기업의 고위 간부가 최근에 나에게 이 책에 실린 모든 것이 사실 같지 않느냐고 물어왔다." 또 다른 경제학자도 사적으로 말하기를, 부총리 한 분이 그에게 이 책을 정책 결정에 참고할 수 있는지를 자문해왔다고 했다. 몇몇 정부 부서에서는 이 책을 대량으로 구입하여 학습하도록 했다고 한다. 그리하여 저자는 중국인으로서는 몸값이 가장 비싼 강연자가 되어 대중 영웅으로 추앙받고 있다. 그는 『비즈니스 위크』에서 중국에 영향을 미치는 40명의 인물 중 한 명으로 선정되어 후진타오, 왕치산王岐山, 류촨즈柳傳志, 장쯔이章子怡[2]와 어깨를 나란히 하고 있다. 뜻밖의 성공으로 깜짝 놀란 아마추어 역사학자는 이제 내로라하는 예언가로 변모했다. 2년 전에 그는 "이 책이 이처럼 베스트셀러가 되어 고위층 지도자들까지 읽을 줄은 상상도 하지 못했다"고 했다. 그러나 2년 후 그의 명함에는 '글로벌 재정 경제 연구원장環球財經研究院院長'이란 직함이 새겨져 있다. 그는 이제 토론회에 참석하고 신문 잡지와 TV 방송국에 등장하여 대중에게 그의 '화폐전쟁' 이론을 설파하고 있다.

이 책이 어째서 이렇게 큰 성공을 거둘 수 있었을까? 로스차일드 가문 자체만으로는 그렇게 많은 독자의 흥미를 끌어낼 수 없었을 것이다. 설령 유대인이 중국인들의 어떤 특별한 감정을 자극할 수 있다 해도 그것은 음모론과는 거의 관계없는 일이다. 그러나 중국인들은 유대인의 금전 장악력에는 찬탄을 금치 못한다. 중국에서 사업 수완이 가장 뛰어난 원저우溫州와 차오저우潮州 사람들은 스스로를 '동양의 유대인'이라고 부른다. 심지어 유대인들은 중국인의 자존심을 높여주는 존재로 인식된다. 중국 문화가 세계에서 유일무이한 유대 문화를 동화시켰고 1930년대 상하이에서는 중국인들이 비분강개하며 다수의 유럽 유대인 난민 구조활동에 나서기도 했다.

중국인들을 매료시킨 것은 음모론과 중국의 관계다. 『화폐전쟁』의 저자는 서문에서 다음과 같이 공언하고 있다. "이 책의 목적은 18세기 이래 지속되어온 세계적인 금융 사건 배후의 검은손을 폭로하는 데 있다. 그리하여 이자들의 전략 목표와 상용 수법을 다시 드러내어 관찰하고 체득하고 대비하고 총결하려고 한다. (…) 또 이를 통해 그들이 앞으로 중국을 타격하려는 주 공격 방향을 예측하고, 이에 대한 중국의 반격 방법을 심도 깊게 토론하고자 한다." 그는 "포연은 보이지 않지만 전쟁은 이미 시작되었다"는 신념을 갖고 있다. 전쟁의 적수는 미국의 금융 공무원과 은행가들이며, 그들은 로스차일드 가문의 또 다른 계승자이기도 하다. 만약 로스차일드가 19세기 역사에 책임을 져야 한다면 이들 미국 금융가도 소련 붕괴, 일본 경제 와해, 동남아 금융 위기 발발의 막후 인물이 되는 셈이며, 이제 중국이 그들의 다음 목표가 되고 있다는 것이다.

2

남북전쟁 이후의 미국처럼 1978년 이후의 중국도 또 하나의 '도금시대鍍金時代'를 맞아 경제 성장이 시대적 주제로 떠오르고 있었다. 오랜 기간에 걸친 정치운동과 물자 부족 현상을 겪은 후 사람들은 무엇이든 생산하고 무엇이든 소비하려고 했다. 이상은 이미 파괴되었고 물질이 최후의 자유와 희망을 대표하고 있었다. 욕망도 놀랄 만한 개혁을 촉진했고, 30년 동안 중국은 산업화, 도시화, 정보화, 세계화, 시장화 등 여러 역량에 의해 다시 태어나고 있었다. 처음에 사람들은 마음속으로부터 우러나오는 희열을 느꼈다. 그들은 더욱 자유로워졌고 생활의 가능성은 확장되었으며 이전의 금기 사항도 타파되었다. 생활에 대한 그들의 기대는 끊임없이 향상되었다.

그들은 모종의 자유를 얻음과 동시에 새로운 초조감에 시달려야 했다. 이제 출신 계급, 정치적 면모, 학력 정도는 더 이상 중요하지 않게 되었지만 바야흐로 금전이 새로운 주재자가 되고 있었다. 생활의 모든 것이 금전화되었다. 자유, 존엄, 사랑, 우정, 개인의 가치, 생활의 의미 등을 모두 돈으로 저울질할 수 있게 되었다. 더욱 좋지 않은 현상은 우리 자신이 이러한 새로운 시스템 속에서 반드시 성공할 수 없고, 또 잠시 성공을 거두었다 하더라도 그 성공을 오래 유지할 수 없다는 사실을 발견했다는 것이다. 돈은 그처럼 불안한 것이었고, 경제적 수치도 그처럼 잔혹했다. 그것은 우리에게 즉각적인 만족을 가져다주는 동시에 우리를 끝도 없는 초조감에 시달리게 했다. 우리는 엄청나게 부자로 변한 일부 사람들을 목도했다. 그들은 옛날 나와 평등한 생활을 영위하던 친구들인데 지금은 완전히 다른 생활을 하고 있다. 더욱 두려운 것은 그 많던 기회가 재빠르게 줄어들고 있으며 부의 분배도 이미 고정화되고 있다는 예감이 확산되고 있다는 점이다. 성공한 이들도 다른 사람보다 훨씬 용감하거나 지혜로운 것이 아니라 권력관계에 의지하여 재산을 축적한 사람이 많았다. 우리는 그들을 부러워하면서도 분하고 불공평한 느낌을 지울 수 없다.

주식시장은 마치 이런 금전화된 인생의 축소판이라고 할 수 있다. 크게 치솟는 급등 곡선과 주가 상승 수치는 기쁨과 행복의 근원이 되었고 생활은 추상화된 숫자로 변하고 말았다. 우리가 호흡하는 공기 속 도처에는 돈 냄새가 짙게 덮여 있고, 그것은 끝없는 욕망을 부추기는 동시에 알 수 없는 불안감도 조성하고 있다. 그러나 주식시장이 갑자기 붕괴되면 원인이 무엇인지 분명하게 설명할 수도 없고 자기가 보유한 주식이 갑자기 반 토막 난 것만 체감하게 된다. 마치 적수도 없고 형체도 없는 도적놈이 돌연 우리의 모든 것을 깡그리 약탈해 간 것 같아서 내 운명을 나 스스로도 어떻게 할 수 없는 것으로 느끼게 된다.

　주가 상승이 가져다준 안도감이 사라지면 생활의 불안감이 부단히 늘어난다. 우리는 아직 주택과 자동차도 살 수 없는 형편인데, 지금 우리가 사먹는 식품에 독이 있는지, 병원에서 죽어가는 가족을 보고도 손을 쓰지 못하는 건 아닌지, 아이를 어떻게 좋은 학교에 보낼 수 있는지 등의 일을 걱정해야 한다. 즉 30년 동안 일궈온 경제 성장의 자산이 사회보장 시스템으로 바뀌지 못했을 뿐만 아니라 사회적으로 만족할 만한 공공시설조차 아직 건설되지 못하고 있는 것이다. 문득 우리는 이 작고 작은 나의 가정이 사회적 무질서의 모든 결과를 감당하고 있다는 사실을 발견하게 된다. 우리는 아침에 일어나 아이들을 유치원이나 학교에 데려다줘야 하고, 저녁에는 아이들과 함께 밤늦게까지 숙제를 해야 한다. 또 매일 절망적인 교통 시스템 속에서 두 시간을 허비해야 하고 나의 모든 인간관계를 동원하여 편찮으신 부모님을 위해 병원 침대를 잡아드려야 한다. 그러나 옛날에 잠시 도움을 주던 모든 인적 네트워크, 즉 친척·친구들과 심지어 나에게 열심히 소개팅을 주선해주던 사무실 여자 선배조차 천천히 나의 네트워크에서 사라져간다. 우리는 이 방대한 사회경쟁 전장에서 혈혈단신으로 싸워야 한다.

　여기에 수반된 더욱 강력한 어떤 느낌이 이제 우리의 뇌리를 엄습해온다. 즉 우리는 중국이 날이 갈수록 부유해지고 있고, 우리 곁의 사람들도 갈수록 부유해지고 있다고 느끼지만, 자신의 생활은 갈수록 더 어려워지고 있으며, 모든 것이 상승하고 있지만 자신의 수입은 전혀 오르지 않는다고 느낀다. 우리는 자신의 삶이 예측할 수 없는 힘에 의해 조종되고 있다는 걸 깨닫게 된다.

컴퓨터 모니터 속의 가상세계에서 잠시나마 위로를 얻을 수 있고 거기에 나 자신의 좌절과 분노를 표현할 수도 있다. 그러나 그것은 우리에게 새로운 문제, 즉 전대미문의 복잡한 문제를 끌어다놓고 있다. 이렇게 짧은 시간에 우리는 이렇게 많은 정보를 이해해야 한다. 말하자면 수경주택水景住宅에서 자기부상 열차까지, 한漢 무제武帝에서 주식시장까지, 컨베이어 관리 시스템에서 웹 2.0까지, 가짜 휴대전화에서 렘 콜하스의 건축 이론까지, 량차오웨이梁朝偉(홍콩 영화배우)의 눈빛에서 마이클 잭슨의 문워크까지, 다우 존스 지수에서 인민폐 환율 등등까지 정보를 모두 이해해야 하는 것이다. 또한 우리는 수많은 사람이 중국의 기적을 이야기하는 것을 듣고 있다. 중국은 세계의 영향을 받고 있을 뿐만 아니라 세계에 영향을 주고 있으며 전세계의 돈이 중국으로 쏟아져 들어오고 있다는 것이다. 메이드 인 차이나가 전 세계로 수출된 후 중국은 글로벌화의 마지막 단계, 즉 아마도 가장 이해하기 어렵고 가장 통제하기 어려운 과정으로 여겨지는 금융의 글로벌화로 진입하고 있다. 본래의 불안감이 이 복잡한 과정의 도래로 인해 더욱 심화되고 있다. 주식 투자자들은 이미 오래전부터 해외 핫머니hot money가 어떻게 각국의 증시를 약탈해왔는가를 토론했으며, 이제 그러한 위험이 더욱 분명하게 닥쳐왔다는 사실을 체감하고 있다.

『화폐전쟁』은 대중의 마음을 꿰뚫으며 날로 심화되는 그들의 불안한 일상생활에 모종의 해석을 가해주었다. 하지만 저들 지도층은 왜 이 황당한 책에 호응했을까? 이치로 따지자면 저들은 일반 대중보다 훨씬 명확하게 상황을 파악하고 있었을 것이고 그렇다면 훨씬 장기적인 상황 판단 능력을 갖추고 있었을 것이다. 그런데 어째서 이 졸렬한 음모론에 휩쓸려 들어간 것일까?

정치학자 루시안 파이Lucian Pye(중국 이름 白魯恂)는 일찍이 중국의 정치생활에 '현대인'이 부족하다고 탄식한 적이 있다. 중국에서 권력을 획득한 사람은 현대세계를 분명하게 이해한 사람들이 아니고, 중국의 전통적인 게임 규칙에 더 익숙한 사람들이라는 것이다. 중국 정치의 폐쇄성이 지도자들로 하여금 저절로 음모론의 신봉자가 되게 했고, 그들의 승진과 전직도 모종의 음모론 위에 서 있다고 생각하게 했다. 이것은 특이한 현상으로 고착되었고 중국 지도자들은 이중의 역할을 떠맡고 있다. 국내 정치에서 그들은 일련의 게임 규칙을 준수한다. 이 게임 규칙은 권력투쟁을 핵심에 두고 다른 사람의 말과 안색을 자세히 살피면서 명철보신을 추구한다. 그리고 이데올로기를 숙련되게 운용하여 자신을 변호하고 원칙 없이 개인적인 충성을 바치는 것을 그들 자신의 능력 발휘라고 생각한다. 그러나 중국이 국제 무대로 진입하려면 글로벌 경제, 기후 온난화 등의 주제를 토론할 수 있어야 한다. 중국 지도자들은 다른 나라 지도자들과 같은 자리에서 토론해야 할 때 이 새로운 역할을 어떻게 담당해야 할지 알지 못한다. 그들은 끝도 없는 정치투쟁 과정에서는 초인적인 능력을 발휘하지만 현대 국가를 어떻게 이끌어가야 하는지, 금융 시스템을 어떻게 이해해야 하는지에 대해서는 거의 무지의 상태를 드러내고 있다. 그들은 내심 당황한 나머지 더욱 공허한 개념으로 자신들의 무지를 은폐하려고 하는 것이다. 이에 경제 문제는 이데올로기 문제로 변화시키고 환율 문제는 민족의 대의로 치환시킨다. 게다가 눈앞에서 급박하게 진행되고 있는 국내 문제는 국제 문제의 하나로 성격을 바꾸어버린다. 그리하여 정상적인 해결 방안은 반드시 국가의 이익에 복무하는 것이라고 결론짓는다. 환율도 더 이상 환율 문제가 아니며, 금융도 더 이상 경제 문제에 그치지 않고 또 다른 전쟁으로 간주된다. 전쟁 상황 아래에서는 정부가 모든 비상수단을 동원할 수 있다.

3

제국주의가 다시 돌아왔다. 쑹훙빙이 신속하게 인기를 얻고 있을 때 단 한 명의 경제학자가 그와 어깨를 나란히 하며 독자들의 환영을 받고 있었다. 그는 아마추어 역사학자 쑹훙빙과는 달리 제대로 경제 공부를 한 랑셴핑朗咸平, Larry H. P. Lang이었다.[3] 그는 현재 경제학 교수이면서 날카로운 입심을 자랑하는 토크쇼 진행자이기도 하다. 그러나 그는 지난 2년 동안 제국주의에 관한 레닌의 논저를 읽기 시작했다고 공개적으로 밝혔다. 독자들의 광범위한 환영을 받는 그의 일련의 저서에는 『산업 사슬 음모産業鏈陰謀』 『중국에서의 신제국주의新帝國主義在中國』 등이 있다. 랑셴핑은 균형을 잃은 중국 경제 구조와 중국인들이 느끼는 보편적인 박탈감을 분석하는 과정에서 진실하고도 믿을 만한 적을 찾아냈다. 제국주의의 최고 형식인 금융자본주의가 바로 그것이다. 그것은 벌써부터 형체도 없이 잔혹하게 우리를 약탈해왔다.

이것은 관방과 일반 백성들이 모두 기꺼이 받아들일 수 있는 해석이다. 여기에는 일견 합리적인 논리가 갖추어져 있는 것처럼 보일 뿐만 아니라 이 나라 백성들이 오랫동안 내면적으로 느껴온 감수성과도 밀접한 관련을 맺고 있는 듯하다. 한 세기 동안 중국인들은 근대 중국의 모든 참극이 제국주의에 의해 야기되었다는 논조에 익숙하게 젖어 있었다. 우리가 랑셴핑의 저서 『중국에서의 신제국주의』에 흥미를 느낀다면 역사학자 후성胡繩[4]의 저서 『제국주의와 중국 정치帝國主義與中國政治』도 함께 읽을 만할 것이다. 후자의 저서는 1948년에 출판되었고, 이 책에서 저자는 근대 중국에서 발생한 수많은 문제의 원인을 제국주의라는 명쾌하고도 개탄스러운 정답으로 귀결시키고 있다. 당시는 중국공산당의 승리가 임박한 때여서 이 책의 주장과 이념은 많은 중국인에게 믿음을 주었다. 즉 중국의 모든 문제는 장차 새로운 정권이 들어선 후 즉시 해결될 것이라는 믿음이 그것이었다. 이 책은 1948년에 출판되었고 나는 1953년에 출판된 제3판을 가지고 있다. 1953년은 한국전쟁이 막바지에 달한 시점이었다. 많은 중국인은 '미 제국주의'가 '8국 연합군'[5]을 대신하여 중국의 독립과 부강을 압살하려 한다는 인상을 받았다.

지금은 우리도 후성이 이데올로기에 깊이 침윤된 역사학자라는 사실을 알고 있다. 중국 당국의 한국전쟁 참전도 결코 불가피한 일이 아니라, 마오쩌둥이 '미 제국주의'를 강조하며 국내의 인력을 동원하려는 또 다른 방식이었다. 그는 끝없는 혁명을 통해 중국이 세계 혁명의 중심이 되길 갈망하면서, 최후에는 중국식 혁명 모델을 세계에 수출하려 했다. 그러나 '선전'이라는 용어로만 후성의 저작을 이해하는 것은 아주 편협한 태도라고 할 수밖에 없다. 그는 확실히 수많은 중국인의 민감한 신경계를 건드리고 있다. 한 세기 동안 중국인의 굴욕감은 끊임없이 늘어왔다. 이러한 굴욕감은 방대하고 잡다하면서도 애매하다. 그것은 전란·소동·사망에서 온 것일 수도 있고, 일상생활의 빈곤과 불공평함에서 온 것일 수도 있다. 우리에게 상처를 주는 것은 아마도 관리, 경찰, 투기 상인, 폭력배나 심지어 우리 곁에 있는 친구일 수도 있다. 바야흐로 물질이 부족하고 도덕이 땅에 떨어져서 모든 사람이 서로서로 투쟁에만 전념하는 시대로 접어든 것이다. 우리에게 압박을 가해온 모든 계층 가운데, 서구에서 온 외국인이 아마도 최상위층을 점령했던 듯하다. 그들은 자신들의 안전이 보장된 조차지에서 혼란하고 가난하고 더러운 중국인들과는 확연히 다른 생활을 영위했다. 그들은 오만하고 고고하게 상층부에 군림하면서 때로는 대포를 사용하여 우리를 포격하기도 했다. 그들을 건드릴 특권을 가진 사람은 아무도 없었다. 태평천국을 평정한 증국번曾國藩도 '천진 기독교 사건天津教案'[6]을 아주 조심스럽게 처리해야 했다. 이처럼 청나라를 다시 건국했다고 일컬어지는 인물조차 결국 서양 전도사에게 죄를 지을까봐 노심초사해야 했다. 중국을 반세기나 통치한 서태후西太后도 창망히 베이징을 떠나 줄행랑을 놓아야 했다. 승격임심僧格林沁[7]의 정예병이든 아니면 의화단의 강력한 무공이든 모두 그들의 총포에는 대적할 수 없었다. 황제 제도가 타도되고 공화 제도가 시행되고 나서도 그들의 특권은 조금도 건드릴 수 없었고 심지어 더욱 광범위한 지역으로 확대되기까지 했다. 공장과 상점을 마음대로 열자 도처에 서양의 옷감, 성냥, 담배, 석유가 흘러넘쳤다. 위안스카이袁世凱에서 장제스蔣介石에 이르는 중국군의 강자들도 그들의 도움을 받기 위해 있는 힘을 다 바쳐야 했다. 이와 동시에 중국은 날이 갈수록 붕괴와 분열의 길을 걷게 되어 도처에 좌절과 분노와 절망의 정서가 팽배했다.

이러한 좌절과 분노와 절망의 정서에서 해방되기 위해서는 '제국주의'를 질책하는 것보다 더 적합한 방법은 없었다. 제국주의는 등급 질서의 최상층에 속했을 뿐만 아니라 외국에서 들어온 이단자였고, 보통 중국 사람들과의 거리도 무척 요원한 침략자였다. 제국주의자들에 대한 질책은 중국인의 정서에도 맞고 이치에도 맞는 행위였으며, 스스로의 내부를 단결시키는 일종의 추동력이기도 했다. 일치단결하여 외래 침략에 대항하자는 정서 속에서 중국 내부의 분열과 모순은 잠시 소홀하게 취급해도 되었다. 그것은 또한 '피해자'로서의 콤플렉스에서 해방되기 위한 과정이기도 했다. 중국인과 중국은 모두 피해자이므로 자신의 실패에 책임을 질 필요가 없고, 제국주의자들이 이에 대한 책임을 전부 져야 한다는 것이다.

후성의 저작에는 다음과 같은 논리가 감추어져 있다. 즉 청나라에서 중화민국에 이르기까지(그는 1924년까지만 서술했다. 그렇지 않았다면 국민당 정권까지 포함시켜야 했을 것이다) 중국의 모든 정권은 제국주의의 도구에 불과했기 때문에 중국의 곤경이 심화되었다. 따라서 공산당의 성립에 의해서만 중국이 독립을 얻을 수 있게 되었고, 이에 따라 제국주의도 중국을 떠날 수밖에 없게 되어 중국이 장차 부강과 번영을 누릴 수 있게 되었다.

새로 건국된 신중국은 서양 상인을 쫓아내고 그들의 재산을 압류한 뒤 그들의 외교관까지 축출했다. 아울러 정말 뜻밖에도 한국전쟁에서 미국과 무승부를 이루었다. 비록 중국 측 사상자도 매우 많았지만 건국한 지 얼마 안 된 신생국의 입장에서는 놀랄 만한 성과였다. 길고 긴 굴욕의 역사를 회고해보면 이것은 서양 국가, 그것도 가장 강력한 서양 국가에 처음으로 승리한 사건이었다.

그러나 중국은 수많은 제국주의자를 쫓아내고 또 다른 제국주의자 소련의 품으로 뛰어들었다. 소련이 '사회주의의 큰형님'으로 불렸지만, 제국주의의 성격을 지닌 나라임에는 틀림없다. 소련과의 관계가 파탄이 난 후 중국은 진정으로 모든 제국주의의 영향에서 벗어났다. 그러나 이에 수반되어 에덴동산은 도래하지 않았다. 오히려 이와 반대로 더욱 심각한 곤경이 이어졌다. 대기황으로 초래된 아사자의 숫자가 이전의 모든 전쟁과 침략자에 의해 희생된 사람들 숫자보다 훨씬 많았다. 이제 중국에는 어떤 '제국주의자'도 없지만 '제국주의'는 여전히 사람들의 생활 속에 빈번하게 출현하고 있었다. 사람들은 점차 다음과 같은 인상을 받게 되었다. 즉 제국주의자들은 여전히 중국을 단단히 포위하고 있다. 그들의 봉쇄와 제제 조치가 중국을 이처럼 곤경에 빠져들게 하고 있다. 그들은 '평화 공세' 정책을 실시하여 철저하게 중국을 타도하고 흔들림 없는 안정을 이룩하려고 했다. 이에 대항하는 중국의 모순점이 현재 관방의 문건에도 나타나고 있을 뿐만 아니라 일반 사람들의 마음속에도 깊이 스며들어 있다. 즉 한편으로 우리는 '제국주의'에 대해 심각하게 우려하고 있으며, 제국주의는 여전히 없는 데가 없이 두루 퍼져 있고 '우리를 망하게 하려는 마음을 포기하지 않고 있기 때문에' 적극적으로 앞으로의 전투에 대비해야 한다는 것이다. 또 다른 한편으로 '제국주의'는 단지 '종이호랑이'에 불과해서 단칼에 베어버릴 수 있고, 그것의 허약함으로 우리의 강대함을 증명할 수 있다는 모순된 태도를 드러내기도 한다.

하지만 지금 제국주의는 금융가의 면모로 다시 돌아왔다. 과연 그것이 또 다른 종이호랑이에 불과할까?

4

화폐전쟁에 대한 우려와 신제국주의에 대한 공포는 중국 경제가 신속하게 발전하는 시점에 일어났다. 세계는 중국의 글로벌 마케팅과 방대한 외화보유량에 놀라움을 금치 못했다. 또 급속하게 성장하는 GDP 수치도 마치 수수께끼처럼 사람들의 끝없는 상상력을 자극했다.

중국은 마치 고도의 낙관과 비관 사이에서 진자운동을 하는 것처럼 보인다. 한편으로 중국은 자신의 휘황찬란한 업적에 득의만만해하며 중국의 세기가 이미 도래했음을 인정하고 있다. 그러나 다른 한편으로는 적의로 가득 찬 세계가 더없이 나약한 자신을 포위하고 있음을 체감하고 있기도 하다.

비슷한 사례가 끊임없이 나타나고 있다. 중국에 대해 찬탄을 아끼지 않은 저작 『중국이 세계를 지배하면』의 중국어판에는 편집자가 특별히 다음과 같은 문장을 삽입하여 도론導論으로 삼고 있다. "1800년

독재의 유혹

이후 이루어진 유럽 경제의 비약적인 발전은 아시아의 발전을 회피하는 방식을 채용했을 뿐만 아니라 때로는 경제와 군사적 수단을 종합적으로 운용하여 아시아 국가들이 동일한 길을 걷도록 강제했다." 이 도론 옆에는 다음과 같이 아편전쟁에 대한 묘사가 실려 있다. "중국인들은 이 전쟁이 강대하고도 풍요로운 중앙의 제국을 한 발짝 한 발짝씩 굴욕의 수렁으로 밀어넣었다고 믿고 있다." 이것은 아마도 무의식적인 편집의 결과이겠지만 여기에는 중국 사회 내부에 잠재되어 있는 모종의 보편적인 정서가 드러나고 있다. 즉 우리의 성공을 대대적으로 선전할 때도 우리는 옛날에도 피해자였으며 지금도 여전히 피해자란 사실을 사람들에게 일깨우기를 잊지 않고 있다는 것이다.

심지어 중국에 대한 찬탄도 음모일 수 있다고 믿는다. 「서구의 '중국 모델' 띄우기는 중국을 '자만에 빠뜨리기 위한 미끼'로 의심됨 — 일본을 전철로 삼자西方熱炒'中國模式'疑'捧殺' — 日本爲前車之鑒」라는 기사를 어떤 신문에서 실은 적이 있다. 이 기사에 따르면 서구인들이 '중국 모델'을 토론하는 것은 중국에 더 많은 책임을 지우기 위한 것이고, 더 나아가 중국이 서구의 가치관에 맞춰 카드를 내도록 유도하기 위한 음모라는 것이다. '서구에 맞춰 카드를 낸다'는 것은 결국 중국의 비극을 의미하는 것이고 일본이 바로 그 전철을 밟았다는 것이라고 분석했다. 바로 30년 전에 서구인들이 '일본 모델'을 대대적으로 찬양하면서 일본인들의 두뇌를 멍청하게 만든 뒤, 마침내 일본 경제의 파멸과 쇠퇴를 이끌어냈다는 것이다.

무엇이 이처럼 격렬한 정서 불안을 야기했는가? 그것은 중국 특유의 경제 구조와 밀접하게 연관되어 있다. 13억 인구는 규모상으로는 엄청난 승리를 거두고 있지만 그 모든 성과는 아주 미세하게 변하고 만다. 우리는 수치상으로 세계에서 두 번째로 큰 경제 공동체를 목도하고 있지만, 일인당 평균 소득에서는 전 세계 127위에 해당되는 극빈국의 실체를 직접 체감하고 있다. 제도의 실패로 이러한 불균형은 더욱 심각한 상태에 이르고 있다. 같은 시기에 번영하는 대도시와 쇠락하는 농촌을 바라보면 상이한 시대의 시공간을 오가는 듯한 느낌을 준다. 우리는 또한 우주선을 발사할 수 있고 초호화 올림픽을 개최할 수 있는 나라에서 갓난아이에게 깨끗한 분유를 제공할 방법이 없고 또 젊은이들의 영혼을 고양시키는 교육을 제공할 수 없다는 사실을 발견하게 된다. 국가의 역량은 더할 수 없이 강대하지만 개인의 운명은 언제나 견딜 수 없을 정도로 연약하기만 한 것이다. 중국의 굴기로 많은 승리자가 만들어졌지만 마찬가지로 더욱 많은 수의 실패자도 생겨났다. 그 실패자들은 물질적인 불이익을 감당해야 할 뿐만 아니라 정신적으로도 심각한 불균형 상태에서 괴로움을 겪어야 한다. 무질서한 사회 시스템이 그들의 개인생활에 끝도 없는 치욕을 안겨주고 있다.

더욱이 그것은 정보 조작의 결과이기도 하다. 마오쩌둥 시대에 정부는 사람들의 눈과 귀를 막고 오직 정치적인 수요에 따라 정보를 제공했다. 미국이 어떤 모양의 나라인지 전혀 알지도 못하면서 중국에서는 어린아이들조차도 '미 제국주의'를 소리 높여 질책할 줄 안다. 또 '소련 수정주의 분자'를 비난하면서 자신은 행복한 시대에 살고 있다고 생각한다. 지금은 아마도 정보를 통제하기 어려운 시대에 살고 있지만 관방에서는 여전히 여론 조작에 많은 힘을 쏟고 있다. 사람들은 공적인 공간에서는 중국의 심층적인 곤경이나 그것에 관한 상이한 목소리를 보기도 듣기도 어렵다. 부단히 강조되고 있는 것은 13

억 인구의 집체적인 성취이므로, 개체의 비극은 언제나 그 이면에 가려져 있다. 중국에 대한 외국인들의 평가를 인용할 때도 사람들은 언제나 서구 사회의 다원화된 목소리는 생략하고 그들의 단편적인 정보만을 절취하여 사용한다. 그리하여 때때로 중국 독자들은 미국에서 아프리카까지 모든 세계가 중국을 찬양하고 있다는 느낌에 사로잡힌다. 그러나 특히 중국과 미국·일본 사이에 마찰이 생기고 또 타이완과 티베트 문제를 언급할 때면 또 다른 방식의 정보 조작 활동이 나타나기도 한다. 즉 전체 서구 국가가 모두 중국을 통제하면서 중국에 대해 대대적인 적대감을 드러내고 있다는 것이다. 중국인의 안목에서 보면 국가란 언제나 확연히 다른 두 가지 환상 속에서 흔들리고 있다. 더욱 복잡한 공적인 의제議題를 다룰 때, 그것이 금융정책이든 외교관계이든 상관없이 이에 대한 토론은 언제나 주류 이데올로기에 의해 제한을 받을 뿐만 아니라 지식 부족 문제에 의해 제한을 받기도 한다. 집단적인 무지로 인해 어떤 간단한 답안도 강한 유혹의 힘을 발휘하게 된다.

관방에서는 여전히 기억을 조작하기 위해 노력하고 있다. 외국에서 온 관찰자들은 중국의 공공생활 가운데서 역사의 치욕을 연기하는 배우가 얼마나 중요한 배역인지를 아주 쉽게 발견할 수 있을 것이다. 아편전쟁, 원명원 소진, 갑오 청일전쟁, 팔국 연합군, 신축조약, 항일전쟁 등 모든 중국인은 이러한 역사적 사건을 익숙하게 알고 있다. 근대 중국은 외세에 의해 끝도 없이 분열되면서 무엇에도 비유할 수 없는 굴욕을 당했다고 인식하고 있다. '백년국치'란 말은 초중고 교과서를 관통하고 있고 또한 박물관, 애국주의 교육 기지, 영화, 신문, 잡지, TV 스크린에도 빈번하게 출현하고 있다. 지난날의 굴욕감

119

은 오늘날의 '음모론'에 새로운 연료를 보태주고 있다.

역사를 기억하는 것은 결코 잘못된 일이 아니다. 그러나 선택된 기억은 언제나 정치적 조종에 의해 만들어진다. 정치적 조종은 '역사의 유령'을 특이한 방식으로 현실 생활 속에 불러낸다. 우리는 놀랍게도 여태껏 고통을 받은 적이 없는 스무 살 젊은이들이 언제나 '백년국치'란 말을 입에 달고 살며 외국인과 충돌이 일어났을 때 그 말을 숙련되게 사용한다는 사실을 발견하게 된다. 그들은 다원화된 목소리에 익숙하지 않아서 어떤 상이한 주장도 모두 대항으로 이해하고 자신의 의견과 일치하지 않는 어떤 행위도 모두 자신에 대한 모욕으로 간주한다.

개인 생활 속의 보편적인 불안감, 역사 치욕에 대한 강조, 자신과 외부 세계에 대한 무지, 공적인 공간의 단일화, 반성 의식의 결핍 등 이 모든 요인이 극단적인 대중 정서를 숙성시키고 있다. 불안감과 굴욕감은 아주 쉽게 분노감, 복수심, 심지어 공격적 성향으로 바뀔 수 있다.

5

이것이 단지 전환기에 드러나는 불가피한 사상적·감정적 혼란에 불과한 것일까? 이러한 정서를 과소평가하는 것은 위험한 일이다. 그것은 저절로 지나가지 않기 때문이다. 세라 에머리와 윌리엄 하비가 불러일으킨 초조감과 분노는 19세기 말에 민수주의閔粹主義 운동으로 전환되었을 뿐만 아니라 미국의 군사 확장 이론의 기초 자료로 제공되었다. 이는 리처드 호프스태터가 "사람들은 항상 무례한 짓으로 자신의 좌절에 보응을 받고자 하고, 다른 사람을 위협함으로써 자신의 초조함을 완화시키려 한다"고 평한 바와 같다. 1880년대 미국의 불안한 정서는 1890년대에 이르러 더욱더 침략적으로 변하기 시작하면서 더욱 강력한 군사행동으로 나서기도 했다. 미국인들은 '로스차일드'의 영국식 음모론을 걱정하는 태도에서 영국과 전쟁도 불사해야 한다는 강경론을 주장하며, 영국의 그늘 아래에서 살아가던 굴욕감을 깨끗이 씻어냈다.

미국은 마침내 전쟁에 나섰지만 그들의 적은 영국이 아니었다. 미국은 쿠바와 필리핀을 스페인의 부패한 압제에서 해방시키려 한다고 공언했다. 다양한 원인이 이 두 가지 소규모 전쟁을 선동했다. 그것은 미국 언론인 조지프 퓰리처Joseph Pulitzer와 윌리엄 허스트William R. Hearst의 선동과도 관계가 있고, 아울러 미국 엘리트들이 자신들의 원대한 포부를 실현하기 위한 수단으로 이 전쟁을 이용하기도 했다. 그들은 미국의 사명과 책임을 크게 외치면서 전쟁을 통해 명예를 찾고 미국을 용속한 자본가들의 수중에서 구출해야 한다고 했다. 이것은 물론 광적인 군중 심리에 의해 조장된 것이다. 사람들은 자기 내면의 공포를 완화하기 위해 어떤 극단적인 행동에 투신하여 잠시나마 자신의 곤경을 망각하고자 한다. 이러한 정서는 모종의 폭동이나 대외 전쟁으로 바뀔 수도 있다. 야심가들은 이러한 정서를 조종하기를 즐기기도 하지만 이러한 정서에 잡아먹힐 가능성도 있다. 미국 대통령 매킨리는 어쩔 수 없이 스페인과 전쟁해야 하고, 그렇지 않으면 분노에 찬 국내 군중의 울분에 대응할 방법이 없다는 사실을 알게 되었다. 미국은 최종적으로 이러한 사회 불안에서 벗어났지만 그들이 의지한 것은 전쟁이 아니었고 자국 내의 진보운동이었다. 진보운동은 사회의 질병을 조금씩 치료하면서 미국의 건강을 회복하게 했다.

지금의 중국은 어떤가? 우리는 이러한 정서가 일부 사람들의 일시적인 광기에 불과하고 『화폐전쟁』이나 『중국에서의 신제국주의』란 저작도 일종의 화젯거리에 불과하다고 말할 수 있다. 같은 시기에 화제가 된 저작으로 『중국은 불쾌하다中國不高興』[8]와 『중국 일어서다中國站起來』[9]라는 책도 있다. 이 저작들도 공포와 초조가 바야흐로 분노와 폭력으로 전환되는 모습을 상징적으로 보여주고 있다. '화폐전쟁'에 대한 우려는 '중국 해체'의 공포로 나아갔고, 심지어 미국과의 전쟁이 임박했다는 위기감으로 드러나기도 했다. 또 다이쉬戴旭라는 군사이론가는 쑹훙빙과 랑셴핑의 복제 인간처럼 행동하며 '중국이 지금 C형 포위망에 갇혀 있다'며 울분을 터뜨리고 있다. 그의 어조에는 비분과 절망감이 감돌고 있다. 그는 중국이 군사력을 신속하게 확충하고 조정하지 않으면 외국으로부터 착취당하는 데 그치지 않고 망국의 지경에 빠질지 모른다고 경고한다.

모뤄는 그의 저작 『중국 일어서다』에서 더욱 불만스러운 감정을 드러내고 있다. "우리는 심지어 전시 동원 방식으로 전 민족의 역량을 조직해야 하고, 근래 중국의 굴기와 성공을 보장하기 위해 전심전력을 다해 결사항전해야 한다."

이러한 언급은 어쩌면 실의한 문인이 사회의 주목을 끌기 위해 내세운 과장된 기교에 불과할지도 모른다. 그러나 중국 정부는 몇 가지 구체적인 행동으로 이러한 정서에 호응했다. 중국 정부는 영국 국적과 일본 국적 마약상 각각 1명에게 사형 선고를 내렸다. 또 일부 재판을 비공개로 진행하면서 호주의 리오 틴토 그룹Rio Tinto Group 고용원 3명을 감옥에 보냈다. 그중에서 호주 국적의 한 인사는 무려 10년이라는 장기 징역형에 처해졌다. 또 중국 정부는 인터넷 검열을 조금도 완화하지 않음으로써 구글을 중국에서 떠나게 했다. 이러한 일들은 단지 법조문의 엄격한 적용이라기보다는 정치적인 수요에 의해 결정된 사항이라고 할 수 있다. 중국은 바야흐로 외국에 대해 더욱 강경한 태도를 보이면서 나날이 강화되는 국내 민족주의 정서를 어느 정도 위로하는 데 힘을 기울이고 있다.

우리는 이 대목에서 미국 웨스트포인트의 군사이론가들이 밤낮없이 중국과의 전쟁에 대해 토론하고 있으며, 미국 기자들도 늘 『눈앞에 닥쳐온 미중 충돌The Coming Conflict with China』[10]과 같은 저작을 출판하고 있고, TV 상업 프로그램의 진행자들도 하루 종일 '중국 위협론'을 들먹이고 있다는 사실을 떠올리게 된다. 상황이 이와 같은데 우리가 무엇 때문에 저들과 유사한 중국의 언론을 우려할 필요가 있겠는가? 그러나 미국은 내면적으로 절제와 균형을 잡을 줄 아는 사회다. 설령 사회가 음모론으로 빠져들어갈 때라도 우리는 그것에 대해 강력하게 의문을 제기하는 목소리를 들을 수 있다. 내가 끊임없이 인용하고 있는 리처드 호프스태터는 바로 극단주의가 맹렬하게 기세를 떨칠 때 한 시기를 진동시킨 『미국 정치의 편집증The Paranoid Style in American Politics, and Other Essays』이란 책을 출간했다. 사회가 어쩔 수 없이 광기에 빠져들 때라도 자성의 목소리가 없다면 광기는 아주 쉽게 폭력을 동반한 파괴적 행위로 변하고 만다. 더욱 중요한 점은 미국 사회의 다원적인 가치관이다. 지향이 다른 사회 조직들이 정치적으로 상호 견제하며 스스로의 편향을 교정하고 있기 때문에 이러한 극단성도 정상적인 궤도로 진입할 수 있게 된다.

모든 국가가 이와 같은 행운을 누릴 수 있는 것은 결코 아니다. 나치 독일, 파시스트 이탈리아, 군국주의 일본은 모두 또 다른 극단으로 치닫고 말았다. 이 과정에서 음모론과 굴욕감은 모두 일찍이 중요한 역할을 담당했다. 이것들은 자신이 사면초가의 곤경에 처해 있다는 사실을 인정하지 않은 적이 한 번도 없다. 세계가 자신을 엄청나게 오해하고 있다는 사실을 인정하지 않은 적이 한 번도 없다. 자신이 모든 굴욕을 당하고 있다고 생각하지 않은 적이 한 번도 없다. 자

124

신의 국가 및 문화의 특수성을 굳게 믿지 않은 적이 한 번도 없다. 사회 내부의 논쟁을 억압하지 않은 적이 한 번도 없다. 자신의 국민에게 개인이란 아무 가치가 없으며 오직 국가에 헌신하는 것만이 숭고한 인생이라는 사실을 확신시키려 시도하지 않은 적이 한 번도 없다. 이러한 시기에 사회 전환의 고통, 역사의 굴욕, 야심가의 선동, 영예에 대한 갈망 등이 기묘하게 뒤섞여 농밀하고 매력적인 독주毒酒가 만들어지고 있다. 사람을 매혹시키는 이와 같은 독주의 배후에는 사회 전환의 진통이 난산의 고통으로 바뀌고 있다.

중국은 바로 이러한 시기에 처하여 사람들이 사회에서 보편적으로 좌절과 분노를 느끼며 귀속감을 찾지 못하고 있고, 다른 한편으로는 대국 굴기의 상황이 사람들에게 놀랄 만한 환각을 가져다주면서 지난날의 굴욕과 외국의 음모를 전혀 잊지 못하게 하고 있다. 그러나 정치적 폐쇄성이 자성과 의문의 목소리를 억압하고 있기 때문에 독립적인 사회 조직은 생존하기가 매우 어렵다. 분노와 초조가 건설적인 힘으로 전환되지 못하면 결국 폭력적 파괴력으로 뒤바뀌고 만다. 이러한 파괴력은 민수주의民粹主義(인민주의)와 국가주의에 대한 흡인력을 강화시킨다. 왜냐하면 이러한 활동에 투신하면 잠시나마 고립무원의 상태 및 좌절감·곤혹감을 망각하고 일시적인 허영심과 권력욕을 향유할 수 있기 때문이다. 그러나 이러한 허영심과 권력욕은 아마도 더욱 심각한 비극으로 치닫게 될 것이다.

제5장

특수성의
유혹

"1980년대에 그들은 전통을 공격하고 정치개혁에 관심을 기울이며 자유와 인권과 민주를 요구했다. 그러나 지금은 국학에 심취해 있고 점진적인 개혁과 민족주의를 신봉한다. 그들이 강조하는 것은 현 정치적 틀 안에서의 조정이다. 그들은 인간 본연의 시각이 아니라 국가 권력의 시각으로 문제를 바라본다. 그리하여 엄혹한 현실 정치를 회피하고 있을 뿐만 아니라, 아마도 이전에 가졌던 급진적인 사상에 대해서도 반성을 수행하고 있는 듯하다. 즉 중국의 현실 상황은 매우 복잡하여 간단하게 해답을 찾을 수 없으므로, 서구로부터도 그 해답을 찾을 수 없다는 반성이 그것이다."

1

1942년 7월 일군의 일본 사상가와 학자들이 교토에서 한 차례 학술 토론회를 개최했다. 그들 중에는 하이데거를 번역한 철학자와 마르크스주의를 신봉하는 경제학자, 그리고 일본 전통에 심취한 작가와 영화감독도 있었다. 토론회의 주제는 '어떻게 모던modern을 극복할 것인가?'와 '일본의 세계적 사명'이었다. 당시는 진주만 공습 이후 8개월 정도 지난 시점이어서 대부분의 일본인처럼 그들도 미국과의 싸움에서 승리한 희열에 휩싸여 있었다.

토론회의 주제가 표명하는 것처럼 그들은 군사상의 승리를 사상과 학술 영역으로 확장시키려는 의도를 지니고 있었다. 그들의 뇌리에서 '미국'은 '서구'를 대표하고 서구는 '모던'을 의미하는 어휘였다. 일본은 일찍부터 전심전력으로 '모던'을 자기 것으로 만들려고 힘을 쏟았고 이제는 그것과의 전투에서 승리를 거두게 된 것이다. 한 역사학자는 다음과 같이 세밀한 분석을 했다. "전승"은 "경제적인 측면에서의 자본주의에 대한 승리" "정치적 측면에서의 민주제도에 대한 승리" "사상적 측면에서의 자유주의에 대한 승리", 그리고 마지막으로 "세계를 주도해온 유럽에 대한 승리"를 의미한다.

이것은 마치 메이지 시대에 대한 반역처럼 보인다. 1850년에서 1910년까지의 긴 세월 동안 '계몽과 문명'은 일본 근대의 주제였다. 일본은 장구한 역사의 스승이었던 중국을 버리고 서구에 의지해야만 무지몽매에서 벗어나 문명을 쟁취할 수 있다는 믿음을 갖게 되었다. 그들은 독일을 모델로 육군을 만들었고 영국인의 지도로 해군을 창설했다. 그들은 현대적 산업을 도입하여 교통과 우편 시설을 갖추었다. 또한 사법부를 세워 '개인의 권리가 경시되고 경찰이 전횡하던' 혼란한 국면을 바로잡았다. 새로운 헌법에는 마음대로 시민을 체포할 수 없고, 재산권은 보호되고, 시민은 종교·언론·결사의 자유를 향유한다는 규정이 포함되어 있었다. 일본 정부에서는 또 교육 제도를 개혁하여 자국 청년들의 서구 유학을 장려했다. 사람들은 쇠고기를 먹고, 긴 바지를 입고, 우산을 휴대하고, 자명종을 지니고, 다이아몬드 반지를 끼게 되었다. 아이들도 동요를 통해 가스등, 증기기관, 마차, 사진기, 전보, 피뢰침, 신문, 학교, 우체통, 기선을 알게 되었으며 이것들은 문명의 상징이었다. '탈아입구脫亞入歐(아시아를 벗어나 유럽 문명으로 들어간다)'가 그 시대의 가장 우렁찬 구호였다.

그 시대도 국가 주도의 고속 발전 시기였고 '국가 부강'이 가장 중요한 목표였다. 공업과 군사상의 신속한 발전에 비해서 보통 일본 사람들의 생활은 그리 큰 번영을 누리지 못했다. 정치와 사회 부문의 개혁은 경제와 군사상의 발전보다 훨씬 낙후되어 있었다. 개인 권리의 중요성을 나날이 깨달아가는 과정에 있었지만, 그것은 언제나 국가의 목적에 종속되어 있었다. 끊임없는 대외 확장은 국내의 모순을 완화시켜주었고 승리에 대한 도취가 현실에 대한 의심을 압도했다. 갑오년 전쟁, 특히 러일전쟁에서 일본의 승리는 이러한 방식의 정확성을 증명해주었다. 그러나 위기감은 한 번도 사라진 적이 없었다. 1921년 메이지 천황이 세상을 떠나자 이에 따라 모종의 공허감이 뒤를 이었다. 사람이 하나의 목표를 위해 60년을 분투한다는 것에서 헌신과 현실 사이의 메울 수 없는 커다란 간극을 느껴야 했다. 일본은 부강해졌지만 일본인의 생활은 겹겹의 위기에 포위되어 있었다. 이러한 위기는 현대화의 필연적인 질병이었기 때문에 사람들은 더욱 견디기 힘들었다. 사람들이 대도시로 몰려들자 시골은 쇠락하기 시작했다. 전통적인 공동체와 가치관은 모두 외래의 관념과 생활 방식으로 인해 흔들렸다. 일부 사람들은 전에 없던 자유를 느끼게 되었다. 그들은 할리우드의 새로운 영화를 쫓아다녔고, 한밤의 재즈 클럽에 몸을 던졌다. 그러나 더 많은 사람은 새로운 변화 때문에 심신이 피폐해졌다. 그들은 시골을 떠났지만 붐비는 도시에서도 편안하게 머물 곳을 찾을 수 없었다. 일본 사회는 이미 글로벌 시장으로 편입되었기 때문에 주기적인 경제 위기가 그들을 괴롭혔다. 그들은 왜 월가의 주가 폭락이 일본인을 절망시키는지 이해하기 어려웠다.

불안정한 현실로 인해 사람들은 과거를 미화하게 되었다. 저처럼 편안하고 순수하고 조화롭던 일본이 이처럼 욕망, 물질, 자극, 기계적인 정신으로 가득 찬 서구 문명에 의해 대체되자 감춰져 있던 굴욕감이 다시 표면으로 떠올랐다. 미국의 '흑선黑船'이 일본의 대문을 열어젖히고서부터, 서구는 희망과 역량의 근원인 동시에 굴욕과 상처

131
/

의 상징이기도 했다. 오랜 모방 끝에 일본인들은 존재 의의의 위기를 느끼게 되었다. '일본인의 특수성'이 하나의 해독약으로 인정받게 되었다. 즉 오염된 일본은 반드시 서구의 영향에서 벗어나 다시금 순결과 독립을 획득해야 하며 이를 위해서는 전쟁을 포함한 어떤 수단도 사용할 수 있다는 것이었다.

보통 사람들에 비해서 일본 지식인들이 느끼는 존재 의의의 위기는 더욱 고통스러웠다. 나라의 두뇌와 영혼으로서 그들은 서구의 그림자 아래에서 생활하며 멍청하게 타인의 언어와 개념을 그대로 사용하지 않은 적이 없었다. 신세계에 대한 메이지유신 세대의 열정은 이미 모종의 씁쓸함으로 변했다. 그들은 일찍이 조심스럽게 자신의 꺾인 자존심과 웅지를 감추었지만, 이제는 그것을 청산할 시각이 도래했다. 서구가 바야흐로 위기에 빠져들고 있었다.

아주 상이한 두 가지 사상이 교토에 모여서 상이한 시각으로 동일한 방향을 가리키게 되었다. 그 하나는 '일본 지상日本至上'을 외치는 쇼비니스트였다. 그들은 일본의 특수성과 신성함에 깊이 침윤되어 있었다. 그 특수성과 신성함은 벗꽃처럼 순결한 품격을 지니고 있다는 것이다. 또 다른 하나는 '마르크스주의자'였다. 그들은 대공황을 서구 자본주의의 실패로 간주하고 일본은 응당 국가자본주의 노선을 추구해야 한다고 인식했다. 그들은 모두 일본이 특수한 현대화의 길을 창조해야 한다고 믿었다.

교토의 고조된 분위기와 열정적인 정서는 오래 지속되지 못했고 일본의 패전과 더불어 쇠퇴하고 말았다. 『옥시덴탈리즘—반서양주의의 기원을 찾아서Occidentalism: The West in the eyes of its enemies』[1]라는 책에서 이언 바루마Ian Buruma와 아비샤이 마갤릿Avishai Margalit은

1942년 교토에 대한 분석을 출발점으로 삼아, 이어서 독일 낭만주의 발생과 러시아의 반서유럽 정서를 추적하고 있다. 그 속에는 물론 이슬람 세계의 반미 정서도 포함되어 있다. 반서유럽 정서는 갖가지 서로 다른 모습으로 출현하고 있다. 그것은 반제국주의 입장에 선 수난자의 모습으로 나타날 수도 있으며, 죄악의 도시생활에 대한 고발로 드러나기도 하고, 인간 정신에 대한 물질주의와 시장활동의 폐해를 폭로하는 모습을 보이기도 하고, 자아 희생의 길을 걷는 영웅주의에 대한 갈구로 나타나기도 한다.

위의 책은 2004년에 출판되었으며, 미국 9·11 사태에 대한 모종의 반향이라고 할 수 있다. 이 책은 '문명의 충돌'을 다루기보다는 두 세기 동안 끊임없이 출현한 '모던(현대)에 대한 반동'을 다루고 있다고 말할 수 있다. 18세기 말 독일의 사상가들은 하나의 사조를 만들어 냈다. 지리멸렬한 독일은 프랑스의 그림자 속에서 생활하면서 정치·군사·경제적 측면에서 모두 프랑스에 뒤지고 있었다. 그들에게 있어서 프랑스는 서유럽의 상징이었다. 국력이 강대하고, 인심을 흥분시키면서도 엄청나게 위협적인 대상이었다. 흠모, 굴욕, 공포, 원한 등의 감정이 한데 뒤섞여 낭만주의 사조로 발전했다. 현실 세계에서 잃어버린 것을 독일인들은 정신세계에서 탈환하여 정신상의 승리를 얻고자 했다.

계몽정신이 프랑스의 가장 중요한 성취였다면 그것이 독일인들의 시각에서는 또 다른 모습으로 바뀌어 있었다. 과학·진보·이성의 관념이 기계·물질·냉혹의 상징으로 추락하고 있을 때, 이것들이 낙후 국가로 간주되던 독일인의 생활 속에서는 새로운 의미를 얻어가고 있었다. 그들의 정신생활에는 종교정신, 신비, 순결의 요소가 풍부했다. 그들은 내면의 신성함을 환상했다. 그러나 현실 속의 독일은 갈수록 심한 좌절에 빠져들고 있었다. 따라서 독일인들은 갈수록 자신들의 어깨에 신성한 사명이 짊어져 있다고 느끼게 되었다. 이러한 자기 보호 의식은 이해할 만한 가치가 있고, 심지어 계몽운동의 지나친 단순화와 낙관적 전망에 대한 모종의 항의와 수정의 의미도 갖고 있다고 할 수 있다. 그러나 그것은 새로운 단순화를 초래하고 있었다. 프랑스의 계몽정신은 여태껏 진보와 이성이라는 이념에만 그치지 않고 볼테르와 루소 같은 실천가를 배출했다. 그러나 독일 정신의 순결은 항상 또 다른 종류의 무지몽매함으로 치우치기 일쑤였다. 이와 관련된 가장 중요한 점으로는 그들이 계몽정신의 가장 중요한 유산, 즉 분권제의 중요성을 지나쳐버렸다는 것이다. 한 사람의 권위자가 더 이상 모든 것을 통치할 수 없음에도 말이다.

이러한 정서의 발전에만 국민의 감정을 내맡긴다면 사람들의 마음에 불안감이 초래될 수 있다. 특히 그것이 강대한 특정 정치 세력과 결합할 때는 더더욱 그렇다. 비스마르크에서 히틀러에 이르는 긴 세월 속에서 독일인들의 자기 보호 의식은 거칠게 사람들을 핍박하는 공격적 성향으로 바뀌고 말았다. 새로운 세계 질서를 창조하려던 나치 독일은 세계에 대한 자신들의 특수한 사명을 굳게 믿고 있었다.

이러한 사조가 세계의 구석구석까지 만연하게 되자 교토에 모인 일본 학자들도 자신들이 일본 정신을 탐색할 때 나치 독일의 사상에 도움을 받아야 한다고 생각했다. 그들은 자신들을 뒤덮고 있는 서구에 대해서는 분분히 불만을 토로하면서도 일본이 아시아에 드리운 그늘에 대해서는 전혀 못 본 체했다. 그들은 일본을 핵심으로 동아시아 문명을 건설해야 한다는 특수한 사명이 일본에게 지워져 있다는 논리를 진심으로 신봉했다.

독일과 일본은 이처럼 그들이 반대한 서유럽의 일부분으로 변모했다. 그러나 낡아빠진 특수론과 반서유럽(그 주요 국가는 미국이다) 정서가 여전히 범람하고 있었다. 경제 기적이 일본에 자신감을 불어넣을 때, 『"NO"라고 말할 수 있는 일본"NO"と言える日本』[2]이 출판되었다. 이 책은 미국에 대한 원한으로 가득 차 있다. 왜냐하면 미국이 일본의 특수한 신분을 박탈하고 있기 때문이다. 따라서 이 책은 일본이 경제와 외교 등 여러 영역에서 자주적인 지위를 높여나가야 한다고 호소하고 있다. 일본의 정치 구조가 개편되면서 이러한 정서는 단지 일시적인 매스컴의 소란으로 바뀌면서 자산 거품의 붕괴에 따라 쇠퇴의 길을 걷게 되었다. 그러나 이러한 사상의 추종자는 지금까지도 계속 이어지고 있다.

2

베이징대 교수 판웨이潘維는 다음과 같이 선언했다. "중화의 정치체제는 그 줄기가 바뀌지 않았다. 60년 동안 바뀌지 않았을 뿐만 아니라 2000년 동안 근본적으로 바뀌지 않고 의연히 매우 '중화中華다움'을 견지해오고 있다. 중화의 정치 문명은 중화 문명의 핵심으로 그 속에 잠재된 의미가 매우 심후하다. 2000년 동안 지속된 놀랄 만한 변화는 바로 고정불변의 자세로 천변만화에 대응해왔으며, 그 천변만화 가운데서 발전을 추구해왔다는 사실이다. 이 때문에 중화 문명은 세계적으로 유일하게 중단이 없는 문명이 되었다." 그는 관민官民 일체의 '인민성'이 이러한 정치 모델의 가장 두드러진 특징이라는 신념을 고수하고 있다. 그는 이러한 정치체제를 견지해야만 중국이 앞으로 30년 동안의 성공을 보장할 수 있지만, 서구의 길을 맹목적으로 답습하면 필연적으로 실패할 수밖에 없다고 주장했다.

판웨이는 홍콩 발전 포럼에서 위와 같이 논술했다. 이 포럼의 창시자 찬치충陳啟宗, Ronnie Chi-chung Chan은 홍콩에서 가장 성공한 부동산 사업가의 한 사람이며 또 서구의 가치관에 대한 비판자의 한 사람이기도 하다. 미국 월가의 금융 위기가 발생한 지 얼마 되지 않아 그는『파이낸셜 타임즈』에 기고한 글에서 "서구의 설교는 멈추어야 한다" "서구의 도덕적인 우월감은 이미 파탄이 났다" "서구는 반드시 새로운 세계 현실에 적응해야 한다" "서구는 이제 더 이상 과거처럼 세계의 주도적인 지위를 점유하지 못할 것이다"라고 선언했다.

그해 홍콩 발전 포럼의 주제는 '중국 미래 30년'이었고, 발표자 중에서 가장 주목을 끈 이들은 중국 대륙에서 참가한 몇몇 학자였다. 그들은 중국 문명의 특수성을 소리 높여 찬양하면서 서구에 대해서는 일고의 가치도 없는 것으로 치부했다. 또 다른 강연자 간양甘陽의 인식에 따르면 중국 미래 30년의 성공 여부를 가름하는 주요 표지는 중국의 해외 유학열에 종지부가 찍히는 시점이라고 한다. 그것은 서구가 이제 더 이상 중국에게 아무것도 가르칠 것이 없다는 것을 의미하기 때문이다. 간양도 '중국 노선'의 가장 중요한 선도자다. 몇 년 동안 그가 행해온 논술의 핵심은 '어떻게 중국을 서구 사상의 속박에서 해방시키느냐?' 하는 것이었다. 그는 또 유가 이념, 마오쩌둥의 평등사상, 덩샤오핑의 시장 개혁을 한데 뒤섞어 한 가지 정치 이념을 빚어낸 뒤, 그것이야말로 중국 성공의 원인이었다고 인식했다. 몇 개월 뒤 홍콩 중문대학中文大學에서 온 왕사오광王紹光은 '사회주의 3.0'이란 이론을 창안하여 중국식 사회주의가 실패하지 않았을 뿐만 아니라, 이미 성공적으로 세 번째 탐색 단계로 진입했다고 주장했다.

역사에 대한 재해석 작업도 시작되었다. 베이징대학의 중국 현대문학 전공 교수인 한위하이韓毓海는 비슷한 시기에 역사에 관한 저작 『500년 동안 누가 역사를 썼는가?五百年來誰著史』를 출판했다. 그는 명 말明末에서 지금까지의 역사를 다시 한번 연구한 뒤 지금까지 장기 적으로 사람들에게 수용된 관점 즉 근대에 있어서 중국의 쇠락이 자 신의 제도·문화·기술의 낙후에서 기인했고, 더 나아가 현대의 도전 에 적응할 수 없었다는 관점에 대해 전복을 시도하고 있다. 그의 신 념에 따르면 중국의 쇠락은 '전제 제도'가 지나치게 강했기 때문이 아 니라 충분히 강하지 못했기 때문에 '국가적 능력'이 낙후되었고, 이에 결국 서구의 도전에 적절하게 대항하지 못했다는 것이다. 또 중국의 쇠락과 서구 패권의 확장이 동시에 발생한 것은 후자의 '군사–금융– 국가' 시스템이 세계의 주요 이익을 탈취했기 때문이라고 한다. 이어 서 이렇게 서술하고 있다. "눈앞의 중국 사회의 주요 모순은 결코 무 슨 추상적인 의미의 국가와 인민의 모순(혹은 소위 '관민 대립')이 아니 라, 현재 사회의 재산 분배가 불공평하고 수입의 격차가 지나치게 큰 데서 오는 불만으로부터 기인한다. 그 근원은 사실상 1970년대 초기 선진 자본주의 국가에 의해 추진된 '신자유주의'의 정치·경제 정책에 서 비롯되었다." 그의 믿음에 따르면 중국의 주요 문제는 매판 부르 주아와 서구 자본주의의 결합에서 발생하고 그들이 국가 권력을 농 단하여 노동 인민을 약탈하고 있으며, 이에 '민주' '자유' '인권'은 이 러한 권력 찬탈자들의 자아 분식에 불과하다고 한다. 한위하이는 뉴 욕대학 방문학자로 있으면서 세계와 중국에 대한 새로운 인식을 얻 었다고 한다. 그의 방문을 주선한 사람은 문학비평가 장쉬둥張旭東이 었다. 그는 더욱 큰 웅지를 품고 '중국 특색'에 대해서는 아무런 언급 을 하지 않는다. 그는 '중국적 가치가 특수론의 범위를 뛰어넘어' '새롭고도 보편적인 가치로 태어나야 함'을 강조하려고 한다.

　'이러한 중국 특수론'과 '중국 모델' 관점을 어떻게 이해해야 할까? 과거 몇 년 동안 중국 사회에는 이와 유사한 목소리가 넘쳐흘렀다. 일부 사람들은 중국의 경제 기적과 같은 진부한 담론에 더 이상 만족하지 못하고, 중국의 성공을 정치와 문화 영역으로 확대하기 시작했으며, 아울러 기세등등하게 반서구 언행을 보여왔다. 여러 해 동안 선전 기관에서 조작해온 '중국 특색' '반제국주의' 이론과는 다르게 이들의 목소리는 평소에 잘 훈련을 받은 청년 학자들에게서 시작되었다. 이들은 대부분 1950년대 말이나 1960년대 초에 태어났다. 이들은 문화대혁명 시기에 아직 나이 어린 방관자였고, 그 후 시대적으로 사상이 혼잡하고 개방화가 진행되고 비판 전통이 되살아난 1980년대에 대학을 다녔으며, 대부분 '서구 학습' 열풍의 영향을 받았거나 그 주창자였다. 참혹한 톈안먼 사건을 겪은 후 자아를 추방하듯 미국의 대학으로 가서 더 심도 있는 공부를 했다. 그러나 지금은 이들 대부분이 가장 열렬한 서구 비판자인 동시에 가장 열렬한 중국 정부 지지자로 변했다. 이들보다 몇 세대 앞선 문화 보수주의자들과는 달리 이들이 변호하는 것은 문화 전통이 아니라 중국의 정치 제도다. 이들은 오늘날 현실 권력의 열정적인 응원자다.

　이들 지식인의 집단적인 등장도 흡사 또 하나의 사회적 풍조의 피크 타임이라고 할 만했다. 이 풍조는 오랜 역사를 가진 문화 보수주의의 충동에서 비롯되었으며, 또한 과거 20년 동안 변화해온 중국의 새로운 현실에서 비롯되었다. 1991년 지셴린季羨林은 '30년은 하동이요, 30년은 하서三十年河東, 三十年河西'란 말로 장차 도래할 신시대를 형용했다. 이 시대가 되면 서구 문화는 쇠락하고 동양 문화가 번성한

다는 것이다. 80세의 지셴린은 범어梵語와 토카리어Tocharians 분야에
서는 유명한 학자였다. 그러나 그의 생명 역정 중 대부분의 시간 동
안 그의 학술 성과를 이해한 사람은 그리 많지 않았다. 그러나 이때
에 이르러 그는 새로운 신분을 얻게 되었다. 그는 1911년에 태어나
서 혼란한 20세기를 직접 몸으로 겪은 사람이었다. 그는 중화민국의
찬란한 학계의 참여자였고, 문화대혁명 기간 동안 짐승 우리에서 생
존한 사람이었다. 그는 중국 지식인 운명의 표본이라고 할 만했다.
고단한 세월, 다양한 경력, 신비한 학설 등의 요소가 모두 그에게 모
종의 권위를 부여했다. 이러한 권위가 신념이 파괴된 사회를 다시 세
우기 위한 과정에서 그처럼 중요하게 인식되었다. 지셴린이 발언하
던 같은 시기에 '국학열國學熱'이 흥성하면서, 한 가지 유언비어가 널
리 유포되기 시작했다. 즉 70여 명에 이르는 노벨상 수상자가 유가
문명에서 세계의 위기를 해결할 지혜를 찾아야 한다고 호소했다는
것이다. 이러한 동향들은 모두 1980년대의 격렬한 반전통에 대한 역
반응이었고, 이것은 마치 1920년대 '국수國粹'운동이 5·4 신문화운동
에 대한 역반응이었던 것과 유사한 흐름이었다.

　당시에 파산에 직면했던 것은 문화뿐만이 아니었고, 심지어 전체
중앙 정권까지 위기에 직면해 있었다. 두 명의 젊은 학자 후안강胡鞍
鋼과 왕사오강王紹光은 1993년에 『중국 국가 능력 보고中國國家能力報
告』를 발표하여 중앙 권력의 쇠약을 슬프게 탄식했다. 이 보고서도
당시의 국제 정세에 대한 반응이었다. 소련과 유고슬라비아가 이미
해체되었으므로 중국도 동일한 전철을 밟게 되는 것이 아닐까? 중국
의 운명을 걱정하는 일부 학자는 오직 민족주의에 의지해야만 분열
되어가는 중국 사회를 다시 통합할 수 있다고 믿었다.

일종의 반서구(주로 반미) 정서가 다시 흥성했다. 1989년 6·4 민주화 운동 때 톈안먼 광장에 임시로 설치되었던 자유의 여신상은 망각되고, 이를 대신하여 미국에 대한 분노가 팽배하기 시작했다. 즉 미국이 2000년 베이징 올림픽 중국 개최 반대의 '막후 검은손'이라는 것이었다. 미국에서 교육받은 두 명의 중국학자는 중국 독자들에게 미국의 새로운 매스컴이 지금까지 계속 '중국 요괴화'를 시도해왔다는 사실을 폭로했다. 이제 몇몇 청년 지식인은 '중국은 NO라고 말할 수 있다'고 고함을 지르기 시작했다.

지식인들이 관심을 기울이는 주제에 희극적인 변화가 일어났다. 1980년대에 그들은 전통을 공격하고 정치개혁에 관심을 기울이며 자유와 인권과 민주를 요구했다. 그러나 지금은 '국학에 심취해 있고' '점진적인 개혁'과 '민족주의'를 신봉한다. 그들이 강조하는 것은 현 정치적 틀 안에서의 조정이다. 그들은 인간 본연의 시각이 아니라 국가 권력의 시각으로 문제를 바라본다. 그리하여 엄혹한 현실 정치를 회피하고 있을 뿐만 아니라, 아마도 이전에 가졌던 급진적인 사상에 대해서도 반성을 수행하고 있는 듯하다. 즉 중국의 현실 상황은 아주 복잡하여 간단하게 해답을 찾을 수 없으므로, 서구로부터도 그 해답을 찾을 수 없다는 반성이 그것이다. 이는 냉전 종결 후에 벌어진 새로운 세계 상황에 대한 반응이고, 따라서 이제 '문명 충돌론'이 중국의 국제적 지위에 대한 사람들의 우려를 불러일으킨다. 할리우드 영화, 닌텐도 게임, 코카콜라, 맥도널드, 일본 긴자의 유행 패션이 물밀듯이 쏟아져 들어오자, 중국인의 위기감이 한층 더 강화되었다. 사람들은 중국 문화에 대한 체득이 미래의 희망이라고 생각하면서도 외래문화의 수입에 대해서는 우려의 마음을 갖고 있다. 이처럼 상호 모순된 정서가 사람들의 마음에 뿌리를 내리고 있다. 지셴린이 말한 동양문화의 세기가 도래한 후에도, 75명의 학자는 2004년 「갑신 문화 선언甲申文化宣言」에서 더 강력한 역량으로 잘못된 외래문화를 제지하기를 기대했다.

이와 같은 우려와 동시에 경제적 성장과 물질적 풍요가 중국인들에게 새로운 자신감, 심지어 오만한 마음을 부여해주기 시작했다. 이전에 중국 정치가들은 세계적 흐름에 편입해 들어가서 중국의 내부 개혁을 추동하기를 바랐지만 이제는 세계가 중국 정부의 결정을 기다리고 있다고 했다. 서구인들은 일찍이 중국이 그들이 인도하는 흐름으로 편입해 들어올 것이라고 믿었지만 이제 그들은 중국이 자신들과 같지 않을 뿐만 아니라, 현행 세계 질서를 타파하고 있다는 사실을 인정하고 있다. 중국의 대중은 이전에 '아메리칸 드림'을 꿈꾸었지만, 이제는 런던의 주택이 무척 낡았고, 버킹엄 궁전도 베이징의 고궁故宮과 비교할 수 없으며, 맨해튼의 고층 빌딩도 상하이 루자쭈이陸家嘴[3] 금융 지구에 비교할 수 없고, 베를린의 쇼핑센터도 이제 규모가 그리 크다고 할 수 없으며 영업시간도 중국에 비해 길지 않다는 사실을 알게 되었다. 사람들은 열정적으로 '위대한 진나라大秦帝國' '위대한 한나라大漢帝國' '위대한 당나라大唐帝國' '위대한 청나라大清帝國'를 이야기하며 '이제 중국이 어떻게 경제 대국으로부터 정치와 문화 대국으로 발전할 수 있을 것인지'를 토론하고 있다. 『논어』『주역』 및 『삼국지연의』 속의 제왕학이 모두 다시 '중국의 지혜'로 바뀌었고, 이것들은 중국뿐만 아니라 세계 문명에 대해서도 아주 중요한 가치를 제공해줄 것이라고 믿게 되었다.

중국 공산당 정권은 이를 묵인하며 격려하는 가운데 이러한 흐름의 가장 중요한 수혜자가 되고 있다. 구조와 내용이 전혀 바뀌지 않았음에도, 공산당 정권은 새로운 매력을 얻어가고 있다. 정치적 보수는 문화적 보수와 민족주의 배후에 숨을 수 있게 되었다. 20년 전에는 중국 공산당이 정권을 계속 유지할 수 있을 것이라 생각하는 사람이 매우 드물었다. 당시 공산당 정권은 나라 안으로 격정적이고 불만에 가득 찬 대중과 마주해야 했으며, 나라 바깥으로는 고립된 상황에 직면해야 했다. 그러나 지금은 경제적·정치적 측면에서 모두 거인이 되어 있다. 공산당은 '민족 부흥'이라는 새로운 옷을 입고 있다. 그것은 대국 굴기를 주도하고 있을 뿐만 아니라, 낡은 문명에 새로운 생기를 불어넣고 있다. 이 정권은 진부하고 판에 박힌 마오쩌둥식 복장을 벗어던지고, 원저우溫州에서 생산된 아르마니 의류와 한나라, 당나라식 전통 복장으로 자신을 장식하고 있다. 오래된 중국 전통에서 '정치를 하려면 먼저 명분을 바로잡아야 한다爲政必先正名'고 강조한 것처럼 공산당도 이제 몇 가지 학설로 자신의 새로운 지위를 증명해야 한다.

143

하지만 위에서 언급한 일군의 지식인들이 자발적으로 떨쳐나서서 그들이 잘 알고 있는 각종 이론으로 부패한 사상에다 금박 외투를 입혀주고 있다. 찬란한 금빛을 외국인들에게 선보이며 중국을 자아도취 상태에 빠져들게 하고 있다.

3

일군의 새로운 지식인들은 전혀 현실적 감각도 없이 오직 자신이 억측한 이론세계에서만 생활하는 사람들인가? 그들이 목도한 것은 선전문 속에나 기재되어 있는 중국이다. 마오쩌둥 시대에 '평등' '인민' '민주'의 구호가 가득 차 있었으므로 그 시대가 바로 더욱 평등하고 민주화된 시대라는 것이다. 그러나 당시는 흑오류黑五類[4], 취노구臭老九[5], 13급 간부十三級幹部[6]와 같은 극심한 차별이 있었고, 농민들도 자신의 땅에 옥수수를 심을 것인지 벼를 심을 것인지 결정할 권한이 없었으며, 교사들도 학생들에게 감히 자기 내면의 진실한 생각을 말할 수 없었고, 모든 공장도 반박할 여지를 주지 않고 해안에서 깊은 산촌으로 이전한 시대였다. 그들은 이러한 사례를 전부 무시했다. 그리고 지금은 정부 주도의 발전모델이 '자본주의의 위기'에서 벗어나게 해주었고, '조화사회和諧社會'라는 정책도 양극화를 감소시키며 잔혹

독재의 유혹

한 시장 원리가 개인에게 부과한 상처를 가볍게 해주었고, 마침내 세계의 발전에 새로운 계시를 던져주었다고 인식하고 있다. 그들은 미국 월가 투자은행의 탐욕이 사람들을 분노케 했지만 중국에서는 은행의 일개 지방 지점장이 1억 위안을 웃도는 자금을 유용할 수 있고, 이와 동시에 중국의 초대형 국유기업은 회사의 이윤을 농단하며 세금 감면 혜택을 누릴 수 있다는 사실을 전부 망각한 듯하다. 중국은 '서구 자본주의'보다 더욱 잔혹한 자본주의다. 보통 사람들은 정부 권력과 시장 권력이라는 이중의 압박에 시달리고 있다.

일군의 새로운 지식인들은 아마도 전혀 심장이 없는 사람인 듯하다. 그들은 마치 칼 포퍼가 묘사한 역사주의자처럼 위대한 민족, 위대한 지도자, 위대한 계급, 위대한 관념에 미련을 가지고 있다. 그들은 희생된 개인은 보지 않고 추상적인 위대함으로 모든 것을 저울질하고 있다. 마오쩌둥의 개인적인 매력, 두 자리 숫자의 경제 성장, 공산당의 절대 권력, 중화민족의 위대한 부흥, '중국 모델'이라는 놀라운 이론이 모든 것을 저울질하는 표준이라고 분석한다. 수천만 명의 사망과 생생한 개인 비극은 아주 짧은 언급에 그치고 있다.

그들은 어쩌면 투기꾼일 가능성이 많으며, 혼란한 학설로 자신들의 초조함을 은폐하고 있다. 개인의 허영심 외에는 아무것도 추구하는 것이 없다. 19세기 러시아와 독일의 지식인, 그리고 20세기 초 일본의 지식인처럼 그들은 서구에 대해서 '선망과 원한이 교직된' 정서를 갖고 있다. 그들은 1980년대에 선택할 여지도 없이 서구를 끌어안았지만, 직접 그 유토피아로 가보고 나서야 낭만적인 꿈에서 깨어나게 되었다. 타국 생활은 그들에게 신분상의 초조함을 가져다주었고, 이로 인해 그들의 조국 중국에 대한 공감대가 현저하게 강화되었

145

다. 개인적인 초조함과 당시 유행하던 지식이 특이한 방식으로 결합되된 것이다.

미국의 대학 캠퍼스는 좌파가 운집한 곳이었다. 그들은 이전에 자본주의, 허위적 부르주아 민주주의, 식민주의를 비판하고 아름다운 사회주의를 환상하면서 마오쩌둥 사상을 인용했다. 그리고 지금은 푸코, 데리다, 사이드의 시대다. 그들은 계몽주의 전통에 의문을 제기하면서 이 세상에 불변의 진리는 아무것도 없고, 모든 것이 상대적이며 모두가 권력에 의해 만들어진 것이라고 했다. 페미니즘, 소수자, 제3세계 등 자신을 약자로 인정한 모든 사람이 그 가운데서 정감의 호응을 얻고 지적 계발을 받았다. 이들은 모두 주류 세력의 압제와 박해를 받아온 사람들이다.

중국 지식인의 입장에 대해서 말해보더라도, 자신들과 자신들이 연구해온 중국이 이러한 학문적 분위기 속에서 새롭게 분석되고 해석된 것이다. 모든 지식이 권력과 밀접한 관련을 맺고 있다면 '자유' '민주' '법치' '시장'도 서구가 세계를 통제하기 위한 일종의 수단이 아닌가? 이러한 서구를 비판하기 위해 이들은 반드시 중국을 또 다른 모범으로 설정하고 독특한 중국 노선을 만들어내야 했다. 문혁 중에 성장한 이들은 문화적으로 전통 중국과 일찌감치 결별했다. 지난날의 보수주의자들은 중국의 문화 전통을 미화하면서 그것을 조화로운 유가儒家 사회의 특징으로 묘사했지만, 이들은 마오쩌둥 시대를 평등과 실험정신이 충만한 연대로 미화하는 데 치중하고 있다. 마오쩌둥 시대의 파괴 정신과 이 포스트모더니즘 사조는 반제국주의 구호와 탈식민주의 측면에서 서로 비슷한 점이 없지 않다. 전민 동원체제는 흡사 더욱 철저한 민주적 참여 행위처럼 보이고, 안산강철鞍山鋼鐵[7] 공장의 관리 조례에는 포드주의를 능가하는 관리 정신이 담겨 있는 것으로 인식될 수 있는 것이다.

중국의 굴기는 위와 같은 이론에 의외의 생명력을 불어넣었다. 서구 독자에게 있어서 중국은 늘 이해하기 어려운 대상이었지만 이와 같은 새로운 이론이 서구 독자에게 중국은 독특한 나라이고, 서구와는 게임 규칙이 다른 나라라는 사실을 알려주었다. 중국인에게 있어서 이러한 이론은 그들의 민족적 자부심을 강화시켜주었다. 또 그것은 정치인과 관료 시스템의 기대에 부합했다. 그들의 주장에 따르면 중국의 독특한 체제가 성공적으로 운영되고 있으므로 이 체제를 바꿀 필요는 없는 것이다.

일군의 새로운 지식인들은 성공적으로 외국인의 관심을 끌고 나서 다시 중국 사회의 중심으로 돌아왔다. 그들이야말로 중국이라는 난제의 가장 훌륭한 해석자로 인식되었다. 그들은 이러한 이론의 내재적 모순에 대해서는 거의 의문을 품지 않고 서구에 대한 미신에서 벗어나 자신의 갈 길을 찾아야 한다고 주장했다. 이와 동시에 서구에 대한 새로운 미신에 빠져들었다. 그 미신은 '포스트모던'이란 이름으로 등장하고 있다. 중국의 유일한 목적은 서구 자본주의의 패권에 도전하여 그들 이론 창조자의 개인적인 야심을 만족시키는 것일 뿐이었다. 중국인의 진실한 생활과 중국 사회의 보편적인 곤경은 그들과 아무런 관련이 없는 셈이었다.

중국의 특수성에 대한 그들의 묘사는 비스마르크 시대의 독일 정치체제에 대한 카를 마르크스의 다음과 같은 언급을 연상시킨다. 즉 그것은 "의회 형식으로 외관을 꾸민, 봉건 잔재가 마구 뒤섞여 있는, 이미 부르주아의 영향을 받은, 관료제도에 의지하여 조직을 꾸린, 아울러 경찰로 보호막을 둘러친, 군사 전제제도를 강력하게 시행하고 있는" 나라라는 것이다. 지금 중국이 바로 전통적인 전제제도와 사회주의와 자본주의가 기괴하게 혼합된 나라인 셈이다.

　이러한 지적 풍조와 이러한 지식인들은 결국 역사의 쓰레기통 속으로 폐기되어야 하지만, 우리는 또 그들이 초래한 재난에 대해서도 소홀하게 취급할 수 없다. 줄리앙 방다Julien Benda는 '지식인의 배반 La Trahison des Clercs'이라는 용어로 20세기 초 유럽의 민족 정서 선동자를 비판했다. 이 일군의 중국 지식인들은 이와는 또 다른 형식으로 배반을 감행하고 있다. 그들은 오늘날 중국 사회의 상징으로 인식되고 있다. 그들은 영혼이란 말로 허영을 대신하고 있으며, 고의로 현학적인 용어를 사용하여 자신들의 거짓말을 은폐하고 있다.

4

중국이 정치적·문화적 측면에서 모종의 특수성을 갖고 있다는 사실
을 의심하는 사람은 없다. 몽테스키외가 말한 것처럼 모든 민족과 모
든 사회는 보편적으로 이처럼 특수한 정신을 갖고 있다. 모든 민족은
특수성에 관한 유사한 경험을 하면서 늘 '무엇이 나를 다른 사람과
상이하게 만드는가?'라는 명제에 연연한다. 그러나 이러한 특수성을
과장하여 그 특수한 경험으로 보편적 경험을 은폐하면 결국 그 사회
는 위험에 빠지게 된다. 왜냐하면 특수성이란 복잡하고 애매모호할
뿐만 아니라 흔히 어떤 특정한 단계에서 나타나는 현상이기 때문이
다. 우리는 엘리엇T. S. Eliot의 정밀한 논리를 상기할 필요가 있다. "우
리가 종족에 대해서 아는 것이 많아질수록 자신이 잡종이라는 사실
을 더욱더 분명하게 알게 된다." 종족이 이와 같다면 문화와 정치적
전통은 어떠하겠는가? 그것은 필연적으로 다양하고 상이한 관점들

이 부딪친 결과이며, 지금도 끊임없이 수정되고 있는 것이다.

정치권력은 언제나 이러한 특수성을 열렬히 사랑한다. 이는 흔히 그들을 가장 훌륭하게 변명해주는 변호사 역할을 담당한다. 도조 히데키東條英機[8] 정부는 필연적으로 교토의 학자들을 좋아했고, 그들은 일본의 확장 정책에 이론적인 기초를 제공해주었다. 1943년 출판된 『중국의 운명中國之命運』이란 책에서 장제스는 그의 독재 정치에 특별한 의미를 부여하려고 시도했다. 200여 쪽 되는 이 책에서 그는 『시경詩經』속의 민족 기원에서 중일전쟁까지의 과정을 다음과 같은 두 가지 관점으로 정리하고 그 의미를 국민에게 전달하고자 했다. 첫째, 중국 문명은 역사 속에서 줄곧 조화롭게 생명력을 이어오며 자신의 리듬에 맞춰서 발전을 계속했다. 그러다가 서구인들이 도래하여 이러한 조화를 모두 파괴했다. 오늘날 중국의 모든 병폐는 이런 외래인들이 가져온 것이다. 그들은 우리의 정치와 경제를 파괴했고 더욱이 문화적 자신감마저 빼앗아갔다. 둘째, 반드시 외래의 영향을 제거해야만 전통을 재건할 수 있고, 국민당이 바로 이 재건 과정의 지도자라는 것이다. 그리고 싱가포르의 리콴유李光耀가 바로 장제스의 이론을 더욱 발전시킨 계승자였다. 그가 창조한 '아시아적 가치관' 이론에서, 다민족·다종교에 기반한 싱가포르의 현실은 조화로운 유가사회로 변했다. 복잡다기한 유가의 전통이 사라진 자리에는 오직 집체와 권위에 대한 개인의 복종만이 단순화된 형태로 남아 있다. 그곳에서는 일치만 강조되고 충돌은 배척된다. 이 이론은 동아시아 경제 기적에 일정한 해석적 바탕을 제공했고 또 기타 권위주의 정권에도 이론적 지지의 배경이 되어주었다. 싱가포르 정부가 1993년 한 미국 소년을 매질로 처벌할 때 이 이론은 세계 여러 지역의 갈채를 받았다.

그것은 미국에 대한 공공연한 도전으로 인식되었다. 이 이론이 표명한 바에 따르면 서구인이 말하는 인권이란 싱가포르에는 적합하지 않은 그들의 상투적인 설교에 불과하므로, 싱가포르는 '아시아적 가치관'에 따라야 한다는 것이다. 그러나 이 처벌로 인해 싱가포르 사회의 비밀이 드러나고 말았다. 즉 이 처벌은 유가의 윤리에 의지하여 사회를 결합시켰다기보다는 법가法家의 가혹한 형벌을 사용했다고 할 수밖에 없는 것이다. 리콴유가 지금까지 탐닉한 것은 전혀 유가 문화가 아니었고, 어떻게 하면 권력을 마음대로 농단할 수 있을까 하는 점이었다.

제6장

중국 특색에서 중국 모델로

"원저우 사람들의 해외 개척, 이우의 소상품 시장, 둥관의 제조업, 렌샹 그룹의 IBM 매수, 구글에 대한 바이두의 승리, 아프리카와 라틴아메리카에서 중국 국유 기업의 광산·유전 매수, 중국이 독점한 통신업과 은행업의 굴기, 경제에 대한 중국 정부의 간여 등 서로 관련이 있거나 관련이 없는 이러한 사건들이 돌연 모두 통일된 해답을 얻게 되었다. 그 해답은 '중국 모델'이었다. '중국 모델'은 '만주 돼지고기 잡탕東北亂燉' 혹은 '쓰촨 샤브샤브四川火鍋'로 변모하기도 하는 등 무엇이든 포괄할 수 있는 이론으로 기능하고 있다."

1

전하는 말에 의하면 1981년 차량용査良鏞[1]과의 회견에서 덩샤오핑

이 처음으로 '중국 특색의 사회주의'란 용어를 제기했다고 한다. 덩샤

오핑은 아마도 이 유명한 언론인을 통해 중국은 이미 그처럼 광적이

고 폭력적인 나라가 아니므로 홍콩의 중국 반환에 대해서 믿음을 가

져야 한다고 600만 홍콩인을 위로하려고 한 듯하다. 1984년에 이르

러서야 이 용어가 사람들에게 널리 알려졌다. 이해에 덩샤오핑의 개

인적인 명성은 정점에 달했다. 5년 전에 시작한 개혁 개방 정책이 바

야흐로 중국에 새로운 회복력을 가져다주었다. 농촌의 전면 청부 책

임제聯産承包責任制[2]에서 선전 특구深圳特區에 이르기까지 중국 내부에

서 오랫동안 억압되었던 활력이 다시 폭발했다. 이 시기에 나온 중국

과 영국의 연합 성명은 홍콩 반환 일정에 대한 믿음을 선사해주었다.

역사의 굴욕은 이제 깨끗하게 사라지는 것 같았다. 서구 상인들도 다

시 중국 시장을 끊임없이 동경하기 시작했다. 1984년에 거행된 35주년 건국 기념일 군사 퍼레이드는 부분적으로 다시 회복된 민족적 자신감과 응집력을 상징해주기에 충분한 행사였다. 톈안먼을 통과하는 트랙터 대오 위에는 '전면 청부 책임제가 좋아요聯産承包好'라는 표어가 걸려 있었다. 행진 대열 속의 몇몇 대학생은 뜻밖에도 '샤오핑, 안녕小平, 你好'이라는 커다란 플래카드를 펼쳐 보였다. 그의 정책은 중국인이 기대하는 모든 것을 대표하는 것처럼 보였다. 이전의 억압과 속박을 떨쳐냈을 뿐만 아니라 갖가지 운동의 혼란에서도 멀리 벗어나고자 했다.

'중국 특색의 사회주의'가 무엇을 의미하는지 분명하게 설명할 수 있는 사람은 아무도 없다. 이전 30년 동안 시행한 것은 '중국 특색의 사회주의'가 아니란 말인가? 마오쩌둥은 소련식 모델에서 벗어나 자력갱생을 추구하려고 했다. 대약진 운동이든 문화대혁명이든 상관없이 이 모든 것은 독특한 중국 노선을 탐색한 것이 아니었던가?

덩샤오핑의 새로운 이론은 '사회주의'를 강조한 것인가, 아니면 '중국 특색'을 강조한 것인가? 그것은 낡은 이데올로기와의 타협인가, 아니면 새로운 변화의 시작인가?

중공중앙당교中共中央黨校의 이론가들은 '중국 특색의 사회주의'에 이론적인 의미를 부여할 수 있을 것이고, 그렇다면 장차 이 이론은 마르크스와 중국 혁명의 이론적 틀 속에 완전무결하게 녹아들 수 있을 것이다. 그들 이론가의 입장으로 보자면 최고지도자의 이론은 여태껏 틀린 적이 없고, 문제가 되는 것은 오직 인민의 실천뿐이었다. 그들도 사적으로는 틀림없이 이론이란 모두 권력의 연장이라는 사실을 알고 있을 것이다. 마오쩌둥이 1938년 '마르크스주의의 중국화'를 외쳤을 때, 그의 가장 중요한 관심사는 바로 모스크바대학 유학생이며 소련 이론의 정통 계승자인 왕밍王明[3]의 권위를 제거하는 것이었다. 그러나 이번에 제기된 '중국 특색의 사회주의' 이론은 아마도 당내 개혁파와 보수파가 상호 세력 균형을 추구한 결과로 보인다. 중국은 개방이 필요할 뿐만 아니라 '자본주의'와 '서구 영향'에 대해서도 경계심을 지녀야 했기 때문이다.

마오쩌둥과는 달리 덩샤오핑은 여태껏 그의 이론적인 소양으로 이름을 드러낸 적이 없다. 그는 실용주의자이면서 대중의 입맛에 맞는 유행어의 창조자이기도 하다. 1962년 그는 "흰 고양이든 검은 고양이든 쥐를 잘 잡는 것이 좋은 고양이다不管白猫黑猫, 抓住老鼠就是好猫"라는 말을 만들어냈으며, 그보다 몇 년 앞서서는 개혁은 '강 속 돌멩이를 더듬으며 물을 건너는 것摸著石頭過河'[4]이라고 했다.

보통 사람들은 일찌감치 갖가지 구호의 모호성과 모순성에 익숙해져 있었다. 그들은 이러한 구호가 차라리 나쁜 결과를 초래하지 않는 정책 조정이기를 염원했다. '영국을 뛰어넘고 미국을 따라잡자超英趕美' '큰 걸음으로 공산주의로 진입하자大步進入共産主義'라는 구호는 한바탕 환상이었고, '혁명을 수출하자輸出革命'라는 구호는 황당무계한 꿈이었다. 지금은 현실로 돌아와 '중국 특색의 사회주의로 나아가야 한다'고 외친다. 그들도 은연중 이 노선이 사실은 당시에 신랄하게 비판한 '자본주의 노선'이라는 사실을 깨닫고 있을 것이다.

그러나 이러한 추궁을 계속할 수 있는 사람은 아무도 없다. 만약 우리가 질풍노도와 같은 정치운동 과정에서 살아남으려 한다면 어떤 문제에 대해서도 의문을 가지지 않는 것이 가장 좋다. 그렇지 않으면 자칫 정신적 광란 상태에 빠져들기 십상이다. 어제는 소련의 전문가들에게 공경을 다 바치다가 오늘은 갑자기 흐루쇼프의 수정주의를 향해 비판 투쟁을 벌여야 한다. 오늘은 린뱌오 부주석의 찬란한 광채가 빛을 발하다가도 내일은 그가 반역자로 몰리고 만다. 사람들이 경애해 마지않는 저우언라이 총리라 하더라도 '린뱌오 비판, 공자 비판, 저우언라이 비판批林批孔批周公' 운동의 표적에서 벗어나기 어려웠다. 오늘날 이처럼 위대한 덩샤오핑조차도 세 번이나 실각했다가 세 번이나 복권되었으며, 심지어 '주자파走資派(자본주의 추종파)'라는 커다란 모자를 쓴 적이 있다는 사실을 그 누가 알겠는가?

사람들은 '중국 특색의 사회주의'가 자신들의 생활을 정상으로 되돌려주고 오랫동안 억압되어온 욕망을 추구할 수 있게 해줄 것이라고 믿고 싶어했다. 덩샤오핑의 연설에서 '사회주의'는 선진적인 생산력으로, '중국 특색'은 농촌을 개혁하고 연안 특구를 개방하는 것으로 정의되었다.

외국인들은 이러한 '개념의 유희'를 깊이 이해할 수 없어서 단순화의 방법을 탐색하게 된다. 서구세계는 중국이 경제적으로 지금 아담 스미스의 이론을 추구하고 있으며, 정치적으로는 더욱 단순한 국가 이익 추구로 회귀했다고 믿고 있다. 즉 중국은 프롤레타리아 세계 혁명과의 관계를 끊었고, 더욱 중요한 것은 소련과의 사이가 현저하게 멀어졌다는 점이다. 1984년 연말에 발표된 『인민일보』 사설은 많은 사람을 기쁨에 차 들뜨게 했다. 그것은 우리가 이제 더 이상 마르크스 레닌주의에서 현실 문제의 해답을 찾을 수 없게 되었다는 내용이다.

레닌이 건국한 국가에서 중국의 개혁은 '중국 모델'로 불렸다. 일찍이 1987년 고르바초프의 고문 그룹은 그에게 "시장경제로의 전환은 중국의 방법을 참고할 수 있습니다. 자세하게 따져보고 점진적으로 추진하면서 우선 혼합 경제를 유지해야 합니다"라고 충고했다. 당시 총리였던 옐친도 선전 특구식의 실험을 희망했다.

그들은 중국 내부의 곤경과 분쟁에 대해서 알지 못했거나 알면서도 소홀하게 취급했다. 1986년 여름 어떤 회의에서 덩샤오핑은 뜻밖에도 다음과 같이 언급했다. "우리의 모든 개혁이 결국 성공할 수 있느냐 없느냐 하는 것은 정치체제의 개혁으로 결정됩니다. 경제체제의 개혁만 하고 정치체제를 개혁하지 않으면 경제체제의 개혁도 계속 추진할 수가 없게 됩니다." 3개월 후 그는 또 폴란드 대통령 야루젤스키와 회담을 하면서 "우리 두 나라의 정치체제는 모두 소련에서 온 것입니다. 그러나 이 모델은 소련에서도 그렇게 성공을 거두지 못한 것으로 보입니다"라고 언급했다. 덩샤오핑이 말한 소련 모델은 공산당과 정치가 일체를 이루고, 공산당위원회가 모든 것을 영도하는 체제다.

개혁이 농촌에서 도시 기업으로 확장되는 과정에서 이 문제가 나날이 두드러지기 시작했다. 단일 권력 중심은 나날이 복잡해지는 사회적 요구에 제대로 대응할 수가 없었고, 결국 사회의 창조력을 억압하게 되었다. 그러나 이러한 자성의 목소리는 오래 지속될 수 없었고 1988년에 이르러 뚝 끊어지고 말았다. 개혁자들은 자신들이 정치적 개혁 때문에 권력을 잃을 수도 있다는 사실을 의식하게 되었다. 그들이 애초에 개혁을 추진하기로 결정한 것도 자신들의 권력을 유지하기 위한 행위였던 것이다.

조물주는 사람을 농락했다. 베를린 장벽이 무너지고 소련 제국이 순식간에 해체될 때 사람들은 분분이 베이징이 몰락할 날도 머지않았다고 예측했다. 일군의 미국 경제학자들이 창조한 '쇼크 요법'을 열정적으로 시행한 후에도, 새로운 자유를 얻은 소련과 동유럽 국가는 오히려 동요와 혼란에 깊이 빠져들었다. 독재의 시대는 끝났지만 자유와 번영의 신세계는 오지 않고 있었다.

그러나 중국은 안정되고 생기발랄하고 나날이 번영을 구가하는 뜻밖의 매력을 발산하고 있었다. 이 모든 현상은 어떻게 일어난 것인가? 중국은 덩샤오핑이 레이건과 대처 여사처럼 시장 개혁을 추진했기 때문에 1980년대의 성공을 거두었다고 서구인들이 이전까지 믿고 있었다면, 이러한 해석은 이제 그 효험을 상실했다. 러시아에서 헝가리에 이르기까지 이들 나라는 지금 모두 시장경제를 시행하고 있지만 그 결과는 한결같이 좋지 못한 모습으로 드러나고 있는 듯하다.

몇 년 전에 실패한 중국의 정치 개혁이 갑자기 '중국 모델'의 핵심 역량으로 변했다. 바로 정치 개혁의 정체로 인해 중국의 경제와 사회가 활력을 갖게 되었다는 것이다. 1991년 9월 우즈베키스탄 대통령 이슬람 카리모프는 서양 기자들에게 자신의 나라가 아직 전면적으로 민주와 시장경제를 시행할 준비가 되어 있지 않기 때문에 중국 모델을 따를 준비를 하고 있다고 언급했다. 1년 후 러시아 대통령 옐친은 잠깐 중국을 방문한 기간에 중국의 경제 발전에 커다란 놀라움을 표했다. "나는 경제 개혁에 대한 중국인들의 넉넉한 마음을 보았습니다. 그들은 원망하지 않고 개혁을 즐깁니다. 총체적으로 말해서 (…) 중국 모델이 사람들을 이렇게 만들었습니다. 급박하지 않고, 강제적이지 않고, 혁명적이지 않고, 쇼크도 없습니다. 러시아는 지나치게 많은 쇼크를 겪었습니다."

중국인들도 쇼크를 겪었지만 그것은 다른 모습으로 드러났을 뿐이다. 1988년의 물가 급등이 한 차례의 쇼크가 아니었던가? 그것은 보편적인 통화 팽창을 초래했고 사회적 분노를 격화시켰으며, 아울러 1년 뒤 더욱 거대한 또 한 차례의 쇼크를 야기했다. 사람들은 심지어 중국이 또다시 폐쇄사회로 되돌아가거나 아예 붕괴하고 말지도 모른다고 생각했다. 덩샤오핑은 연초에 중국 남방에서 '다시 더 대담해지자膽子再大一쁘'라는 담화를 발표했다. 또 10월에 개최된 중국공산당 제14차 대표대회에서는 '시장경제'가 정식으로 추인되었다. 그것이 또 한 차례의 쇼크인 듯했지만, 10여 년 전 사람들이 마오 시대를 자발적으로 망각한 것처럼 당시 사람들도 3년 전의 경악과 전율을 밀봉한 채 새로운 시대로 몸을 던졌다.

그러나 중국인들이 '쇼크'를 겪었다고 말하는 사람은 아무도 없고, 오히려 '점진적인 개혁'을 추진해왔다고 말한다. 중국인의 개혁은 우선 경제 영역에서 시작되었고 정치적인 통제는 여전히 굳건하게 유지하고 있다. 경제 영역이라 하더라도 상대적으로 쉽게 다룰 수 있는 부분에서 개혁을 시작했다. 중국의 개혁은 인구가 가장 많은 농촌에서 시작하여 광대한 농민들의 지지를 얻었고, 다시 경제특구를 건설하여 실험정신을 확장하면서 서구의 자본과 기술을 포용하게 되었다. 중국 지도자들은 뜻밖에도 이제 지난날의 독재자나 도살자가 아니라 리콴유, 장징궈蔣經國[5] 혹은 적어도 피노체트Augusto Pinochet[6]와 박정희의 대열에 들어갈 수 있게 되었다. 그들은 정치적으로는 철완을 휘두르거나 민주와 자유를 억압했지만 사회적으로는 질서를, 경제적으로는 고도성장을 이루었다. 아무도 그들이 처음에는 '강 속 돌멩이를 더듬으며 물을 건너는' 조심스런 사람이었다가 지금은 높고 원대한 지혜를 갖춘 지도자가 될 줄 예상하지 못했다. 그들은 일찍이 정치 개혁을 추진하지 않으면 경제 개혁도 이끌어갈 수 없다고 인정했지만 지금은 오히려 정치 개혁의 실패가 중국의 행운이라고 말하고 있다. 미국 기자 크리스토프Nicholas Kristof는 이에 대해 '레닌 시장주의'란 이름을 붙였다.

일본의 기적과 동아시아의 기적으로 인해 전 세계 사람들은 중국을 일본, 한국, 싱가포르의 대열에 포함시키는 것이 적절한지 그렇지 않은지 다시 사고하게 되었다. 이들 나라는 모두 유가적 가치관을 준수하고 권위를 숭상하며 질서를 신봉한다. 또 이들 나라는 모두 교육과 저축을 중시하고 서구에서는 보기 드문 업무 열정을 갖고 있다.

중국 내부에서는 격렬한 논쟁이 오간 후 새로운 인식이 싹트기 시작했다. 덩샤오핑의 신념에 의하면 바로 개혁 개방의 성과 때문에 중국 사회가 1989년(6·4 톈안먼 민주화 운동)의 동요를 감당할 수 있게 되었고, 그 실수라면 네 가지 기본 원칙에 대한 강조가 불충분했다는 점이다. 사회에 대한 당과 국가의 통제, 그리고 젊은이들에 대한 당과 국가의 교육이 지나치게 느슨하여 서구의 '평화 공세'의 도구로 전락하게 되었다는 것이다. 덩샤오핑이 담론에 열중한 '두 손을 함께 잡으면, 두 손이 모두 단단해진다兩手一起抓, 兩手一起硬'는 말은 이제 다시 새로운 의미를 얻었다. 즉 어떻게 경제 성장을 확보하는 동시에 권력을 튼튼히 틀어쥐느냐 하는 의미가 그것이다.

'중국 특색의 사회주의'도 이에 따라 의미가 변했다. 사회에서 '사회주의' 색채가 나날이 퇴색하면서, 그것은 담화문 또는 공식 문건에서나 출현하게 되었다. 따라서 '사회주의'는 이제 이 정권의 연속성과 완고한 보수파에 대한 위안을 상징하고 있을 뿐이다. 그러나 '중국 특색'은 신속하게 서로 다른 형태로 표현되어 나타나고 있다. 냉전 종결에 따라 전 세계적으로 민족주의 정서가 팽배해지면서 국가의 이익을 국가와 동일시하는 현상이 새로운 시대의 주요 특징이 되었다. '중국 특색'이 때로는 개혁을 촉진하는 원인이 되기도 하지만, 때로는 개혁을 지연시키는 빌미, 즉 중국은 특수하므로 다른 나라의 경험을 그대로 받아들일 수 없다는 빌미로 작용하기도 한다.

2

고속성장의 시대가 시작되었다. 우리는 '숫자의 폭정' 시대에 살고 있으며, 추상적인 숫자가 풍부한 의미와 있을 수 있는 모순을 은폐하고 있다. 과거 10여 년 동안 우리는 '중국 경제 이야기'가 '중국 이야기'를 대신하고, 또 GDP 숫자가 '중국 경제 이야기'를 대신하는 걸 목도했다. 이처럼 끊임없이 단순화되는 과정에서 우리는 늘 이 모든 것이 어떻게 시작되었고, 또 그 내재적인 논리는 도대체 무엇인지를 망각해왔다.

1990년대 중국의 연안은 돌연 세계적 공장 지대로 변모했다. 마치 세계의 모든 물건이 이곳에서 생산되는 듯했다. 중국의 대도시도 갑자기 외양을 바꾸었다. 그렇게 많은 철근 콘크리트와 유리로 가려진 빌딩들이 야간에는 무지개 모양의 붉은 네온사인 광고로 뒤덮였고, 슈퍼마켓의 상품 진열대에는 각종 상품이 가득 쌓였다.

풍부하고 다채로운 신생활이 도래했다. 사람들은 주식을 사고, 자기 집을 꾸미고, 미국 연속극을 보고, 개인 컴퓨터를 사고, 외국 여행을 한다. 어쩌다 1980년대의 사진과 영상을 보면 정말 격세지감을 느낀다. 사진 속의 사람들은 상상을 초월할 정도로 '촌스럽다.' 또 TV 뉴스에서 우연찮게 또 다음과 같은 화면이 송출된다. 즉 모스크바 사람들이 빵과 연탄과 구두를 사기 위해 길게 줄을 서 있고, 폴란드의 선거는 한바탕 난리를 치르고 있다.

'중국의 기적'은 전 세계에서 널리 이야기되기 시작했다. 중국의 경제 성장은 이전 사회주의 진영을 아연실색케 했을 뿐만 아니라 모든 선진국 사람들의 첫 번째 관심의 대상이었다. 서구는 또다시 중국을 찬미하기 시작했고, 중국이 전 세계 시장에 더 열정적으로 다가서고 있다고 칭찬했다. 중국 관원들처럼 투자자에게 몰두하는 관원을 본 사람은 거의 없다. 그들은 투자자에게 방대한 토지를 떼어주면서 온갖 승낙을 한다.

중국의 경제 성장에 대해서 수많은 분석 이론이 쏟아져 나왔다. 즉 비교우위론, 재산권 이론, 안행형태론雁行形態論, 중국 특유의 분권 모델 등이 그것이다. 옥스퍼드, 시카고, 보스턴에서 귀국한 수많은 중국의 젊은 경제학자가 자기가 배운 이론을 중국으로 옮겨올 준비를 했다. 그들의 두뇌는 명석하면서도 확고하다. 그들의 인식에 따르면 중국은 반드시 서구(주로 미국)와 동일한 은행 시스템, 관리 모델, 증권 시장, 그리고 최종적으로 서구와 동일한 정치체제를 가져야 한다.

관방의 언어에서 항상 출현하는 '반미 정서'와는 다르게 중국은 재차 미국을 뜨겁게 포용했다. 톈안먼 광장의 자유의 여신상이 이미 뒤엎어졌는데도, 미국의 기술과 비즈니스 그리고 유행 문화는 바야흐로 널리 퍼져나가고 있다. 중국 회사는 제너럴 일렉트릭과 마이크로소프트가 되고 싶어한다. 중국 지도자들은 공식적인 강연에서 링컨을 인용하고, 비즈니스 CEO들은 잭 웰치와 워렌 버핏을 만나는 걸 영광으로 여긴다. 마이클 포터와 마이클 조던은 모두 우상으로 떠받들어진다. 중국의 가장 우수한 젊은이들은 하버드대에서 공부하고 싶어하고, 골드만삭스에서 직장 생활을 하고 싶어한다.

지금 '중국 특색의 사회주의'를 다시 이야기하는 사람은 거의 없다. 그것은 케케묵은 고물에 불과하기 때문에 역사의 쓰레기통에 던져 넣어야 한다고 생각하는 것 같다. '중국 모델'은 거의 언급되지 않고 있다. 아마도 러시아 사람과 동유럽 사람은 결국 그들이 중국으로부터 아무것도 들여올 수 없고, 중국과의 격차가 무척 크다는 사실을 발견한 것 같았다. 그러나 '중국의 특수한 경험'이 늘 출현하기는 했어도 그것이 중국인 자신을 감동시키는 경우는 드물었다. 중국인들은 우선 어떻게 세계적 경험을 할 수 있을까에 더 관심이 많았다. 즉 그들은 WTO에 가입하고 싶어했고, 올림픽을 개최하고 싶어했으며, 샹젤리제에서 쇼핑을 하고 싶어했고, 암스테르담의 쇼윈도에 전시된 아리따운 아가씨를 보고 싶어했다.

일부 총명한 사람들은 '우리 경제는 중국 특색의 자본주의다'라고 이야기할 것이다. 시장경제의 확립과 국유기업 개혁에서 WTO에 대한 열정까지, 노키아 휴대전화에서 동방의 맨해튼 입주까지 이 모든 것들은 사람들에게 우리는 자본주의로 성큼 들어섰을 뿐만 아니라 '중국 특색'조차도 관방 이데올로기와 민족 정서를 가려주는 최후의 면사포처럼 보인다는 인상을 주었다. 중국은 마치 신속하게 세계, 그것도 서구세계로 녹아들어가는 것 같았다.

작용과 반작용의 공생관계처럼 이러한 현상과 상반되는 정서가 여태껏 사라지지 않고 있다. '은하호 충돌 사건'에서 '유고슬라비아 중국대사관 폭격'까지 중국과 미국의 관계가 충돌과 화해를 거듭하자, 일부 완고파 수뇌부들은 여전히 '평화 공세'의 결과를 강조하고 있다. 윈도우와 나이키를 향유하고 있는 젊은 세대도 '중국은 NO라고 말할 수 있다'는 정서를 드러내게 되었다. 그것은 마치 바야흐로 소실되어가는 자신의 신분에 대한 본능적인 반항처럼 보였다. 중국 경제에 잠복해 있는 남모르는 근심도 지금까지 진정으로 사라진 적이 없다. 1987년에 만들어진 정치 경제 모델에 대해서 '지속가능한 모델인가?'라는 질문이 끊임없이 이어지고 있다. 계속해서 2005년에 이르러서도 어떤 사람은 이 불균형한 체제가 바로 '중국 역사상 최대의 도박'이라고 말하고 있다.

비관적인 정서가 우세를 점할 때 사람들은 중국이 또 다른 수하르토[7] 정권이 되어 그동안 쌓아온 찬란한 업적이 순식간에 잿빛 연기로 사라질지 모른다고 생각했다. 1990년대에 중국은 갖가지 도전에 직면해야 했다. 공산주의 이데올로기는 파산을 맞았고, 중앙과 지방정부 사이에는 권력을 둘러싸고 긴장관계가 형성되었다. 부패는 나날이 심각한 단계로 접어들었고, 국유기업의 대규모 도산이 이어졌으며 빈부 격차도 나날이 뚜렷해졌다. 여기에는 '장차 도래할 중국과 미국의 전쟁'에 대한 우려도 포함되어 있었다. 이 모든 도전이 중국을 파멸시킬 것이라고 생각했다. 그러나 낙관적인 정서가 엄습할 때는 당초에 농촌이 도시를 포위할 때처럼 시장경제와 기술개혁이 마침내 이 레닌식 정치체제를 바꿀 수 있으리라고 생각했다. 중국은 소련의 전철을 밟지 않으리라는 것이다.

'중국 모델'이 또다시 귀환했다. 2003년 나는 『비즈니스 위크』에서 중국의 경제 모델에 관한 기사를 읽었다. 그 기사에서 예일대 경영대학 학장 제프리 가튼은 미국이 제공한 방안에 비해 중국의 방안이 아랍 세계에 진정한 희망을 주었다고 인식하고 있다. 나는 그 기사를 읽고 놀라움을 금치 못했다. 나는 당시 젊은 기자로서 미국의 경제학자와 기업가를 인터뷰하는 데 열중하고 있었다. 나는 중국이 다른 나라의 본보기가 될 수 있다고는 거의 생각하지 못했다. 그것은 아마도 나 자신의 성장 경험에 대한 한 차례의 반란이었다. 어릴 때 받았던 중국의 우수성에 관한 교육이 황당무계하다는 것은 얼마나 쉽게 입증되었던가? 우리는 스스로 '예의지국'이라고 공언해왔지만 지하철에서 자리를 양보하는 사람은 한 사람도 없다. 우리는 우리의 문명이 유구하다고 말해왔지만 오히려 정신의 진공 상태에서 생활하면서 미국인이 제공하는 정신 제품에 의지하고 있다.

　그러나 이어서 미국이 아프간 전쟁과 이라크 전쟁 및 반테러 전쟁에 집착하는 사이 중국의 굴기는 날이 갈수록 더욱 뚜렷한 현상으로 드러나게 되었다. 어떤 의미에서 중국은 9·11 사태의 최대 수혜자가 되었고, 미국과 중국이 조성한 신냉전의 틀거리도 이제 효력을 잃게 되었다. 그리고 당시의 경제 공황이 세계의 자본을 중국으로 몰려들게 했다. 중국이야말로 안전지대였다. 2004년에 날이 갈수록 중국에 관한 새로운 묘사가 등장했다. 그것은 바로 '베이징 컨센서스'였다.

　중국 이론가들이 이에 대한 응답을 내놓았다. 더욱 엄격하게 정의한 '중국 모델'이 출현했다. 그것은 일군의 베이징 청년 학자에게서 나왔다. 그들 중에서 가장 유명한 사람인 위커핑俞可平은 그것을 다음과 같이 정의하고 있다. 첫째, 소유제 부문에서 중국은 순수한 공유제를 시행하지 않고 있고, 그렇다고 전면적인 사유제도 아닌 공유경제 위주의 혼합적인 소유제를 시행하고 있다. 둘째, 정치적으로 중국은 공산당의 일당 독재를 견지하면서 다당제와 의회정치를 시행하지 않고 있고, 입법·사법·행정의 '삼권분립' 제도도 시행하지 않고 있다. 그러나 그것이 단순한 일당 정치는 아니며 '일당이 이끌고 다당이 합작하는' 정치제도다. 셋째, 이데올로기 부문에서 중국은 여전히 마르크스주의의 주도적인 지위를 견지하고 있다. 그러나 또 그 외 상이한 사상 유파의 존재를 허락하면서 정치 이데올로기의 일원화와 사회사조의 다원화가 병존하는 국면을 이루고 있다. 넷째, 군대와 정치의 관계에서 중국은 줄곧 문관이 군대를 지도하는 제도를 시행하면서 군대가 정치에 간여하는 것을 허락하지 않았다. 그러나 시종일관 당이 총칼을 지휘하는 원칙을 준수했다. 다섯째, 국가와 사회의 관계에서 상대적으로 독립적인 시민사회가 탄생했을 뿐만 아니라 그것이 사회생활에 날이 갈수록 막대한 영향을 끼치고 있다. 하지만 중국의 시민사회는 정부가 유도하는 특징을 갖고 있다. 대다수 민간 조직은 결코 서구 국가의 그것처럼 자주성을 갖고 있지 못하다.

위커핑의 정의는 변증법적 유물론의 특징을 보이면서 피차 모순되는 개념을 풍부하게 포함하고 있다. 표현에 있어서도 오웰식의 '새로운 언어'를 보여주고 있으며 내용에 있어서도 천원陳雲의 '새장鳥籠 이론'을 한 단계 업그레이드한 특징을 드러내고 있다. 당과 국가는 새장이고 시장경제, 시민사회, 다원가치는 바로 새장 속의 새라는 것이다. 그러나 위커핑은 우리에게 이러한 모순이 더 이상 중국 최대의 근심거리가 아니고, 권력의 원천이라는 인상을 던져주고 있다.

다수의 사람들이 아직도 천원의 '새장 비유'를 기억하고 있을까?

'중국 모델'은 신속하고도 강력하게 중국 사회로 진입하여 나날이 강렬해지는 '중국인의 자아 분석에 관한 조급증'을 완화시켜주었다. 원저우 사람들의 해외 개척, 이우義鳥의 소상품 시장, 둥관東莞의 제조업, 롄샹聯想그룹의 IBM 매수, 구글에 대한 바이두百度(중국을 대표하는 포털사이트)의 승리, 아프리카와 라틴아메리카에서 중국 국유 기업의 광산·유전 매수, 중국이 독점한 통신업과 은행업의 굴기, 경제에 대한 중국 정부의 간여 등 서로 관련이 있거나 관련이 없는 이러한 사건들이 돌연 모두 통일된 해답을 얻게 되었다. 그 해답이 '중국 모델'이었다. '중국 모델'은 '만주 돼지고기 잡탕東北亂燉' 혹은 '쓰촨 샤브샤브四川火鍋'로 변모하는 등 무엇이든 포괄할 수 있게 기능하고 있다. 또 그것은 뜨거운 열기로 사람들에게 허실虛實을 구분하지 못하게 하면서 또 다른 형태로 변모한 폰지 사기Ponzi game[8]의 모습을 드러내고 있다. 더 많은 사람이 '중국 모델'을 믿을수록 그 믿음성은 더욱더 뚜렷해질 수 있게 되는 것이다.

3

대체로 1913년 무렵 프랑스 사회학자 에밀 뒤르켕은 다음과 같이 묘사한 적이 있다. "일본의 변화는 다방면에서 유럽 사회의 변화를 인증해주고 있다. 우리는 똑같은 과정을 거쳤다." 미국 경제학자 소스타인 B. 베블런Thorstein B. Veblen도 유사한 목소리를 낸 적이 있다. "일본의 힘은 봉건적 충성, 사무라이의 영예, 현대적 기술이 결합된 기초 위에 세워져 있다. (…) 일본 정부의 역할은 결코 독특한 것이 아니라 오직 그 정책 시행을 더 성공적으로 했을 뿐이다."

이후 반세기도 지나지 않아 일본은 고립된 섬나라에서 아시아 최대 강국이 되었을 뿐만 아니라 정말 뜻밖에도 러일전쟁에서 러시아를 격파했다. 이 과정에 어떤 비밀이 숨어 있는 것일까?

뒤르켕과 베블런의 판단은 금방 잊혔다. 1980년대에 도처에서 다음과 같은 추측이 유행했다. 일본이 금융시장을 주도할 수 있을까?

일본이 전 세계를 살 수 있을까? 일본이 다음 차례의 초강대국이 될 수 있을까? 일본이 정치와 군사상의 대국이 될 수 있을까? 일본이 미국을 대신할 수 있을까? 일본의 성공 비밀에 대해서도 각종 해석이 난무했다. 많은 사람은 일본이 애덤 스미스와 마르크스도 알아채지 못한 자본주의를 창조했다고 믿었다. 또 그것은 정부의 간여와 전통적인 문화라는 일본의 특수성에서 온 것이라고 인식했다. 일본인들은 이러한 특수성을 뜨겁게 포용했다. 그들은 지금까지 자신들이 세계 어느 나라와도 같지 않은 특수성을 갖고 있다고 생각했다. 어떤 일본 학자는 정묘한 비유로 이러한 정서를 형용하고 있다. "다른 나라에 비교해볼 때 일본 문명은 어류 가운데 돌고래와 비슷하다. 돌고래는 다른 어류와 마찬가지로 바다에서 헤엄을 치지만 그것이 다른 어류와 완전히 상이한 종류에서 유래했다는 사실을 아는 사람은 아무도 없다. 현재 이처럼 완전히 상이한 종류가 완전히 상이한 자본주의를 창조하고 있는 듯하다. 일본은 동양 속의 서양 국가이며 또 서양 속의 동양 국가이기도 하다." 특수성에 대한 이 같은 강조는 오랫동안 고립된 일본의 역사에서 비롯된 것일 뿐만 아니라 아울러 중국과 미국 두 대국의 영향에 맞서기 위해서 유래된 행동인 듯하다. 즉 일본의 특성은 중국과도 다르고 서구에서 비롯되지도 않았다는 것이다. 일본인들은 아마도 독특한 측면을 지니고 있는 것 같지만, 일본 경제의 거품은 모든 국가의 그것처럼 걷히지 않을 수 없을 것이며, 경제 법칙도 일본에서 역전이 일어나지 않을 것이다.

경제학자 폴 크루그먼은 그의 저명한 논문 「아시아 기적의 신화The Myth of Asian Miracles」에서 1994년 일본의 기적은 퇴색하고 있지만 싱가포르, 한국, 타이완, 홍콩의 굴기는 놀랄 만하다고 했다. 당시 '아시아 시스템' '아시아적 가치관' '동아시아의 기적'과 같은 논조가 사방에 가득했다. 많은 사람이 동아시아가 미국이나 유럽과는 다른 성장 모델을 창조하고 있다고 믿었다. 이에 이들 나라의 경제적 성공은 문화와 정치의 특수성으로 귀결된다고 했다. 사람들은 아시아인들이 집단주의를 더욱 중시하는 반면에 개인주의와 인권에 대한 관념은 결코 중요하지 않게 여긴다고 믿었다. 또한 권위적인 정부가 경제 발전에 유리하고 그것이 아시아인들에게 더욱 적합하다고 인식했다.

이러한 의문에 대답하기 위해 크루그먼은 먼저 1950년대로 거슬러 올라갔다. 당시 공산주의 국가의 경제 성장에 관한 책과 논문이 미국의 학술지와 유행잡지를 뒤덮었고, 다수의 미국 학자는 소련이 서구와 상이한 모델을 갖고 있다고 믿었다. 앞에서 언급한 캘빈 후버도 그 하나의 예다. 케네디는 미국을 새롭게 운영하여 동양의 도전을 받아들여야 한다고 소리쳤다. 그리고 흐루쇼프는 유엔 본부의 탁자 위에다 자신의 구두를 두드렸을 뿐만 아니라 서구를 매장시켜야 한다고 선언했다.

크루그먼은 "공산주의 국가의 성장률이 현저하게 높기는 하지만 무슨 특별한 마법 같은 것은 없다"고 하면서 "신속한 성장은 사회 경제적 인풋input의 신속한 증가에서 온 것인데, 거기에는 노동력의 확충, 교육 수준의 상승 등이 포함되어 있고, 더욱 중요한 것은 사회적 기반 시설에 대량 투자를 했다는 것이다"라고 서술했다. 효율이 담보되지 않은 이 같은 경제 성장은 인풋의 감소와 방만을 수반할 수밖에 없다.

크루그먼은 인간의 건망증에 대해 개탄을 금치 못했다. 일본의 기적과 동아시아의 기적을 형용하면서 사람들은 또다시 위와 똑같은

173
/

사유 방식을 전개하고 있다. 크루그먼은 이렇게 묘사하고 있다. "아시아 경제의 고속 성장은 많은 작가가 공언한 것처럼 결코 서구에 학습의 본보기를 제공해주지 못한다. 이러한 성장의 미래는 많은 사람이 상상하는 것보다 훨씬 더 제한적이다." 일본과 동아시아 네 마리의 작은 용의 경제 모델은 소련의 경우보다는 훨씬 효율적일 것이다. 그러나 여기에 무슨 특별한 비밀 같은 것은 없다. 이들 나라는 단지 사람들이 다 아는 경제 법칙을 준수했고, 서구보다 훨씬 강한 저축 의식에 바탕하여 지금 당장의 소비를 희생하여 미래의 생산에 공헌하려고 했을 뿐이다. 한동안 경제성장이 지속된 후 이들 나라도 서구와 마찬가지로 성장 둔화 현상을 겪을 수밖에 없다.

크루그먼의 예언은 3년 후에 밀어닥친 아시아 금융 위기로 그 정확성이 증명되었다. 만약 동아시아 경제 기적에 모종의 비밀이 숨어 있다면 그것은 바로 부패와 파벌 무역이 줄곧 아주 쉽게 은폐되어왔다는 점일 것이다.

4

일본, 소련 그리고 동아시아의 사례가 무척 요원한 경우라면 우리는
더욱 가깝고 미시적인 사례를 자세하게 분석해볼 수 있다. 『중국 특
색의 자본주의中國特色的資本主義』라는 훌륭한 저서에서 경제학자 황야
성黃亞生은 렌샹그룹의 성공을 분석했다. 이 회사는 중국 모델의 축
소판으로 여겨져왔다. 이 회사가 2004년 퍼스널 컴퓨터 사업체 IBM
을 인수할 때는 중국 모델의 승리로 인식되면서 중국을 중심으로 하
는 신세계가 도래했음을 과시했다. 그러나 이 회사를 자세하게 조사
한 후 황야성은 렌샹그룹이 중국 회사가 아니라 홍콩에 등록된 홍콩
회사임을 알게 되었다. 황야성은 이렇게 서술하고 있다. "렌샹이 홍
콩과 홍콩 체제의 산물임을 믿어야 한다면, 렌샹의 성공은 법치와 시
장을 기반으로 하는 금융 시스템의 성공이라고 봐야 한다."

렌샹그룹 회장 류촨즈柳傳志의 개인적인 능력을 의심하는 사람은

아무도 없다. 그의 기민함, 끈질김, 창조력과 중국 사회에 대한 투철한 이해력 등이 모두 렌샹그룹 성공의 결정적인 힘이 되었다. 그러나 홍콩 소속 기업이라는 배경이 없었다면 렌샹의 기적은 일어나기 어려웠을 것이다. 이것은 사람들의 끝없는 상상을 이끌어내는 패러독스다. 렌샹이 이중의 능력을 한데 합친 것처럼 중국 시장에서 IBM, Dell, HP에 승리를 거둔 것은 중국 고객의 기호를 훨씬 잘 알고 있었고, 판매와 서비스 시스템을 더욱 강력하게 수립했기 때문이다. 동시에 이 그룹은 홍콩 기업이라는 신분 때문에 정상적인 시장 시스템의 융자 혜택을 받을 수 있었다.

경영학자들이 렌샹그룹에서 독특한 '중국적 요소'를 발견하는 데 급급할 때, 오히려 류촨즈는 어떤 사람들보다 더욱 솔직하게 이 모든 것에 대한 의견을 밝혔다. 그는 2002년 8월 아시아 기업인으로서는 최초로 국제경영학회Academy of Management에 초청받아서 해당 연도 대표 강연을 했다. 그 강연은 평범하기 그지없었다. 전략 수립, 관리팀, 핵심 가치관 창조 등에 대해 류촨즈는 다음과 같이 얘기했다. "우리가 추진한 많은 일과 우리가 만들어낸 다양한 경영 이념은 모두 서구 기업에서 배워온 것이며, 서구 경영학자의 저작에서 배워온 것이다."

이론과 실천은 서로 다른 영역이다. 중국 시장의 특수성에 대한 이해가 렌샹그룹에 경쟁력을 부여했다. 중국과 직접 관련이 없는 서구 세계의 청중은 아마도 왜 중국 시장에서 제때에 수금하는 것이 갑자기 경쟁의 우위로 나타나고, 상품을 곧바로 인터넷에 올리는 것이 기술적인 우위로 나타나는지를 이해하기 어려울 것이다. 중국은 아직 경제의 기본 원칙을 건립해본 적이 없는 잡목 숲이고, 소비자들의 행

태도 제멋대로다. 이에 대해 류촨즈는 다음과 같이 말했다. "외국의 기업을 토끼에 비유한다면 중국의 기업은 거북이에 비유할 수 있다. 거북이와 토끼가 경주할 때 토끼가 쉬지 않으면 거북이의 대책은 두 가지다. 첫째, 어떻게 토끼를 따라 배워서 토끼의 능력을 거북이도 배양할 수 있느냐 하는 점이다. 둘째, 어떻게 달리기 환경을 잘 이용할 수 있느냐 하는 점이다. 예를 들어 토끼와 연못에서 경주를 하도록 해야 한다."

중국의 환경은 바로 연못이다. 류촨즈의 개인 능력은 바로 연못에서 경주하도록 시도한 점에 있다. 1978년 그는 『인민일보』에 소개된 소 축산에 관한 뉴스를 읽고 기쁨으로 흥분을 감추지 못했다. 그 기사의 의미는 이제 더 이상 모든 것을 계급투쟁으로 판단하지 않는다는 것이었다. 그의 운명은 전기를 맞이하게 되었다. 1980년대 말에 그는 자기 부친의 관계망을 이용하여 홍콩에서 기업 등록을 하고 그곳의 성숙한 시장과 관계를 맺었다. 그는 모든 방법을 강구하여 그의 투자자인 중국과학원을 설득한 뒤 렌샹을 주식회사로 개조하고, 창업자들도 기업 성장의 이윤을 동일하게 나눠 갖도록 했다. (…) 그가 수립하고자 한 모든 것이 서구 시장에서는 아주 옛날부터 말이 필요 없는 상식으로 통한다. 그의 승리는 바로 상식의 승리다. 그를 초조하고 괴롭게 만든 것은 바로 상식의 실종이다.

류촨즈와 렌샹그룹의 경험은 중국 발전의 축소판이다. 황야성은 이 과정에 무슨 비법이란 건 없으며 다만 자유시장의 성공만이 있다는 걸 발견했다. 이러한 평가는 물론 현실의 복잡성을 소홀히 취급할 가능성도 있다.

일본은 어쩌면 새로운 경제 규칙을 창조하지 못했을 수도 있다. 그러나 베블런은 "봉건적인 충성, 사무라이의 영예 그리고 현대적 기술이 한데 결합된 힘"을 경시할 수 없다고 했다.

몽테스키외는 이렇게 말했다. "사회란 이질적인 성분이 우연히 결합되어 생긴 것이 아닐 뿐만 아니라 인위적인 구조물도 아니다. 그것은 자연스럽게 성장하면서 '기후, 종교, 법률, 정책, 관례, 풍속'으로부터 확실한 특성을 부여받고, 또 이들 영향력의 결합에 따라 그 사회의 보편적인 정신을 생산해낸다." 마찬가지로 이러한 정신이 경제행위를 만들어내는 것이다.

현재 중국의 경제 성장을 이해하기 위해서는 해외 화교들이 차지하고 있는 좌표도 지나칠 수 없다. 이것이 상이한 제도 아래에서 중국인들이 펼친 경제활동의 특징이 드러나는 지점이다. 1950년대 이후 몇 차례 홍콩을 방문한 적이 있는 경제학자 밀턴 프리드먼은 사람들로 붐비는 이 도시의 생명력에 경악하면서, 중국 대륙에서 도망쳐 온 게으른 난민들이 몇 주도 지나지 않아 근면하고 자제력을 갖춘 기술노동자로 변모하는 것에 감탄을 금치 못했다. 이 전형적인 중국인의 도시에는 창업 정신이 곳곳에 넘쳐나고 소기업의 탄생과 몰락이 극적으로 계속되고 있으며, 숨 막히는 더위 속에서 고급 경영자들도 노동자들처럼 등에 땀을 적시며 일을 하고 있다. 심지어 한 평론가는 이렇게 말했다. "홍콩인들은 창업의 마법을 보유하고 있다. 그들은 남중국해의 한 덩어리 바위 위에서 이 산업도시를 창조했다. 그들에게 또 다른 돌멩이를 준다면 그곳이 스코틀랜드이든 오스트레일리아든 또다시 성공적인 도시를 건설할 것이다."

홍콩은 해외 화교경제의 축소판이다. 여러 원인에 근거하여 이러한 현상을 해석할 수 있다. 중국의 문화 전통에는 줄곧 심도 있는 실용성의 전통과 이중적인 원칙이 존재해왔다. 중국 지식인들은 겉으로 '수신修身, 제가齊家, 치국治國, 평천하平天下'의 거시적인 이념을 표방했지만, 다수의 중국 일반인은 계속해서 더 실제적인 원칙을 준수했다. 즉 그들은 형이상학의 원칙보다는 물질주의의 원칙을 뼛속 깊이 받아들였다. 그리하여 실리를 추구하는 것이 가장 타당하고 심지어 찬양받을 만한 가치가 있다고 인식했다. 지나치게 포화된 인구로 인해 기본적인 생존 자원에 대한 쟁탈이 끊임없이 이어졌다. 자신의 나라를 나서게 되면 중국인들은 가격을 흥정하는 능력에서 최고의 경지를 보여주고 절약과 검소의 덕목도 삶의 필수 불가결한 요소로 인식하고 적극 실천한다. 이는 물질 부족에 대한 공포를 시종일관 마음속에서 떨쳐버리지 못한 결과이다. 그리고 중국 역사에서 주기적으로 진행된 대규모 변란 때문에 중국인의 생활은 항상 막다른 골목으로 내몰렸고, 이에 중국인들은 정치적 관계와 사회적 네트워크에 대한 믿음을 상실한 채, 자신의 가정에 축적한 물질적 기초를 제외하고는 어느 것에도 믿음을 갖지 않게 되었다. 또 해외 도시에서는 중국인들이 정치적 성공을 거두기가 어려웠기 때문에 오직 경제적으로 자신이 얻은 성취감을 증명해야 했다. 만약 부자가 되는 것이 경제적 성공을 실현하는 것이라면, 해외 도시에서 줄줄이 등장한 리카싱李嘉誠[9], 퀵혹녠郭鶴年[10], 폭잉둥霍英東[11] 등과 같은 다수의 기업가는 중국의 모든 부자들로 하여금 부족함을 깨닫게 만드는 영웅들이라 할 만했다.

그러나 해외 화교의 경우와 비교해본다 해도 우리는 질문을 받지 않기가 어려울 것이다. 왜냐하면 이러한 현 체제 하에서도 중국인들은 이와 같은 경제 기적을 창조했기 때문이다. 다시 말해 설령 이처럼 경직된 정치체제가 있더라도 중국인들은 여전히 이와 같은 기적을 창조할 수 있다는 것이다.

어떻게 이러한 동란과 압제를 겪으면서도 중국인들은 언제나 시의적절하게 새로운 물질 조건을 만들어내 이처럼 놀라운 탄력과 기민함을 유지할 수 있는가? 만약 당신이 1970년대 말의 전환기를 몸소 겪었다면, 놀랍게도 중국인들이 어제는 온통 정치 구호만을 외치다가 오늘은 고개도 돌리지 않고 금전 숭배의 풍조 속으로 휩쓸려 들어가고 있다는 사실을 발견할 수 있을 것이다. 『시대時代』라는 잡지는 이렇게 추궁하고 있다. "어떻게 이렇게 인구가 많은 민족이 아주 짧은 기간 동안 마치 항공모함이 1마오毛짜리 동전 위에서 방향을 바꾸듯 180도로 전환할 수 있는가?"

만약 진정으로 '중국 특색'과 '중국 모델'이 있다면 그것이야말로 아마 문제의 핵심이 될 수 있을 것이다.

제7장

문화의
결락

"단기간의 구체적인 이익을 제외하고 사람들은 사실상 아무것도 믿지 않는다. 바로 이와 같기 때문에 사람들은 때로 목숨을 걸고 더욱 찬란하고 광활한 것들을 찾고, 그 한순간에 미미한 삶을 초월하려고 한다. 예술가와 지식인들이 오직 이러한 연속된 교역자의 연결고리일 뿐이다. 교역자도 모험과 본전 의식에 충만해야 한다. 그는 자기가 생각하고 있는 모든 것을 직접적이고 통쾌하게 표현해서는 안 되고, 부득불 그 결과를 생각하며 실험하고 상상하고 꿰뚫어보아야 한다. 그들은 강자를 추앙하면서도 두려워하고 약자에 대해서는 동정심조차 부족하다. 그들은 지나치게 기민하여 모든 것을 믿는다. 이러한 정신이 현대 중국 정신의 내핵을 구성하고 있다. 이것이 우리가 세계인들에게 이해시키려는 내용인가?"

1

아지즈는 끊임없이 말하려고 했다. 그는 자신이 파키스탄 사람이라고 하면서 나에게 "당신은 중국 사람이죠?"라고 물었다. 그는 9·11이 부시가 만들어낸 음모라고 했다. 그는 또 마오쩌둥이 정말 대단하다고 하면서, 6년 전에 광저우廣州에 가본 적이 있는데, 그때 정말 눈앞이 크게 열리는 느낌을 받았다고 했다. 즉 시간이 자정인데도 거리에는 사람들로 넘쳐났고, 길거리 좌판 옆에서 먹고 마시고 이야기를 나누면서도 포탄 테러나 강도를 두려워하는 사람은 아무도 없었으며, 이것은 파키스탄이나 유럽에서는 상상도 할 수 없는 광경이었다는 것이다. 그리고 그는 만약 독재가 번영과 안전을 가져올 수만 있다면 차라리 독재를 택하겠다고 했다. "미래는 여러분의 것입니다. 여러분은 미국을 추월할 수 있습니다"라고 아지즈가 큰 소리로 말했다.

그는 35세로 9년 전에 이슬라마바드에서 프랑크푸르트로 왔다고 했다. 그는 양쪽 뺨에 구레나룻을 길렀고 머리카락은 길지 않지만 봉두난발이었다. 그는 핸들을 잡고 한 마디 말을 할 때마다 백미러를 통해 나의 반응을 살펴보고 있었다. 요 며칠간 택시 일이 아주 잘 된다고 하면서 그는 늘 중국인을 태우고 다닌다고 했다. 그는 나에게 큰길 옆 간판의 한자가 무슨 뜻인지 물었다. 그곳 간판에는 紙(종이), 書展(서예전), 中國(중국), 活力(활력), 印刷(인쇄), 出版(출판), 新穎(참신), 主題國(주빈국) 등과 같은 사각형 한자가 가득했다. 그 글자들은 크기도 일정하지 않게 빽빽이 뒤섞여 있었다.

아지즈의 열정적이지만 모호한 영어를 따라서 프랑크푸르트가 점점 내 눈앞에 열리고 있었다. 그곳은 차갑고도 낯선 도시였다. 제2차 세계대전 중 연합국의 비행기가 맹렬하게 폭격을 가한 후 이 도시의 중세 고성은 흔적도 없이 파괴되었다. 독일인들은 이 도시에서 한바탕 모더니즘의 실험을 진행했다. 도처에 직선의 콘크리트와 유리창으로 장식된 빌딩이 가득했다. 그것들은 도리어 이 깊어가는 가을의 으스스함과 잘 어우러졌다. 마인 강이 시내를 흐르며 프랑크푸르트에 무역이 가능하게 해주었다. 그곳 사람들은 마인 강을 통해 감자, 해물, 밀, 커피, 정보 등을 교환했다. 전자 스크린이 강변에서 가격을 흥정하던 광경을 대신하고 있지만 그곳의 무역 정신은 여태껏 퇴색한 적이 없다. 그곳은 독일의 금융 중심지이고, 1949년부터는 전 세계의 도서 교역 중심지이기도 했다. 바로 이곳에서 자본주의에 대한 가장 엄격한 비판 그룹인 프랑크푸르트학파가 탄생했다.

프랑크푸르트 도서전시회는 이미 60년의 전통을 자랑한다. 그것은 세계에서 가장 규모가 큰 도서전이다. 비록 책이 지금은 경제와 문화의 중심 지위를 잃어가고 있지만 여전히 전 세계의 중요한 문화활동의 하나다. 출판인과 작가와 기자들은 매년 10월 둘째 주에 이곳으로 모여든다. 1988년 이래로 주최 측은 매년 한 국가를 초청하여 주빈국主題國이 되게 한다. 주빈국이 되면 그해 도서전의 가장 중요한 출품국으로서 1년 동안 문화활동을 지속할 수 있다. 자국의 문화를 해외로 전파하고 싶어하는 국가들에게 그건 정말 더없이 좋은 기회라고 할 수 있다.

중국이 바로 그해(2009)의 주빈국이었다. 그건 정말 의미심장한 시간이었다. 중국은 세계를 향하여 자신의 부유함과 강대함을 전시하고 싶어했을 뿐만 아니라, 자기 문화의 강력한 흡인력을 증명해 보이고 싶어했다. 1년 전에 중국은 올림픽을 개최했다. 최고의 찬사를 받은 개막식과 세계 1위의 금메달 숫자는 경제성장이 신체 발달과 국가 번영으로 전환될 수 있음을 밝혀주었다. 바로 한 달 전에 중국은 톈안먼 광장에서 성대한 규모의 열병식을 거행하여 물질적인 실력이 군사적인 실력으로 전환될 수 있음을 입증했다. 그러나 프랑크푸르트에서 중국은 '소프트파워'에 관한 이야기를 하고자 했다. 중국은 생산, 투자, 탱크를 통해 다른 나라에 영향을 주었을 뿐만 아니라 서적, 영화, 경극, 사상과 같은 소프트파워 면에서도 영향을 줄 수 있다는 것이다.

'소프트파워'는 조지프 나이Joseph S. Nye라는 미국 학자가 창조한 명사이지만, '연실력軟實力'이라고 번역된 어휘에는 선명한 중국 특색이 담겨 있다. 중국 사회는 지금 '힘力'에 대한 미련에 빠져 있지 않은가? 지식력, 집행력, 사상력, 문화력, 예술력, 영향력 등 우리는 서점이나 사람들의 대화나 신문의 헤드라인에서 끊임없이 각양각색의

185

'힘'에 대한 이야기를 보고 듣는다. 일부는 억지로 의미가 통하지만 또 다른 일부는 전혀 문법이나 논리에 맞지 않는다. 겨우 어떤 명사와 억지로 한데 얽어놓았기 때문에 정말 황당하면서도 생경한 느낌을 준다. 새로 만들어낸 어휘는 사람들에게 어떤 지식, 사상, 예술이라도 구체적이면서 조작할 수 있는 모종의 '역량'을 갖지 못하면 독립적인 가치를 지닐 수 없다는 인상을 준다. 그것은 또 자신의 논리를 가져서는 안 되고 계획, 설계, 통솔할 수 있어야 한다는 것이다.

2007년에 열린 중국공산당 17기 대회에서 중국은 처음으로 명확하게 '문화적 소프트파워'를 보고서에 기록했다. 그건 아마도 줄곧 낙후되어온 경기의 시작을 알리는 마지막 신호탄인 듯했다. 200년 만에 정부는 처음으로 '해외 진출' 전략을 명확하게 제기했다. 애초에는 그것이 경제 영역에만 국한되어 있었다. 중국 경제는 이제 단지 국내 시장과 자원에만 의지할 수 없고 반드시 글로벌 경영으로 나아가야 한다는 것이다. 그것은 또한 중국이 새로운 단계의 경제로 나아가는 출발점이며 글로벌화의 영역으로 들어가는 전주곡인 셈이었다. 이후 중국은 세계와의 교류를 신속하게 강화했다. 세계의 공장과 기갈 들린 자원 소비국으로서의 신분을 갈수록 더 노골적으로 드러내고 있다. 그러나 바로 이처럼 신속하고 친밀한 교류를 거치면서 중국의 의식도 점차 깨어나기 시작했다. 경제생활은 절대 그 하나만 개별적으로 전개할 수 없고, 정치와 문화의 영향을 받게 된다. 사람들도 그들이 자랑으로 삼는 경제적 성취가 세계에서 그에 상응하는 존중을 받지 못한다는 사실을 알게 되었다.

'문화적 소프트파워'와 '내면의 가치관'에 대한 토론이 점차 유행하게 되었다. 이들 어휘 속에는 다음과 같은 의식이 숨어 있다. 중국은 물질이나 정치 부문에서 그 능력을 입증받았기 때문에 이제는 또 다른 능력을 필요로 한다. 사람들은 이미 끝도 없이 외래문화를 소비하는 나라는 진정으로 세계인의 존경을 받기 어렵다는 사실을 의식하게 되었다. 그것은 마치 여러 해 전에 영국 수상 대처 여사가 내린 평가에 대한 모종의 반응인 것 같았다. 이 철의 여인은 10년 전에 소위 '중국위협론'을 인정하지 않는다고 했다. 왜냐하면 "중국이 수출하는 것은 TV, 전자 오븐, 구두 등이지 가치관이 아니기 때문이라고" 했다.

이에 문화적 소프트파워에 대한 추구가 정부와 사회의 공동 목표가 되었다. 그것은 모든 사람에게 새로운 자부심을 가져다주었을 뿐만 아니라 중국 정부에게도 새로운 권위를 부여해주었다. 과거 100년 동안의 고난과 혁명 과정에서 중국인은 바로 '존엄'을 추구하지 않았던가? 우리가 부강을 추구한 것은 부강이 존중을 의미하기 때문이었다. 혁명이 존엄을 가져다줄 수 있었으므로 우리는 바로 혁명을 추구했고, 강권이 존엄을 가져다줄 수 있었으므로 우리는 바로 강권을 믿었고, 원자탄이 존엄을 가져다줄 수 있었으므로 우리는 원자탄을 제조했고, 금전이 존엄을 가져다줄 수 있었으므로 우리는 목숨을 걸고 생산과 소비를 추구했다. 이제 만약 존엄이 문화와 가치관에 의지해야 한다면 우리는 문화 수출을 시작할 것이다.

비록 목표가 모호하고 소프트파워와 가치관에 대해서도 정의를 내리기 어렵지만 해결 방안은 매우 분명하다.

지금은 1978년에 경제 개혁을 시작할 때와는 시대가 다르다. 당시에 국가는 무척 허약했다. 따라서 변화가 민간, 즉 모든 농민이 자신의 토지에 자신이 심고 싶은 농작물을 파종하는 것에서 시작해야 했다. 지금은 국가가 부유하고 강대하며 자신에 차 있다. 중국 정부는 경제 개혁의 성공을 완전히 자신의 계획 하에 관리하면서, 장난감, 의류, 전자 오븐 수출에서 문화 수출로 방향을 전환하여 문화적인 대약진을 준비하고 있다.

2004년 12월 첫 번째 공자 아카데미가 한국 서울에서 정식으로 문을 열었다. 국가 대외 중국어 교육 지도팀에서는 초보적인 사업으로 전 세계 100곳에 공자 아카데미를 개원할 계획을 세웠다. 그것은 독일의 괴테 아카데미나 스페인의 세르반테스 아카데미, 영국의 문화 협회처럼 중국 문화를 밖으로 드러내 보여주는 플랫폼으로 기능하게 한다는 것이다. 역사는 또 한껏 우리를 조롱하고 있다. 전 세계 각지의 공자 아카데미에 재직하고 있는 선생님들 중 상당수는 아직도 30년 전 '비린비공批林批孔'[1] 운동에 대한 기억이 새로울 것이다. 그런데도 지금 그들은 이처럼 낯선 사람들을 향해 중국의 전통문화를 큰 소리로 이야기하고 있다. 대규모 출판 그룹도 떠들썩하게 그 출범을 알리기 시작했다. 몇 년 전 대학 합병 때 몇 곳의 대학생들이 억지로 한 대학으로 합쳐진 것처럼 서로 다른 출판사들이 하나의 이름 아래 합쳐졌다. 방대한 규모에 대한 선망과 산업화에 대한 믿음이 이러한 조치의 배후 논리였다. 통계 수치만이 그 성공 여부를 가늠하는 유일한 표준이었다. 얼마나 많은 박사를 배출하고 얼마나 많은 논문을 발표하고, 매년 얼마나 많은 서적을 출판하고, 그 생산 수치가 얼마인지만이 성공의 표준이 되었다. 그리하여 '크고 강한 것'만이 이러한 논리의 가장 조잡하지만 효과적인 표현 방법이 되었다. 문화적 소프트파워에 대한 이해에 있어서는 미국의 소프트파워를 할리우드 산업으로만 단순화시켰고, 미국의 언론자유, 독립 사상을 고취하는 대학 교육, 다원문화의 생태는 모두 생략되고 말았다.

2008년 봄에서 여름으로 이어진 올림픽 성화 전송 사건은 소프트파워에 대한 전 국민의 갈망을 격화시켰다. '서구는 우리에게 심한 편견을 갖고 있다' '우리는 대외적으로 충분한 내용을 보여주지 못했다' '우리의 홍보가 좋지 못했다'와 같은 논조가 전체 사회에 팽배했다. 사람들은 분노하고 초조해하면서 심층적인 곤경을 기술 문제로 단순화시켰다. 이해 여름 올림픽에서 공전의 성공을 거두자 보통 사람들과 중국 정부는 더욱더 기술적인 능력에 대해 자신감을 갖게 되었다. 그들은 연출 규모, 예술가의 창의력, 동원할 수 있는 사회적 자원, 첨단 기술로 이루어진 시청 수단을 한데 묶어 세계를 놀라게 할 만한 화면을 구성할 수 있게 된 것이다. 세계 1위의 금메달 숫자로 인해 오랫동안 비난받아온 정부의 '거국 체제'는 다시 자신감을 얻게 되었다. 마치 그 성과는 거대한 영예를 몰고 와서 그것이 야기할 대가를 은폐할 수 있는 것처럼 보였다.

베이징의 찬란한 8월은 소프트파워 운용 방식에 대한 정부의 자신감을 공고하게 해주었다. 이제 이러한 방식을 복제하여 세계의 더욱 광범위한 지역으로 수출하려고 한다. 450억 위안을 초과하는 돈이 신화사와 CCTV 및 그 외 국유 언론 매체에 투입되었다. 야심만만한 또 하나의 확장 계획이 이미 시작되었다. 그것은 중국이 자신만의 『뉴욕 타임스』와 CNN 방송을 가지고 국제여론 공간에서 담론권을 획득해야 한다는 것이다. 취업 때문에 초조한 대학생들은 돌연 신화사와 외문국外文局이 대학 캠퍼스에서 설명회를 개최하기 시작한 것을 알게 되었고, 대학생들은 중국의 이미지를 재창조하는 활동에 투신해야 했다. 그것은 마치 새로운 대장정의 시작인 듯했다. 70년 전

옌안의 동굴에 거주하던 마오쩌둥은 동시대의 어떤 사람보다 더욱 민감하게 여론 지지의 중요성을 의식했다. 그는 미국 매스컴의 동정과 중국 사회지도자들의 광범위한 호응을 얻었다. 또한 많은 사람은 민주·자유와 민족의 독립을 논술한 그의 글을 읽고 무한한 동경심을 갖게 되었다. 심지어 그는 중국이 가장 어둡고 혼란에 처해 있던 시각에도 서구세계가 여전히 홍색 중국에 연연하도록 우호적인 여론을 만들었다. 이제 그가 옌안에서 창조한 책략은 전 세계 TV와 인터넷 그리고 순회공연과 전시회를 통해 더욱 큰 반향을 얻게 되었다.

2

"모든 세부적인 항목까지 완벽해야 한다." 중국신문출판총서中國新聞
出版總署의 고위 관리는 2009년 10월 프랑크푸르트 도서전의 중국 전
시장을 시찰하면서 이렇게 말했다. 그가 속한 기관은 600곳에 달하
는 중국의 출판사와 다수의 개인 출판기구 및 이와 관련된 출판 업무
를 관장하고 있다. 권력은 삶의 최고 지향점이고, 돈은 그것에 다가
가는 윤활유이다. 개인 기업은 더 부유하고 더 효율적이지만 반드시
국유 출판사로부터 출판권을 사야 한다. 600곳에 달하는 출판사 중
에서 그 일부는 이미 지난 몇 년 사이에 80여 곳의 매스 미디어 그룹
으로 재편입되었다. 사람들은 '항공모함'이라는 말로 이 대형 회사를
형용하기를 좋아한다. 끊임없는 합병 외에도 이들 회사는 적극적으
로 상품을 시장에 내놓는다. 이들 회사가 사람들에게 주는 가장 강렬
한 인상은 국영 출판업의 관료 시스템을 보존하려고 할 뿐만 아니라

최대한의 시장 이익을 얻으려고 한다는 점이다. 2008년 이들 출판사는 모두 28만 종에 달하는 책을 출판했다. 이것은 '출판총서'가 결코 모든 책의 내용을 통제할 수 있음을 의미하지는 않지만, 모든 출판인은 출판에 관한 게임 규칙을 알고 있다. 즉 어떤 제목이 민감하고, 어떤 것을 다루어서는 안 되는지 알고 있는 것이다. 이것은 여러 해 동안의 경험과 교훈으로 얻어진 것이다.

앞에서 언급한 고위 관리의 경고는 굉장히 보편적인 관료 문화의 토로라고 할 수 있다. 관료들은 지금까지 구체적이고 명확한 지시를 내린 적이 없다. 그들의 언어는 두루뭉술하면서도 강경하다. 모든 사람은 어떤 세부적인 항목이 잘못된 것인지 분명하게 알지 못하므로 다만 더욱 조심스럽게 업무를 추진할 수밖에 없다. 대부분의 경우에는 이런 지시의 결과로 모든 것을 안정적이고 평범하게 처리하게 된다. 모든 세부적인 전시가 평범해졌으므로 결국은 규모를 크게 하여 사람들의 주의를 끌고자 한다. 따라서 항상 반군사화反軍事化의 수단을 가장 자주 사용하게 된다. 왜냐하면 군사행동은 밑천을 따질 필요가 없기 때문이다.

군사화의 방식으로 스포츠에서 성공을 거둔 후 지금은 스포츠 방식을 문화에 도입할 준비를 하고 있다. 중국 매스컴들은 '출판계 올림픽'이란 말로 프랑크푸르트 도서전을 묘사했다. 중국 정부는 2000명이 넘는 대표단을 조직했다. 거기에는 명성이 뜨르르한 작가와 학자도 있었고, 출판계의 대표 인물도 포함되어 있었다. 또 32곳 출판사를 중점적으로 추천하여, 600제곱미터에 달하는 전시관을 건립하고, 대대적으로 중국어 작품을 번역했다. 이들 출판사의 총 투자액은 1500만 달러를 넘어선다. 중국처럼 사치스러운 주빈국은 다시는 없을 것이다. 그들의 지도자는 아마 그 전시회에 참여하여 연설할 수 있겠지만, 그들의 정부는 그렇게 부유하지 않다. 더욱 중요한 것은 문화활동이 대부분의 경우 사적인 조직에 의해 이루어지는 행위라는 점이다. 출판 조직과 문화 조직에는 그들만의 의사일정이 있으므로, 정부는 모종의 지원을 해줄 수 있을 뿐 그들을 주도하기는 어렵다. 베이징 출판계의 관료들은 틀림없이 2005년 베이징 도서전의 썰렁한 분위기를 아직도 기억하고 있을 것이다. 중국은 600여 권에 달하는 독일 책 출판권을 매입했지만, 독일은 겨우 한 권의 중국 책 출판권을 매입했을 뿐이다. 그러므로 지금 중국이 평등하게 서구와 대화하려면 가능한 한 다시 또 그 목소리를 크게 높여야 할지도 모른다.

하지만 모든 세부 항목이 결코 완벽했던 것은 아니었다. 사실 도서 전시회가 정식으로 개막되기 한 달 전에 열린 중국과 독일의 연합토론회에서 중국 정부는 매우 곤혹스러운 상황에 처했다. 이 토론회의 주최 측에서는 중국 관방 작가 대표단을 초청했을 뿐만 아니라, 독립적으로 활동하고 있는 몇 명의 작가와 학자도 초청했다. 그중에는 체제 비판 작가인 다이칭戴晴[2]과 베이링貝嶺[3]도 포함되어 있었다. 이 두 명은 20년 전 톈안먼 사태에 연루된 작가였다. 베이징의 압력 때문에 독일 주최 측은 이 둘에 대한 초청을 취소했다가, 독일 매스컴으로부터 도서 전시회 조직자가 정치적인 압력을 받고 언론 자유를 탄압하고 있다는 성토를 들어야 했다. 당시는 정치적으로 아주 민감한 해였다. 즉 베를린 장벽이 무너진 지 20주년이 되는 해였고, 톈안먼 비극이 발생한 지도 20주년이 되는 해였다. 따라서 주최 측의 행위는 아주 쉽게 상징적인 의미로 해석될 소지가 있었다. 당시 도서전에서 일한 어떤 사람이 황망함 가운데 말한 것처럼 그들은 역사적 치욕으로 인해 꼼짝달싹 못할 상황에 처하고 말았다.

주최 측은 다시 태도를 바꿔 그 두 명의 체제 비판 작가를 결국 회의장에 출석하게 했다. 그러나 토론회가 진행되는 과정에서 독일의 매스컴이 이들에게 과도하게 관심을 보이자 중국 관방 대표단 작가들이 집단적으로 퇴장했다. 그 후 독일 주최 측이 반복해서 유감을 표명하고 나서야 이들 작가는 다시 회의에 참석했다.

현장의 세부 항목은 이제 다시 환원하기 어렵게 되었다. 그러나 초청, 취소, 출석, 퇴장 등 반복된 소란은 이 도서전의 가장 중요한 토론회를 난장판으로 만들고 말았다. 이 소란은 사람들에게 중국이 장난감, 냉장고, 의류, 문화뿐만 아니라 검열 제도까지 수출하려 한다는 인상을 주었다. 이런 소란은 그때가 처음이 아니었다. 2004년 파리 도서전에서도 주빈국이 된 중국은 가오싱젠高行健을[4] 초청하지 말도록 프랑스를 설득하려고 했다. 그가 중국어 문학작품으로 노벨문학상을 받은 첫 번째 작가이고 프랑스 국적까지 취득했는데도 말이다. 중국 관료들은 아마도 가오싱젠이 중국을 영광스럽게 한 사실은 인정하지 않으면서도, 그가 아직 중국의 관할 하에 있다고 생각한 듯하다.

국외자가 볼 때 이러한 소란은 중국 정부가 여전히 독재체제의 사유 방식을 고수하고 있음을 의미한다. 일부 독일 비평가들은 중국을 20년 전의 동독과 비교한 평론을 발표했다. 그것은 마치 효율이 낮고 경직된 반응 시스템과 유사하다. 그것은 또 독재의 외피와 어조를 유지하고 있지만 옛날처럼 극단적으로 냉혹하고 강경한 태도는 보이지 않는다. 다이칭은 순조롭게 출국하여 발표도 하고 강연도 했다. 이와 관련된 역사학자 친후이秦暉의 현장 스케치가 인터넷에 널리 유포되었다. 처음부터 끝까지 우리는 중국 정부의 명확한 태도를 보지 못했다. 그들은 어떤 사람의 참가를 바라지 않는지 밝히지 않았으며, 또 중국 정부의 주체가 도대체 누구인지도 분명하게 말하는 사람이 없었다. 즉 그 주체가 신문출판총서인지 작가협회인지 선전부인지, 아니면 그보다 더 막강하고 모호한 어떤 권력자인지 아무도 밝히지 않았다. 그것은 마치 무인으로 조작되는 기계처럼 생각되기도 한다. 왜냐하면 중추기관의 명확한 지시가 없기 때문에, 모든 부서가 지시를 내릴 수도 있고 오직 다른 부서의 지시를 무의식적으로 전달하기도 한다. 이러한 지시들은 언제나 기존의 사유 체계를 준수한다. 지금의 이 정당과 정권은 가장 강대하고 부유한 기운이 솟아오를 때 또 하나의 조직 문화를 창조했고, 그 영향이 지금까지 연면히 이어지고 있다. 사람들이 그 지시의 잘못된 점이나 전후 모순된 점을 발견했다 하더라도 아무도 그것을 교정할 힘을 갖지 못하고 있다.

　최초로 분쟁의 단서를 제공한 것은 구체적인 국가 부서가 아니라 한 신문사였다. 『환구시보環球時報』는 1993년 『인민일보』에 의해 창간되었다. 지금 생각해봐도 이 명칭은 반어적인 느낌이 매우 강한 듯하다. 왜냐하면 『환구시보』는 이름과는 달리 '글로벌' 의식이 매우 부족하고 협소한 민족 정서를 발산하는 경로 역할을 하고 있기 때문이다. 또한 그것은 중국의 이데올로기 영역에서 일어난 코미디 같은 전환을 상징하고 있다. 공산주의의 신념은 1989년의 풍파를 거치면서 철저하게 파산되었다. 이제 무엇으로 이데올로기의 진공 상태를 메울 수 있을까? 그 틈을 비집고 왜곡된 민족주의가 대두했다. 『환구시보』는 이러한 정서의 중요한 창조자 중의 하나인 동시에 가장 중요한 수혜자이기도 하다. 또 그것은 중국에서 발행 부수가 가장 많은 신문의 하나이기도 하다. 아마 외관과 내용 면에서 『인민일보』와 『환구시보』
는 매우 동떨어진 모습을 하고 있는 것 같지만 정신적인 측면에서는
어떤 의미에서 놀랄 만한 일치를 보이고 있다. 이 두 신문은 모두 모
종의 이데올로기적 산물이다. 『인민일보』는 정확한 지도 방향을 갖고
있고, 『환구시보』는 끊임없이 그런 지도 방향을 전달하려고 한다. 즉
그것은 중국이 여태껏 곤경과 좌절을 겪어왔고, 이제 중국의 굴기에
대해 서구세계는 부단히 방해 공작을 펼치고 있다는 내용이다. 9월
11일 중독中獨 토론회가 개최되던 그날 『환구시보』에는 이러한 정서
의 표준 형식을 잘 보여주는 글 한 편이 실렸다. 그 제목이 바로 '토
론회가 돌연 불청객을 초청하다. 중국 측 조직자가 엄중히 거부하다.
독일 매스컴들은 이를 빌미로 악독하게 중국을 공격하다'이다. '불청
객' '엄중 거부' '악독'과 같은 어휘는 매우 메마르고 생경한 데다 폭
력적인 냄새를 강렬하게 풍긴다. 만약 우리가 20년 전의 『인민일보』
를 넘겨본다면 이와 유사한 어휘를 끝도 없이 만날 수 있다. 이들 어
휘에는 다음과 같은 의미가 숨어 있다. "세계는 첨예한 모순으로 구
성되어 있어서 서로 이해하고 화해할 가능성은 없다. 오직 힘과 힘으
로 대결하여 승리를 거둘 수밖에 없다." 우리가 만약 문혁 시기의 대
자보로부터 이 신문 제목 앞으로 뛰어내려와 보면 분명하게 역사의
연속성을 느낄 수 있고, 여태껏 죽지 않은 어떤 유령이 썩지 않은 시
체에 기대어 환생하고 있다는 느낌을 받게 될 것이다. 그것은 세계에
대해 아무것도 알지 못한 채 고립된 상황에 처해 있던 중국이 아니
라, 신속하게 글로벌화의 역정에 휩쓸려 들어가고 있는 목전의 중국
상황이다. 그러나 몇 가지 부문에서 중국은 아직도 지난날의 편집증
을 고수하고 있으며, 아울러 이러한 편집증을 더 넓은 세계로 확대할

준비를 하고 있다. 앞의 글에서 서술하고 있는 내용이 이러한 인상을 더욱 악화시키고 있다. 중국 사회과학원 소속 학자인 자오쥔제趙俊傑는 이 글에서 다음과 같이 말하고 있다. "이번 사건은 중국과 유럽이 각기 가치관의 대립을 둘러싸고 벌인 논쟁과 힘겨루기다. 나는 공리와 정의를 견지함에 있어서 추호의 타협도 있어서는 안 되며, 애국주의도 소홀하게 취급되어서는 안 된다고 생각한다." 이 말을 들어보면 흡사 또 한 차례 '동풍이 서풍을 압도하는東風壓倒西風'[5] 듯하다.

이 보도성 문장은 중국 관방의 강경한 성명으로 받아들여졌다. 『환구시보』나 자오쥔제가 정부의 입장을 대표한다고 말할 수 있는 사람은 없다. 신문은 아마도 협소한 민족주의의 선동자라는 일관된 시각을 준수하고 있는 듯하다. 이러한 선동은 이미 관방과 시장 양편에서 모두 긍정적인 반응을 얻고 있다. 그리고 이러한 분위기는 모든 기자와 뉴스 편집진에 큰 영향을 끼쳐서 그들이 유사한 사건을 만났을 때 본능적으로 협소한 민족주의 정서를 드러내게 한다. 이러한 정서와 소위 관방의 입장은 모종의 묵계를 이루고 있다. 『인민일보』운영진들은 이들 정서에 의해 보호를 받는 신분으로 나타나지만, 실제로는 이들 신문사가 대중의 정서를 조작하거나 그들의 정서에 영합하고 있다. 이처럼 관방과 시장 양편에서 모두 쟁취한 승리로 인해 신문사는 자신의 편집 원칙을 흔들림 없이 견지할 수 있게 되었다. 그들은 자신들이야말로 대중의 대변자로서, 중국 사회가 더욱 다양하게 세계를 이해할 수 있도록 도움을 준다고 인식한다. 거기에는 중국에 대한 서구의 불만과 음모도 포함되어 있다.

그러나 앞에서 언급한 소란은 마침내 모두 지나갔다. 10월 13일 오후 도서전이 정식으로 개막되었다. 중국 국가 부주석 시진핑習近平

과 독일 총리 메르켈이 공동으로 연설을 했다. 어떤 의미에서 이 두 사람은 모두 동일한 정치체제의 피해자다. 메르켈이 성장한 독일 민주 공화국(동독)에서는 전혀 민주라는 말에 어울리지 않게 모든 사람의 생활이 감시당했다. 그리고 시진핑은 부친이 구타당하는 걸 목도했고 자신은 농촌으로 하방되었다.

그러나 1989년 역사의 분수령에 이르러 동일한 체제를 고수하고 있던 두 나라의 운명은 확연히 달라졌다. 비민주적인 동독은 사라졌고, 전에 메르켈이 생활했던 체제의 실상은 폭로되며 저주를 받았다. 그러나 중국의 체제는 오히려 완강하게 생존에 성공하여, 20년 후에 더욱더 강대한 모습으로 변모했다. 일찍이 추방된 공화국 건국자의 후예들은 또다시 새로운 권력자가 되었다. 이 체제가 드러낸 지난날의 상처는 은폐되고 망각되었다. 권력을 획득한 후 사람들은 몸을 돌려 이제 이 체제를 공고하게 만들려고 한다.

시진핑을 따라 독일에 온 것은 방대한 대표단 외에 몇 가지 항목의 지표도 포함되어 있었다. 중국은 세계에서 세 번째로 큰 경제 규모를 보유하고 있고 곧 세계 제2위로 올라설지도 모른다. 그리고 중국은 독일의 두 번째 무역 파트너다. 중국의 도서 출판량은 전 세계에서 1위를 차지하고 있다. 그러나 언론 자유에서는 167위에 머물고 있다.(1주일 후 새로운 랭킹에서는 168위로 미끄러졌다.) 국제무대에서 영향력을 이야기할 때 중국은 미국, EU와 함께 거론되지만 언론 자유를 언급할 때는 단지 라오스, 쿠바, 미얀마, 이란과 함께 거론될 뿐이다. 이와 같은 극단적인 대비가 바로 지금 중국의 협소한 정신 공간을 빚어내고 있으며, 중국 문화 영향력의 특징을 운명적으로 결정해주고 있다.

그러나 이러한 랭킹이 전체 문제를 설명해주지는 못한다. 만약 중국에서 생활해본 사람이라면 중국인이 향유하고 있는 실제 자유가 랭킹 순위에 비해서 훨씬 크다는 사실을 발견할 수 있다. 표현의 공간도 경직되어 있지 않을 뿐만 아니라, 심지어 부단히 성장하면서 확장되고 있다. 이는 서구의 매스컴에 의해 언론 출판의 자유가 엄격하게 제한된다고 묘사되는 상황과는 상이한 측면이다. 중국에는 새로운 정신세계가 이미 형성되었다. 그것은 시끌벅적하고 생명력이 넘치지만 애석하게도 자기 오락의 방향으로만 운명지어지고 있다. 이처럼 새로운 정신 공간의 배후에는 더욱 심각한 가치관의 위기가 존재하고 있다. 이러한 위기는 작가와 출판인에게까지 확장된 뒤 모든 영역으로 퍼져나가고 있다. 우리는 모든 문제를 정치적 압박으로만 귀결시킬 수 없다. 그런 압박도 사실은 많은 사람이 참여하여 생각을 모은 결과였다. 지식인과 예술가가 그 과정에서 가장 중요한 책임자 노릇을 했음도 부인할 수 없다.

3

"검열이라뇨? 무슨 검열이요? 예술가는 중국에서 막대한 자유를 누리고 있습니다"라고 작가 톄닝鐵凝은 9월 말 베이징에서 『명경주간明鏡週刊』에 말했다. 그리고 "우리는 프랑크푸르트에서 자유로운 교류를 기대합니다"라고도 했다. 톄닝은 중국작가협회 주석이다. 이 협회는 7000여 명의 회원을 거느리고 있고, 회원들은 여전히 매월 보조금을 받는다. 설령 그 액수가 미미하고 상징적인 것에 불과하더라도, 그 상징성은 중요하지 않다고 할 수 없다. 그 보조금이 작가들로 하여금 누구에게 의지해야 하는지를 알려주고 있기 때문이다.

톄닝의 말은 마치 황핑黃苹의 언급에 대한 메아리인 것 같았다. 중국에서 가장 중요한 지식인 잡지 『독서讀書』의 주간을 역임한 적이 있는 황핑은 프랑크푸르트에서 14년 동안 잡지의 주간으로 활동했지만 한 번도 권력 기관의 간섭을 받은 적은 없다고 말했다.

독재의 유혹

이것은 졸렬한 거짓말에 불과한 것인가? 아니면 더 많은 의미를 담고 있는가? 우리는 톄닝이나 황핑의 발언이 강압에 의해 초래된 결과일 뿐이고, 그들이 중국의 현 상황을 이해하지 못할 정도로 '천진'하거나 '바보'가 아니며, 심지어 개인적으로는 다이칭과 베이링 같은 체제 비판 작가를 이해할 것이고, 표면적으로 드러난 모든 것은 단지 '연기'에 불과할 뿐이라고 변호의 말을 해줄 수 있을 것이다. 그들은 서구인의 시선을 마주하고 국가에 대한 자신의 지지를 연기해야만 했다. 그들은 모두 체제 내 인간이므로 특정한 시점에는 잠시 자아를 포기할 수도 있는 것이다. 이것이 중국의 현재 상황이다.

이것은 중국에서 더없이 익숙한 발언들이다. 지금 중국에서 사람들은 모두 '엉덩이가 두뇌를 결정한다屁股決定腦袋'[6]라는 말로 모종의 행위를 변호한다. 이 짧은 문장은 굉장히 익숙하게 사용되고 있다. 그러나 나는 결국 미래의 어느 날 사람들이 두뇌가 또 다른 엉덩이에 불과한 것임을 깨닫지나 않을까 의심하고 있다. 우리의 사유 수준이 단지 허리 아래에서만 유지될 수도 있기 때문이다.

톄닝과 황핑의 언급에 어느 정도 합리성이 있음을 의심하는 사람은 없다. 특히 지금의 중국을 마오쩌둥 시대와 비교하는 사람은 더욱 그렇고, 현재 많은 사람이 이러한 비교를 좋아하는 듯하다. 예술가와 지식인들은 당의 이데올로기와 정치권력의 도구임에 그치지 않고 자신의 역할을 '사회주의 리얼리즘'의 틀 속에 한정시키려 하지 않는다. 이 시스템 속에서 예술가와 지식인들은 가장 행운의 시각에서는 '영혼의 엔지니어'로서, 평범한 시각에서는 단순한 톱니바퀴와 나사못으로서 거대한 혁명의 기계를 위해 봉사했다. 그들의 업무는 순수하게 기능적이었고, 그들의 작품은 자체적으로 가치가 없었다. 그들 작품의 유일한 가치는 대중을 일깨우고, 그 대중으로 하여금 특정한 입장을 선택하게 하고, 특정한 조직에 참여하게 하는 것이었다. 이러한 사명감이 일찍이 그처럼 풍부한 매력을 갖고 있었다. 19세기 말부터 중국 지식인들은 어지럽고 절망적인 역사적 전환기를 보내야 했다. 일찍이 지식인들은 이처럼 오래된 국가의 특권 계층으로서, 대대로 전해져온 지적 시스템을 유지한 채, 의심의 여지가 없는 확실한 가치관 속에서 생활했다. 돌연 이 시스템이 효력을 잃자 그들은 이중의 초조감에 시달려야 했다. 그 하나는 중국이 천명을 받은 조정에서 현대 세계로 추락하여 이중 삼중의 위기를 겪는 과정에서 지식인들이 국가의 권력과 국가의 가치를 옹호하는 대변인 역할을 자임했지만 결국 어찌할 수 없는 새로운 굴욕에 직면할 수밖에 없었다는 점이다. 또 다른 하나는 그들이 전통적인 중국 사회의 붕괴를 목도하는 과정에서 도덕과 지식을 주도하던 그들의 기존 지위도 동요·추락하게 되었다는 점이다. 그리고 계속해서 이어진 좌절로 인해 그들은 조급한 마음과 의기소침한 심정을 갖게 되었다.

마르크스 레닌주의 학설이 나타나자 그들은 그 이론 속에 마음을 뒤흔드는 매력이 가득 차 있음을 발견하게 되었다. 그 이론은 서구세계의 자체적인 약점을 비판하며 서구에 대한 중국 지식인의 초조감을 어느 정도 완화시켜주었다. 그 이론은 또 신속하게 도래할 빛나는 사회를 약속하는 동시에 중국의 외면적인 굴욕과 내면적인 모순을 해결해주었다. 수많은 지식인이 가슴 가득 열정을 품고 그 이론의 품으로 뛰어들었다. 그들의 사고·글쓰기·그림이 광활한 대중을 위해 봉사한다는 것을 의식하게 되었을 때, 허약하고 모순에 가득 찼던 그들의 마음은 돌연 더욱 강대한 집단과 역량에 의지해야 함을 깨닫게 되었다. 그들은 고독과 좌절에서 벗어나 누군가에게 필요한 존재임을 느끼게 되었고, 또 귀의할 곳과 의지할 역량을 갖게 되었다.

이러한 달콤한 느낌은 그리 오래 지속되지 못했다. 그들은 얼마 지나지 않아 이러한 요구에 도달하기 위해서는 자아를 포기해야 할 뿐만 아니라 자아를 모욕하고, 자아를 세척하고, 심지어 자아를 살해해야 함을 알게 되었다. 설령 힘써 노력하여 이 모든 목표에 도달했다 하더라도 그것이 근본적으로 이른바 인민을 위해 봉사하는 것이 아님을 알게 되었다. 모든 사회는 단지 대규모 공사 과정일 뿐이었고, 인민은 또 이 공사 과정에 소요되는 재료에 불과했다. '영혼의 엔지니어'로서 그들이 맨 먼저 해야 할 일은 자신과 다른 사람의 영혼을 제거하거나 모든 사람의 영혼을 획일적으로 만드는 것이었다. 이처럼 대량으로 획일화된 영혼은 대규모 공사의 자재로 쉽게 쓰일 수 있었다. 그리하여 모든 농촌 마을에 하나의 용광로 건설, 1무畝당 벼 1만 근 수확[7], 사구四舊 타도 운동[8], 100만 홍위병의 함성이 진행되었다. 따라서 그 직무를 담당한 '영혼의 엔지니어'들은 중국 역사에서 가장 암흑적인 시각에 '금빛 찬란한 대로金光大道'[9]를 써야 했다. 또 대기황 전야에는 소위 '과학적인 방법'으로 1무당 벼 1만 근 수확이 가능하다는 논증을 해야 했다. 그들은 성공적으로 스스로 가혹한 현실을 보고도 못 본 체하거나 오직 한 가지 '현실'만 볼 수 있게 되었다. 이런 일을 할 수 없는 지식인과 예술가들은 국가의 아웃사이더로 전락하여 하방·개조의 대상이 되었고, 결국 '사士·농農·공工·상商' 중에서 첫머리를 차지하던 신분이 사회주의 혁명을 방해하는 악취나는臭 아홉째老九[10]로 바뀌고 말았다. 이중에서 가장 용감한 일부 지식인은 국가의 적으로 낙인찍혔다. 그들은 두뇌와 혀의 독립성을 유지하려고 했지만, 결국은 두뇌와 혀를 영원히 제거당하고 말았다.

그 시대는 1970년대 말에 끝났다. 새로운 시대가 시작되었다. 엄동설한 뒤는 짧은 봄이라던가? 이전 30년에 비해서 1980년대는 상대적으로 다소 따뜻하고 개방적이었으며, 실험정신도 충만했다. 예술가와 지식인들은 자신들의 자아를 새롭게 회복하는 듯했다.

일부 사람들은 자아를 찾아 문학에서 몽롱시를 쓰고, 캔버스에서 그림으로 울부짖으며, 자아 내면의 억압을 표현하고자 했다. 또 일부 사람들은 사회의 양심이 되어 사회적 불공정과 암흑을 폭로하며 피해자들을 위해 눈을 크게 뜨고자 했다. 또 일부 사람들은 권력 시스템으로 들어가서 위로부터의 개혁을 통해 중국을 바꾸려고 했다. 물론 한 차례 한 차례 탄압은 계속되었다. '정신의 오염을 제거하자'라는 구호에서 '부르주아 자유화를 반대한다'라는 구호에 이르기까지 작가들은 여전히 '나는 이 나라를 사랑하는데, 이 나라는 과연 나를 사랑하는가?'라는 탄식에 젖어들어야 했다. 그러나 이 기간 동안 국가는 지식인, 예술가들과 짧지만 행복한 연대를 이룰 수 있었다. 국가는 빈궁·허약하고 인민의 신임을 잃었기 때문에 그들이 나서서 사회의 분열을 봉합하고 죽어가는 백성들의 마음을 되살려 새로운 활력을 찾게 해야 했다. 과학기술이 바로 첫 번째 생산력이 되어 당시 정권에 새로운 합법성을 제공해주었다. 그러나 이 나라 정권의 본질은 전혀 바뀌지 않았다. 그들이 취한 조치의 모든 것은 그것이 태도상의 온화함이든 정책상의 양보이든 사회적 통제의 완화이든 간에 권력을 공고화하기 위한 것이었다. 권력이 도전을 받는다고 생각하면 그들은 지금까지의 모든 유화적인 태도를 바로 바꿀 수 있었다. 1989년 톈안먼 사태의 결과를 추정할 수 있는 사람은 드물다. 사람들은 덩샤오핑이 마오쩌둥과는 다르기 때문에, 덩샤오핑 자신도 심각한 피해를 입은 1976년의 '4·5 사건'[11]과 같은 일이 다시 일어나지 않을 것이라고 생각했다.

그러나 역사는 다시 한번 반복되었고, 지식인과 예술가들은 또다시 국가의 적이 되었다. 가장 저명하고 가장 기개가 있는 사람들은 핍박을 당하거나 스스로 이 나라를 떠났고, 또 일부 사람들은 감옥에 갇혔다. 또 다른 사람들은 자기 목소리를 감추었다. 심지어 비판적 지식인이 될 소지가 있는 젊은이들은 모두 사전에 징벌을 당했고, 대학에서는 다시 군사 훈련을 시작했다. 자유로운 기풍이 가장 뚜렷했던 베이징대학은 군사 훈련 기간이 무려 1년이나 되었다. 베이징대 캠퍼스에 들어가면 지식과 교양을 습득하기도 전에 먼저 스자좡石家 莊에서 1년간의 군대생활을 하며 주류 이데올로기의 세례를 받아야 했다. 대학 캠퍼스와 연구 기관 그리고 작가·예술가 집단 속에는 공포와 실망감이 만연하게 되었다.

3년 뒤 더욱 심각한 변화가 밀어닥쳤다. 경제생활이 국가의 중심이 되었고 사람들은 모두 소규모 장사꾼으로라도 나설 준비를 하고 있다. 이전의 정치적 위기가 초래한 정신의 위기는 이러한 새로운 사회운동 앞에서 더욱 남김없이 본모습을 드러냈다. 지식인과 예술가들은 새로운 시련에 직면했다. 그들은 일찍이 박해받고 모욕당하고 비난을 받았지만 공공생활에서는 지금까지 모종의 특별한 지위를 누려왔다. 그러나 지금은 공공생활에서도 별로 중요하지 않은 위치로 전락하고 말았다. 그것은 정치적 압력으로 초래된 결과인 동시에 정부와 민중이 모두 새로운 열정을 가지면서 일어난 현상이기도 하다. 즉 정부는 경제 성장을 통해 정권의 합법성을 획득하려 했고, 민중도 물질세계에서 만족을 얻으려 한 것이다. 이러한 만족은 안전하면서 구체적인 것이기도 했다. 1993년 벌어진 '인문 정신' 논쟁은 마치 지식인이 제기한 최후의 항쟁처럼 보였다. 그러나 이 항쟁은 지식인들 사이에 내재된 가치관의 위기를 남김없이 폭로시켜주었다. 저 세속 정신을 옹호하는 자들은 세속이야말로 이데올로기를 해체할 수 있는 유력한 수단이라고 생각하면서도 그것이 오히려 무해체의 길이란 것을 의식하지 못하고 있었다. 그러나 인문정신 고취자들은 심한 착각에 빠진 집체적 이상주의자에 불과했다. 그들은 이상주의와 인문주의를 명분으로 삼고 있었지만 개인의 자유와 권력에 대해서는 가슴 가득 모멸의 감정을 품고 있었다. 그들이 주장한 인문정신의 배후에는 권력에 대한 미련이 감추어져 있었다. 가장 맑은 정신을 가진 일부 사람들은 개인의 내면적 가치와 신념을 재건하는 것만이 지식인의 진정한 출구라고 인식했다. 개인의 내면적 독립이야말로 변화의 전제인 것이다. 여러 세대를 거쳐오면서도 중국 지식인 중에는 이러한 내면적 신념을 견지하고 있는 사람이 매우 드물다. 정신이 맑은 사람들의 목소리는 굉장히 미약했다.

1990년대에 이르러 중국은 신속한 변화의 시대로 접어들었다. 1980년대에는 서로 비평을 하면서도 광범위한 의미에서 지식인과 예술가의 일치된 연대감이 존재했지만 이 시대에 이르러서는 이러한 연대가 산산이 부서지고 말았다. 즉 개인의 자유를 추구하고 사회의 진보를 추진하며 대중을 계몽하던 공통의 인식이 와해되고 만 것이다. 새롭게 등장한 경제학자들이 상업사회의 호응자가 되었고, 예술가와 영화감독들은 국제 시장에 눈을 돌리기 시작했다. 이러한 과정에서 1980년대에 담론의 중심 역할을 하던 인문 지식인들은 그 중심에서 밀려날 수밖에 없었다. 그들 중 일부는 해외로 망명을 떠나 자기가 발 디딜 땅마저 상실했다. 이에 따라 중국을 풍부하게 이해해오던 그들의 태도도 단순화된 나머지 정치적 제스처의 양상을 드러내고 있다. 또 일부 사람들은 서재로 들어가 신속하게 학술적인 목소리를 높이고 있지만, 그들의 사상은 오히려 천박과 열정의 과잉으로 이해되고 있을 뿐이다. 그러나 이들이 학술생활 가운데서 자아를 재건하고 있는지 아니면 현실에서 도피하고 있는지는 아무도 분명한 진단을 내리려고 하지 않는다. 소설가와 시인들이 집단적 실어증에 걸리자, 단일한 대중 매체의 시대가 신속하게 도래했다. 언어에는 거품이 부글부글 끓어오르면서 그 수준도 부단히 하락하고 쇠퇴했다. 그들의 수많은 창작은 시대에 민감한 신문 기자들의 기사로 대체되기 시작했다.

이것은 또한 희망이 충만한 시대이기도 하다. 국가는 각 영역에서 점점 발을 빼고 있다. 국유 기업을 개인에게 매각하고 있고, 한 걸음 더 나아가 개인 생활에 대한 간섭도 거의 하지 않고 있다. 물론 이 과정에 불공정한 탄압도 숨어 있지만 그래도 사람들은 이제 더욱 많은 자유를 호흡할 수 있게 되었다. 우리는 베이징에 거주할 것인지 선전이나 칭다오靑島에 거주할 것인지를 선택할 수 있게 되었고, 회계사를 하다가 소설가로 직업을 바꿀 수도 있게 되었으며, 아무런 주저함도 없이 한 여인에게 자신의 사랑을 고백할 수도 있게 되었다. 만약 집이 부유하다면 학교 성적이 좋지 않더라도 영국이나 오스트레일리아로 유학을 갈 수도 있다. 그리고 집안이 엄청나게 부유하다면 자신의 욕망을 마음대로 채울 수도 있다. 이 시각 중국에는 우리가 상상할 수 있는 모든 편리함이 갖추어져 있다. 우리에겐 자유가 없다고 말하지만 누구나 회식 자리에서 열정적으로 정부를 공격할 수 있고,

그것 때문에 감옥에 갈 것이라고 생각하는 사람은 아무도 없다. 물론 모든 사람은 그 마지노선이 무엇인지 알고 있다. 정치생활은 여전히 엄격하게 통제되고 있고, 만약 그것에 도전하면 지금까지 누리던 모든 자유를 박탈당하게 된다. 사람들은 아마도 그러한 도전에는 아무 흥미도 없는 듯하다. 눈부신 신생활이 그들의 향유를 기다리고 있기 때문이다.

지식인·예술가와 현실 사회의 관계에도 변화가 일어났다. '사회적 양심'이란 말은 이미 아득한 추억이 되었고, 심지어 그들은 자신들 신분의 특수성도 포기하고 있다. 이처럼 새롭게 닥쳐온 시대에 그들은 또 다른 장사꾼에 불과하다. 다른 사람들이 광석, 노동, TV를 팔고 있다면 그들은 문자와 사상과 그림을 팔고 있다. 그들은 또 다른 오락 업무의 노동자에 불과하다는 것을 자인하고 있다.

아주 오랜 시간 이 과정에 국가가 담당한 역할에 대해서 주의한 사람은 거의 없었다. 사람들은 이미 상업의 시대로 진입한 지금 모든 것을 거래할 수 있다고 생각한다. 그러나 이것은 결코 진정한 자유 거래가 아니라, 통제 사회에 의해 강요된 또 다른 도피의 길이라는 사실을 의식하는 사람은 드물다. 전통적인 엘리트 문화, 즉 우아하고 숭고하고 정직하고 개인적 책임감이 풍부한 서적과 예술 작품은 유형·무형의 힘에 의해 퇴출당했고, 우둔하고 향락적이고 도피적이고 코미디적인 오락물만 고무 격려되고 있다. 이제 그것은 국가가 모르는 사이에 또다시 공공생활과 개인생활 속으로 진입해 들어오고 있다. 이번에는 강대한 이데올로기나 적나라한 폭력에 의지하지 않고 새로운 협력 마인드를 창조해내고 있다. 이빨 빠진 이데올로기는 유행 광고를 통해 새롭게 구현되고 있고, 정권은 또다시 민족주의의 외투를 걸치고 있다. 부유한 국가는 새롭게 사람들을 유혹한다. 그것은 국가의 내재적 가치 때문이 아니라 국가가 발행한 상품주문서와 구매력 때문이다. 국가는 또 대학과 연구기관에 지원금을 줘서 그 당사자들이 국가라는 강자와 연대하고 있다는 쾌감을 느낄 수 있도록 배려하면서, 그들에게 과도기적인 경쟁사회에서 느끼기 어려운 든든한 귀속감을 제공하고 있다.

그리고 새로운 국유화 운동도 일찍이 시작되었다. 국유 기업이 개인 기업을 합병하고 있고 젊은이들은 목숨 걸고 공무원 시험을 준비하고 있으며 아이돌 스타들은 앞 다투어 이 시대의 찬가를 부른다. 예술가와 지식인은 더 이상 허망한 '영혼의 엔지니어'가 아닐 뿐만 아니라 문혁 시기와 같은 '악취나는 아홉째'도 더더욱 아니다. 그들은 이제 소프트파워의 일부분이다. 그들은 이 시대의 '금빛 찬란한 대로'를 창작해야 한다. 중국은 바야흐로 새로운 '금빛 찬란한 대로'를 걷고 있지 않은가? 중국의 굴기는 전 세계의 호기심과 담론을 이끌어내고 있다.

국가는 우리를 대표로 삼아 전 세계를 유람하도록 막대한 자금을 제공할 수 있다. 또 국가는 우리에게 넓은 시장을 펼쳐 보이며 우리가 매스컴과 대중 앞에 빈번하게 출연하게 하고 예술가가 갈망하는 대중의 인정을 받도록 해주면서 온갖 편의와 자유를 누리게 해줄 수도 있다. 국가는 옛날보다 훨씬 후해졌지만 여기에도 모종의 원칙은 있다. 사실 무슨 원칙이라고 할 수도 없고 단지 애매모호한 금기 지대라고 할 수 있다. 우리가 이 금기 지대를 침범하더라도 반드시 즉각 어떤 잔혹한 수단으로 징벌을 가하지는 않는다. 국가에서는 심지어 우리가 계속 글을 쓰거나 그림을 그리거나 영화를 찍을 수 있도록

허가해준다. 심지어 우리가 그것들을 나라 바깥에서 출판하고 전시·
상영할 수 있도록 허가해준다. 그러나 우리는 그것이 본토의 독자나
관중과 만날 희망은 품지 않아야 한다. 국가는 우리를 자기 집 속의
유배자가 되게 한다. 오랜 시간 동안 우리는 바로 이곳에서 생활하며
이곳의 모든 것을 묘사하고 있지만 우리 주위의 사람들은 우리에 대
해서 아무것도 알지 못한다. 국가는 이미 다른 소음을 충분하게 만들
어 아주 쉽게 우리의 목소리를 사라지게 한다.

　이와 같이 광대한 대중과 이와 같이 풍성한 보수 그리고 이와 같이
불가사의한 자기 과시 기회가 주어지는 현실에서, 국가가 제공하는
이런 유혹에서 벗어날 수 있는 사람은 매우 드물다. 예술가와 지식인
은 더 이상 혼자서 분투하거나 고독하게 슬퍼할 필요가 없다. 단지
권력의 중심에 서기만 하면 된다. 뿐만 아니라 이들은 지나치게 자책
할 필요도 없다. 왜냐하면 이들은 어떤 특정한 정권에게만 봉사하는
것이 아니라 전체 중화민족을 위해 봉사하기 때문이다. 13억 명의
인구가 모두 자신의 자존심과 자신감을 표현하기를 원하고 있는 것
이다. "이것이 중국 인민이 바라는 큰 사업이다"라고 장이머우張藝謀
는 즐겁게 이야기한다. 그는 베이징올림픽 개막식 총감독이었다.

　심지어 서구에 대한 초조한 심정도 많이 약화되었다. 예술가와 지
식인들은 일찍이 모든 이론, 시각, 기술이 다른 곳에서 왔고 우리는
모방자에 불과하다고 생각했다. 그러나 지금은 중국의 방대한 규모
와 부유함이 그들에게 위안을 준다. 아마도 우리는 지금까지 다른 나
라와 달리 특별했기 때문에 이제 다른 나라를 추종할 필요가 없고 우
리의 방식을 창조할 수 있다고 느끼는 것 같다. 베이징올림픽 개막
식과 같이 훌륭한 연출 기회를 가질 수 있는 예술가는 다시없을 것이

다. 많은 지도자가 개막식에 대해서 자신들의 의견을 제시하기도 했지만, 마찬가지로 그들은 필요한 자원을 무한대로 제공해주기도 했다. 당국의 검열과 방대한 규모와 새로운 기술이 독특한 미학을 만들어냈다.

만약 당신이 국가와 시장 모두에 의해 선택된 예술가나 지식인이라면 20년 전보다 훨씬 더 많은 것을 얻을 수 있을 것이다. 국가의 찬조와 국내 시장의 활황 그리고 국제사회의 찬양은 이전 시대라면 상상도 할 수 없는 일이다. 그러나 얻는 것이 많을수록 잃는 것도 많은 법이다. 프랑크푸르트 도서전에서 보여준 중국 관방 작가와 학자들의 태도가 확실히 근본적인 것을 잃어버렸다는 사실을 분명하게 드러내준다.

그렇더라도 그들이 국가주의의 진정한 옹호자라는 것을 의미하지는 않는다. 사람들은 개인적인 입장과 이익을 포기하고서라도 국가의 전체 이익을 위해 일하고 싶어한다. 동유럽 국가에서 1970년대에 유행한 말이 있다. "나는 일하는 척하고 국가는 나에게 돈을 주는 척한다." 현재 중국에서는 많은 사람이 "내가 애국하는 척하면 국가는 내게 진정한 도움을 준다"라는 말을 준수한다. 사람들은 모두 상품 교역자다. 입장, 신념, 사고, 찬탄 등 이 모든 것을 교역할 수 있다. 부유하고 강대한 국가가 바로 넉넉한 자금을 갖고 있는 현금지급기이다. 어떤 사람은 국가의 장기적 치안을 외치면서도 일심으로 이익만을 갈취하고 있다. 교수들은 학생을 이익 창출 상품으로 바꾸어 특별한 상업 아이템을 획득하는 것처럼 그들을 연구 과제로 삼는다. 시장에서 판매 구호를 외치듯 애국 구호를 외치는 젊은이들은 공공장소에서 자신의 정서를 표현할 기회가 주어진 것에 큰 기쁨을 누린다. 단기간의 구체적인 이익을 제외하고 사람들은 사실 아무것도 믿지 않는다. 바로 이와 같기 때문에 사람들은 때로 목숨을 걸고 더욱 찬란하고 광활한 것들을 찾고, 그 한순간에 미미한 삶을 초월하려고 한다. 예술가와 지식인들이 오직 이러한 연속된 교역자의 연결고리일 뿐이다. 교역자도 모험과 본전 의식에 충만해야 한다. 그는 자기가 생각하고 있는 모든 것을 직접적이고 통쾌하게 표현해서는 안 되고, 부득불 그 결과를 생각하며 실험하고 상상하고 꿰뚫어보아야 한다. 그들은 강자를 추앙하면서도 두려워하고 약자에 대해서는 동정심조차 부족하다. 그들은 지나치게 기민하여 모든 것을 믿는다. 이러한 정신이 현대 중국 정신의 내핵을 구성하고 있다.

이것이 우리가 세계인들에게 이해시키려는 내용인가? 우리 스스로도 이 현실과 마주 대하고 싶지 않다.

4

"이 시각 중국에서 우리는 무엇이든 읽을 수 있다. 그러나 많은 사람은 근본적으로 그것이 어디에 있는지 알지 못한다. 우리는 인터넷을 갖고 있지만 그것이 우리에게 큰 변화를 가져다주지는 못한다."

위의 글은 다이칭의 말이다. 20년 전에는 그녀를 모르는 사람이 없었다. 용감하고 재능 있는 신문기자였고 부지런한 사회운동가였다. 그녀는 진상을 탐구하는 면에서 남다른 열정을 품고 있었다. 그녀는 왕스웨이王實味[12]와 추안핑儲安平[13]의 운명을 추종하고 있었다. 그들은 모두 이데올로기 앞에서 개인의 정직성과 독립성을 포기하려 하지 않았기 때문에 왜곡된 역사의 먼지 속으로 사라지고 말았다. 그녀는 싼샤댐 공사에 관한 첫 번째 중요 문집을 편집·출판하여 그것이 초래할 수 있는 재난에 대해 사람들의 경각심을 일깨웠다. 그녀도 외양간에 갇힌 적이 있다.

지난 20년 동안 그녀는 열심히 글을 쓰고 환경보호 활동에 투신했지만 젊은 세대는 이미 그녀를 거의 알지 못한다. 그녀가 최근 펴낸 장둥쑨張東蓀[14]에 관한 전기는 홍콩과 타이완에서만 출판될 수 있었다. 그녀가 당시에 전심전력으로 반대한 싼샤댐은 한 걸음 한 걸음 진척되어 이제는 막을 수 없는 현실이 되었다. 이 시각 중국의 공적인 공간에서는 그녀의 목소리를 찾을 수 없다. 그것은 당국의 직접적인 압력과 제한 조치에서 온 현상이 아니라 우리가 더욱 다양하고 더욱 복잡한 정보 속에 함몰되어 있기 때문에 빚어진 현상이다. 그리하여 우리의 발언은 유효한 행동으로 전환될 방법을 찾지 못하고 겨우 일종의 제스처로 전락하고 만다. 따라서 우리의 발언을 듣는 청중은 곧바로 싫증을 내거나 심지어 반감을 품기도 한다.

싼샤댐 공사는 이러한 새로운 현실에 대한 반응으로서 더없이 적절한 사례에 해당된다. 1990년대 초에 정의감에 불타던 학자들은 자신들의 반대 의견을 적극적으로 표명했다. 줄곧 거수기로 간주되어 온 전국인민대표대회 대의원들도 3분의 1이 싼샤댐에 대한 부정적인 입장을 표명했다. 그러나 의견이 분분하던 공사 안건이 결국 정치권력의 주도하에 통과되자 이와 다른 의견을 견지하던 전문가들은 공사 고문 명단에서 삭제되고 말았다. 이어진 10년 동안 방대한 이주 공사와 환경 파괴 은폐가 다시 신문 기자들의 주의를 끌었다. 그들은 대공사 아래에 묻힌 개인의 비극을 증언하고 묘사했다. 그들은 심지어 공사에 소요되는 자금이 애초 계획보다 훨씬 많아졌지만 공사가 가져올 경제적인 전망은 당초의 예상보다 좋지 못하다는 사실을 폭로했다. 그러나 공사는 이미 시작되어 자체의 논리를 갖게 되었다. 그리고 수많은 조직과 개인이 그것에 의지하여 현실적인 이익을 얻고 있다. 또한 그것은 정치적인 이유로 시작된 공사이기 때문에 이들을 중지하는 것은 모종의 정치적인 정책 실패를 의미하게 된다. 새로운 세대 정치인들은 바로 윗세대의 정치적 유산을 부정하는 모험을 하려 하지 않을 뿐만 아니라, 미래 역사에 대한 책임도 지려 하지 않는다. 2006년 5월 20일 싼샤댐의 마지막 콘크리트 믹서가 거푸집에 쏟아져 들어갈 때 그 현장을 지켜본 고위 관리는 한 사람도 없었다.

대공사의 계속적인 진척을 정지시킬 수 있는 힘은 아무 데도 없는 것 같다. 공사는 갈수록 더욱 커졌지만 의심의 질문을 던지던 목소리는 갈수록 눈에 띄게 미약해졌다. 항의는 표면적인 현실에만 머물러 있을 뿐 심도 있는 분석으로 들어갈 수 없었다. 혹은 기존 조직을 통해 행동을 전환할 때 항의는 바로 부화뇌동으로 바뀌면서 사람들의 염증을 불러일으켰다. 사람들은 금방 더욱 신선하고 재미있는 것을 찾아 헤맨다. 항의자들도 무력감을 느끼고 오직 자신의 제스처만을 더욱 강조한다. 자장커賈樟柯[15]가 2007년에 개봉한 영화 「스틸 라이프三峽好人」가 마치 이처럼 무력한 정서에 대한 은유처럼 보인다. 오류는 바로잡기 어렵고, 모든 것은 이미 일어났으므로 우리가 마지막으로 할 수 있는 일이라곤 겨우 항의를 심미적 경험으로 전환하는 일일 뿐이다.

싼샤댐 공사도 과거 20년 중국 사회에 대한 은유가 아니던가? 다른 의견을 내던 목소리는 모두 모종의 방식에 의해 삼켜지거나 압살되었다. 그러나 이 과정은 1957년 백화제방 정책이 발표되고 난 뒤의 난상토론과도 달랐고, 1989년 이후의 살벌하고 냉혹한 분위기와도 달랐다. 이제 정권은 우리 자신을 천천히 포기하게 만들면서 아무 구제할 방도도 없이 우리를 바깥으로 밀어내고 있다.

다이칭이 여전히 지난날의 명성과 활약 때문에, 그리고 지금도 여전히 중국에 살고 있기 때문에 그래도 한 시대의 표지성 인물로 받아들여지고 있다면, 그녀와 함께 프랑크푸르트 도서전에 참가하여 논쟁을 불러일으킨 베이링은 더욱더 아는 사람이 드물다. 여러 해 전 나는 처음으로 그가 편집한 『경향傾向』이란 잡지를 읽었다. 그때가 1999년 여름이었다. 나는 베이징대학 동문 밖 작은 골목에 있는 커피숍에 앉아 있었다. 그때 내 테이블 옆에 앉아 있던 깡마른 남자가 가방에서 몇 권의 책을 꺼냈다. 그건 공개적으로 발행되지 않은 출판물이었다. 그는 커피숍 주인에게 그 출판물을 대신 팔아달라고 설득하는 중이었다. 이 얼마나 위험한 일인가? 나는 당시에 손 가는 대로 그 책을 뒤적여보다가 사지는 않았던 것으로 기억한다. 당시에 나는 친구들과 어떤 인터넷 홈페이지 개설을 둘러싸고 흥미진진한 토론을 벌이고 있었다. 우리 입장에서는 실리콘밸리가 바로 시대의 중심으로 인식되었다. 설령 글쓰기를 열렬히 사랑하더라도 지금은 반드시 디지털 시대의 상업 규칙을 따져봐서 『와이어드WIRED』 같은 잡지를 창간할 수 있어야 하는 것이다.

그러나 『경향』은 여전히 사상, 문학, 망명작가를 다루고 있었다. 그것은 아주 진부한 주제였다. 그건 희망과 기회가 벌떼처럼 밀려오는 중국 사회와 동떨어진 것처럼 보였다. 그때 우리는 아직 젊음에 넘쳐서 자신이 신속하게 부자가 되고 신속하게 이름을 날리고 신속하게 사람들에게 사랑받기를 소망했다. 실리콘밸리에서 중관춘中關村[16]에 이르기까지 일부 청년은 벌써 그들의 직선식 성공 기적을 펼쳐 보이고 있었다. 이런 시대에 어느 누가 수심에 가득 찬 망명 작가가 되고 싶어하겠는가?

60년 역사를 지닌 신중국은 정말 기묘한 역정을 거쳤다. 지난 30년 동안 사람들은 조지 오웰식의 악몽을 꾸었다. 오웰이 두려워한 것은 금서 정책을 강행하는 사람이었다. 이로 인해 정보는 가려지고 진리는 은폐되고 문화는 통제당한다. 오늘날도 여전히 오웰의 악몽에서 완전히 깨어나지 못했는데, 헉슬리의 가위눌림이 중첩되고 있다. 애써 금서를 쓸 필요도 없고, 또 그것을 읽고 싶어하는 사람도 없다. 드넓은 바다와 같은 정보가 사람들의 사고를 삼키고 있고, 진리는 무료하고 자질구레한 일상 속으로 침몰하고 있다. 문화는 감각기관과 욕망을 자극하고 유희의 규칙도 없는 용속 문화로 바뀌고 있다.

　　내가 어떻게 점점 깊이 있게 베이링을 알게 되었는지는 기억이 나지 않는다. 어쩌면 내가 새로운 경제 발전의 물결 속에서 성공하여 부자가 될 능력이 없었기 때문인지도 모른다. 나는 내가 구입할 수 있는 모든 『경향』 잡지를 구입했고, 또 그가 편집한 바츨라프 하벨의 문집도 찾아냈다. 그의 필치가 수전 손택을 모방했다는 혐의를 받고 있지만 나는 그가 구사하는 언어의 긴장감을 좋아한다. 나는 또 그가 창립한 중국 망명작가 협회도 알게 되었고, 내 대학 친구 몇몇도 그 단체에 소속되어 있었다. 그러나 나는 늘 그들과 일정한 거리를 유지해온 듯하다. 아마도 나의 잠재의식 속에는 내가 그들처럼 저 먼 변방으로 쫓겨날까봐 근심하는 마음이 있는 것 같다. 그들은 중국어로 글을 쓰지만 그 목소리는 중국 민중에게 전달될 방법이 없다. 화가나 영화감독과는 달리 그들의 언어는 지역적인 것이어서 극히 소수의 작품만이 다른 언어로 번역될 기회를 얻을 수 있다. 베이다오北島[17]의 영어 시 한 수를 읽는 것과 영어 자막으로 된 장이머우 영화 한 편을 보는 것은 완전히 다른 일이다. 그들이 중국 대중에게 다가갈 수 있는 유일한 방법은 인터넷이지만 이마저도 늘 유머 극장으로 변하고 만다. 중국의 현 상황에 대한 비판은 늘 습관적인 조롱으로 전락하게 된다. 왜냐하면 중국 문제는 무척 다양하고, 그 모든 문제는 동일하게 단순화의 논리를 따르게 되며, 그것들은 비평을 받는다고 해서 바뀌기가 아주 어렵기 때문이다. 따라서 이러한 조롱과 비평은 자꾸 반복되지 않을 수 없고 결국 어느 날부터 시끄러운 욕설로 바뀌고만 것이다.

체제 비판 작가에게 이것은 정말 실망스럽고 가슴 아픈 유희인 셈이다. 처음에는 자유파의 한 사람으로 현실에 대한 자신만의 특별한 비판 태도를 견지하고 있었지만, 어느 순간부터는 의식적 혹은 무의식적으로 모종의 민감한 사안을 건드리게 되었고, 그 뒤로부터 '체제 비판'이라는 낙인이 찍히게 된 것이다. 이후 그 이름이 공개 출판물에서 사라지고 말았다. 그것은 정치적 압력의 결과일 뿐만 아니라 출판사와 매스컴의 자기 검열 때문이기도 하다. 그들은 해외 중국인 관련 출판물이나 인터넷에서만 자신의 의견을 발표할 수 있을 뿐이다. 그러나 그곳 관리자도 자신의 표현 공간이 신속하게 축소되거나 추상화되는 것을 느끼면 이제 그도 어쩔 수 없이 초조감과 스트레스에 시달리게 되고, 그 뒤 한 명의 작가는 독자들에게 영원히 망각되는 두려운 상황을 맞는 것이다. 극소수의 작가만이 이처럼 새로운 현실 속에서도 거듭 자신이 나아갈 길을 찾아 글쓰기의 의미를 탐색하고 있다. 그러나 대부분의 사람은 해외 중국어 출판물과 인터넷 공간에서 자신의 분노만을 더욱 증폭시킨다. 그들은 자신의 제스처에 얽매인 포로로 전락하여, 본래 지니고 있던 풍부함과 신축성도 잃어버리고 만다. 따라서 그들의 '체제 비판' 입장만 갈수록 더욱 강렬해지고 '작가'와 '지식인'이란 입장은 갈수록 약화되고 만다. 그러나 그들 대부분은 자신을 성찰할 줄 아는 사람들이다. 그들은 자신들이 심리적 위기에 봉착했음을 알고 더욱 강력한 정신적 위안처를 찾으려고 한다. 지난 10년 동안 비판적 지식인들이 대규모로 기독교에 투신한 것도 이러한 심리적 위기감에 대한 반응으로 보인다. 이것은 정말 블랙코미디다. 중국의 경제 성장이 가장 신속하게 진행된 10년 동안 중국에서 가장 성공한 개인 기업가들이 가장 열중한 운동은 등산이었고, 그것도 단체 등산이었다. 만약 눈사태라도 만난다면 여러 기업이 한순간에 곤경으로 빠져들 수도 있는 일이었다. 그리고 중국 문제가 나날이 복잡하게 변해온 10년 동안 자유 지식인들은 기독교에 관한 대대적인 담론을 펼치고 있다. 1980년 줄리앙 방다는 격렬한 민족주의와 이데올로기에 투신하는 흐름을 '지식인의 배반La Trahison des Clercs'이라고 불렀다. 그렇다면 현재 기독교에 대한 중국 지식인들의 갑작스럽고도 무조건적인 포용은 또 다른 배반이란 말인가?

배반이란 말은 무척 잔혹한 것 같다. 중국에서 체제 비판적 지식인이 되는 일은 여태껏 위험으로 가득 찬 길이었다. 헝가리 작가 미클로스 하라츠티Miklós Haraszti는 이렇게 언급했다. "우리 문명 속에는 두 종류의 체제 비판자가 있을 뿐이다. 천진한 영웅과 기발한 예술가가 그들이다. 그들은 모두 체제의 요로와 무관한 사람으로 변하고 만다." 미클로스가 이런 글을 쓴 것은 1980년대 초로 헝가리 모델이 크게 각광받던 시절이었다. 헝가리 정부는 1960년대 중반에 시장경제를 도입하여 사회 통제를 완화했다. 헝가리 정부와 일반 국민 사이에는 이런 묵계가 있었다. '내가 네게 더욱 양호한 물질생활을 제공하는 대신 너는 정권에 대한 도전을 포기하라.' 그 양호한 물질에는 코카콜라와 청바지가 있었고, 심지어 체코슬로바키아 청년들이 흠모하던 로큰롤 공연도 포함되어 있었다.

독재적인 체제와 이데올로기 통제는 전혀 변함이 없었지만, 여전히 엄혹한 분위기를 띠는 다른 공산주의 국가에 비해서 헝가리는 마치 천당과 같았다. 당시 사람들은 더욱 부유하고 더욱 자유로워진 헝가리를 '소고깃국 공산주의'라고 불렀다. 오직 미클로스처럼 예민한 감각의 소유자만이 그것을 비로드 감옥이라고 대대적으로 비판했다. 즉 감옥의 강철 난간을 부드러운 비로드 천으로 덮었지만 그래도 그곳은 감옥일 뿐이었던 것이다.

예술가와 지식인들도 모종의 새로운 활동 공간을 얻었지만 결국 새로운 위험이 뒤따를 수밖에 없었다. 그들은 자발적으로 자신의 독립성을 포기했기 때문이다. 그들과 당시 정치권력은 상호 타협을 이뤘을 뿐만 아니라 심지어 서로 의존적으로 도움을 주고받기도 했다. 이러한 상황에서 비판적 지식인들이 당시에 직면했던 도전은 전통적 의미의 압제뿐만 아니라 그들의 동료와 독자와 관객으로부터 온 것이었다. 그들은 그 도전이 자신들의 안정을 파괴하고 자신들의 개인 생활을 위태롭게 할까봐 근심했고, 또 자신들이 향유하고 있는 안정되고 풍족한 물질을 잃어버릴까봐 근심했다. 이러한 초조감은 원한과 배척으로 바뀌기 마련이다. 그들은 비판적 지식인을 배척하면서 그들에 대한 지지를 거절했고 심지어 그들에게 작은 주목조차도 보내지 않았다. 미클로스는 다음과 같이 비평하고 있다. "절망적인 무정부주의가 개인의 독립을 유지할 수 있는 그들의 유일한 방법이었다."

권력의 불균형과 소통의 부재가 무정부주의자의 탄생을 촉진하는 온상이다. 관습적인 제스처를 제외하고는 아무 데도 기댈 곳이 없으므로 그들은 다시 제스처에 빠져들 수밖에 없다. 다이칭과 베이링이 세계 매스컴의 관심의 대상이 된 것은 그들의 작품 때문이 아니라 그들의 제스처 때문이다. 다이칭과 베이링보다 더욱 불행한 사람은 쓰촨 작가 랴오이우廖亦武다.[18] 그는 20년 전 정치적 금기에 저촉되는 장시長詩를 한 수 쓰고 나서 감옥에 갇혔고, 그 뒤 다시 천하를 유랑하는 신세가 되었다. 그는 자신의 독특한 창작 풍격을 견지하며 중국 하층 인물들의 운명에 관한 대담을 이어가고 있다. 그의 작품은 뉴욕의 『파리 평론』과 같은 인텔리 잡지에도 발표되었고, 영어와 독일어로도 번역되었다. 그도 프랑크푸르트 도서전 초청 작가였지만 앞서 몇 번의 시도와 마찬가지로 이번에도 출국 허가 자체가 이뤄지지 않았다.

"아마도 이런 일을 통해서만 우리가 외부에 알려질 수 있지요"라고 그는 절망적으로 말했다. 그의 이름은 지금까지 중국 대륙의 출판물에는 나타난 적이 없다. 친구들끼리의 소모임과 그보다 더 협소한 국제시장을 제외하고는 그의 노력을 알아주는 사람이 아무도 없다. 설령 사람들이 그에 대한 토론을 한다고 해도 오히려 그의 '체제 비판성'이 작품에 대한 진정한 이해를 가로막을 수도 있다. 해외에 살고 있는 화교를 포함한 다수의 중국인은 체제 비판적 작가들의 대항 일변도의 태도를 결코 좋아하지 않는다. 그들이 유명해졌을 때 흔히 이 정권은 난처한 지경에 빠져든다. 사람들은 아마도 강대한 국가가 자신들에게 가져다준 영예를 막 향유하기 시작했는데, 이 비판적 지식인들이 그 영예에 먹칠을 한다고 생각하는 듯하다. 기이한 심리가 형성되고 있다. 사람들은 정권이 인민에게 가져다준 재난에 대해서는 놀랄 만한 포용심과 인내심을 유지하면서도 비판적 지식인들에게는 털끝만큼의 인내심도 보여주지 않고, 그들이 내뱉은 어떤 말이 지금 향유하고 있는 모든 영예에 악영향을 끼칠까봐 염려하고 있다.

그러나 체제 비판적 지식인을 잃어버리거나 그들을 오직 절망적인 국가사회 속에 감금하면 결국 그 국가는 가공할 만한 둔화를 겪으며 경직화 현상에 직면할 것이고, 자아 교정 시스템과 사회적 동력도 잃을 것이다. 이 시각 중국이 바로 내면적인 경직화 현상에 빠져들고 있지 않은가? 전체 사회는 이상할 정도로 활기에 넘치지만 자세히 탐구해보면 모든 활동과 모든 개체가 똑같이 아주 단조로운 논리만을 따라가고 있다. 온 중국 사람은 중국이 세계에서 차지하고 있는 지위에 노심초사하면서, 해외로 공산품을 수출하는 것 이외에도 자신의 문화를 전파하고 싶어한다. 그러나 문화는 본래 자유롭게 태어나 성장하는 것이고, 서로 다른 관념들이 부딪쳐서 생겨나는 것이며, 사람들이 성실하게 세계를 감지한 결과다. 대형 댐이나 공장을 건설하는 것처럼 교수를 만들어내고 작가를 길러낼 수는 없는 일이다.

체제 비판적 지식인에 대한 배척은 흡사 우리의 사상을 외양간에 가두고 침범해서는 안 되는 금기사항을 그 사방의 팻말에 써놓은 것과 같다. 이에 따라 사상과 상상력은 왜곡되고 변형되며 자아 대화의 공간조차 질식되어버린다. 우리가 세계와 대화할 수 없고 언제나 서구인들에 의해 오해되고 있다고 초조해하는 이유는 우리가 지금까지 자기 사회의 내부에서 체제 비판적 지식인들과 진정한 대화를 나누지 않았기 때문이다. 우리는 자신의 예술가와 사상가 및 자기 사회의 창조력을 존중하지 않고 있다. 사람들은 예술과 사상을 이용하지만 여태껏 그것을 존중한 적이 없으며, 더욱이 그것을 위해 창조적이고 자유로운 성장 공간을 마련해주는 일에 아무런 관심도 가지지 않았다. 우리가 이러한 자기 파괴적 행위를 자행하면 할수록 자신에 대한 신념은 더욱더 부족해질 것이다. 그 대신 외부 세계, 특히 강대국의 인정을 갈망하는 동시에 그들을 향해 무엇인가 수출하려는 허장성세의 희망을 드러내게 된다.

그러나 이것이 바로 우리의 현실이다. 이 나라는 이처럼 유구한 역사를 갖고 있다. 이처럼 경이로운 근대 혁명의 역사를 갖고 있다. 그처럼 생생한 개인 경험, 즉 인간의 희비극이 풍부하게 포함된 개인 경험을 갖고 있다. 또 그처럼 다양하게 상호 교직된 모순을 갖고 있다. 만약 이러한 역정과 이러한 모순과 이러한 억압·자유·황당함을 자유롭게 드러내고 탐색하게 할 수 있으면, 이것은 전 인류를 위해서도 매우 중요한 정신 자산이 될 수 있을 것이다. 그러나 우리는 이 모든 것을 무시한 채, 용감하면서도 상상력이 풍부한 사람들이 그것을 탐색하는 것조차 금지하고 있다. 이러한 금지가 한 차례 한 차례씩 행해진 뒤 더욱 거대한 내재적 위기가 밀어닥쳤고, 이에 가장 재능이 뛰어난 사람들은 자발적으로 자신들의 탐색을 포기했다. 왜냐하면 이러한 탐색이 결국 자신들에게 갖가지 재난을 가져다줄 것이고 또 자신들로 하여금 이름할 수 없는 위험에 직면하게 할 수도 있을 것이기 때문이다. 그들은 이제 오직 규정된 길과 허가된 방향을 향해서만 전진하기 시작했다. 그리하여 치명적인 평범함이 전체 사회를 옥죄고 있다. 그중에서도 가장 뛰어난 두뇌의 소유자도 서구의 가치 체계를 위해 중국의 경험과 사례를 제공해주고 있을 뿐이다. 그들은 독특한 방법과 사상 및 사실을 마음대로 펼칠 공간이 없다.

제8장

머독과
구글

"지난 10년 동안 갈수록 더욱 분명해지는 두 가지 사유 경향이
이미 형성되었다. 그 한 가지는 강렬한 민족주의적 의분이다. 이
사유는 비판적이고 상충되는 모든 의견을 적대적인 역량으로 간
주하고 경청하기를 거부한다. 또 다른 한 가지는 갈수록 용속화
되는 실리주의다. 사람들은 이익의 잣대로 세계의 모든 것을 재
단한다. 금전에 관한 언어 외에도 도덕에 관한 언어가 있다는 것
을 믿지 못한다. 그리하여 구글의 성명은 중국에 대한 미국의 도
전으로 간주되고 또 중국 시장에서 실패한 회사의 졸렬한 자기
변명으로 여겨진다. 어느 누구도 구글이 강조한 것이 사실인지
그렇지 않은지, 중국 정부가 인터넷을 검열하는지 그렇지 않은
지, 해커의 공격이 존재하는지 그렇지 않은지는 추궁하지 않고
있다."

1

사방으로 떠도는 그 추측이 정확하다면 루퍼트 머독은 단 한 번의 강
연 때문에 중국 시장을 잃었다. 1993년 TV 미디어 그룹 BskyB의 회
장으로 머독은 영국에서 통신 기술을 가지고 담화를 발표했다. 당시
62세이던 머독은 인생의 또 다른 정점에 서 있었다. 오스트레일리아
지방지 상속인에 불과했던 그는 제국의 중심으로 와서 『타임스』를 매
입하고 BskyB를 창립하여 BBC와 승부를 겨루려고 했다. 그는 반권
위적인 태도로써 지금 권위의 중심에 서 있다.

　나는 당시 그가 발표한 담화문을 찾지 못했다. 아마도 그 내용이
반복해서 소개할 만한 가치가 없었던 듯하다. 다만 그의 한마디 논평
만이 이후 대대적으로 인용되었다. 그것은 통신 기술이 "독재체제에
명백한 위협 요소가 된다"는 내용이었다. 이것은 본래 사람들의 주의
를 끌 만한 내용이 아니어서 일찌감치 진부한 언급으로 치부된 것이

었다. 당시 서구세계는 여전히 베를린 장벽 붕괴의 희열에 빠져 있었다. 그리고 매스컴, 특히 TV 매체는 사람들이 개인적인 경축에 기뻐하고 있을 시각에 공산주의 진영의 해체를 카메라에 담아 보도했을 뿐만 아니라, 또 당시 공산주의 해체를 촉진했다. 즉 다수의 사람은 TV 카메라에 잡힌 시위행진을 보고, 집을 나서서 그 시위에 참가했고, 그들은 구를수록 덩치가 커지는 눈덩이처럼 기적과도 같이 독재 정권을 붕괴시켰다. 그리하여 이에 대한 일종의 공감대가 날이 갈수록 분명하게 형성되고 있었다. 즉 만약 정보의 독점이 독재체제가 의지하는 생존 기둥의 하나라면 정보의 자유로운 유통은 그것을 위협하는 가장 파괴력 강한 무기가 될 수 있다는 것이다. 헝가리 출신 망명객 조지 소로스는 이 모든 상황을 이해하고, 오픈 '소사이어티 펀드'를 설립하여 일찍이 동유럽의 체제 비판적 지식인들에게 복사기와 팩스기를 제공했다.

그 강연이 몰고 온 곤경은 머독의 상상을 초월하는 것이었다. 이 세계에는 아주 민감한 귀를 가진 사람이 많다. 한 달도 안 되어 중국 정부는 'Star TV'의 중국 내 방영권을 금지했다. 'Star TV'는 머독이 막 10억 달러를 들여 25세의 홍콩 부자 리처드 리李澤楷로부터 인수한 TV 네트워크였다. 중국 정부는 바야흐로 매우 허약하고 민감한 상황에 처해 있었다. 그로부터 4년 전 중국 정부가 톈안먼 광장에서 벌인 행위는 온 세계의 비난을 불러일으켰고, 이로 인해 중국 정부는 전대미문의 고립 상황에 처했다. 소련과 동유럽의 해체로 중국 정부의 초조감은 극대화되었다. 그러나 이러한 붕괴가 그 자체의 내재적 모순에서 온 것이라는 사실을 인식하지 못하고 그것을 서구의 음모로 몰아가고 있었다. 또한 이 때문에 해외에서 진입해온 '평화 공세'

가 중국 정부 내면 깊은 곳의 악몽으로 작용하면서, 미국 인권 단체에서 상업 TV에 이르기까지, 이 모든 것이 중국의 권력을 와해시킬 수 있다고 인식했다. 이에 머독의 무심한 강연조차 중국 정부의 긴장된 신경을 건드릴 수밖에 없었다.

아시아는 TV 산업의 마지막 향연장으로 여겨지고 있었고 그중에서도 가장 중요한 시장은 바로 중국이었다. 이것은 머독이 전 세계에서 웅지를 펼치려는 가장 중요하고 어쩌면 가장 정감이 풍부한 도전의 일환이었다. 그의 부친 키스 머독도 전에 기자의 신분으로 중국에 온 적이 있다. 사람들은 아마도 '음악의 소리音樂之聲'가 바로 루퍼트 머독에 의해 중국으로 진입했다는 사실을 망각하고 있을지도 모른다. 2000만 명의 인구를 가진 오스트레일리아에서 온 사람의 입장에서 13억 인구의 시장은 현실 이익이라는 측면으로도 거부할 수 없는 유혹이었을 뿐만 아니라 모종의 신화를 실현하는 현장이기도 했다. 4억 중국인이 모두 그의 모자를 살 것이라고 환상한 영국 상인이 등장한 이래로 중국 시장에 관한 신화는 대대로 이어져 서구 상인들이 밤잠을 설치게 했다. 중국은 그들에게 영원히 색이 바래지 않는 유토피아였다. 이제 그 4억의 고객은 13억의 소비자로 바뀌었다. 사람들은 규모의 유혹에서 벗어나기 어렵다. 나일 강변의 피라미드와 뉴욕 항에 솟아 있는 자유의 여신상의 거대한 사이즈를 상상해보라.

이어진 10년 동안 머독은 중국 정부에 가한 '상처'를 치유하려고 노력했을 뿐만 아니라 친밀한 관계를 맺으려고 시도했다. 그의 태도는 겸손했고 어떤 때는 수치심조차 모르는 듯했다. 그는 각종 방법으로 베이징을 기쁘게 하려고, 자기 휘하의 출판사에 명령을 내려 펑딩캉彭定康[1]과 맺은 출판 계약을 파기하게 했다. 왜냐하면 중국이 이 홍콩의 마지막 총독을 싫어했기 때문이다. 그리고『인민일보』가 홈페이지를 업데이트한다는 소식을 듣고 그는 폭스 텔레비전의 전문가 그룹을 파견하여 도움을 주었다. 그는 또 때때로 사람들을 경악시키는 다음과 같은 악독한 농담을 하기도 했다. "내가 들은 소문에 의하면 그(달라이 라마)는 매우 정치화된 늙은 중인데, 구치 구두를 신고 세계를 돌아다닌다고 한다." 사람들 모두는 이것이 누구에게 들려주기 위한 말인지 알고 있다.

숱한 좌절을 겪은 그의 눈물겨운 노력이 마침내 보답을 받게 되었다. 그는 중난하이中南海[2]의 귀빈이 되었다. 그는 아마도 중국 정부가 가장 좋아하는 서구 상인일 것이다. 그는 중난하이 곁에 쓰허위완四合院[3]을 구입했고 중국 마누라를 얻었으며, 슈수이秀水[4] 시장에서 비단을 고르며 가격을 흥정하게 되었다.

그는 매스컴 왕국을 런던에서 뉴욕으로 확장하여 폭스 뉴스를 창립했을 뿐만 아니라 심지어『월 스트리트 저널』까지 소유하고 있다. 그는 또 새로운 비즈니스 흐름인 인터넷을 장악하려고 뜻밖에도 Myspace까지 인수했다. 이처럼 그가 전 세계 시장에서 큰 성과를 거두고 있는 것에 비해서, 중국 시장에서는 아직도 진정한 의미에서 대문조차 열지 못하고 있다. 비록 단기간의 성과를 거두기는 했지만 이 성과도 아직 확장할 수 없고 또 그것을 오래 지속하기도 어렵다. 유일하게 자부심을 가질 수 있는 것은 그가 16년 동안 중국의 주요 지도자와 선전부장을 알게 되었다는 점이다. 그는 경쟁사인 타임 워너와 비아콤에 비해 중국 정부의 애호를 더 많이 받고 있다. 이 애호는 매우 떨떠름한 것인데도, 그는 여전히 희망을 찾아 헤매고 있다.

2009년 베이징에서 열린 매스컴 CEO 회담에서 그는 "디지털 르네

상스가 중국에 지도력을 부여해주고, 새로운 기회를 제공해줄 것입니다"라고 말했다. 그는 중국이 30년 전에 나라의 대문을 열어젖힌 것처럼 다시 한번 '디지털의 대문'을 열어젖힐 수 있기를 희망했다.

10월에 개최된 매스컴 CEO 회담은 중국에게 이제까지와는 다른 새로운 이미지를 암시해주었다. 중화인민공화국 건국 이후 60년 동안 베이징은 아시아, 아프리카, 라틴아메리카의 정치 지도자들이 모이는 집합처였다. 중국은 일찍부터 제3세계 국가의 지도자가 되어 반제국주의 혁명을 이끌고자 큰 힘을 쏟았다. 이와 동시에 베이징은 세계 비즈니스계 CEO들이 반드시 거쳐가는 필수 코스이기도 했다. 이곳은 방대한 시장이고 지금 매스컴 CEO들이 이곳에서 세계의 미래를 토론하고 있다. 중국보다 여론의 힘을 더 잘 이해하는 나라는 없다. 만약 '중국 특색'이 이미 전 세계의 자본주의를 변화시켰다면, 중국이 장차 '중국 특색'의 전 세계적 여론도 만들어낼 수 있지 않겠는가? 이 과정에서 중국은 머독과 같은 세계 매스컴 CEO의 도움을 필요로 하는 것이다. 그러나 그건 분명히 대등한 관계는 아니다.

머독의 동경과 환멸은 근래 20년 동안 중국과 세계의 관계를 보여주는 또 하나의 축소판이다. 그것은 세계인들에게 이 나라가 무엇이 바뀌었고, 무엇이 바뀌지 않았으며, 저촉하기 어려운 마지노선은 어디까지인지를 일깨워준다.

231
/

2

대부분의 다국적 기업은 이러한 한계를 알 필요가 없다. 그들은 중국에서 샴푸, PC, 가구, 자동차, 켄터키 닭다리, 커피, 향수, 양복, 영화 등을 팔려고 할 뿐이다. 또 그들은 생산 라인을 중국으로 옮겨와서 광활한 내륙 출신의 가난한 청년들을 고용하고 있다. 그들은 잔혹하게 이들 청년의 청춘을 사용하면서 이들에게 생활의 또 다른 가능성을 제공하고 있다. 이들 청년의 생활은 본래 아무런 희망도 없었다. 이 다국적 기업들은 열렬한 환영을 받고 있다. 그들은 중국의 경제발전을 촉진시키면서 소비자들에게 생활의 즐거움을 부여해주고 있고, 정부에는 막대한 세금을 납부하여 정권을 튼튼하게 유지시켜주고 있다.

근래에 우리는 중국이 정말 많이 변했음을 곧잘 느끼고 있다. 특히 일부 외래품을 보면 더욱 그러하다. 윌리엄 새파이어William Safire는 당시 『뉴욕 타임스』에 다음과 같이 썼다. "1984년에 일어난 가장 중요한 사건은 마침내 10억 인구를 거느린 중국 정부가 마르크스주의를 포기하고 자본주의를 포용했다는 것이다." 이러한 낙관 속에는 자본주의를 포용한 중국이 이제 장차 자유와 민주의 길로 나아갈 것이라는 예상이 감추어져 있다. 사람들은 기호식의 상징적인 변화에 매료되었다. 즉 군복 외투를 입은 청년들은 코카콜라를 들고 있고, 대학생들은 왬Wham 그룹의 팝 음악을 들으며 디스코를 배우기 시작한다. 사람들은 외국에서 온 모든 것에 이처럼 몰두한다. 마쓰시다 TV 수상기에서 미국 연속극 「아틀란티스에서 온 사나이」까지 그리고 다시 『아이아코카 자서전艾柯卡自傳』과 민주제도까지…… 막 해빙된 사회는 냉장고 밖의 모든 사물에 대해 형언할 수 없는 갈망과 미화의 태도를 보이고 있었다.

그러나 모든 것이 그렇게 단순하게 진행되지는 않았다. 윌리엄 새파이어가 중국이 애덤 스미스를 포용했다고 대대적인 찬사를 늘어놓을 때, 중국 정부는 대규모의 '정신오염 청산운동'을 마감하고 있었다. 황색의(음란한) 간행물, 음악, 영상과 '소외' '휴머니즘적 사회주의'에 대한 지식인들의 토론이 '정신오염'의 두 가지 근원으로 인정되었다. 그것은 신속하게 변화하는 사회에 대한 당내 보수파의 반응이었고, 그들은 사회 통제가 흐트러져서 지식인이 다시 활발하게 행동하고 있기 때문에 지식인 계층 내부에서 비판과 자아비판을 추진해야 한다고 생각했다. 그들은 청년들에 대해서도 황색 출판물을 압수·수색하는 동시에 또 한 차례 새로운 모범 인물, 즉 장하이디張海迪[5], 장주잉蔣築英을[6] 내세워 전국적인 영웅화 운동으로 몰고 갔다.(지금의 청년들은 이미 소위 '황색 출판물'과 '황색 가곡'이 도대체 무엇인지 상상하기 어렵다. 만약 이것에 흥미가 있다면 1982년 출판된 『황색 가곡을 어떻게 감정하는가?如何鑑定黃色歌曲』라는 책을 참고할 수 있다.) 사상의 통제에 수반되어 한바탕 범죄와의 전쟁도 벌어졌다. 법률 질서가 가져다준 고효율에 대중은 지지 의사를 표했다. 그러나 대중은 사회 변동의 시기에는 불가피하게 혼란이 뒤따를 수밖에 없다는 사실을 알지 못했다. 그리고 이러한 통제 속에 감추어진 무수한 원한과 불공평에 대해 관심을 가지는 사람은 거의 없었다. 한 청년이 여러 명의 아가씨와 함께 잠을 자도 중형이나 심지어 사형에 처해질 수도 있었다.

그러나 이러한 운동은 오래 지속되지 못하고 1983년 가을에 시작되어 그다음 해 봄에 갑자기 중단되고 말았다. 이 운동이 사람들에게 다시 또 정치적 풍파가 재현되는 것이 아닌가 하는 불안감을 가져다주었기 때문이다. 이에 따라 국제 투자자들도 중국 시장에 계속 투자를 할 것인가 말 것인가 우려하기 시작했다. 그리고 지식인들은 또다시 반우파 운동이 벌어지지나 않을까 걱정에 휩싸였다. 중국 정부는 여전히 허약한 상황에 처해 있어서 오직 '4개 현대화' 정책이 성과를 내야만 다시 정권의 합법성을 보장받을 수 있게 되었다. 중국 정부는 국제사회의 투자를 필요로 하는 동시에 지식인들의 협조도 필요로 했다. 역사는 굉장히 풍자적이다. 이 운동의 주요 발기인 중 한 사람인 쉬더형許德衡이 바로 5·4 운동을 이끈 학생 지도자였다. 5·4 세대는 개인 자유에 대한 추구와 외래세계에 대한 포용으로 칭송받지 않았던가?

동일한 상황이 끊임없이 계속되었다. 중국 기자 류빈옌劉賓雁은 1988년 미국을 방문했을 때, 중국을 연구하는 학자들이 여전히 덩샤오핑의 개혁이 가져온 흥분에 빠져 있음을 발견했다. 그는 그들에게 중국 내부의 위기, 즉 통화 팽창, 정신 위기, 분노한 사회 정서를 어떻게 설명해야 할지 몰랐다. 류빈옌은 당시 "앞으로 1년 사이에 중국에서 틀림없이 중대한 사건이 발생할 것"임을 예감하고 있었다.

표면적인 희망과 심층적인 곤경 사이의 긴장감이 사실상 1979년에 이미 분명하게 드러난 적이 있다. 이해 11기 3중 전회에서 정신적으로 개혁의 바람을 고취하고 있었다. 중국과 미국의 수교, 후야오방胡耀邦의 복권, 역사에 대한 지식인들의 공개적인 반성 등 중국은 더욱더 개방화로 나아가고 있었다. 그러나 바로 이해 시단西單 민주의 벽이 철거되었고, 웨이징성魏京生은 중형을 선고받았다. '네 가지 항목의 기본 원칙'이 자유와 개방의 경계선을 분명하게 밝혀주고 있지만, 그중에서 '반드시 사회주의 노선을 견지한다' '프롤레타리아 독재를 견지한다' '마르크스 레닌주의와 마오쩌둥 사상을 견지한다'라는 세 가지 원칙에 비해 '반드시 공산당의 영도를 견지한다'라는 한 가지 원칙이 가장 핵심적인 문제였다고 할 수 있다. 공산당이 권력을 독단하는 것이야말로 모든 개혁의 전제 조건이고 최종 목표였던 것이다.

개방과 폐쇄, 개혁과 보수, 자유와 통제의 이중 변주는 지금까지 한 번도 사라진 적이 없다. 1980년대는 흔히 자유와 개방의 상징으로 여겨지지만, 당시에도 「고련苦戀」에 대한 비판, 대규모 '정신오염 반대 운동' '부르주아 자유화 반대 운동'이 벌어졌음을 사람들은 늘 망각하곤 한다. 이러한 운동은 모두 '해방'에 대한 역반응이며, 권력 중심에 있는 사람들은 이러한 다양한 변화에 대해서 경악과 공포를 금치 못하고 있다. 그들의 절대 권력은 개개인의 정보, 즉 출생, 학교생활, 직장생활, 사망에서 연애편지에 이르기까지 모든 정보에 대한 긴밀한 통제를 바탕으로 유지되고 있다. 레이펑雷鋒은 그들이 갈망한 신인新人이었다. 그는 당에 대한 충성 외에는(그건 틀림없이 마오쩌둥을 대표로 하는 당이지, 류사오치劉少奇를 대표로 하는 당은 아니다) 아무 의미 없는 인생을 살았다. 그는 개인적인 곤경도 없었고, 사적인 계획도 없었으며, 심지어 연애에 대해서도 아무런 흥미가 없었다. 왜냐하면 그의 심신은 마오 주석에 대한 사랑으로 가득 차 있었기 때문이다.

문혁이 재난으로 종결됨에 따라 사회와 개인에 대한 이 정권의 통제는 합법성을 상실했다. 사람들은 깨어나기 시작했고 자신의 목소리를 찾기 시작했다. 그들은 본능적으로 외부에서 도움과 격려를 찾으려고 했다. 이 정권도 외부에서 도움을 찾아 자신의 통제력을 이어가려 했다. 이 정권은 물론 외부의 도움에 포함된 위험을 알고, 일찍이 중국을 철통같이 방비하고 나서 모든 세계를 추악하게 만든 뒤 자신의 합법성을 획득한 적이 있다. 그러나 지금은 외국인을 중국으로 들어오게 할 필요가 있다. 이 정권은 외국인의 자금, 기술, 상품이 필요한 것이다. 그러나 이에 수반된 다른 영향이 중국으로 들어와, 청년 세대가 이 정권에 충성하지 않고 아울러 보통 사람들이 중국 사회의 진상을 알아챌까봐 근심하고 있다. 왜냐하면 이 정권은 지금까지 국가의 장기적인 미래 비전과 국민을 위한 복지 정책을 성공과 실패의 기준으로 삼은 적이 없고, 오직 정권의 안정과 사회 통제력을 성패의 기준으로 삼아왔기 때문이다. 이에 개혁 정책은 시작부터 마치 정권이 힘을 키우는 것이 더 빠른가, 아니면 개인과 사회의 각성이 더 빠른가를 겨루는 달리기 경주와 같았다. 외부의 영향은 엄격한 규정에 의해 모종의 경계선 안으로 가두어졌다. 모든 중국인은 코카콜라를 마실 수 있지만 『타임』지나 BBC 뉴스를 보려면 지정된 호텔에 들어가야 한다. 그 호텔은 소규모의 외국인들을 위해 봉사하는 곳이다. (이 '외국인'에는 홍콩인과 타이완인도 포함되어 있다.) 중국 정부는 그들의 투자가 필요했고, 그들이 여행하면서 제공하는 이익이 필요했다. 이러한 외국인 전용 호텔은 마치 청나라 정부가 광저우 성 밖에 설치한 '십삼항十三行'[8]과 같았다. 청나라 정부는 그곳에서 외국인의 무역을 허용하면서 광저우 성 안으로는 들어오지 못하게 했다.

이후 일어난 충돌은 모두 이 두 가지 달리기 경기, 즉 사회 해방과 국가 통제의 속도가 어느 것이 더 빠른가를 보여주는 결과였다. 때로 사회가 승리하여 정권 내부의 논쟁을 불러일으키기도 했지만 대부분은 사회가 패배하는 경우가 훨씬 많았다. 가장 처절한 실패는 1980년대가 끝나가는 해에 일어났다.

또다시 온 사회가 냉장고에 갇혔고 도처에 환멸과 공포가 넘쳐흘렀다. 1989년 가을부터 그다음 해 여름까지 경제는 정체 상태에 빠져들었다.(30년 동안 중국이 지속적으로 고도성장을 유지했다고 말하는 사람들은 고의적으로 이 연도의 존재를 잊으려 한다.) 국제 정세에도 인심을 뒤흔드는 역전 현상이 발생했다. 동유럽의 사회주의 정권은 도미노처럼 붕괴되었고, 루마니아를 30년 이상 통치하던 차우세스쿠도 마침내 성탄절에 피를 뿌렸다. 그는 톈안먼 유혈 진압을 지지한 소수의 세계 지도자 가운데 한 사람이다. 이어서 소련이 해체되었다. 리다자오李大釗[9]가 1918년 "10월 혁명의 포성이 중국에 마르크스주의를 전해주었다"라고 언급한 이래 70여 년간 소련은 줄곧 중국이 따라잡으려 했던 모델이었다. 그 이후 몇 세대 사람들은 "소련의 오늘이 바로 우리의 내일"이라는 말을 익숙하게 알고 있다. 그러나 이제 '내일'이 사라져버린 것이다.

우리는 이러한 변화가 중국 정치인들에게 가져다준 충격을 상상할 수 있다. 그들은 반드시 자신들을 위해 새로운 방향과 새로운 합리화를 찾아야 했다. '4개 현대화'가 바로 문혁 실패를 바로잡기 위한 교정 행위였다. 그러나 지금은 고속 경제 성장에 의해서만 이 정권의 권위를 증명할 수 있다. 동시에 혼신의 힘으로 반성을 수행한 뒤 그들은 톈안먼 사태에 대해서 이렇게 결론을 내렸다. 그것은 당과 정권의 자체적인 문제 때문에 발생한 것이 아니라, 교육의 실패 때문이다. 젊은이들의 두뇌가 외래의 정신과 서구 민주주의를 숭배하는 지식인들에 의해 오염되었기 때문이다. 젊은이들의 심령을 새롭게 빚어낼 계획을 경제발전 속도에 맞추어 동시에 진행해야 한다.

3

칵테일파티의 개막이 마침내 베이징의 천단天壇 기년전祈年殿 단계교丹階橋에서 거행되었다. 길이 360미터, 폭 29.4미터의 단계교는 약간 경사가 진 큰길로 북으로는 기곡단祈穀壇에 이어져 있고, 남으로는 환구단圜丘壇에 이어져 있다. 남쪽에서 북쪽으로 조금씩 높아지는 것은 황제가 인간 세상에서 하늘로 오르는 먼 길을 상징한다. 2005년 어느 초여름 저녁 그 큰길은 세계 각 지역에서 온 각종 사업의 CEO로 가득 찼다. 그들은 '포춘 글로벌 포럼Fortune Global Forum'의 초청 귀빈들로 그중에는 BMW CEO와 월마트의 책임자도 있었다. 월마트는 당시 전 세계 최대의 회사로 떠오르던 중이어서 중국과 세계의 상호 필요성이란 측면에서 다른 어떤 회사보다 그 상징적 의미를 잘 드러내주고 있었다. 천단의 밤과 오묘한 중국 차 그리고 중국 국가 주석의 접견은 마치 이들 중국 시장 개척자에 대한 포상의 의미를 보여주는 듯했다. 그들은 이제 200년 전처럼 궁색하게 광저우 성 밖에 거주하지 않고 중국어 통역이나 잡역 인부 몇 명만 데리고, 매년 필요한 때 며칠만 중국에 와서 시장을 둘러볼 뿐이다. 그들은 지금 지난날 제국의 중심에 서서 최고 권력층과 칵테일 잔을 들고 환담을 나누고 있다.

서구 상인들과 베이징시는 가장 아름다운 시간을 맞고 있었다. 과거 10여 년간 그들은 중국 정부의 가장 열렬한 지지자였다. 워싱턴, 런던, 베를린, 브뤼셀에서 그들은 정치적 원인이나 인권 문제가 있음에도 상관없이, 중국 시장이 무척 중요하기 때문에 그것을 잃어서는 안 된다고 부지런히 유세를 해주었다.

그들은 더욱 탐욕스럽고 생명력도 왕성하게, 또 심한 건망증을 지닌 채, 시장 규모야말로 모든 의문과 우려를 해소시켜줄 것이라고 선전했다. 1992년 톈안먼 사건의 검은 그림자가 아직도 드리운 상황에서 중국에 관한 새로운 정서가 자라나기 시작했다. 덩샤오핑은 새롭게 경제 개혁에 시동을 걸었고, 이해 중국에 대한 해외 투자액은 110억 달러에 달했다. 이것은 대중화大中華 시장으로서의 중국에 대한 새로운 신화의 흥기를 의미했다. 1970년대 일본의 발전에서 사람들은 세계 경제의 중심이 동쪽으로 이동하고 있으며, 아시아가 바야흐로 잃어버렸던 세계 중심의 지위를 다시 찾을 수 있을 것이라고 인식했다. 도쿄의 거품 경제가 사라지자 유교 자본주의가 고개를 들었다. 싱가포르, 타이완, 홍콩, 한국 등 중국의 전통문화를 짙게 이어 받은 나라들이 현대의 경제 기적을 창조했다. 새로운 재산 창조 네트워크가 이미 부상하고 있었다. 6500만 화교가 일구어낸 재산이 13억 중국인의 것처럼 막대하므로 세계 경제 시장의 각축이 극심하다 해도 중국이 얼마나 찬란한 미래를 창조할 수 있겠는가? 그해 4월 왕푸징 王府井[10]에는 이러한 동경을 증명해줄 가장 훌륭한 광경이 연출되었다. 당시 왕푸징에는 세계에서 가장 큰 면적의 맥도널드가 문을 열었다. 당일 거래 고객이 1만 명을 넘었고, 피크 타임에는 500~600명의 사람이 가게 밖에서 장사진을 이룬 채 미국에서 들어온 새로운 맛을 음미하기 위해 기다리고 있었다.

미국에서 수입한 햄버거가 한 가지 중요한 일이라면, 머독의 위성 TV도 또 한 가지 중요한 일이었다. 베이징에는 확연히 다른 두 가지 외국인 이미지가 존재한다. 그 한 가지는 '중국 인민의 친구'라는 이미지다. 키신저와 닉슨 그리고 중국에 투자하러 온 비즈니스맨이 그들로, 그들은 베이징의 고립을 풀어주고 베이징의 안정에 도움을 주는 것으로 인식된다. 또 다른 한 가지는 소위 '평화 공세'를 시도하는 미국의 소리와 인권 관련 단체들이다.

중국 정부도 더욱 찬란한 이야기를 동원하여 역사의 암흑을 은폐하고 있다. 이 과정에서 중국의 경제 성공이 광범위하게 인용되고 있다. 그것은 바로 덩샤오핑의 경제 개혁 정책이 2억 중국인을 빈곤에서 벗어나게 했고, 또 13억 중국인으로 하여금 더욱 광대한 자유를 누리게 해주었다는 것이다. 그리고 이 나라는 굉장히 복잡한 문제에 직면해 있지만 오직 경제 발전을 통해서만 이를 해결할 수 있으며, 그 발전의 전제가 바로 안정이라는 것이다. 붕괴된 중국은 중국인 스스로나 전 세계가 자신들의 도전의 결과로 받아들일 수 없는 일이다. 이 이야기는 얼마나 설득력이 있는가? 도대체 이 정권이 2억 중국인을 빈곤에서 벗어나게 했는지, 아니면 2억 중국인이 스스로를 빈곤에서 벗어나게 했는지 추궁하는 사람도 거의 없다. 중국 사회가 겪었던 공전의 혼란과 굶주림도 전부 이 정권의 이전 30년 동안 발생한 것이다. 사람들은 개혁 개방의 기적에 환호하면서도 이전의 폐쇄와 낙후가 무엇이었으며 또 그것이 도대체 어떻게 일어났는지에 대해서는 모두 망각하고 있다.

이어진 10여 년 동안 글로벌 기업과 중국은 다정한 밀월 관계를 보냈다. 1980년대의 실험은 여전히 아주 위험한 것이었지만, 중국도 준비를 잘하지 못했고, 세계도 여전히 냉전의 그림자에 덮여 있었다. 그러나 글로벌화를 포용하고 세계의 공장이 된 중국에서 그 위험은 신속하게 축소되었다. 만약 우리가 경제학자 황야성黃亞生의 '중국을 매각하고 있다'라는 과장된 언급을 소홀하게 취급한다 해도, 1990년대의 중국 경제는 확실히 외자에 의존하는 과도기였고, 또 모든 현縣 위원회 서기가 목숨 걸고 외국 상인과 자본을 유치하던 시대였다. 중국의 염가 노동력, 환경, 자원과 글로벌 기업의 자본, 경영, 기술이 고효율을 달성하면서 아주 잔인하게 결합되었다. 중국의 기적은 바로 여기에서 유래했다. 서구 기업은 노동조합의 압력이나 환경오염이라는 뒤탈도 고려하지 않고 막대한 자유를 누렸다. 그들이 본국에서 받던 갖가지 제한 조치가 이 방대한 중국 시장에서는 나타난 적이 없었다. 그들은 본래 사회주의 국가에 와 있음을 의식해야 했지만, 오히려 그들은 자신이 찰스 디킨스의 세월처럼[11] 더욱 무정한 자본주의 이전 시대에 와 있음을 발견했다.

중국인은 열정적으로 외래의 모든 것을 포용했다. 내륙의 젊은 남녀들에게는 이보다 더 좋은 선택의 기회가 없었다. 즉 공장생활은 잔혹했지만 쇠락한 농촌보다는 희망이 훨씬 더 풍부했다. 도시인들에게서는 고통의 목소리를 들을 수 없었다. 그들은 각종 외래 기호를 소비하고 있었다. 만약 우리가 베이징이나 상하이의 거리를 걸어본다면 철저하게 서구화된 세계를 발견할 수 있을 것이다. 유행에 민감한 젊은이들은 발끝의 아디다스 운동화에서 귀를 막고 있는 흰색 이어폰에 이르기까지 외래 상품으로 온몸을 장식하고 있다. 물론 그것들이 중국 동남 해안의 공장 지대에서 생산된 것일 가능성이 아주 높기는 하지만 말이다. 상업과 소비가 중국을 변화시켰다. 감각이 둔한 관찰자라도 아주 쉽게 다음과 같은 결론에 이를 수 있을 것이다. 중국은 이제 더 이상 마오쩌둥식 인민복을 입지 않을 것이고, 청년들도 더 이상 혁명의 열광 속에 빠져들어 또다시 톈안먼의 비극을 되풀이하지 않을 것이다. 심지어 톈안먼의 비극적인 진압도 아마 일리 있는 조치였던 것 같다. 보라! 중국은 지금 번영을 얻지 않았는가?

인터넷의 도래로 이러한 낙관은 더욱 지배적인 역량을 갖게 되었다. 그것은 인류의 가장 위대한 발명품이다. 인터넷은 상업, 생활, 인간관계도 재구성하고 있을 뿐만 아니라 장차 정치까지 재창조하려 한다. 20년 전에 사람들이 확신한 TV, 복사기, 팩스기 등의 역량은 인터넷 앞에서 모두 얼굴을 들지 못하게 되었다. 이전의 모든 발명과는 다르게 인터넷은 자연스럽게 분산적이고 다중심多中心적이며 상호 소통성이 강하여, 이제 정보를 통제하거나 검열하기 어렵게 되었다. 사람들도 더 이상 피동적으로 정보를 받아들이는 것이 아니라 주체적으로 정보 소통 과정에 참여하고 있다. 인터넷 회사도 전통적인 매스컴 회사에서 벗어나 거부할 수 없는 해방의 역량을 갖게 되었다. 이 회사들은 사람들을 결핍과 압박에서 해방시켰다. 실리콘밸리는 새로운 혁명의 중심지가 되었고, 야후에서 구글에 이르는 포털 사이트들은 아마도 지난날 모스크바가 창조한 코민테른보다 더 강력한 힘을 지니고 있는 듯하다.

복잡한 현대 사회는 이제 더 이상 통제하기 어렵다는 오래된 낙관이 또다시 고개를 들고 있다. 이 뜨거운 낙관은 외부세계뿐만 아니라 중국 내부에서도 향유되고 있다. "인터넷이 장악한 중국을 상상해보라. 다양한 자유가 전파될 중국을 상상해보라." 조지 W. 부시는 사람들의 보편적인 심리를 대표하여 위와 같이 말했다. 그리고 중국인들 스스로도 인터넷이 바로 중국에 새로운 자아 해방을 가져다줄 것이라 믿고 있다. 인터넷은 사람들을 모든 곤경에서 벗어나게 해줄 것이다. 그것이 정치적 독재이든 경제적 낙후이든, 심지어 문화적 자비감이든 인터넷은 그 모든 것을 한꺼번에 날려 보낼 것이다. 어떤 젊은 중국 인터넷 선구자는 천 년 전통을 지닌 창사長沙의 악록서원嶽麓書院[12]에서 "우리는 300년이 넘는 자비自卑의 시대를 뛰어넘어야 한다"고 말했다. 마오쩌둥 시대의 '두 가지 신문과 한 가지 잡지兩報一刊'[13], 그리고 덩샤오핑 시대의 CCTV는 모두 주변부로 밀려나고, 사람들은 인터넷 세계에서 최후의 자유를 찾고 있다. 사람들이 자유를 얻고 나면 민주, 법치, 인권과 같은 현대 중국의 꿈도 마침내 실현될 수 있을 것이라고 믿고 있다.

이러한 낙관은 굉장히 강렬하여 사람들은 지금 눈앞에서 일어나고 있는 몇 가지 변화도 알아채지 못하고 있다. 인터넷이 구속 없는 자유를 의미한다고 생각하는 사람들은 중국의 인터넷이 결코 그렇지 못하다는 사실을 금방 발견하게 되었다. 인터넷도 정권에 의해 길들여질 수 있는 것이다. 그것은 두터운 방화벽에 가로막혀 또 하나의 제한 구역으로 변하고 말았다. 검열도 지금까지 사라지지 않았을 뿐만 아니라 때때로 그 검열은 전 세계적인 감시망으로 기능하기까지

한다. 2004년 야후는 중국의 검열 때문에 한 차례 도덕적인 곤경에 처해야 했다. 야후는 자신의 고객을 보호하는 데 아무런 힘도 발휘하지 못했고, 결국 중국 정부에 체제 비판 인사의 개인 정보를 제공하여 그에게 장기 징역의 처벌을 받게 했다. 심지어 인터넷 홈페이지가 정치적으로 민감한 문제 때문에 폐쇄될 수도 있다. 아직도 결론이 나지 않은 고양이와 쥐에 관한 게임은 본질이 변모된 채 권력 게임으로 인식될 수도 있는 것이다. 아서 설즈버거 2세는 중국의 지도자들을 개인적으로 숭배했기 때문에 중국에서도 사람들은 『뉴욕 타임스』인터넷 홈페이지에 마음대로 접속할 수 있다. BBC는 강경한 태도 때문에 중국에서 BBC 홈페이지에 들어갈 수 없다. 올림픽 개최 전야에는 인터넷이 자유롭게 개방되었지만 2009년 3월 티베트에 관한 영상이 올라와 있다는 이유로 유튜브의 중국 접속은 폐쇄되었다. 정보의 자유는 임의적인 제한이 가해지면서 지도자 개인의 수렴청정의 산물로 변모되고 말았다. 이러한 의미에서 중국은 아마도 아무런 변화도 없는 듯하다. 광저우 13항의 상인들이 눈앞의 생업에 안주하려고 황제와 관료의 면전에서 침묵을 유지했다면, 그들은 아마도 사람들에게 망각됨으로써 잠시의 자유를 얻었을지도 모른다.

당국의 통제에 의해 야기된 것은 아마도 문제의 일단일 뿐인 듯하다. 세계는 인터넷에 강한 기대감을 갖고 있다. 왜냐하면 그것은 암묵적으로 다음과 같은 논리를 포함하고 있기 때문이다. 즉 사람들이 일단 충분한 정보를 얻고 더욱 광활한 세계를 목도하게 되면 스스로 판단할 수 있는 능력을 갖추게 된다. 사람들은 천성적으로 자유로움, 풍요로움, 존엄함을 추구하려는 경향을 갖고 있기 때문이다. 이러한 논리는 일찍이 독재체제에도 거의 완벽하게 적용되었다. 즉 미국 문화가 소련의 한 세대 청년들을 끊임없이 열광시켰던 것이다. 그들은 재즈와 미국 영화를 열렬히 사랑했다. 러시아 시인 브로드스키의 회고에 의하면 「타잔」이란 영화가 흐루쇼프의 비밀 연설보다 훨씬 효과적으로 공산주의에 대한 그의 신념을 붕괴시켰다고 했다. 1980년대 중국 정부에 대한 중국 청년들의 철저한 실망은 개방화로부터 온 것이었다. 그러나 지금은 이러한 논리가 유효성을 잃고 있다. 새로운 세대 청년들은 견문이 매우 넓어서 서구에 대해 호감을 표시하지 않는다. 오히려 그들 사이에는 매우 고양된 반서구 정서가 신속히 퍼져가고 있으며, 인터넷이 바로 그들의 가장 적절한 표현 수단이 되어주고 있다. 마르크스 레닌주의를 신봉하는 사람은 아무도 없다. 그러나 이런 현상이 청년들 사이에 그들이 빠져드는 새로운 애호물이 없다는 걸 의미하지는 않는다.

그 모든 것이 또 다른 중국 이미지에 가려져 있다. 이 중국은 굴기하는 대국이고, 사람들이 기대하는 '이익 관련 당사자'이고, 글로벌 경제의 건설자이고, 국제 업무의 참가자(아마도 미래의 지도 국가)이다. 중국 정권의 본질은 소홀히 취급되고 있으며, 공산주의의 꼬리표도 이미 효력을 잃었다. 심지어 사람들은 '전제專制'라는 말로 중국 정권을 형용하고 싶어하지도 않는다. 외국인들은 중국 정권의 갖가지 무리한 행동을 용인하고 있다. 왜냐하면 "중국은 아마도 세계의 여러 나라와는 진정으로 다른 것 같기 때문이다."

월마트의 중국 회사 안에 이미 공산당 지부가 설립되었다. 중국을 대하는 시스코CISCO와 마이크로소프트의 태도도 온순하다. 이들 회사는 단지 기술만 제공할 뿐 정권에 대한 가치 판단은 내리지 않는다. 리카이푸李開復가 중국에 구글을 들여올 때, 그는 『뉴욕 타임스』

기자에게 자신이 초빙해온 일군의 젊은 엔지니어를 가리키며 이렇게 말했다. "이 사람들은 어떤 문제든지(민주와 인권을 포함하여) 자유롭게 토론할 수 있습니다. 나는 이들이 그런 문제에 그렇게 큰 관심을 갖고 있다고 느끼지는 않습니다. 나는 이들이 '아이! 미국의 민주 정부도 참 좋은 정부지만, 중국 정부도 훌륭하고 안정된 정부이고 참 좋은 정부야. 어떻든 내가 가장 좋아하는 인터넷에 접속해 친구를 만날 수 있고 즐겁게 생활하기만 하면 돼'라고 말하리라 생각합니다."

홀가분하고도 태연자약한 리카이푸의 태도는 아마도 구글 중국 지사의 도덕적 곤경에 대한 한 가지 반응으로 보인다. 2006년 중국 시장 진입을 결정했을 때 구글은 언론 검열에 대한 중국 정부의 요구를 준수하여 정치적으로 민감한 내용은 검색 결과에 나타나지 않게 했다. 악폐를 답습하지 않고 자유 정보를 공유하려는 이 선교사식 회사의 입장으로서는 정말 시련의 기간이었다. 더욱이 이 회사 창시자의 한 사람인 브린Serge Brin은 소련에서 태어나서 독재체제를 절실하게 체험했다. 1990년 그가 16세의 나이로 어떤 과학 경시대회에 참가하기 위해 모스크바에 다시 갔을 때, 그는 그의 아버지를 꼭 끌어안고 온 가족을 미국으로 데리고 가준 것에 감사를 표했다. 나는 당시의 자세한 사정을 알지 못하지만, 틀림없이 그가 당시 모스크바의 상황을 보고 전제주의가 개인에게 미치는 악영향(상처)에 대해 심도 있는 느낌을 받았을 것이라고 생각한다.

물론 구글은 교회가 아니다. 설령 교회라 해도 항상 상업적 이익에 집착하곤 하는 것이다. '아마도 감히 중국 시장을 포기할 수 있는 회사는 없을 것이다'라는 말은 어떤 의미에서 사실이기도 하지만 어떤 의미에서는 조작된 신화이기도 하다. 리카이푸의 언급은 상업 회사로서 구글의 논리를 암시하고 있다. 즉 장기적으로 볼 때 양보할 만한 가치가 있기 때문에, 초창기에는 양보를 할 수도 있다는 것이다. 상업 CEO와 신기술의 선구자들은 늘 자신의 진보적 의미를 과장한다. 다시 말해 이윤의 배후에 숨어 있는 모종의 자유와 평등을 자랑한다. 그러나 그것은 돈을 마음대로 유통시킬 수 있다는 의미이므로 사실상 '돈 앞에서는 모든 사람이 평등하다'는 왜곡된 뜻을 담고 있다. 그러나 중국에서는 잠재의식 속에 숨어 있는 도덕적 판단도 소실되었고, 심지어 도덕을 지키고자 하는 마지노선조차 사라져버렸다. '중국 특색'은 글로벌 회사의 집단 뇌물로 변모했고, 이에 이 회사들을 자기 검열의 상황으로까지 끌어들이고 있다.

4

구글 본사에서 2010년 1월 13일 중국 시장 철수를 고려하고 있다고 발표하자 세계 곳곳에서 매우 아이러니컬하고도 센세이셔널한 반응이 일어났다. 만약 같은 시기 아이티에서 경천동지할 지진이 일어나지 않았다면 이보다 더 사람들을 주목하게 만드는 뉴스는 없었을 것이다.

그것은 가장 낭만화된 상업 조직과 전 세계의 담론을 주도하는 국가 사이의 충돌이었다. 전자는 갖가지 아름다운 기대(아마도 환상)의 대명사다. 즉 기술의 역량, 정보의 역량, 상업의 역량이 장차 세계를 정복하고 어떤 압제도 쳐부술 수 있다는 것이다. 그것은 서구 문명의 가장 아름다운 구현체라고 할 수 있다. 후자는 '장차 세계를 통치할' 국가로 간주되며 서구와는 다른 문명을 지니고 있다. 그것은 아마도 세계의 미래를 결정할 세기의 대결이었다.

구글의 철수는 당시 맞닥뜨리고 있던 해커의 공격(여러 증명 자료에 의하면 중국 정부에 의한 해커 공격)에 대한 반응이었지만, 사실상 그건 아마도 구글이 장기적으로 도덕적인 갈등을 겪은 끝에 내린 결론이었을 것이다. 4년 동안 구글은 중국 시장에서 매우 완만한 성장 속도와 아주 미미한 시장 이익을 올렸을 뿐이다. 구글은 중국 시장에서 바이두에 훨씬 뒤졌고, 영업 수익도 전 세계에서 올린 이익의 70분의 1에 불과했다. 이에 비해 구글이 중국에서 당한 굴욕은 정말 끝이 없을 정도였다. 자기 검열 외에도 탈세와 표절과 같은 온갖 추문에 시달렸다. 이러한 치욕은 2009년 6월 최고조에 달했다. 당시 중국 관영 CCTV는 세 개의 중요한 뉴스 프로그램에서 구글을 동시에 공격했다. 취재 대상인 한 대학생의 입을 통해 전 세계에서 가장 존경받는 이 회사는 음란물과 황색 정보를 전파하는 본거지로 전락했다. 중국을 잘 아는 사람이라면 누구나 중국 역사에서 이와 유사한 반응 행태를 찾아낼 수 있을 것이다. 청나라 관리들은 당시 유학생들이 중국의 윤리를 파괴시킬 수 있다고 집단적으로 질책했다. 장제스 정부는 청년들이 '적화'의 위험에 직면해 있다고 믿었다. 이러한 집단적 비판은 마오쩌둥 시대에 정점에 달했다. 당시 허난성 농민들은 집단으로 밭두렁에 앉아 소련의 수정주의와 미 제국주의에 반대했고, 또『인민일보』를 들고 이탈리아 영화 감독 안토니오니Michelangelo Antonioni[14]를 비판했다. 1980년대에 이르러서도 사람들은 '부르주아 자유화' '자본주의 물신 숭배' 등을 계속해서 언급했다. 이러한 사건은 모두 다음과 같은 논리를 잘 보여주고 있다. "나쁜 것은 모두 외국에서 와서 중국 본연의 순결성을 파괴하고 있으며, 중국은 피해자다."

CCTV의 뉴스 프로그램도 이와 같은 정보를 전달하려고 했다. 중국의 젊은이들은 이처럼 순진한데, 미국에서 들어온 인터넷의 악영향으로 인해 육욕의 유혹에 빠져들고 있다. 중국에는 물론 '사슴을 가리켜 말이라고指鹿爲馬' 하는 전통이 있지만, 이러한 전통이 21세기에 되살아나리라고 예상한 사람은 극히 드물었다. 이 나라는 바야흐로 육욕의 광란 속에 빠져 있다. 고위 관리들은 한 명의 정부情婦를 함께 향유하고 있고, 대로에는 도처에 나이트클럽과 대형 사우나의 네온사인이 휘황찬란하다. 가난이 부끄럽지 몸을 파는 것은 부끄럽지 않다는 인식이 보편화되어 있고, 중국의 신문과 잡지 그리고 인터넷에는 '하룻밤 짧은 사랑一夜情' '세컨드情婦 품기包二奶' '성性을 위한 이면 계약潛規則'에 관한 에피소드로 가득하고, TV의 야간 프로그램에는 성생활을 위한 남성용 오일 광고가 넘쳐나고 있다. 그런데도 우리는 정의롭고도 엄숙한 언어로 미국 인터넷 사이트 하나가 젊은이들의 심신을 해치고 있으며, 그것이야말로 정신의 아편이며 큰 독초라고 비난하고 있다. 나는 구글을 창시한 그 두 명의 청년이 중국의 이러한 상황을 알고 있는지 모르겠다. 설령 알고 있다 해도 전혀 이해하지 못할 것이다. 아마도 3년 동안 구글 내부에서도 끊임없는 논쟁이 벌어졌던 것 같다. 즉 그것은 도덕의 충동과 시장의 충동 중에서 어느 것이 더 강하며, 이상주의와 현실 이익 중에서 어느 것이 더 우세한지를 따져보는 토론이었다.

1월 13일의 발표는 실리콘밸리의 일반 사원들 사이에서 강렬한 반향을 불러일으켰다. 그것은 마치 기술만 추구하던 회사가 잃어버린 정절을 되찾으려는 것 같았다. 그러나 비즈니스계 CEO들의 반응은 굉장히 미묘했다. 야후의 CEO를 제외하고는 아무도 구글에 성원을 보내지 않았다. 그들은 자신의 한마디 실수가 미래의 시장 확장에 영향을 미칠까봐 염려하고 있었다. 아마도 그들은 남몰래 야후가 이미 중국 시장에서 큰 실패를 겪었기 때문에 하고 싶은 말을 마음대로 하여 실패의 구실로 삼는다고 생각하는 것 같았다.

비즈니스계의 침묵은 정계 및 매스컴의 소란과 선명하게 대비를 이루었다. 이 사건은 일찌감치 재계를 뛰어넘었다. 누구나 중국과 서구가 미묘한 관계에 처했다는 것을 감지하고 있었다. 중국이 '이익 관련 당사자'가 되어주기를 기대한 지 5년이 다 돼가지만 중국은 더 많은 합작에 참여할 준비를 하지 않고 있었다. 2009년 코펜하겐에서 열린 기후변화회의에서도 중국은 제3세계와 연대하여 서구를 압박하는 일을 토론하지 않았다. 오히려 작은 에피소드 하나가 중국의 새로운 태도를 보여주었다. 즉 그것은 중국 고위 관리 한 명이 손가락으로 오바마의 발언을 가리키는 불손한 모습이었다. 흐루쇼프가 유엔 총회에서 구두로 테이블을 두드리며 서구를 매장시켜버려야 한다고 고함을 치던 모습을 기억하는 사람이라면 중국 관리의 이 미세한 태도에서 이미 '중국의 굴기'를 분명하게 감지할 수 있었을 것이다. 앞서 4개월 동안 오바마는 중국 문제를 둘러싸고 여러 차례 굴욕을 당했다. 먼저 그는 달라이 라마와의 회견을 조심스럽게 거절하여 베이징의 호감을 얻었다. 그가 처음으로 중국 땅을 밟았을 때 자신이 유사 이래 중국 사람들에게 가장 환영받는 미국 대통령이라는 사실을 알게 되었다. 그러나 체호프Anton Chekhov의 '상자 속 사나이'처럼 그는 젊은이들과 자유롭게 이야기를 나눌 기회가 없었다. 그의 연설은 TV로 생중계되지 않았고, 유일하게 그를 단독 취재한 중국 신문의 보도도 내용이 모두 삭제된 채 커다란 공백을 드러냈다. 그는 총총히 자금성과 만리장성을 유람하면서도 "very great"란 말을 빼고는 어떤 평가도 내리지 않았다. 마치 중국의 검열 제도가 세계를 정복한 그의 수사 능력까지 약화시킨 듯했다. 게다가 마약 거래를 한 영국인을 사형시킨 일, 체제 비판 작가 류샤오보劉曉波를 장기 징역에 처한 '필화사건文字獄', 그리고 몇 년 동안 소위 '중국 모델'이 개발도상국에서 광범위하게 추앙받은 일, 또 영국 기자 마틴 자크가 『중국이 세계를 지배하면』에서 중국의 발전을 고취한 일 등이 계속해서 이어지면서, 강력한 힘으로 자기만의 방식을 고집하는 중국 이미지가 형성되고 있다. 중국은 이제 더 이상 자신에 대한 서구의 비평에 신경 쓰지 않고, 기존 국제 시스템과 가치관에 도전하고 있다.

　결국 정치적 논리가 그 내면을 휘감고 있다. 힐러리 클린턴이 처음으로 구글 문제와 관련된 태도를 표명했다. 그녀는 구글이 해커에게 공격당한 일에 대해 중국 정부가 더욱 투명하게 조사해줄 것을 요구했다. 이것은 중국 정부에 대한 미국 정부의 모종의 반격처럼 보였다. 지난 1년 동안 미국은 중국에 지나치게 순종적이었다. 사람들은 힐러리와 낸시 펠로시가 베이징에서 인권 문제를 거론하지 않았다는 사실을 기억하고 있다. 이 두 사람은 단지 중국이 금융 위기와 기후변화 문제에서 미국에 협력해주기를 희망했다.

　여러 날 동안 침묵하던 중국 정부도 마침내 태도를 표명했다. 구글이 발표한 최초의 성명에는 별다른 반응을 나타내지 않았지만, 힐러리의 발언에는 강력한 반응을 보였다. 아마도 구글의 발표는 반격할만한 가치가 없다고 여겼거나, 아니면 거의 2주의 시간이 지난 뒤에야 중국 정부가 내부적으로 마침내 의견 통일을 이루어 일치된 반격의 언어를 찾았기 때문인 듯하다. 미국에 대한 한바탕의 성토가 시작되었다.

머독이 말한 '디지털 르네상스'란 어휘는 중국 정부 대변인과 관영 매체의 언급에서 '디지털 패권주의'와 '정보 제국주의'란 말로 바뀌었다. 마오쩌둥 시대의 유령이 또다시 지금 우리의 현실로 회귀하고 있다. 지금은 아무도 사용하지 않는 '종이호랑이'(지금은 다시 '정보호랑이'가 되었다)란 비유에 그 의미가 담겨 있다.[15] 이데올로기 시스템에 훈련된 중국 기자도 '자기의 창으로 자기의 방패를 찌르는' 미국의 태도를 망각하지 않고 있었다. 『환구시보』의 한 기자는 다음과 같이 언급했다. "미국 정부는 빌 클린턴이 1994년에 한 말을 이미 망각했다. 지금 미국 대통령 오바마의 전전임이고, 힐러리 클린턴의 남편인 그는 몇 년 동안 중국과 이념 대결을 펼친 뒤 이렇게 말했다. '나는 중국처럼 거대한 국가가 국내 업무를 어떻게 처리해야 하는지, 혹은 어떻게 자국 국민을 대해야 하는지, 혹은 자국의 법률을 어떻게 제정해야 하는지에 대해서 아무 말도 하지 않을 것입니다.'"

모든 반응 중에서 "중국의 인터넷은 개방되어 있다"는 한 마디보다 더 경악할 만한 말은 없다. 많은 사람은 조지 오웰이 창조한 명언, 즉 '전쟁이 바로 평화이고' '자유가 바로 노역이다'라는 말을 기억하고 있다. 지금은 여기에 '검열이 바로 개방이다'라는 말을 보태야 한다.

·

5

중국에서 살아본 사람이라면 누구나 그동안 많은 변화가 있었음을 느꼈을 것이다. 2009년 10월 1일 시위대가 톈안먼 광장을 통과할 때 사람들은 이제 새로운 중국을 목도할 수 있을 것이라고 생각했다. 그러나 결과적으로 그들이 목도한 것은 여전히 구태의연한 시대, 정부의 공허한 해설, 독재식의 심미관, 개인숭배의 당당한 재현 등에 불과할 뿐이었다. 자기 과시라는 무기는 다른 나라보다 훨씬 뛰어나지만 그렇다고 영혼의 노쇠함까지 가릴 수는 없다. 나폴레옹 3세가 프랑스 제국의 찬란함을 다시 재현하고 싶어했던 것처럼 베이징도 지금 마오쩌둥 시대에서 영양을 섭취하려고 한다. 마르크스주의에 근거하여 만들어진 정권이 오히려 다음과 같은 마르크스의 명언을 망각하고 있다. "역사는 두 번 되풀이된다. 한 번은 비극으로, 한 번은 희극으로."

건국 기념 60주년 축전은 몇 년 동안 이루어진 중국의 정치 변화를 보여주는 행사였다. 몇 년간 온 세계는 여전히 베이징이 장차 세계의 지도자가 될 것이라는 추측에 빠져 있었다. 그러나 중국 내부의 변화는 금빛 찬란한 외적 이미지와 위배되는 길을 걸었다. 우리는 지금도 관영 매체가 달라이 라마를 '인면수심의 승냥이'라고 부르는 소리를 듣고 있다. 신장新疆에서 소요 사태가 일어난 뒤, 라비야 카디르Rabiyä Qadir, 熱比婭 卡德爾[16]의 자녀들은 TV 카메라 앞에 서서 자신들의 어머니를 집단적으로 비난했다. 우리는 또 어떤 대학생이 자기 선생님의 강의를 '역사적 반동'으로 고발했다는 소식을 들었다. 지식인들은 프랑크푸르트에서 '중국의 언론은 매우 자유롭다'고 공언했다. 산시山西의 소규모 탄광들은 무더기로 국가에 귀속되었다. 교육부에서는 공문을 발송하여 설날春節 연휴 기간에 학생들이 인터넷 해당 홈페이지에서 조국을 향해 세배를 하도록 훈시했다. 다수의 소규모 인터넷 홈페이지는 당국에 의해 폐쇄되거나 정리되었다. 텅쉰騰迅 QQ 인터넷 그룹의 한 네티즌은 자신의 애니메이션 게시판에서 다음과 같이 토로했다. "내가 속한 그룹의 명칭이 거의 하룻밤 사이에 모두 사상과 인품을 수양하는 커리큘럼처럼 변했다. 그 명칭을 보면 '덩샤오핑 이론 흥미 소조' '찬란한 4개 기본 원칙', 심지어 '위대한 마오 주석 영원히 기억하기'도 있다."

한 줄기 강력한 이데올로기화와 국가화의 조류가 중국을 석권했다. 그건 정말 카펜터스의 명곡 「예스터데이 원스 모어Yesterday Once More」를 떠올리게 할 정도였다. 이러한 풍조 배후에는 정권욕에서 유래된 히스테리컬한 통제욕이 자리 잡고 있다. 이를 바탕으로 정치·경제 권력 뿐만 아니라 모든 사람의 사상까지 농단하려고 한다. 마치 세계는 중국 정권의 강대함을 과대평가하고 있는데 중국 정권은 자신의 능력을 과소평가하고 있는 것처럼, 이제 자신의 사방에 위기가 닥쳐왔음을 깨닫고, 심지어 휴대전화 속의 음란 문자 메시지조차 자신의 통치를 약화시킬 수 있다고 걱정하는 듯하다.

구글이 중국에서 철수할 수도 있다는 성명을 발표했을 때, 수많은 중국의 젊은이는 마치 오랜 친구와 마지막 작별이라도 하는 것처럼 베이징 서쪽 교외에 있는 구글 중국 지사로 가서 꽃을 던졌다. 이것은 서정화된 세대 사이에 유행하는 조소 행위이며 모종의 반항 행위이기도 하다. 설령 구글 중국 지사가 폐쇄되더라도 젊은이들은 여전히 이 검색 시스템을 이용할 수 있을 것이다. 그러나 구글의 공명정대한 성명에 대해 젊은이들은 그것이 나날이 강화되는 국가 통제에 그들 대신 맞서는 상징적 행위로 인식했다. 그것은 마치 중국의 인권 단체가 미국 대통령에게 중국 정부에 압력을 행사해주도록 기대하는 것과 같다. 이제 구글은 중국의 인터넷 감시 부서에 대항할 수 있는 유일한 역량으로 상징화되었다. 많은 사람은 습관적으로 중국의 변화는 오직 중국 내부에서 올 수 있을 뿐이라고 말한다. 그러나 우리는 곧잘 외부의 역량에 유일한 기대를 걸곤 한다.

구글의 대항이 중국 정치의 각성을 가져올 수 있을까? 각 세대 사람들에게는 모두 서로 다른 방식의 각성 과정이 있을 수 있다. 흐루쇼프의 비밀 연설은 고르바초프 세대가 스탈린주의에서 각성할 수 있도록 계기를 마련해주었다. 린뱌오의 비행기 추락은 당시 중국의 한 세대 사람들로 하여금 마오쩌둥에 대해 새로운 사고를 할 수 있도록 계기를 마련해주었다. 인터넷에 대한 지나친 감시와 검열은 풍요 속에서 성장한 지금 젊은 세대에게 자신들이 진정한 자유를 누리지 못하고 있다는 인식을 하도록 깨우침을 줄 수 있을 것이다. 아주 광범위하게 유통된 어떤 글에서 한 학생은 다음과 같이 묘사했다. "당초 유튜브가 폐쇄되었을 때 나는 아무런 느낌도 없었다. 우리에겐 투더우土豆와 유쿠優酷 같은 동영상 공유 사이트가 있기 때문이다. 페이스북이 폐쇄되었을 때도 나는 아무런 느낌이 없었다. 여자 친구를 사귀고 싶으면 우리도 교내망校內網(人人網, www.renren.com)을 쓸 수 있기 때문이다. 하물며 내 영어 실력이 형편없음에 있어서랴? 그런데 지금 구글이 폐쇄되었다……."[17] 이 말은 마르틴 니뮐러의 유명한 시구를 패러디한 것이다.[18] 이 말 속에 엄숙한 반항 의식이 감추어져 있는가, 아니면 자아 소모식의 언어유희만 깃들어 있는가?

자세히 살펴보면 이러한 미약한 반항도 일부 사람들에게 제한되어 있을 뿐이다. 아마도 다수의 반항자의 목소리가 이미 당국에 가로막혀서 들리지 않기 때문일 것이다. 많은 사람이 인터넷 통제에 불만을 품고 있지만, 그 감시 대상이 외국 인터넷 회사일 때는 민족주의 정서가 모든 불만을 압도한다. 지난 10년 동안 갈수록 더욱 분명해지는 두 가지 사유 경향이 이미 형성되었다. 그 한 가지는 강렬한 민족주의적 의분이다. 이 사유는 비판적이고 상충되는 모든 의견을 적대적인 역량으로 간주하고 경청하기를 거부한다. 또 다른 한 가지는 갈수록 용속화되는 실리주의다. 사람들은 이익의 잣대로 세계의 모든 것을 재단한다. 돈에 관한 언어 외에 도덕에 관한 언어도 있다는 것을 믿지 못한다. 그리하여 구글의 성명은 중국에 대한 미국의 도전으로 간주되고 또 중국 시장에서 실패한 회사의 졸렬한 자기변명으로 받아들여진다. 어느 누구도 구글이 강조한 것이 사실인지 그렇지 않은지, 중국 정부가 인터넷을 검열하는지 그렇지 않은지, 해커의 공격이 존재하는지 그렇지 않은지는 추궁하지 않고 있다.

아마도 조종당하고 있는 네티즌들을 상관하지 않고 있으므로, 중국 인터넷 선구자들에게는 사람들이 기대하는 자유정신이 털끝만치도 없는 셈이다. 마이크로소프트 전임 중국 지사장 탕쥔唐駿[19]은 이에 대해 다음과 같이 비판하고 있다. "중국 네티즌들에게 있어서는 구글이 물러나거나 물러나지 않거나는 아무 상관도 없는 일이다. 그러나 그것은 장차 구글이 내린 역사상 가장 어리석은 결정이 될 것이다. 중국을 포기하는 것은 미래 세계의 절반을 포기하는 것과 같다." 또 다른 저명 인사 마윈馬雲[20]은 구글과 미국 야후의 태도가 여느 회사와는 다르다고 황망하게 말하면서, 미국 야후의 발언은 경솔하지만 그가 이끄는 야후 중국과는 아무 상관이 없다고 공언했다. 그들의 목소리에서 우리는 중복된 민족정서 외에 무의식적인 공포를 감지할 수 있다. 설령 가장 성공한 비즈니스맨이라 하더라도 그들에게는 중국 정부와 배치되는 어떤 목소리를 낼 만한 역량과 용기가 없다. 더욱 중요한 것은 탕쥔조차도 스스로 적나라한 모리배의 목소리를 내고 있다는 점이다. 이익을 제외하고는 이 세계에 달리 선택할 것이 아무것도 없다. 그러나 설령 그가 중국 네티즌을 대표하고 싶어하더라도, 그는 멜라민 우유[21] 문제를 알고 싶어하는 일부 사람들을 소홀하게 취급했다. 구글의 존재가 결코 중국인들에게 아무 상관이 없는 것이 아니다. 구글이 제공한 검색 시스템은 다른 경쟁사보다 더욱 공정하고 비판성이 강했다.

259

6

구글의 도덕 선언은 결국 한바탕 코미디가 되고 말았다. 구글은 강경한 태도를 견지하지 못했고, 중국 정부는 발언상으로는 강경함을 유지한 뒤 여전히 외국인 투자를 지지한다는 사실을 강조했다. 아마도 중국 정부는 이 불순한 외래 투자자를 징벌할 준비가 되어 있지 않았던 듯하다. 결국 모든 것은 다시 1월 13일 이전으로 되돌아갔다. 사람들은 신속하게 이 에피소드를 점점 잊어갈 것이다. 마치 당시의 시스코와 마이크로소프트 그리고 야후의 도덕적 비난을 망각한 것처럼.

중국 정부는 여전히 온갖 모순으로 중첩된 신호를 펼쳐놓고 있다. 1984년 벌어진 정신오염 반대운동 때처럼 정신 영역에 대한 대규모 숙정과 정비운동을 전개하는 동시에 반부패 운동도 강조했다. 베이징 주재 각 지방 사무소가 철수했고 범죄 행위를 단호하게 타격하면서 샤오강촌小崗村 사람 선하오沈浩[22]를 새로운 영웅 인물로 만들어냈다. 그리고 달라이 라마를 대표로 하는 회담 라인을 회복했다. 이러한 조치는 사람들에게 중국 정부가 자신의 모든 결함을 알고 있을 뿐만 아니라 그것을 개선하는 데 힘을 쏟고 있다는 인상을 주었다.

모든 것이 정말 이와 같이 진행되고 있는가? 통찰력이 풍부한 루시안 파이Lucian Pye는 중국의 정치적 특징을 다음과 같이 총괄했다. 미국의 정치가 좌左와 우右 사이에서 진자운동을 하고 있다면 중국 정치는 이데올로기와 실용주의라는 양 극단 사이에서 상하 운동을 계속하고 있다. 이데올로기가 일단의 시기를 장악하고 있을 때는 통제, 복종, 중앙독재, 정통 이념 등을 강조한다. 그러나 실용주의가 일단의 시기를 장악하면 관용, 개인의 더욱 폭넓은 자유, 분권 등을 강조한다. 우리는 이와 관련된 아주 다양한 실례를 목도해왔다. 마오쩌둥 시대에서 덩샤오핑 시대까지는 이 양 극단 사이의 진자운동이 엄청난 진폭으로 진행되었다. 덩샤오핑 시대 안으로 제한해 보더라도 이와 같은 여러 차례 진자운동이 있었다. 아주 빈번하고도 불가사의한 경우가 많았다. 그 가운데는 서구에 대한 모순적인 태도도 분명하게 드러나고 있다. 베이징은 외래 자본과 기술을 필요로 하지만 그것이 자신의 통제력에 영향을 끼칠까봐 전전긍긍한다. 이러한 운동은 여전히 사람들의 우려를 불러일으키고 있다. 그러나 더 이상 '반우파 투쟁'과 같은 대규모 운동으로 되돌아갈 수 있는 능력은 없다.

지난 4년 동안 중국은 급속히 이데올로기를 강화하는 방향으로 정치적 분위기를 몰고 갔다. 구글에 대한 처리 과정과 기타 인터넷 홈페이지에 대한 정리 과정을 보면 마치 25년 전 '정신오염 반대운동'의 메아리가 울리는 것 같다. 이를 통해 중국 사회에 대한 외래문화의 영향을 정리하고 정통 이데올로기를 유지하려고 하는 듯하다. 시대의 변화에 따라 정리와 통제의 기술도 수준이 매우 높아지고 있다. 1980년대부터 중국 정부는 외래문화가 '중국 특색의 사회주의'라는 이념적 통제에 좋지 않은 영향을 끼칠까봐 우려했다. 1990년대 초에 이르러 중국 정부는 전심전력으로 '애국주의' '민족주의' '소비주의'라는 이데올로기를 내세워 실패한 사회주의를 대체했다. 중앙아시아에 색깔 혁명Color revolution이 일어난 이후 중국 정부는 NGO를 탄압하면서 국가주의 이념으로 개방적인 사회 역량을 억누르기 시작했다. 이란 학생들의 투쟁은 페이스북과 트위터 같은 인터넷 커뮤니티가 사회 개혁을 추진할 수 있음을 보여주었다. 그러자 중국 정부는 또다시 각종 커뮤니티를 파괴하여 네티즌들을 고립된 원자로 만들었다.

중국 정부가 마침내 성공할 수 있었는가? 1980년대의 모든 통제는 더욱 강력한 반발을 불러왔다. 한편으로 문화대혁명의 충격이 정권의 정통성을 신속하게 약화시켰고, 다른 한편으로는 당내에 여전히 존재하고 있던 강력한 자유파가 보수파와 대결을 펼치면서 중국 사회에 잠시나마 자유의 공간을 제공하고 있었기 때문이다.

돈의 힘과 경찰력에 의해 조성된 공포가 베이징을 그 통제의 정점으로 끌고 가는 듯하다. 서구세계도 중국과 가격을 흥정하던 능력을 상실했고 정권 내부의 자유파도 진작에 그 역량을 잃어버렸으며, 중국 사회 전체를 보더라도 정부의 압제에 도전할 수 있는 힘이 전혀 형성되지 못하고 있다. 기술에 의한 개혁 추진은 또 하나의 유산된 유토피아로 변모하고 있다.

그러나 베이징은 중국의 오랜 지혜, 즉 '사물이 극단에 이르면 반드시 반작용이 생긴다物極必反'는 교훈을 항상 망각하고 있다. 번영과 쇠락은 늘 동시에 일어나기 마련이다. 지난 1년 동안의 사건이 표명하는 바에 의하면 이 정권은 강력한 통제력을 발휘하는 동시에 또 다른 측면에서는 통제 상실의 징후도 드러내고 있다. 한 가지 정책의 공표에서 외교부 대변인의 성명에 이르기까지 우리는 그것이 나름대로 심사숙고의 결과이거나 임기응변의 발언임을 어렵지 않게 짐작할 수 있다. 그러나 이 정권은 지금까지 어떤 장기적인 시각이나 집행 원칙도 표명한 바가 없다. 말단 공무원들은 통제의 잣대가 무엇인지 알지 못한다. 왜냐하면 명령은 늘 모호하기 때문이다. 그들은 오직 더 강력하게 통제하거나 그렇게 하는 척할 수밖에 없다. 따라서 끊임없이 거짓말을 하거나 조령모개朝令暮改식으로 정책을 시행한다. 정권은 마치 만화 속의 악당처럼 흉악하면서 거칠다. 이러한 잔혹함과 명청함이 여전히 효력을 발휘하고 있고, 이로 인해 한 사회가 점차 불치병으로 빠져드는 대가를 치르고 있다. 즉 개인의 독립 정신과 사상의 보편성을 잃어버리고 있는 것이다.

하지만 이 정권은 가장 경악할 만한 능력을 또다시 보여주고 있다. 즉 관용적이고 자유롭고 개방적이고 실용적이고 진보적인 모습을 지어 보이며 사람들에게 또 하나의 새로운 시대가 도래했다고 착각을 일으키게 하고 있다. 이 정권은 굉장히 기민하고 굉장히 무원칙해서 자신의 어떤 언행에도 책임을 지지 않으면서 권력을 확보할 수 있는 일이라면 시의적절하게 자신의 모습을 변화시킨다. 하지만 영원히 바뀌지 않는 한 가지 모습이 있다. 그것은 바로 권력을 독단하는 일이다. 이데올로기이든 아니면 실제 권력이든 상관없이 중국 정부는 어떤 도전이나 세력 균형도 용납하지 않는다. 20여 년 전에 추이젠崔健은 이렇게 노래했다. "붉은 깃발이 아직도 휘날린다. 고정된 방향은 없다. 혁명은 아직도 계속된다. 늙은이는 더욱더 힘이 있다."

머독에서 구글에 이르는 두 청년은 애석하게도 추이젠의 노래를 들어본 적이 없었던 것이다.

제9장

류빈옌에서 후수리까지

"그 당시는 또 상대적으로 단순한 시대였다. 류빈옌과 그의 지식인 친구들 사이에는 얼마나 상이한 태도가 존재하든 간에 기본적인 공감대가 형성되어 있었다. 즉 그것은 이 나라가 겹겹의 난관에 봉착해 있지만 사람들이 상상하고 있는 해결 방안은 결코 복잡하지 않다는 점이다. 바로 부패한 관료 시스템이 가장 명확한 적이었다. 류빈옌에게 있어서는 언론의 자유가 바로 그가 상상하는 가장 직접적인 해결 방안이었다."

1

후수리胡舒立는 우리 마음속의 영웅이다.

기억하건대 2001년 7월에 나는 『비즈니스 위크』 중국어판을 들고 베이징 동북쪽 싼환三環 부근 사무실을 분주하게 다니면서 만나는 동료들에게 이렇게 말했다. "이것 봐! 아시아에서 가장 위험한 여인이야."

당시 『비즈니스 위크』에는 편집부에서 선정한 '아시아의 스타' 50명이 실려 있었다. 그중 여섯 명이 중국 대륙 출신이었고, 그중 네 명은 또 사업가였다. 민생은행의 징수핑經叔平, 롄샹그룹의 양위안칭楊元慶, 중국은행의 류밍캉劉明康, 중국석유中國石油의 황옌黃炎, 경제 고위 관리인 중국증권감독관리위원회의 저우샤오찬周小川 주석, 그리고 여론 형성에 강력한 영향을 미치던 후수리가 그들이었다. 후수리는 창간한 지 불과 3년밖에 안 되는 『재경財經』 잡지의 여성 창간인이었다.

　나는 당시 25세로, 창간한 지 3개월 된 신문사에서 일을 하고 있었다. 이 신문사의 동료 대부분은 나처럼 젊고 업무 경험도 없는 신출내기였지만 우리는 가슴속에 위대한 매스컴을 만들어나가야 한다는 말로 형언할 수 없는 걱정을 품고 있었다. 그러나 그 '위대함'이 도대체 무엇을 의미하는지는 아무도 분명하게 말할 수 없었다. 그러나 몇 가지 위대한 매스컴의 실례를 알고 있었다. 우리의 열람실에는 영국의 『더 타임스』, 미국의 『뉴욕 타임스』 『포춘』 『타임』지 등이 가득 널려 있었다. 이들 매체의 수명은 장장 18세기 말까지 거슬러 올라가는 것도 있다. 그중의 어떤 매체에는 다음과 같은 나폴레옹 관련 기사가 실려 있다. "보나파르트는 중간 정도의 키에 상당히 메마른 모습이며 안색은 황갈색이다. 얼굴 생김새에 무슨 특별한 점은 없지만 비할 데 없이 날카로운 검은 눈빛을 가지고 있다. 그 눈빛은 늘 습관적으로 땅을 바라보고 있다."

　가장 역사가 짧은 『포춘』이나 『비즈니스 위크』조차도 1929년에 창간되었고, 이들 신문에는 대공황 이후의 역사가 기록되어 있다. 우리는 이들 매체의 취재력과 글쓰기 방식에 매혹되었고, 또 이들 매체처럼 막대한 영향력을 갖기를 갈망했다. 우리는 모두 헨리 루스Henry Luce가 생존 시에 해외 주재 『타임』지 기자들에게 "당신들은 또 다른 미국 대사입니다"라고 한 말을 기억하고 있다.

　이 모든 것이 우리의 현실을 암담하게 만들고 있다. 우리가 어떻게 건륭乾隆 황제의 동정을 보도한 매체가 지금까지도 계속 발행될 수 있다는 상상을 할 수 있겠는가? 더욱이 중국의 매스컴이 마음대로 전 세계적으로 중요한 인물을 취재하여 세계 여론에 의제議題를 제공할 수 있을 것이라고는 절대로 상상할 수 없다. 어쩌면 우리 마음속에는 우리도 인정하고 싶지 않은 지위에 대한 초조함이 감추어져 있을지도 모른다. 『뉴욕 타임스』 베이징 주재 기자는 중국 총리를 만날 수 있고 중국 정치·경제 고위층의 세계로 진입할 수도 있다. 그러나 중국 기자들이 서구 주류 사회를 마음대로 출입했다는 소식은 한 번도 들어본 적이 없다. 우리는 언론이 '무관의 제왕'이라는 재미를 체험해본 적이 없다. 우리는 이들 서구 매스컴에 미련을 갖고 있을 뿐만 아니라 심지어 맹목적인 믿음까지 지니고 있다. 그리고 서구 매스컴의 표준에 대해서도 흔들림 없는 신념을 품고 있다. 재계와 정계의 인물이 아시아의 스타 명단에 들어가리란 것은 우리도 예상했던 바였다. 중국은 바야흐로 나날이 국력이 강해지면서 국제적인 영향력도 높아지고 있다. 경제와 정치가 대표하고 있는 것은 기구와 조직의 역량이다. 그러나 후수리가 아시아의 스타에 선정된 것은 우리 젊은 기자들에게 더할 나위 없는 격려라고 할 수 있다. 이것은 개인의 승리이며 그 어떤 신념의 승리다. 중국의 매스컴도 서구 동업자의 존경을 받을 수 있을 뿐만 아니라 국내의 중요 인사들과도 어깨를 나란히 할 수 있는 것이다.

2001년 이후 2년 동안 중국에는 경제 매체가 우후죽순처럼 생겨났다. 내가 일했던 『경제관찰보經濟觀察報』와 그 경쟁 신문인 『21세기 경제 보도二十一世紀經濟報導』는 창간인의 예상을 뛰어넘는 속도로 신속하게 발전했다. 당시는 희망이 가득 넘치는 세월이었다. 중국 경제는 국유 기업의 분분한 도산에도 상처를 받지 않았고, 오히려 사유 기업의 흥성에 따라 또 다른 고속 성장의 입구로 들어서고 있었다. 외부 세계의 조건도 사람들의 동경을 자아내기에 충분했다. 중국은 세계

무역기구에 가입했고 이에 글로벌화라는 배경도 새로운 유토피아로 여겨지고 있었다. 중국은 이제 과거로 되돌아갈 수 없게 되었다. 심지어 경직된 정치 체제에도 해빙의 흔적이 드러나기 시작했다. 당 총서기 장쩌민江澤民은 공개 연설에서 사기업 CEO들의 입당을 요청했다. 또 1년 뒤에 열린 중국공산당 제16차 전국 대표대회에서는 중국 최초로 순조로운 정권 교체에 성공했다. 이전처럼 부득불 교체할 수밖에 없는 최후의 시각까지 시간을 끌지 않았고, 퇴출당한 후계자도 없었다. 역사상 모든 사회주의 국가 중에서 당시의 중국이 처음으로 평화로운 정권교체를 이룩했다. 중국 공산당의 자아 조정능력이 사람들의 기대를 받기에 충분했다. 시장경제가 마침내 정치적 개방과 사회적 진보를 가져올 것으로 예상되었고, 이러한 단순한 신념이 사람들의 낙관적인 정서를 뒷받침해주고 있었다. 우리 같은 신문 기자들은 장차 이 모든 과정의 기록자와 감독자가 될 것이라고 생각했다.

우리는 미국 진보 시대의 저널리스트를 우리와 동시대인으로 여겼다. 우리도 장차 이 생기발랄하고 문제 만발의 대국이 더욱 성숙하고 건강하게 변할 수 있도록 돕고자 했다. 우리 자신도 미래 세대의 중국이 더욱 패기만만하고 자신감에 찬 나라가 될 것으로 굳게 믿었다. 중국의 기업인들이 주식 제도, 시스템 관리, 마케팅 전략과 같은 외래의 개념을 정착시키는 데 도움을 주면서 국유화의 폐허에서 현 중국 상업계의 맹아를 이끌어냈다면, 우리와 같은 기자는 5W 원칙, 심층 조사, 비리 폭로 등의 부문에서 중국 언론에 도움을 주고자 했다. 서구 언론계에서는 이러한 요소들이 일찍이 전통으로 굳어져 있다. 그리하여 오랫동안 관방 이데올로기, 선전성 담론, 공공연한 거짓말에 포위된 중국 신문에 새로운 생명력을 창조하여 우리가 보도하는 뉴스가 경청할 만하고 신뢰할 만한 목소리가 되기를 바랐다.

나는 동료들이 후수리에 관한 짧은 보도를 읽으면서 마음 깊이 희열을 느끼던 상황을 기억하고 있다. 그들은 미래의 무궁한 가능성을 느끼고 있었다. 이러한 희열을 느낀 지 한 달도 채 안 되었을 때『재경財經』에는 더욱 기분 좋은 소식이 실렸다. 이 잡지의 25세 된 기자가 중국 최대의 상장 회사의 하나인 인광샤銀廣夏[1]에서 심각한 실적 조작 사실을 발견했다. 이전에 이 회사는 자본시장의 총아였고, 2년 동안 주가가 10배로 뛰었으며, 이에 따라 중국 경제 번영의 상징적인 기업 중 하나로 여겨졌다. 정계의 고위 지도자들도 모두 이 회사를 방문하여 찬탄을 금치 못했다. 그러나『재경』이 보도한 바에 따르면 이 회사 기적의 배후에 깊이를 알 수 없는 함정이 도사리고 있다는 것이다. 이 보도로『재경』은 언론계에서 그 명성이 가장 높은 경지로 올라서게 되었다. 게다가 이전부터 진력해온 증권 조작과 펀드 흑막에 관한 보도까지 합치면, 당시에 이미『재경』의 가장 선명한 이미지가 형성되고 있었던 셈이다. 그것은 바로 암흑과 함정의 폭로자란 이미지였다. 그들은 정직과 용기로 충만해 있었을 뿐만 아니라 동업자들이 우러러보는 프로정신을 갖고 있었다. 그들은 가공할 만한 재무제표를 읽을 줄 알았고, 그 무미건조한 숫자로 구성된 세관 기록에서, 이면에 감추어진 사기의 내막을 발견했다.『재경』은 심지어 전체 경제신문이 지향해야 할 보도의 방향과 담론 방식에 큰 영향을 끼쳤다. 경제지 기자들은 분분히 재무 분석을 이해하려고 했다. 이에 사람들은 경제신문의 보도에 '상업 보도'라는 말을 쓰지 않고 '차이징 보도'라는 말을 쓴다.

그러나 이처럼 지나치게 선명한 이미지는 흔히 의식적, 무의식적으로 『재경』이 지향하는 더욱 광대한 포부를 가리고 있다. 이 매체의 진정한 관심사는 어떻게 중국에서 더 심도 있는 개혁을 이끌어내 중국과 세계의 상호 이해를 촉진할 수 있는가에 놓여 있다. 후수리는 덩샤오핑의 초기 개혁 기간을 거치는 동안, 중국인에게 자유가 주어지기만 하면 그 에너지를 엄청나게 폭발시킬 것이란 사실을 알고 있었다. 그녀도 서구를 여행한 적이 있기 때문에 중국과 서구의 거리가 얼마나 요원한지도 알고 있었다. 그녀는 물론 정치권력에 매우 민감하고, 심지어 그것에 연연해하는 그 세대 사람들의 보편성을 지니고 있다. 그들이 성장한 초기에 정치권력은 생활의 모든 공간에 침투해 있었다. 그들이 이러한 압제에 반항하려고 시도했을 때 그 모든 행위가 일종의 정치 행위일 수밖에 없었다. 청바지를 입고, 처음으로 로큰롤 음악을 듣고, 심지어 진실을 말하고, 거짓말과 헛된 말이 없는 기사를 쓰는 것 모두가 모종의 정치 선언과 정치 개혁으로 변모했다. 그들의 개인 경력이 표명하는 바에 따르면, 최고위층이 내린 이성적 정책 결정만이 중국의 결정적인 동력으로 작용할 수 있으며, 따라서 중국의 개혁은 결국 위로부터의 개혁이 될 수밖에 없다는 것이다.

후수리가 1998년 『재경』 잡지를 창간하던 시절 주식시장, 금융계, 경제 정책 등이 바야흐로 중국의 개혁을 추진하는 새로운 골간으로 떠오르고 있었다. 톈안먼 사태로부터 이미 10년을 경과하고 있었기 때문에 사람들은 모두 정치 개혁의 정체停滯를 묵인하고 있었다. 그러나 경제 번영은 사람들에게 새로운 희망을 가져다주고 있었고, 경제 자유가 장차 정치적 개방과 사회적 진보를 가져다줄 수 있을 것이란 믿음을 심어주고 있었다. 몇몇 경제학자는 다음과 같이 예측하기 시작했다. "만약 방대한 중산계급이 흥기하여 이성과 협약의 정신을

272

독재의 유혹

준수하고, 아울러 1억 명에 달하는 주식 투자자가 주식으로 성장의 재부財富를 나누어 가지는 한편, 자신의 이익과 국가의 개혁이 직접적인 관련을 맺고 있다는 사실을 의식할 수 있다면 이 얼마나 거대한 개혁 역량이 될 것인가?" 이에 '업사이징upsizing, 增量 개혁'과 '점진적인 개혁'이 뜨거운 이슈가 되었다. 러시아와 동유럽 쇼크 요법의 진통과 공황을 목도한 중국의 일부 지식인, 즉 두뇌도 예민하고 책임감도 강한 엘리트들은 앞으로 중국이 나아가야 할 길을 스스로 탐색할 수 있을 것이라 믿었다. 이것은 마오이즘에 입각하여 농촌이 도시를 포위해야 한다는 태도와 얼마나 유사한가? 우리가 잠시 정치체제는 내버려두고 좋은 회사를 창립하고 우량한 주식시장을 만들고 비정치 영역에서 진실한 말을 하더라도, 조만간 이처럼 양호한 역량이 마침내 권력 핵심을 핍박하여 변화를 이끌어낼 수도 있을 것이다. 하물며 지금의 권력 핵심은 언뜻 보기에 결코 변함없는 철판처럼 보이지 않고 있음에랴! 이때 혁명성에 기반한 정당은 철저하게 혁명의 외투를 벗어던졌다. 테크노크라트technocrat(기술관료)의 시대가 도래하여 새로운 세대의 관료들이 사람들의 희망을 충족시키고 있다. 이들은 서구에서 교육을 받았고 세계의 모습을 알고 있으며 이데올로기 논쟁에는 더 이상 흥미를 갖고 있지 않다. 이들이 장차 자신의 교육과 경력을 개혁의 동력으로 전환시킬 수 있을 것인가?

후수리와 왕보밍王波明[2]이 마침내 한자리에 앉았을 때, 두 사람은 모든 것을 바로 위와 같이 보았다. 그들은 모두 혁명의 자식들이었다. 그들은 소년 시절에 하늘 끝까지 울려 퍼지던 구호, 즉 '동풍이 서풍을 압도한다' '아시아, 아프리카, 라틴아메리카는 형제다'라는 구호에 흠뻑 젖어 있다가 모두 이제 미국에서 미래의 방향을 찾았다.

273
/

후수리는 미국의 언론과 같은 수준의 잡지를 창간하고 싶어했고, 왕보밍은 뉴욕 금융시장에서 겪은 자신의 경험을 잊지 못하고 그의 친구들과 중국에서 그에 준하는 매체를 창간하려고 했다.

그들의 협력은 즉각 대성공을 거두는 듯했다. 후수리는 『공인일보工人日報』에 사회 변화에 관한 원고를 기고한 적이 있고, 미국에서 공부한 적이 있고, 『중화공상시보中華工商時報』에 미국 월가를 취재·보도한 적이 있고, 문화대혁명에서 '반자유화 운동'에 이르는 정치적 격변을 직접 겪었고, 『자본資本』 잡지 창간에도 참여한 적이 있다. 후수리의 이 모든 경험과 지식이 당시에 아주 훌륭하게 작용했다. 새로운 지지층을 얻은 뒤 그녀의 성숙한 신념, 언론 종사에 대한 심도 있는 이해, 기술능력, 정치에 대한 민감한 반응 등의 요소가 한꺼번에 용솟음쳐 나오게 되었다. 이러한 능력이 때마침 아주 중요하고도 상대적으로 자유로운 영역, 즉 상업과 금융 영역에서 분출되고 있었다. 이 영역은 직접적으로 정치를 다루지 않지만 정치와 밀접한 관련을 맺고 있다. 또 이 영역은 사회 대중의 강력한 공감대를 불러일으킬 수 있을 뿐만 아니라 개량파 관료들의 묵인과 지지도 이끌어낼 수 있으며, 국제 자본과 여론의 관심도 집중시킬 수 있다. 『재경』은 그들에게 있어서 성립을 간절히 바랐지만 망망하기 그지없던 중국 시장을 비추는 작은 탐조등과 같았다. 그것은 자신들이 이해할 수 있는 언어와 담론으로 중국의 허虛와 실實을 분명하게 구분하기 시작했다.

'흑막과 함정'식의 보도가 크게 성공함으로 인해 중국에서 진상과 믿음이 얼마나 부족한지 분명히 드러나게 되었다. 그러나 폭로가 여태껏 후수리의 모든 관심사는 아니었고 최종적인 관심사도 아니었다. 그녀는 새로운 공감대, 즉 개혁에 관한 새로운 공감대를 창조하고 싶어했다. 그녀는 고립된 사상과 행동을 연계하여 중국의 진보를 추동하는 이성적인 역량을 만들고자 했다.

275
/

2

바로 후수리가 전도양양한 시절을 보내고 있을 때, 류빈옌은 2005년
말 미국의 뉴저지에서 고독하게 세상을 떠났다. 중국의 젊은 세대 기
자들 중에는 그의 이름을 아는 사람이 매우 드물고 그의 작품을 읽
은 사람은 더욱 드물다. 류빈옌이 세상을 떠난 다음 날 저녁 『중국청
년보中國靑年報』의 루웨강盧躍剛은 런민대학人民大學 신문학 전공 강좌
에서 대학원생들에게 류빈옌을 알고 있는지 물었다. 의아해하는 시
간이 좀 흐른 뒤, 어떤 학생이 작은 목소리로 알고 있다고 대답했다.
루웨강이 계속해서 류빈옌의 대표작이 무엇인지 묻자 단상 아래에선
한참 동안 침묵이 흘렀다. 이 모든 상황에 루웨강은 개탄을 금치 못
했다. 류빈옌이 1988년 중국을 떠난 뒤 불과 17년 사이에 역사는 그
를 깨끗하게 잊었다. 1980년대에 그는 중국에서 가장 유명한 기자였
으며, 심지어 중국에서 가장 유명한 지식인이라고 할 수 있을 정도였

다. 오직 팡리즈方勵之[3]만이 당시 그의 영향력에 비견될 만했다. 그는 『인민일보』 기자로 재직하며 주로 관료사회의 암흑과 사회 부패 현상을 폭로하는 기사를 썼다. 중국 내에서도 '사회적 양심'으로 인정받았고, 나라 바깥에서도 중국에서 가장 존경받을 만한 인물로 손꼽혔다. 『장정長征』이란 책을 쓴 솔즈베리는 그에 대해 다음과 같은 말을 남겼다. "중국에서 가장 뛰어난 조사 전문 기자다. 아마도 세계에서 가장 뛰어나다고 할 수도 있다." 또 보스턴대 역사학과 골드만Merle Goldman 교수는 『뉴욕 리뷰 오브 북스』에서 그를 다음과 같이 평가했다. "중국에서 그의 지위는 동유럽 지식인 체코의 하벨과 유사한 면이 있다. 그에게 권력은 없었지만 사회적으로는 아주 심도 있는 영향을 끼쳤다." 영어 매체에 푹 빠진 젊은 세대는 아마도 2003년 1기 『타임』 지의 '아시아의 영웅'이란 명단에서 Liu Binyan이라는 이름을 봤을지도 모르겠다. 그러나 진정으로 그 이름을 유심히 본 사람은 드물 것이다. 왜냐하면 그는 무척 낯설고 늙었기 때문이다. 그 잡지의 표지를 장식한 사람은 바로 저우싱츠周星馳[4]였고, 그는 바야흐로 당시의 영웅으로 떠오르고 있었다.

나는 신문학 전공 대학원생들을 조롱할 자격이 없다. 그보다 불과 2개월 전에 나는 케임브리지대 도서관에서 처음으로 류빈옌의 저서를 읽었다. 그것은 정말 기묘한 만남이었다. 그 책은 「인간과 요괴의 사이人妖之間」나 「두 번째 종류의 충성第二種忠誠」과 같은 유명한 작품이 아니라 영어로 출판된 그의 연설집이었다. 그 연설집에는 『중국의 위기, 중국의 희망』이란 제목이 붙어 있었다. '비상 시기 1980년대'란 말을 제외하고는 그 책을 더 잘 형용할 수 있는 말을 찾을 수 없다.

1988년 가을 류빈옌은 하버드대로부터 강연 요청을 받았다. 만약 1년 전에 그가 공산당 당적에서 제명되지 않았다면 당시 미국행은 아마 뒤로 미뤄야 했을 것이다. 그것은 그의 두 번째 당적 제명이었고, 그는 이미 1957년에 첫 번째로 제명된 적이 있다. 그는 자신이 작성한 두 편의 기사 때문에 우파로 몰린 뒤 이후 22년간 반 강제적인 유랑생활을 했다.

그 세대의 수많은 사람과 마찬가지로 그는 한때 중국 공산주의의 굳건한 신봉자였다. 그러나 그것은 심사숙고의 결과로 선택한 것이라기보다는 젊은 시절의 단순함과 광기 그리고 강렬한 민족주의 정서에서 말미암은 것이었다. "중국의 고난은 실로 굉장히 침중했고, 중국인 자신의 노예 상태를 바꾸기 위한 소망 또한 무척이나 강렬했다"라고 류빈옌은 회고했다. "이 때문에 더 격렬하고 더 철저하고 더 개혁적인 사상일수록 더욱 강한 흡인력을 발휘했다." 그가 처음 중국 공산당 조직을 위해 지하공작을 수행하던 1943년, 당시 그는 청천백일기青天白日旗[5]를 보면 여전히 뜨거운 눈물을 흘렸으며, 위험을 무릅쓰고 충칭 국민당 정부의 라디오 방송을 청취했다. 당시 국민당은 항일 저항운동의 상징이었지만, 공산당에 비해서는 시종일관 "청년들의 뜨거운 피를 끓어오르게 하는 강령이나 구호가 부족했다." 나중에 중국을 감동시킨 그의 재능과 그에게 재난을 가져다준 성격은 이미 청소년 시절부터 발휘되고 있었다고 할 수 있다. 그는 격정적인 연설로 청중의 주의를 집중시킬 수 있는 능력을 지니고 있었다. 그는 '말에 거침이 없는' 사람이어서 자신의 생각을 모두 허심탄회하게 쏟아냈다. 자유에 대한 그의 갈망도 수그러든 적이 없었으며, 본능적으로 경직화와 교조화에 반항했다.

1951년 그는 『중국청년보』에 입사했다. 그러나 그곳에서는 자신의 재능을 충분히 발휘할 수 없었다. 당시 중국은 여전히 새로운 정권 수립의 환희에 빠져 있었다. 따라서 사람들의 사고를 거치지도 않고 본능적으로 받아들여지던 다음과 같은 관념이 많은 사람의 마음을 점하고 있었다. "중국 대지 위의 모든 오염과 상처는 국민당에 의해 초래된 것이다. 중국공산당은 한 점 티끌도 없이 청풍에 둘러싸인 정의와 진리와 광명의 화신이다." "중국공산당은 당당한 자신감으로 근 100년 이후 처음으로 외국 침략자를 물리쳤으며, 20세기 이래 처음으로 방대하고 복잡한 중국을 통일하고 승리자의 모습으로 인민 앞에 나서고 있다." 중국은 장차 중국 인민을 데리고 참신한 세계를 창조할 것이다.

그러나 민감한 류빈옌 앞에는 이미 또 다른 현실이 출현하고 있었다. 사실 1944년 그가 처음으로 공산당 조직에 참가했을 때 이미 옛 동지들에 대한 처분이 몹시 무정하다는 사실을 감지했으며, 친구 사이의 동정도 '부르주아 감정'으로 받아들여지고 있었다. 1946년 하얼빈으로 돌아왔을 때 그는 옌안에서 온 공산당 간부가 그곳에서 "사상과 생활 방식 그리고 사회 기풍의 일률화"를 추진하는 것을 발견했다. 그는 토지개혁공작조가 지주의 모든 재산을 분배하는 과정에서 그들에게 신체적 형벌을 가하는 것을 보고 그것이 적절하지 않다고 느꼈다. 1951년 당국에서 『무훈전武訓傳』[6]을 비판할 때 그의 불안감은 더욱 강렬해졌고, 그에게 익숙한 가치세계가 모두 '계급투쟁'의 교조화 속으로 휩쓸려 들어가고 있었다. 도처에 '개인을 당에 바치자' '모든 것을 당에 봉헌하자' '모두 당의 안배에 따르자'라는 구호가 만연했다. 그의 기자 업무도 일찍이 기대했던 것과는 거리가 한참 멀었다. 보도 지면에는 좋은 소식만 가득했다. 당과 사회주의가 얻은 성과와 각종 인물의 영웅적인 사적 외에는 아무것도 볼 수 없었다. 유일하게 부정적인 기사는 군중의 '잘못된 사상'을 비판할 때에만 실릴 수 있었다. 사생활도 가면 갈수록 더욱 긴장 상태에 빠져들었다. 류빈옌과 그의 아내는 임신 문제 때문에 초조하고 불안하게 지내지 않을 수 없었다. 신중국에서는 산아제한을 허용하지 않았기 때문에 피임 도구를 제공하지 않았다. 아마도 이 메마른 현실에 대한 반항의 의미인 듯, 류빈옌은 언제나 빨간 와이셔츠를 입고 다니면서 무의식적으로 노래를 흥얼거리고 일반 기사와는 다른 기사를 보도하려고 했다.

그러나 그는 공산당의 정통성과 사회주의의 아름다운 미래를 진정으로 회의해본 적은 없었다. 그의 격정은 심지어 1956년에 이르러 정점에 이르렀다. 그해 중국에서는 제1차 5개년 계획이 완성되어 개인 기업에 대한 사회주의적 개조가 순조롭게 이루어졌고, 농업합작사도 전면적으로 실시되었다. 그전에 중국 군대가 한국전쟁에서 승리를 거두자 민족적 자부심이 널리 확산되었고, 강대한 사회주의 중국이 곧바로 건설될 수 있을 것으로 생각되었다. 심지어 이데올로기 영역에서도 자유롭고 생기발랄한 모습이 드러났다. 그해 봄 그는 소련과 폴란드 여행에서 더욱 자유로운 분위기를 느낄 수 있었다. 스탈린에 대한 흐루쇼프의 비난은 사회주의 진영에 모종의 기묘한 변화를 가져오고 있었다. 류빈옌 개인의 입장도 이와 같았다. 그가 쓴 두 편의 보도 기사, 즉 「다리 공사장에서在橋梁工地上」와 「본보 내부 소식本報內部消息」이 『인민문학人民文學』 잡지에 발표되었다. 이 두 편의 글은 젊은 사회주의 국가에서 나날이 심각해지는 관료화의 경향에 대해 토론한 것이다. 교량을 건설하든 신문 기사를 쓰든 그것을 주관하는 관리들은 현실의 실상을 보고도 못 본 척하고, 하위 직원의 건의는 아랑곳하지 않으면서 오직 자기보다 한 급 높은 관리의 명령에만 순종한다. 당성에 복종해야 한다는 명목 아래 관료 시스템은 인민의 이익과 요구를 무시하고 있다. 또 당성이 지나치게 추상화되어 '당성에 복종하는 것'은 '상급자에게 복종하는 것'으로 변질되었다. 따라서 당 조직 자체의 위신도 그들 관료의 소행에 의해 파괴되고 있다. 이 두 편의 보도 기사는 온 시대의 신경을 건드렸고 31세의 류빈옌은 문단의 명사가 되었다. 심지어 그는 13급 간부로 승진하여 기차의 특실을 이용하며 고급 담배도 피울 수 있었고, 당시까지 여전히 비밀 문건에 속하던 흐루쇼프의 '20차 대회 보고서'도 열람할 자격을 얻었다. 그 보고서 열람은 정말 놀라운 체험이었다. 그것은 스탈린과 그의 정책을 혹독하게 비판하고 있었다. 그해 그는 중국 남방을 취재하는 과정에서 이 새로운 정권의 주요 문제를 다시 한번 확인했다. 당이 권력을 농단하면서 방대하고 게으르고 오만한 관료 계층을 양산하고 있었고, 그들은 불공평, 저효율, 물자 부족을 야기하면서 사회의 보편적 정서를 침체 상태로 빠져들게 하고 있었다. 그러나 그는 당과 사회주의에 대한 신념을 잃지 않았다. 그는 오히려 신문 보도의 공개성이 당의 자아비판과 개조에 도움을 줄 수 있을 것이라고 믿었다. 그가 발표한 두 편의 작품, 마오쩌둥이 제창한 '백화제방' 방침, 전국적인 초청 강연에서의 열렬한 환영 등이 모두 새롭고도 자유로운 분위기가 도래했다는 사실을 밝혀주고 있지 않은가?

그러나 곧바로 환멸이 닥쳐왔다. 1957년 '백화제방' 방침은 반우파 투쟁으로 변모되었다. 끝도 없고 아무런 논리성도 갖추지 못한 비판을 받은 뒤 류빈옌은 100만 우파분자의 한 사람이 되었을 뿐만 아니라 그중에서도 '극우파'가 되었고, 마오쩌둥이 직접 지목한 우파가 되었다. 이 과정에서 류빈옌은 아마도 중국인의 독립적인 사상과 품격, 사람과 사람 사이의 믿음이 얼마나 크게 파괴되었는지를 처음으로 분명하게 느꼈던 것 같다. 또 동료들이 그에 대해서 잔혹하고도 아무 근거 없는 비판을 행할 때, 그는 평소 그들의 화기애애한 모습이 거짓이었고, 그 모습 뒤에 깊은 원한을 감추고 있었다는 사실을 깨닫게 되었다.

이어진 22년은 다만 희망과 환멸의 끝없는 반복일 뿐이었다. 그는 산둥山東과 산시山西로 하방下放되었을 때도 농업 정책이 농민들에게 끼치는 파괴적인 충격을 목도했다. 당시 『인민일보』에 '대대적으로 강철을 제련하여 영국과 미국을 뛰어넘자'는 논조가 횡행할 때도 류빈옌은 농민들이 절망으로 빠져드는 걸 발견했다. 농촌은 '귀곡산장'이 되어가고 있었다. 중국 사회는 막 대기황에서 벗어나자마자 더욱 광대한 정치운동으로 빠져들고 있었다. 그도 반우파의 모자를 벗어던지자마자 또다시 그 모자를 쓰게 되었다. 사람과 사람 사이의 냉혹함이 마침내 가장 친밀한 가족 관계로 스며들었다. 그의 13세 된 딸이 비판투쟁을 당하던 아버지를 참지 못하고 그의 집 대문에다 "류빈옌, 성실하게 시간에 맞추어 출퇴근하고 말과 행동을 함부로 하지 말라"는 구호를 써 붙였다.

1979년에 이르러서야 류빈옌은 비로소 자신의 생활을 할 기회를 얻어 다시 펜을 잡고 그가 본 세계를 묘사하기 시작했다. 그는 이미 58세의 나이였지만 22년 동안의 불행이 그의 의지를 꺾지는 못했다. 오히려 그는 더욱 강렬한 충동에 사로잡혀 잃어버린 시절을 만회하려고 이 모든 비극의 근원을 탐구하고자 했다.

우리는 이미 그의 르포르타주 「인간과 요괴 사이人妖之間」가 1979년에 일으킨 반향을 상상하기 어렵다. 이 글이 게재된 『인민문학』의 발행 부수는 104만 부에 달했고, 해당 글이 게재된 9월호를 둘러싸고 다음과 같은 현상이 일어났다. 도서관이든 정기구독자이든 모두 책을 대출해줄 수밖에 없었고 그 대출은 끊임없이 계속되었고, 대출 시간은 한 사람당 고작 몇 시간에 불과했다. 공장과 학교에서도 사람들이 퇴근과 하교 시간 이후 함께 모여서 한 사람이 낭송하는 걸 여러 사람이 함께 들었다. 그 작품은 류빈옌이 당시 최대의 탐관오리였던 왕서우신王守信을 보도하면서 개개인의 곤혹스러운 문제를 탐색한 것이었다. 이 신정권은 건국 30년 동안 무수한 정치운동을 전개하고 무수한 도덕적 구호를 외쳤지만 부패한 관리들은 오히려 더욱더 막대한 자유를 누리고 있었다. 그러나 정직한 사람들은 한 명도 좋은 결과를 얻지 못했다.

1979년 중국은 경제적 파산과 정치적 파산에 맞닥뜨렸을 뿐만 아니라 도덕과 신념의 파산에도 직면하고 있었다. 여러 해 동안 주류 이데올로기에 세뇌된 사람들은 이미 이러한 파산을 어떻게 묘사하고 분석하며 이해해야 하는지 알지 못하고 있었다. 사람들은 이러한 현실에 강렬한 느낌을 갖고 있었지만 그것을 어떻게 표현해야 하는지도 몰랐고 현실의 문제를 감히 공산당 조직 탓으로 돌리지 못했다. 그러나 「인간과 요괴 사이」는 이 모든 것을 건드리고 있을 뿐만 아니라 그 공격의 창끝을 공산당 조직의 내재적 곤경, 즉 감독받지 않는 권력은 반드시 부패하고 만다는 부분에 겨누고 있다. 그가 묘사한 것은 소설이 아니라 현실 속에서 일어난 실제 사건이었다.

이어진 8년 동안 류빈옌은 '중국 사회의 양심'이 되었고 영웅적인 신문 기자로 인정받았다. 그는 이 새로운 시대의 희망이 되었다. 사람들은 그가 개방적인 시각으로 어둠을 폭로하고, 진실의 언어로 허위를 밝혀내고 개인의 정직함으로 사회적 소외에 대항할 수 있기를 바랐다. 많은 부문에서 그는 여전히 1944년 공산당에 입당할 때와 같은 젊음을 발산하고 있었다. 당초에 그가 혁명에 참가한 것은 자아 해방과 자아실현을 위한 행동이었다. 비록 이러한 자아가 모호하기는 했지만 그것은 자유와 밀접한 관련을 맺고 있는 것이었다. 당시에도 여전히 그는 이와 같은 마음으로 글쓰기와 강연을 했고, 모욕당하고 상처받는 사람과 장기간 인성이 왜곡된 사람들을 큰 소리로 대변하는 일에서 자신의 존재 의의를 찾고 있었다. 「인간과 요괴 사이」가 묘사하고 있는 것이 감독받지 않는 권력의 필연적인 부패와 인간의 소외라면, 그가 1985년에 발표한 「두 번째 종류의 충성第二種忠誠」은 소외에 저항하는 삶을 사는 사람들에 대한 존경의 표시였다. 주인공은 둘이다. 그 하나는 하얼빈의 노동자평생대학 교수 천스중陳世忠이고, 또 다른 한 사람은 상하이해운대학 도서관 직원인 니위셴倪育賢이다. 그들은 모두 가장 잔혹한 현실이 눈앞에 있더라도 독립적인 사상과 판단을 유지하면서 자신의 신념을 고수하는 사람들이다.

그들의 실제 처지에 류빈옌은 강렬한 공감을 표했다. 이 책의 말미에서 그는 온 중국 사회를 격동시킨 세 종류의 충성을 새롭게 정의했다.

"근면 성실하고 겸허 신중하며, 정직하게 말을 잘 듣고 아무런 이의도 제기하지 않는 것, 이것이 첫 번째 종류의 충성이다. 이러한 충성심을 품고 있는 사람은 개인적인 이익에서도 크건 작건 손해를 보기 마련이다. 그러나 비교적 안전하고 순조로운 삶을 살면서 대개 재난이나 참화를 초래하지 않는다. 상급자의 눈에도 사랑스럽게 보이므로 벼슬길에서도 쉽게 승진할 수 있다.

두 번째 종류의 충성은 천스중이나 니위셴처럼 자기가 몸소 힘써 실천하는 부류다. 이런 부류는 다른 사람들이 그다지 좋아하지 않는다. 얼마 전까지는 흔히 자유와 행복, 심지어 생명까지 빼앗기는 값비싼 대가를 치러야 했다.

여러 해 동안 전자의 충성은 특별히 애호·양육되면서 끊임없이 물과 비료를 주었기 때문에 아주 튼실하고 무성하게 자랐다. 이에 비해 우리 정치의 전답에는 후자의 충성이 매우 빈약하고 희소하다. 메마르고 척박한 토지에 생존의 뿌리를 내리고 멸종되지 않는 것은 거의 기적에 가까운 일이다.

위험한 것은 또 세 번째 종류의 충성이 첫 번째 종류 충성의 변종으로 생장하기 시작했다는 점이다. 상관의 지시만 있으면 그것이 잘못되고 유해한 것임을 분명하게 알면서도 성실하게 그 지시를 집행하고, 심지어 솔선수범하여 상관의 칭찬을 받으려고 한다. 그러다가 시시비비를 가려야 할 중대한 논쟁에 맞닥뜨리면 아주 겸손하고 신중하게 처신하며 가타부타 판단을 내리지 않고 명철보신의 입장으로 그 책임을 상관이나 부하에게 떠넘긴다. 또 이들은 정치의 풍향을 잘 관찰하여 형세에 따라 기회를 엿본 뒤 수시로 배신을 거듭하며 자신이 충성할 대상을 바꾼다. 이러한 충성은 애교가 넘치고 자태가 고와서 그 사랑스러움이 첫 번째 종류의 충성을 훨씬 능가한다. 그러나 그것이 초래한 결과는 쓰디쓰면서 유독하기까지 하다."

마오쩌둥 시대의 무소불위의 개인숭배와 허위도덕을 겪어보지 않은 사람은 이 세 번째 종류의 충성이 당시 중국 사회에 얼마나 큰 충격을 가했는지 이해하기 어려울 것이다. 사람들은 '충성'이란 명목 아래 저질러진 온갖 종류의 재난을 직접 보고 듣고 겪었다. 그러나 이러한 잘못의 근원이 도대체 무엇인지 분명하게 이야기할 수 없었다. 장기간 중국은 도덕사회를 표방했다. '사私'는 늘 '공公'의 면전에서 낯빛을 잃었다. 보통 사람들은 레이펑雷鋒[7]이나 왕진시王進喜[8]와 같은 모범 인물 앞에서 자괴감에 젖어야 했다. 그러나 당과 국가는 '공公'을 대표하지 못했고, 사람들은 단지 국가를 추종하거나 국가에 복종할 수 있을 뿐이었다. 그러나 류빈옌은 분명하게 두 번째 종류의 충성이 있음을 설파했다. 그것은 바로 자신의 판단에 충성해야 한다는 것이었다. 개개인의 판단이 30년 동안 집단적으로 사라진 사회에서 사람들은 또다시 그것을 찾기를 갈망했다.

여러 부문에서 류빈옌은 바로 이 '두 번째 충성'의 상징이었다. 그의 천재적인 강연과 시원한 풍모 그리고 관대한 성격, 또 인쇄 문자에 대한 사람들의 본능적인 숭배가 그의 호소력을 더욱 높여주었다. 구도덕이 붕괴된 사회에서 그는 어떤 의미에서 신도덕의 대표자가 되었다. 심지어 그는 새로운 권력의 상징으로 인식될 정도였다. 취재를 갈 때마다 그는 늘 사람들에게 둘러싸여 이야기를 주고받아야 했다. 『인민일보』 안에 있는 그의 집에도 언제나 각종 방문객으로 가득했고 그중에는 억울한 사연을 품은 사람이 아주 많았다. 사람들은 정상적으로 자신의 가슴 가득한 고통을 풀 길을 찾을 수 없게 되자, 류빈옌을 자신들의 유일한 희망으로 여기고 있었다.

3

류빈옌은 지난 1년 동안 강렬한 위기감이 자신과 전체 중국 사회를 포위하고 있었지만, 1988년 하버드대 강연 중에도 여전히 중국의 미래에 대해 희망을 품고 있었다. 장기간 류빈옌은 정치 변화의 온도계로 여겨졌다. 그의 글쓰기는 정치적 포용성에 대한 탐색과 같았다. 어떤 때는 그가 승리했지만, 또 다른 때는 실패를 맛보았고 원고는 자신의 책상에 짓눌려 있어야만 했다. 중국의 정치적 분위기는 마오시대의 철저한 억압에서 벗어났지만 진정한 봄을 맞이하지는 못하고 있었다. 신문업계에서도 기본적인 상식은 거의 회복되지 못하고 있었다. 신문이 당의 대변인인지 인민의 대변인인지는 여전히 논쟁 중에 있었다. 폭로성 보도는 항상 안정과 단결을 파괴하는 행위로 여겨졌지만, 도대체 '안정과 단결'이 무엇인지는 아무도 명확하게 정의할 수 없었다.

정치운동은 더 이상 전체 사회를 석권할 수 없었지만 여전히 문화의 영역으로 부단히 침투하고 있었다. 류빈옌은 나중에 이렇게 총결했다. "외국에서는 중국공산당이 다른 모든 나라의 집권 공산당과 다른 특징을 지니고 있다는 데 주의하는 사람이 별로 없다. 이데올로기는 중시하고 인민의 사상은 통제하는 중국의 정책은 다른 나라의 공산당보다 훨씬 강경하고 효과도 크다." 1981년 『고련苦戀』 비판운동, 1983년 '정신오염 청산' 운동, 1987년 부르주아 자유화 반대운동이 이어지며 개방과 폐쇄 정책이 끊임없이 반복되었다. 중국 사회의 근본적인 모순은 마치 1979년 이 두 세력 사이에 벌어진 상호 투쟁처럼 때로는 '개혁 개방' 세력이 우위를 점하다가도 때로는 자유가 '4개 기본 원칙'에 복종해야 했다. 나중에 중국을 곤혹스럽게 한 패러독스가 당시에 이미 출현했다. 그것은 바로 공산당 정권이 경제자유와 사회개방을 추진하는 상황에서 정치권력에 대한 절대적 독점 상태를 유지할 수 있을까 하는 문제였다. 기자, 작가, 예술가는 모두 이러한 대결의 우선적인 희생물이 되었다. 마치 국가의 미래를 해치는 것은 악화된 현실이 아니라, 이러한 현실에 맞서 대담하게 발언하는 사람들 때문이라고 인식하는 듯했다.

류빈옌은 물론 그가 잠시 얻은 자유가 최고 권력층과의 세력균형 및 지도자의 개인적인 풍격과 밀접하게 관련되어 있다는 사실을 잘 알고 있었다. 후야오방胡耀邦의 개방적인 태도는 줄곧 그를 보호해주는 중요한 역량이었다. 그의 성공은 행운인 동시에 기반이 아주 취약했다. 이처럼 아슬아슬한 자유는 1987년에 이르러 종말을 고했다. 이해 후야오방은 총서기 직에서 물러났고, 류빈옌과 두 명의 저명한 지식인, 즉 팡리즈와 왕뤄왕王若望[9]도 완전히 코미디 같은 방식으로 당적에서 제명되었다. 이들은 모두 중국 관영 CCTV와 중국 중앙 라디오 방송이 방송을 통해 전국에 선포하는 방식으로 공산당의 당적을 박탈당했다. 이 두 가지 사건은 정치 개혁이 또 다른 교차로에 이르렀음을 직접 표명한 것이다. 당내의 자아비판과 교정 시스템은 더 이상 아무런 역할도 하지 못하는 것 같았다. 게다가 농촌에서 도시로 확장해가는 경제 개혁 정책이 좌절되자 환멸의 정서가 만연하기 시작했다. 많은 사람은 정치, 경제, 문화생활이 길고 긴 정체 상태에 빠져든 브레즈네프Simon Brezhnev 시대가 도래하고 있다고 믿었다.

그러나 사람들은 잠깐의 환멸 이후에 또다시 급속한 흥분 상태에 빠져들었다. 후야오방을 이은 자오쯔양趙紫陽도 개혁을 중지할 의사는 없는 듯했다. 류빈옌을 더욱 흥분시킨 것은 사회가 바야흐로 각성하고 있다는 점이었다. 사람들은 이제 더 이상 당의 선전을 듣지 않고 더욱 자주적인 의식을 갖게 되었다. 1957년의 경우와는 다르게 그는 소외되거나 냉대받지 않고 더욱 널리 사랑을 받았다. 『인민일보』의 나이 드신 노동자가 보여준 행동에서 우리는 이러한 정서를 더할 나위 없이 분명하게 확인할 수 있다. 그 노동자는 길에서 방금 방송으로 당적 제명 결정 선고를 받은 류빈옌을 잡고 이렇게 말했다. "축하하네, 저놈들이 자네를 완벽한 사람으로 만들었어." 이러한 변화에 대해 류빈옌은 1988년 여름 다음과 같이 썼다. "자발적이면서 당 지도자의 계도를 받지 않고 더 많은 자유를 쟁취·획득해나가는 과정이 바야흐로 급속하게 진행되고 있다." 그는 "중국 인민이 이미 새롭게 각성했다"고 믿었다.

그러나 이러한 신념의 배후에는 또 다른 예감이 도사리고 있었다. 그것은 중국에서 곧 중대한 사건이 일어나 세계를 경악시킬 것 같은 예감이었다. 그 예감은 중국 정치와 사회에 대한 그의 경험에서 온 것이었고, 그것은 또 그가 미국 여행을 하는 과정에서 느낀 감정에 근원을 두고 있다. 미국의 중국 연구자들은 여전히 개혁 개방만을 찬양하면서 갈수록 더욱 심각해지는 중국 내부의 모순에 대해서는 보고도 못 본 척하고 있었다. 아마도 이 정당과 정권의 본질은 결코 바뀐 적이 없고, 다만 잠시 양보와 의견 수렴만 해왔음을 자발적으로 망각하는 듯했다.

다섯 차례의 강연집에서 류빈옌이 가장 관심을 기울인 영역은 바로 관료의 부패와 지식인의 책임 문제였다. 1925년에 태어난 류빈옌은 아주 다양한 분야에서 여전히 전통적인 지식인의 면모를 보이고 있다. 그는 자기 세대 사람들 중에서는 보기 드문 드넓은 시야와 경력을 지니고 있고, 러시아어와 영어도 할 수 있으며, 1950년대에 소련과 동유럽을 두루 여행한 적이 있고, 각종 서적을 탐독한 적도 있지만, 심지어 우리는 그를 가장 훌륭한 유가적 전통 지식인이라고 부를 수도 있다. 그는 온 장년생활을 바쳐 유가를 타도하고 전통적 분위기를 제거하기 위해 노력했지만, 그의 세계관과 표현 방식은 본질적으로 더 이상 전통적일 수가 없을 정도다. 그것은 그의 도덕적 시각과 도덕적 언어에서 잘 드러난다. 거짓 도덕과 나쁜 도덕이 성행하던 시대에 그의 진짜 도덕관은 천지를 진동시킬 정도였다. 지식인과 국가 정권의 경계선은 늘 뒤섞여 있게 마련이다. 그들은 권력을 비판하고 권력에 경고를 보내면서도 권력 밖에서 자신만의 독립적인 공간을 찾기가 어렵다. 그들은 '인민'을 위해 말을 하고 싶어하지만 '인민'은 여태껏 전혀 추상적이지 않았다. 인민은 상이한 군체로 구성되어 있고, 상이한 이익을 추구하고 있으며 심지어 '모욕당하고 상처를 받을’ 뿐만 아니라 항상 ‘모욕과 상처를 주는’ 과정에 적극적으로 참여하기도 한다.

다섯 차례의 강연 중에서 마지막 강연은 1989년 4월 13일에 있었다. 그 이틀 뒤 후야오방이 세상을 떠났다. 앞서 류빈옌이 느꼈던 예감이 증명되고 있었다. 후야오방의 사망은 긴장되고 혼잡하고 시끄러운 사회 정서를 하나로 결집시켜 집중적인 폭발을 가능하게 했다. 류빈옌은 이때부터 자신이 망명객이 될 것이라곤 예상하지 못했다.

나는 인터넷에서 류빈옌의 주요 작품을 찾을 수 있었다. 그 작품들이 내게 남겨준 독서 체험은 그의 회고록보다 훨씬 못한 것이었다. 「본보 내부 소식」이든 「두 번째 종류의 충성」이든 그 작품들은 단지 특정 시대를 배경으로 읽을 수 있는 작품일 뿐이었다. 그가 참여하고 창작한 ‘보고문학(르포르타주)’ 양식은 뉴스와 문학의 융합체이고, 어떤 때는 중국의 전통적인 백화소설의 색채를 띠기도 한다. 보고문학의 문장은 객관적으로 진실을 묘사하려 하면서도 작가가 항상 그 속에 개입한다. 이러한 개입은 작가의 관찰이나 내면 묘사 부분에서 항상 작가가 직접 보고 들을 수 없는 장면과 대화를 ‘상상’해내도록 할 뿐만 아니라 그런 부분에 작가가 직접 평가를 내리기도 한다. 여러 부분에서 문장의 언어도 여전히 전형적인 ‘혁명 시기’의 언어를 쓰고 있기 때문에, 5·4 전통의 청신하고 전아한 맛은 매우 부족하다. 그런 글로 선전 문학의 판에 박힌 언어와 사유의 평면화를 타파하려고 힘써 노력했지만 새로운 개성과 사고는 전혀 성숙되지 못했다. 그것은 단지 난처한 상태로 모색의 중간 길에 머무를 수밖에 없었다. 하지만 이 글들은 확실히 시대적 색채가 아주 농후하다. 그 시대는 사고와 정감 능력을 상실한 시대였고, 공공연한 압제와 우민화로 가득 찬 시대였다. 조금이라도 평범하지 않은 탐색은 모두 사람을 놀라게 하는 언어가 될 수 있었다.

그 당시는 또 상대적으로 단순한 시대였다. 류빈옌과 그의 지식인 친구들 사이에는 얼마나 서로 다른 태도를 지니든 간에 기본적인 공감대가 형성되어 있었다. 즉 그것은 이 나라가 겹겹의 난관에 봉착해 있지만 사람들이 상상하고 있는 해결 방안은 결코 복잡하지 않다는 점이다. 바로 부패한 관료 시스템이 가장 명확한 적이었다. 류빈옌에게 있어서는 언론 자유가 바로 그가 상상하는 가장 직접적인 해결 방안이었다. 언론 매체에 충분한 감독권을 주어야 수많은 문제가 해결될 수 있다는 것이었다. 더욱 장기적인 미래와 더욱 심도 있는 사상을 준비하는 일에 대해서는 아직 시작도 하지 못하고 있었다. 그가 홍콩에 갔을 때 홍콩의 연구자들은 민주와 자유에 대한 그의 이해가 단지 본능적이고 실천적인 것에 불과하다는 사실을 발견했다. 그렇게 1984년에 이르러서야 그는 비로소 공산당의 자아 개조 방식에 대한 희망을 철저하게 포기했다. 그러나 1989년에도 그는 여전히 사회주의에 대한 신념을 품고 있었다. 그는 잘못된 집권 공산당 때문에 사회주의의 명성이 땅에 떨어졌다고 생각했다. 그는 동구권 지식인들처럼 이 제도의 심층적인 모순을 철저하고 깊이 있게 분석하지 못했다.

이건 류빈옌 세대를 지나치게 가혹히 질책하는 말일지도 모른다. 그들은 이 모든 것을 더욱 체계적으로 이해할 시간이나 기회를 여태껏 한 번도 갖지 못했다. 중국에 대한 그들의 이해는 추방, 기아, 사망, 배반 등과 같은 아주 생생한 체험을 통해 완성되었다. 이러한 상황에도 불구하고 류빈옌은 그의 회고록에서 동시대인들보다 더욱 깊이 있는 통찰력을 보여주고 있다. 그는 모든 정풍운동과 이데올로기 교육이 본질적인 면에서 인민으로 하여금 공산주의를 진정으로 믿게 만들 수 없었고, 다만 인민으로 하여금 독립적인 사고 능력과 개인의 내면세계를 포기하도록 만들었다는 사실을 발견했다.

다섯 차례의 강연 원고를 바탕으로 편집된 『중국의 위기, 중국의 희망』이란 책이 1990년에 출판되었을 때 그는 여전히 낙관적으로 새로운 시대가 장차 도래할 것이며, 이 정당과 정권은 모든 정통성과 활력을 소모했다고 믿었다. 그러나 역사는 흔히 생각지도 못했던 쓰라림으로 가득 차기도 한다. 류빈옌이 2005년 세상을 떠나던 무렵, 전 세계는 모두 '중국의 기적'과 '중국의 굴기'를 큰 소리로 이야기하고 있었다. 그는 잊혔다. 17년 동안 중국의 언론 매체에는 더 이상 그의 이름이 등장하지 않았다. 1980년대를 몸소 겪었고 기개가 아직 남아 있는 『중국청년보』의 편집자 몇몇이 그에게 경의를 표하며 그의 죽음에 관한 간단한 부고 기사라도 내보려 했지만, 마지막 순간 검열관에게 걸려 취소되고 말았다. 그는 일찌감치 노쇠했고 청년들에게 잊혔지만 여전히 '국가의 적'으로 남아 있었다. 아마도 그가 어떤 방식으로 중국에 돌아오든 그것은 모두 새로운 위험을 의미하는 것 같았다. 어쩌면 그가 대표하는 기질, 즉 진실 드러내기와 도덕적 용기는 여전히 관료 조직에서 첫 번째로 위험하게 여기는 적성일지도 모르겠다. 그러나 진실 드러내기가 일찍부터 충분하지 않았기 때문에, 그가 돌아온다 해도 더욱 흐리멍덩한 중국을 목도할 수 있을 뿐이었을 것이다. 20년 전의 분석 방법은 여전히 중요하지만 그것은 지금 중국 사회에 매우 부족한 부분으로 남아 있다.

4

2003년 봄 나는 처음으로 후수리를 만났다. 먼저 계획체제의 살아
있는 화석이라고 할 수 있는 붉은 벽돌 건물 작은 마당에서 만났다.
그다음 함께 샹산香山산에 올랐고 마지막에는 시쓰환西四環10 부근 식
당에서 밥을 먹었다. 나는 중국 개혁에 대한 그녀의 관점을 묻고 싶
었다. 2002년 연말에 열린 중국공산당 제16차 전국대표대회가 막 끝
나고 개혁 정책이 사반세기를 지나던 시점이었다. 많은 사람은 중국
이 또 한 차례 사상해방을 맞이하고 있고 미래로 나아가는 길도 갈수
록 더 넓어진다고 믿고 있었다.

그것은 아주 이상한 인터뷰였다. 그녀는 인터뷰 내내 다른 사람과
통화를 하며 한 사람이 자신의 짝을 어떻게 찾아야 하는지 설명했고,
또 이 사람의 전화번호를 저 사람에게 알려주곤 했다. 나는 그녀의
왕성한 정력에 가르침을 얻었다. 그녀는 한편으로 산을 오르면서도

다른 한편으로는 그처럼 빠른 속도로 끊임없이 이야기를 했다. 나는 그녀의 대화 속도를 붙잡을 수 없었을 뿐만 아니라 그녀의 대답도 내가 상상한 것과는 아주 달랐다. 그녀의 대답은 단편적이었고 즉흥적이었다. 한번은 갑자기 나에게 여자 친구가 있는지 물었다. '중국에서 가장 위험한 여인'은 몸을 한번 흔들자 남녀의 짝을 열심히 찾아주는 중매쟁이로 변신했다.

"개혁은 날이 갈수록 더욱 복잡해지는 과정이에요." 한 마디 한 마디 끊임없이 뱉어낸 그녀의 말 가운데서 이 한마디 말이 아직도 나의 뇌리에 남아 있다. 그녀는 몇 년 전의 중국 신문업계에 대해 말하면서 용기와 노력이 가장 귀중한 품성이지만 지금은 이것만으로는 부족하고 갈수록 복잡해지는 환경 속에서 정확한 판단을 내릴 수 있는 '판단력'이 마찬가지로 중요하다고 했다.

나는 그녀의 말이 일리가 있다고 느꼈지만, 그 일리의 근거가 무엇인지는 분명하게 이야기할 수 없다. 나의 두뇌 그리고 어쩌면 당시 많은 사람의 두뇌 속에서 개혁은 일직선으로 나아가야 할 불가피한 과정으로 생각되었는지도 모르겠다. 개방이 장차 폐쇄를 대신하고, 시장경제가 계획경제에 승리하고, 결핍이 풍성함으로 변하고, 밀실의 조작이 투명하게 바뀌고, 다원 사상이 단일 가치를 대신하고, 혼란에서 법치로 나아가는 등의 내용을 담은 『커맨딩 하이츠 Commanding Heights, 制高點』[11]라는 책이 유행하는 가운데 이 책을 공동으로 저작한 역사학자 두 명은 20세기 역사를 계획과 시장이라는 두 가지 관념의 투쟁으로 보았다. 이 책에는 냉전에서 전승한 미국의 희열과 시장경제 체제 승리의 환호가 가득 담겨 있고, 중국에서 가장 저명한 경제학자인 우징롄吳敬璉이 특별히 추천사를 썼다. 작가의 서술이 유창하면서도 웅변적이지만 그에 따른 문제점도 바로 돌출되고 있다. '시장경제'와 '계획경제'는 아마도 추상적인 역량으로 바뀌어 모종의 주술이 된 듯하다. 서로 다른 국가에서는 서로 다른 주문을 선택하여 확연히 상반된 길을 통과해야 한다. 이 책은 한 경제 체제가 도대체 어떻게 작동하는지, 그리고 정치 제도와 사회 심리의 어떠한 영향을 받는지에 대해서는 아무런 분석과 서술도 하지 않고 있다. 중국도 한 몸으로 연결된 시장경제 승리의 한 부분인가?

그때의 만남 이후 오래지 않아 베이징에 아마도 1989년 이래 최대의 위기가 닥쳐왔다. 사스SARS가 폭발한 것이다. 나는 처음으로 공포와 무력감을 느꼈다. 이전에 정권이 사람들에게 심어주던 낙관은 곧바로 사라졌다. 만약 장옌융蔣彦永이 대담하게 폭로하지 않았다면 아마 감염 상황이 더 오래 감추어졌을 것이다. 관료 시스템은 여전히 옛날 모습 그대로 공공연하게 거짓말을 하고 아주 굼뜨게 반응하며 생명을 지나치게 경시했다. 그러나 사람들은 여전히 희망을 품고 있었다. 신문 매체의 취재가 더욱 대담하고 심도 있어지지 않았는가? 이것이 어쩌면 개혁을 위한 또 한 차례의 호기일 수도 있는 것이다. 중국의 변화는 모두 위기에서 추진되어 나온 것이 아닌가? 새로운 지도자는 언제나 사람들에게 새로운 희망을 가져다줄 것이다. 『재경』 잡지의 취재는 심도 있었고, 집필 태도는 냉정했으며, 책임 추궁도 더욱 철저했다. 모든 문제는 결코 고립된 것이 아니었다. 주식시장의 스캔들과 의료 시스템의 실패에는 모두 유사한 논리가 감추어져 있었다. 즉 그것은 모두 결국 이 나라의 심층적인 곤경을 가리키고 있었다. 사스는 모종의 은유가 되었다. 그것은 생리상의 질병일 뿐만 아니라 제도상의 질병이기도 했다.

중국 언론 매체의 내재적인 비극도 물론 폭로되었다. 장옌융은 감염의 진상을 밝힐 때 해외 매체에 도움을 청할 수밖에 없었다. 『타임』 지에 가장 먼저 그의 관점이 게재되었고 중국인들은 그 뒤에야 그의 존재를 알게 되었다. 중국 언론 매체는 나날이 개방되는 것처럼 보였지만 핵심적인 문제를 언급할 때는 여전히 엄격한 검열을 받아야 했다. 사정이 이러한데도 『재경』의 표현 수위는 여전히 사람들의 질시를 받았다. 『재경』은 중국에서는 처음으로 장옌융에 관한 특집 보도를 실었으며, 아울러 우징롄과 그가 나눈 대화를 게재했다. 그것은 정말 의미가 깊고 사람들을 탄식케 하는 대화였다. 두 사람은 동갑내기(1930년생)이고 같은 해(1952) 공산당에 입당한 노老지식인이다. 이들이 중국 사회에서 마지막까지 생존한 정직한 인격을 상징하고 있었다. 이들은 각자의 영역에서 인품과 고독 그리고 늘 맞닥뜨리는 무가내성無可奈性(자신도 어찌할 수 없음)에 의해 무너져 내리고 있는 주변 환경에 대항하고 있었다.

2003년 중국의 신문업계는 매우 고무적이었다. 정치 제도와 관료 시스템은 여전히 방대하고 오만했지만 이제 검열의 끈을 풀어놓는 듯했다. 사스 위기로 인해 압박을 받은 중국 정부는 자발적으로 정보를 공개했고, 『남방도시보南方都市報』가 광저우에서 발생한 쑨즈강孫志剛 사건[12]을 보도하자 중국 정부는 결국 그것과 관련된 법규를 폐지했다. 중국의 신문 보도가 권력이 용인하는 테두리에서 부단한 시도를 통해 첫 번째로 그 한계를 돌파한 것이다. 이것은 앞으로 더욱 광범위한 보도 공간을 얻을 수 있다는 사실을 의미하고 있다. 또 다른 사건은 중국의 언론 매체를 위해 참신한 취재 공간이 개척되었다는 것이다. 이해 12월 17일 중국인이 첫 번째로 뉴욕 증시의 상장에 성공한 뒤, 그 주식 구매율이 무려 168배에 달하여 같은 해 전 세계 자본시장의 신기록을 세웠다. 여러 해 동안 제조업으로 유명세를 탄 뒤 중국은 이제 전 세계 금융시장의 으뜸가는 자리를 차지하기 시작하는 듯했다. 이 또한 '중국 테마 주식'이 흥기할 때 전 세계가 중국 담론을 이야기하기 시작한 경우라고 할 수 있다. 중국 언론 매체는 이 담론 과정에 또 어떻게 참가할 수 있을 것인가?

나는 2001년에 품었던 낙관을 어떻게 하나하나 잃어버리게 되었는지 기억하지 못한다. 그건 아마도 중국 사회의 분위기와 관련된 것인 동시에 내가 몸담고 있는 신문사의 내부 환경과 관련된 것이기도 하며, 또 한편으로 틀림없이 내 내면의 변화에 영향을 받은 것이기도 하다.

내 기억에 따르면 2004년 여름 벌어진 '랑郎·구顧 논쟁'이 나의 사상에 혼란을 가져왔다. 시작부터 경제학자 랑셴핑郎咸平은 광둥의 상징적인 기업가 구추쥔顧雛軍이 갖가지 사기 수법으로 국유재산을 병탄했을 뿐만 아니라 이를 위해 '국가는 물러나고 민간이 진출해야 한다國退民進'는 구호를 만들어냈다고 비난했다. 그 뒤 이 일은 더욱 광범위한 공개 토론으로 발전했다. 양파 경제학자 사이의 논쟁이었다. 시장경제와 재산권 개혁을 지지하는 우징롄, 저우치런周其仁, 장웨이잉張維迎은 구추쥔을 위해 모종의 변호활동을 했다. 또 다른 파의 경제학자 양판楊帆, 쭤다페이左大培는 랑셴핑을 지지하며 재산권 개혁이란 단지 일부 기업가로 하여금 공공재산을 점유하게 해주는 일일 뿐이라는 신념을 가지고 있었다. 랑셴핑은 '7대 도끼' 이론을 만들어낸 뒤 또 '어린 가정부' 비유를 사용하는 등 선동적인 단어를 동원했고, 이것은 사회 대중 속에서 커다란 반향을 불러일으켰다. 보통 사람들은 나날이 악화되는 사회적 불평등과 부패 문제에 대해 불만을 터뜨리고 있었고, 구추쥔과 같은 '공공연한 약탈자'는 아주 쉽게 분노의 표적이 될 수밖에 없었다. 컴퓨터 인터넷의 전파 효과는 모든 사람에게 참여의 기회를 부여했고 재산권 문제에 대한 엄격한 분석과 논쟁은 대중의 정서 속으로 휩쓸려 들어갔다. 이에 이 논쟁은 어떤 의미에서 반半 학술적인 각도로부터 급속하게 공공연한 매도로 전락하고 말았다. 인터넷은 극단적인 정서의 발설장이었고 이러한 정서는 온라인 세계에 머물지 않고 금방 신문과 TV에도 영향을 끼쳤다. 일종의 새로운 전파 방식이 대두되었다. 인쇄 매체의 정보와 관점이 더 이상 인터넷에 영향을 끼칠 수 없었고, 오히려 인터넷의 사건과 정서가 기존 매체의 보도를 끌어가게 되었다.

나는 이 사건을 어떻게 이해해야 할지 몰랐다. 온갖 감상이 잡다하고 두서없이 마구 뒤엉켰다. 감정과 이성 양 측면 모두에서 나는 더욱 우징롄과 저우치런 측에 쏠렸고, 심지어 평소에 전혀 안면이 없는 구추쥔에게 다소 동정적인 마음도 갖게 되었다. 중국의 사기업가들은 대부분 졸부의 비루함과 방자함, 그리고 자기만 옳고 자기가 바로 이 시대의 영웅이라는 인식에 사로잡혀 있어서 자기반성을 하거나 장기적인 안목을 가진 사람이 드문 형편이다.

그러나 나는 사람을 절망에 빠지게 할 만큼 오만하고 저효율적인 이전의 국유기업보다 차라리 사기업을 선택하고 싶었다. 어떨 때 나는 왜 사람들이 '국유'라는 개념에 그처럼 미련을 가지고 있는지를 이해하려고 머리를 싸매기도 했다. '국유'라는 것은 여태껏 우리 인민과 아무런 관계도 없었고, 그것은 단지 국가 권력 대리인의 재산일 뿐이었다. 사람들은 아마도 차라리 한 국유기업이 멍청한 당서기의 지도 아래에서 매일 거대한 자원을 낭비하기를 원할지언정, 그것이 사기업의 수중에 떨어지는 걸 원하지 않는 듯했다. 이 과정에서 물론 무수하게 불공정한 일이 일어날 수 있지만 이러한 불공정한 방식을 제거한 뒤, 재산권 개혁 과정을 중지하지 말고 그 전환 과정의 투명도를 높이고 행정 권력에 대한 제약을 강화시켜야 한다. 보통 사람들의 울분은 이러한 불공정에 대한 분노다. 그러나 결국 하나의 속죄양을 찾아 그 분노를 풀 것인지 아니면 더욱 심도 있는 원인을 탐색할 것인지 선택해야 한다.

더욱 심층적인 면을 탐구해 들어가면 정치 체제와 경제 발전 간의 모순이라는 보다 근본적인 문제에 직면하지 않을 수 없다. 이것은 모든 사람이 알고 있는 금지 구역이기 때문에 또 결국 길을 에돌아가지 않을 수 없다. 사상과 언어가 늘 핵심 문제 주변에서만 맴돌 때 그 핵심 문제는 오히려 잠시 잊게 된다. 그것은 언어의 털실로 겹겹이 둘러싸인 공이어서 사람들은 결국 그 중심에 도대체 무엇이 있는지 망각하고 만다. 진실의 문제가 숨어버리자 언어의 거품만 그 중심을 점거하고 있다. 이에 따라 왜곡된 공공 토론 공간이 형성되고 있다.

이 한 차례의 공개 토론을 보며 나는 처음으로 대중 정서의 역량을 분명히 느꼈다. 중국 사회는 분명히 극단적인 정서에 의해 좌우되기 시작했다. 어떤 문제가 출현하면 그 상황이 얼마나 복잡하든 간에 사람들은 반드시 하나의 단순한 입장을 선택해야 한다. 나는 또 다른 억압을 느꼈다. 이 억압은 전통적인 정치 억압과 언론 검열에서 온 것이 아니라, 대중의 정서에서 온 것이었다. 새로운 사회 현실이 도래한 것 같았다.

나는 후수리가 말한 더욱 관건적인 '판단력'을 상기하게 되었다. 나는 더욱 직접적인 상업 뉴스를 마주할 때마다 이러한 판단력 결핍 때문에 더욱 몸서리를 쳐야 했다. 몇 년 동안 나는 다만 추상적으로 중국과 세계를 이야기했을 뿐 현실 속의 중국에 대해서는 조금도 이해하지 못했다. 기억하건대 나는 2004년 초, 여전히 흥미진진하게 더룽德隆 회장 탕완리唐萬里를[13] 인터뷰하기 위해 상하이로 날아갔다. 그 시각 업계의 배테랑 기자들은 모두 이 회사가 곧 도산할 것이란 사실을 알고 있었다. 그러나 나는 취재 중에 어떤 결정적인 문제도 만나지 못했고, 그냥 탕완리를 『하버드 비즈니스 리뷰Harvard Business Review』에서 읽은 바 있는 '지도자 스타일과 경영 모델'이란 이론에 억지로 끌어 맞추려 했다. 지금 생각해보면 정말 나의 행동이 바보스러워서 닭살이 돋을 지경이다.

나는 또 회사 내부로부터의 압력도 느꼈다. 채 4년도 안 되는 시간 동안 나와 많은 동료는 우리 잡지의 성공에 따라, 우리가 내세웠던 최초의 실험·자유정신이 신속하게 후퇴하고 있음을 감지했다. 우리 회사는 또 하나의 평범한 관료 조직이 되었다. 사람들은 부단히 미래를 개척하지 않고 기존의 성과를 향유하면서 자신이 최대의 지분을 획득하려 했다. 가난한 시절의 동지적 우애는 풍족한 시대의 이익 다툼으로 변질되었다. 젊은이의 열정과 창조력은 인간관계와 조직 원칙에 밀려났다. 나는 처음으로 중국 사회의 '조로 현상'을 분명하게 체험했다. 사람이나 조직이 성숙하기도 전에 바로 노쇠의 길로 접어드는 현상이다. 사람들은 보편적으로 기자직에 있는 이라면 40세 전에 한 부서의 주임이 되어야 하고, 그렇지 않고 만약 계속 취재를 나가고 기사를 작성한다면 그건 분명히 실패한 삶이라고 여기고 있다. 조직의 수명은 가공할 정도로 더욱 짧아졌다. 어제까지 영화를 누리던 기업이 오늘 바로 연기처럼 사라져버리기도 한다. 신문업계는 더욱더 그러했다. 회사가 겪는 정상적인 곤경을 제외하고도 검열 당국의 압력에 직면해야 했다.

반半 시장화 언론 매체가 되어 이제 더 이상 '당의 대변인'이라고 일컬어지지도 않고 당의 직접적인 명령도 받지 않고 있지만 곳곳에 압력이 없는 곳이 없다. 우리는 이런 압력을 구체적으로 묘사하기가 정말 어렵다. 그러나 우리는 어떤 문제가 정치적으로 민감하고, 또 어떤 문제를 자발적으로 포기해야 하는지 분명하게 알고 있다. 심지어 이 과정에서 검열 당국과의 유희 방식도 모두 배울 수 있다. 그리고 우리는 이런 민감한 문제를 건드리지만 않으면 막대한 자유를 누릴 수 있다는 사실을 아주 자연스럽게 여기고 있다. 그러나 우리는 항상 이러한 자발적인 포기가 더욱 크고 넓은 범위에서 우리의 상상력과 용기를 질식시킬 수 있음을 소홀히 여기고 있다. 기자의 최대 포상은 여태껏 물질적 풍요에서 온 것이 아니라 모종의 도덕과 신념의 승리에서 온 것이다. 기자는 자신이 진실을 드러내고 정의를 선도하고 이성을 대표한다고 인식해왔다. 이러한 포상을 박탈당한 뒤 우리는 자존심도 함께 잃었다. 청춘 시절의 꿈과 격정을 일찌감치 놓아버린 뒤 불가피하게 세상을 냉소하며 자아 기만의 길을 걷고 있다.

2005년 여름 나와 몇몇 동료는 재직하던 잡지사를 떠났고, 또 상업신문의 영역을 떠났다. 어쩌면 그 시각 후수리에 대한 나의 존경심이 더욱 강해졌는지도 모르겠다. 그것은 신문기자로서의 후수리가 아니라 조직 관리자로서의 후수리에 대한 존경심이다. 후수리가 발행하는 그 잡지는 여전히 생기발랄하고, 거기에 속한 기자들도 여전히 모종의 이상주의에 영향을 받고 있다. 그 잡지는 또 성공적으로 자신의 영향력을 더욱 넓은 범위의 사회 진보 부문으로 확대하고 있다. 그 잡지와 거기서 운영하는 인터넷 홈페이지 및 커뮤니티는 이미 중국 경제생활 속에서 없어서는 안 될 가장 중요한 공공 플랫폼이 되었다. 중국이 세계 속으로 더욱 깊이 들어갈수록 그 잡지는 아마도 전 세계적 대화에 참여할 수 있는 유일한 중국 매체가 될 것이다. 그녀가 창설한『재경』장학금은 이미 중국에서 기자를 양성하는 전문적인 교육 시스템으로 자리 잡아가고 있다. 하나의 선순환 구조가 만들어진 것이다.『재경』은 자신의 경험과 가치관으로 업계의 표준을 만들어 여론과 정책에 영향을 끼치면서 인재를 길러내고 있다.

물론 그 잡지에 아무런 문제가 없다는 것은 아니다. 우리는 그 잡지에 대해 프로 정신을 갖고 있다고 말할 수도 있고, 기술 이성 정신의 승리라고 말할 수 있을 것이다. 그러나 그 잡지는 항상 사람들이 그 책을 읽을 때 피로감을 느끼게 한다. 모든 잡지계의 승리라는 말은 아마도 개명한 전제 제도와 기술 관료의 합작에서 온 승리인 듯하다. 그러나 우리는 그 잡지에서 지식인 잡지가 지녀야 할 인문적 정감을 느낄 수 없다. 하지만 우리가 그것의 글쓰기 스타일이나 공공 정책에 대한 지나친 미련에 불만을 품고 있다 하더라도, 일단 중요한 뉴스가 생기면 유일하게 그『재경』잡지를 선택할 수밖에 없다. 우리는 중국에 관한 뉴스의 경우 서구의 언론 매체를 포함한 어떤 매체든지 간에『재경』의 보도보다 더 상세하고 믿을 만한 기사는 없다는 것을 잘 알고 있다.

그 잡지는 보도 영역을 부단히 개척해왔다. 경제 영역으로부터 공공위생, 환경, 과학기술 그리고 심지어 사회 뉴스 영역에까지 진입해 들어가고 있다. 그것은 또 아주 다양한 전선에서 작전을 수행하고 있다. 그것은 쑹화강松花江 오염 문제의 근원을 추궁하고 있다. 그것은 주식시장의 비이성적 번성에 경고를 보내고 있다. 그것은 중국 굴기 문제를 냉정하게 평가하고 있다. 그것은 인민폐 환율 문제를 탐색 토론하고 있다. 그것은 쓰촨 지진 때 붕괴된 교실의 사고 원인을 조사하고 있다. 그것은 기후 온난화 문제를 보도하고 있다. 그것은 중국의 개혁이 대체 어떤 길을 선택해야 하는지를 부단히 강조하고 있다. 그것은 세계경제 포럼에서 중국 경제 토론회를 꾸려가고 있다……. 후수리가 매달 선택하는 편집 방침을 따라가다보면 『재경』이 지향하는 두 가지 역할을 분명하게 인식할 수 있다. 첫째, 그 잡지는 중국 사회에서 개혁 추진자의 역할을 맡고 있다. 개혁에 관한 공통의 인식이 산산이 부서진 뒤 중국은 바야흐로 두 가지 위험에 직면하고 있다. 즉 그 하나의 문제는 관료 시스템이 타성에 젖어 있다는 것이다. 새로운 문제가 출현할까봐 걱정하며 아예 제자리에 멈춰 있기 때문에 더욱 큰 위험이 도래하는 것을 앉아서 기다릴 수밖에 없다. 또 하나의 문제는 최초의 시장 개혁에서 예상하지 못한 정실(족벌) 자본주의가 이미 형성되어 이익 집단이 진일보한 개혁의 거대한 걸림돌이 되고 있다는 점이다. 이들은 권력 자원을 경제 자원으로 전환할 뿐만 아니라 막대한 경제적 능력으로 본래의 관방 권력을 더욱 튼튼하게 만들어주고 있다. 둘째, 『재경』의 또 다른 역할은 전 세계적인 새로운 대화에 중국 대표의 소임을 맡고 있다는 점이다. 이것은 영광스럽고도 외로운 역할이다. 중국 상품과 중국 이민자들이 전 세계로 몰려가고 에너지 전략이 아프리카에서 남미로 옮겨가면서, 전 세계의 조직이 다급하게 중국의 목소리를 듣고 싶어하고, 전 세계의 매체에 중국 관련 보도가 가득 넘쳐날 때, 중국 언론 매체는 오히려 놀랄 만한 침묵을 유지하고 있다. 자신의 미래 운명에 대해서는 아무런 관심도 없다는 듯이, 또 자신이 다른 사람에게 끼친 영향에 대해서는 무척 둔감하다는 듯이 말이다. 『재경』은 이러한 세계적 토론에 참여할 수 있는 유일한 중국 매체이고 또 사람들의 신뢰를 받고 있다. 만약 중국에 진정한 소프트파워가 있다면 『재경』이 바로 그 중요한 부분을 담당하고 있다고 해도 과언이 아니다.

하버드대 강연 도중 류빈옌은 그가 검열제도 아래에서 어떻게 비판적인 보도를 할 수 있었는지를 언급했다. 그는 먼저 현상을 크게 찬양한 뒤 문장의 방향을 보도하려고 하는 사실로 이끌어가고, 마지막에 다시 대대적인 찬양으로 마무리했다고 한다. 모든 매체는 국가에 소속되어 있었고 공산당이 모든 것을 농단했다. 그는 이 단단한 철판에 아주 작은 틈새를 만들어야 했다. 그는 또 모 지도자의 막후 지지를 받아야 했다. 당시 사회 모순은 그래도 상대적으로 단순해서 그것은 단지 관료 시스템과 인민 사이의 모순일 뿐이었다. 어떤 기자가 사건의 진상을 폭로하면 당시는 아직도 인민의 일치된 환호를 받을 수 있었다.

후수리는 또 다른 시대와 마주했다. 시장화는 대중 매체의 탄생을 촉진했고 당보는 이제 더 이상 유일한 선택이 될 수 없었다. 시장은 기자에게 새로운 공간을 제공하는 동시에 더욱 복잡한 도전을 제기했다. 기자는 정치 권력의 간섭에도 맞서야 했고 금전의 유혹에도 맞서야 했다. 아주 많은 경우 유혹은 간섭보다 더욱 심하게 신문업계의 품격을 파괴했다. 그리하여 진상은 더욱 애매모호하게 변했고, 또 갖가지 기술적인 조작을 거친 새로운 거짓말 시스템 속에 단단히 감추어지게 되었다.

류빈옌이 의지한 것은 지식인의 품격과 재능이었고, 후수리가 탐구한 것은 전문적인 능력과 조직의 역량이었다. 그녀는 자신의 가치관을 전파할 수 있는 더욱 광범위하고 더욱 심도 있는 조직을 건설하려 했다. 이처럼 독립적인 가치관을 가진 조직이 하나하나 건설되면 성숙한 시민사회도 이루어질 것이고, 그것들은 또 상이한 시민단체의 의견을 표현할 수 있는 새로운 공간을 제공해줄 것이며, 나아가 시민들에게 공공 업무에 참여할 기회를 제공하여 상이한 가치 시스템의 성장을 고무 격려해줄 수 있을 것이다. 그리하여 이들 조직은 정부가 마주하고 있는 사회적 스트레스를 분담하여 사회의 진정한 안전판 역할을 담당할 수도 있을 것이다.

여러 부문에서 후수리와 류빈옌은 유사한 전통을 이어받고 있다. 그들은 국가의 운명에 대한 20세기 지식인의 초조감을 계승했다. 류빈옌의 초조감이 중국 문제에 대한 정감어린 호소로 표현되고 있다면 후수리의 초조감은 미국의 신문업 표준에 대한 편집광적인 추종으로 표현되고 있다. 그녀가 미국의 신문업을 추종하는 것은 그것이 '미국 것'이어서가 아니라 그것이 신문업의 가장 훌륭한 표준이기 때문이다. 그녀는 그녀의 잡지나 혹은 중국 신문업을 미국의 표준에 근접시키거나, 아니면 미래의 어느 날 마침내 미국을 능가하도록 힘을 쏟고 있다.

그들은 개혁의 산물이면서 개혁의 추진자이기도 하지만 결국 개혁의 곤경에 의해 추방된 희생자이기도 하다. 그들은 모두 이 정치 시스템 내부 충성자들에 대한 반대파다. 후수리는 『재경』 잡지를 곧잘 딱따구리에 비유했다. "딱따구리가 영원히 나무를 쪼는 것은 나무를 쓰러뜨리기 위한 것이 아니라 그것을 더욱 곧게 자라게 하기 위해서다."

1987년의 류빈옌과 2009년의 후수리는 어쩌면 각 시대 개혁 정체를 상징하고 있는지도 모른다. 류빈옌의 고난은 직접적으로 정권의 압력과 선고에서 말미암았다. 그러나 후수리가 11월 9일 사직한 것은 더욱 은밀한 역량들과의 모순에 의해 초래된 결과다. 우리는 그것을 편집장과 사측 자본가 편의 모순으로 이해할 수도 있고, 개성이 지나치게 강한 기자 두 사람과 웅대한 포부를 지닌 경영자 개인의 충돌로 이해할 수도 있다. 또 더 나아가면 그것을 독립적인 의지를 강조하는 매체의 이상과 나날이 은밀해지는 이익집단 사이의 모순으로 이해할 수도 있다. 그녀를 해고한 자본가 측도 더욱 광대한 이익집단의 일부분일 뿐이다. 이러한 이익집단은 시장의 역량과 정치권력을 성공적으로 한데 묶어내고 있다. 매체의 이상이 자본가를 도와 더욱 광대한 시장에서 이익을 창출하고 국제적으로 찬사를 받을 때는 잠시 존재 가치를 인정받을 수 있다. 그러나 매체의 이상이 나날이 강화되어 자본가 측의 방어선에 저촉될 때는 협력 시스템이 와해되고 만다. 우리가 얼마나 찬란한 새로운 명사를 갖다 붙이든 중국의 신문업계는 여전히 1942년 옌안정풍운동과 1979년 4개 기본 원칙의 경계선 안에 자리 잡고 있다. 춤출 수 있는 공간은 더욱 넓어졌고 수갑에도 한층 더 부드러운 솜이 덮이게 되었지만 검열은 지금까지 사라진 적이 없다.

　　어쩌면 우리는 또 다음과 같이 자신을 위로할 수 있을지도 모르겠다. 1987년의 류빈옌은 1957년의 류빈옌보다 훨씬 행운아다. 그는 더 이상 비판투쟁이나 하방 조치를 당하지 않아도 되었고 심지어 출국까지 할 수 있지 않았는가? 그리고 2009년의 후수리는 류빈옌보다 훨씬 행운아다. 그녀는 대학의 학장이 될 수도 있었고 새로운 잡지도 창간할 수 있었으니까. 그러나 한 세대 한 세대 중국인의 재능과 열정은 이처럼 허무하게 낭비되고 말았다. 우리는 언제나 이처럼 한 차례 한 차례 다시 시작해야 하고, 그 뒤 다시 한 차례 한 차례 압박에 의해 쫓겨나고 결국 마지막에는 까맣게 잊히고 만다. 자아를 파괴하는 유사한 일들이 끊임없이 반복되고 있다. 중국 역사의 순환 시스템은 이러한 사람들의 운명 위에 더없이 잘 반영되어 있다. 매 세대 신인들은 윗세대의 전통을 순조롭게 이어받으며 그들의 자양분을 섭취한 뒤 그러한 기초 위에서 우리 자신과 이 나라를 그 본연의 위치로 이끌어가기가 매우 어렵게 되어 있다.

　현실을 마주한다는 것은 현실을 비관적으로 수용한다는 것을 의미하지 않는다. 한 세대 한 세대 중국인이 마주했던 가장 찬란한 순간은 바로 그들이 마치 저항이 불가능한 것처럼 보이는 역사의 역량과 대결을 펼칠 때였다. 1980년대의 생명 역정 속에서 류빈옌은 단지 8년 동안만 자신의 재능을 펼칠 기회를 얻었다. 그러나 이 8년의 광채는 아마도 의외의 시각과 장소에서 의외의 방식으로 또 다른 사람의 마음을 비춰줄 것이다. 후수리는 5년 전에 "중국에는 강술講述을 기다리는 아주 많은 이야기가 있고, 그것은 기자라면 누구나 몽매에도 그리는 신천지다"라고 했다. 후수리와 『재경』 잡지 동료들의 경험에 의하면 이 이야기들은 사람의 심금을 매우 깊이 울릴 것이 확실하다.

제10장

고독한
반항자

"개인을 증명하는 유일한 방법은 반항과 대결 그리고 영원한 불복종이었다. 과격함으로 중용에 맞서고, 환멸과 비극의식으로 싸구려 이상주의와 낙관주의에 대항하고, 적나라한 감각 체험으로 이성주의에 대항하려 했다. 그는 반드시 강대한 자아를 만들어 그 자아가 모종의 더 강대한 질서 속으로 투항하는 것이 아니라 자신의 생명력과 창조력의 원천이 되게 하려고 했다."

1

"아! 중국이요? 요즘 모든 게 메이드 인 차이나예요." 카이로에서 에 스윈으로 가는 길에서 모든 가판 상인, 가이드, 식당종업원, 관광용 마차의 마부 등이 이렇게 이야기했다. 중국어로 "니 하오你好"라고 인사하는 말을 제외하고도 그들은 재키 찬Jacky Chan, 成龍과 제트 리 Jet Li, 李連杰란 이름을 말할 줄 알았다. 더욱 지식이 풍부한 두 사람은 여기에다 "중국이 세계를 정복할 것입니다"라는 말을 덧붙였다. 더 욱 교양이 넘치는 또 다른 사람은 나에게 중국인들이 수단에서 아주 훌륭한 개발 계획을 갖고 있다는데, 그곳이 중국의 새로운 식민지냐 고 물었다.

중국의 영향력은 운동복, 운동화, 혁대, 라이터, 휴대전화, 자동차 와 여행객을 따라 이집트의 모든 도시로 확산되어 있었다. 어쩌면 미 라와 피라미드 모조 기념품도 중국의 이름 없는 작은 공장에서 생산된 것인지도 모를 일이었다. 소문에 따르면 중국은 또 무바라크 정권 정치 일정의 주요 참고 국가에 들어 있다고 한다. 즉 어떻게 하면 정치권력을 농단하면서도 경제성장을 유지할 수 있는지를 참고하겠다는 것이다.

여행자의 생활은 풍부하면서도 단조롭다. 파라오들이 남긴 무덤과 제단에는 좀처럼 잊기 어려운 찬란함이 남아 있었고, 석양 아래 나일 강에는 시적 운치가 가득 넘치고 있었다. 이 찬란함이 노예들의 막대한 노역으로 건설되었다는 사실을 추궁하는 사람은 아주 드물다. 관광객은 항상 현지인들과의 천박한 교류에 머물 수 있을 뿐이다. 호텔 종업원, 여행 가이드, 좌판 소상인들과의 대화는 늘 형식적이고 예의를 차리며 부드러운 어투를 유지한다. 나는 가까스로 『인터내셔널 헤럴드 트리뷴』을 구입할 수 있었다. 아랍어와 고대 이집트 상형문자의 세계에서 영자 신문은 나에게 잠깐이나마 지적 소일거리를 제공해주었다.

2009년 12월 26일 나는 이 신문에서 류샤오보劉曉波의 소식을 읽었다. 『인터내셔널 헤럴드 트리뷴』 주말판은 룩소르의 소피텔 호텔 칵테일 바 한구석에 둘둘 말린 채 처박혀 있었다. 때는 성탄절 휴가 기간이어서 그 신문을 보는 사람은 거의 없었다. 중국 정부는 더욱 부유하고, 더욱 강하고, 더욱 소란스러워졌을 뿐만 아니라, 더욱 교활해지기까지 했다. 중국 정부는 휴가 기간 동안 불쾌한 소식을 발표하는 방법도 배웠던 것이다. 수감된 지 1년 뒤 류샤오보는 11년형에 처해졌다. 인터넷상에 발표한 몇 편의 글과 더 이상 온화할 수 없는 성명서로 인해 그는 정부 전복 음모죄를 선고받았다. 그 정부는 전 세계 인구의 5분의 1을 장악하고 있고, 전 세계 미래의 리더 국가로 간주되는 중국 정부다.

중국 정부의 냉혹함에 대해서 마음의 준비를 충분히 하고 있었다 해도 이것은 굉장히 황당하고 가혹한 판결이었다. 우리는 이 판결에 담긴 우의寓意를 읽을 수 있다. 즉 그것은 공갈 협박이다. 바로 닭을 잡아 그 피를 원숭이에게 뿌려 겁을 주는 방법이다.[1] 이들 원숭이는 중국의 지식인들일 뿐만 아니라 또한 서구세계이기도 하다. 즉 이들에게 다음과 같은 메시지를 던지고 있다. 이 나라는 중국공산당이 농단하고 있으므로 다른 사람은 이 나라에 관심을 가질 권리도 없고, 서구인들은 중국 정부의 내부 사정에 간섭하려 해서는 안 된다. 중국 정부가 어떻게 반대자를 다루든지 간에 그것은 중국 정부의 일일 뿐이다.

사진으로 본 류샤오보는 빡빡머리였고 표정은 평온했지만 피로해 보였다. 얼굴에는 지나치게 담배를 많이 피운 흔적이 남아 있었다. 그것은 지난 몇 년 동안 서구의 언론 매체들이 늘 사용해온 그의 표준 사진이었다. 그 모습에서 그가 일찍이 매우 건강한 사람이었음을 상상하기는 어렵다. 20년 전 그가 캠퍼스를 걸어갈 때, 어떤 사람은 그가 마치 건장한 철도기관사나 전철기를 운반하는 철도노동자 같다고 말한 적이 있다.

나는 또 독일의 『슈피겔』 지에서 그를 본 기억이 난다. 그는 베이징 올림픽이 중국에 끼치는 영향을 이야기하면서, 그것이 중국 정부의 또 다른 자기 과시로 변모하게 될 것이라고 비판했다. 그것은 몇 년 동안 그가 외부에 보여준 공공 이미지였다. 즉 그는 중국공산당에 대한 끈질긴 비판자였다. 그는 정치의 타락, 관리의 부패, 사상 통제, 지식인의 책임 등등을 이야기했지만 그의 모든 언론은 단지 외국어

313
/

매체나 해외 화교 신문과 인터넷에만 게재되었다. 그는 또 '독립중문필회獨立中文筆會'의 회장이기도 하다. 이 조직의 구성원들은 이미 해외로 망명한 작가이거나 여전히 중국 내에 살고 있는 반체제 인사들이다. 중국 대륙의 바다와 같은 출판물에도 그들의 이름과 견해는 거의 실릴 수 없다. 정치적 검열이 그들을 압살하고 있고, 대중도 자발적으로 그들에 대해 무시와 망각의 태도를 보이고 있다. 성공과 환락을 숭배하는 시대에 망명자와 반체제 인사들은 사회 주변부로 밀려나고 있다. 그들은 실패자다. 실패자의 예리한 비판은 사람들을 불쾌하게 하고 누구도 자신의 아름다운 생활의 환상이 그들에 의해 깨지지 않기를 바란다. 하물며 그들이 뽑아든 칼은 굉장히 날카롭다. 이러한 문제를 사람들은 진작부터 잘 알고 있었지만 그들의 끊임없는 언설이 아마도 사람들의 마음에 염증을 불러일으킨 것 같다. 그들은 결국 자기 제스처의 포로로 전락하고 말았다. 그들은 마치 떠들썩하고 열렬하고 무감각한 중국 사회의 투명인간처럼 보인다.

아주 오랜 시간 동안 나에게 있어서 류샤오보는 하나의 추상명사일 뿐이었다. 그는 고정된 반체제 인사였고 어렴풋하게 톈안먼 사건과 연관된 역사 인물이었지만, 역사의 그 페이지는 이미 지나간 것이었다. 이후 어떤 문학 이론 책에서 그에 대한 진술을 본 적이 있을 뿐이다. 하긴 그가 남긴 명언 "중국은 300년 동안 식민지가 될 필요가 있다"는 구절을 아직도 기억하고 있기는 하다. 그러나 나는 그의 지능에 대해 찬탄한 적도 없고 도덕적으로 그를 특별히 존경한 적도 없다. 나는 또 2~3년 전에 '기회가 되면 서로 알고 지내자'는 그의 이메일 한 통을 받은 기억이 있다. 나는 답장을 쓰지 않았다. 왜냐하면 만나서 무슨 말을 해야 할지 몰랐기 때문이다. 어쩌면 내가 좀 겁을 먹은 것이 더 중요한 이유인지도 모르겠다. 나는 당시 그런 연락이 내 생활에 불필요한 번거로움을 가져올까봐 걱정되었다. 나는 안전 요원들에게 미행당하고 질문을 받으면서 내 사생활이 손상되는 것을 몹시 싫어했다.

「08 헌장零八憲章」[2]이 유포될 때도 내 관점에는 큰 변화가 없었다. 나는 여태껏 그 선언서를 자세하게 읽어본 적이 없다. 나의 잠재의식 속에는 그런 것이 아무런 의미도 없고, 마치 호랑이 가죽 벗기는 일을 호랑이와 상의하는 것과 같은 행위로 생각되었기 때문이다. 혹자는 그것이 무척 진부한 것이라고 하면서 체코의 「77 헌장」 번안판으로 인식하기도 했다. 또 혹시 이 인터넷 시대에 한 차례 '상소문'을 올리려는 것은 아닌가 하는 생각도 들었다. 이어서 헌장에 서명한 사람들이 갖가지 방법으로 당국에 의해 분란을 당했고 류사오보는 결국 구금되었다. 나는 사태의 발전을 받아들일 만했다. 그것은 중국 정부와 반체제 인사 사이에 있어온 일관된 유희 아닌가? 항상 왜곡된 시스템 속에서 생활해온 사람은 정부의 어떤 '공공연한 후안무치'에 대해서도 늘 으레 그러려니 하고 생각할 뿐이다. 물론 일시적인 탄식이 있을 수는 있지만 어수선한 생활 속에서 아주 쉽게 망각하게 되고, 그 일은 나와 별로 관계가 없다고 생각한다. 이에 비해 오히려 쉬즈융許志永의 짧은 수감이 내게 더욱 직접적인 충격을 주었다. 그는 내 동갑 친구로 태도와 방식이 지극히 온화한 개량주의자다. 그가 정치적 박해를 받게 되자 내 개인의 생활 방식과 가치관이 직접적으로 부정되는 것 같았다.

이어서 나는 영국으로 유학을 오게 되었다. 이곳의 안정되고 격리된 생활로 인해 나는 스스로의 내면을 마주할 기회를 얻었다. 나는 도서관에서 동유럽 작가들의 작품을 찾아 읽었다. 그들은 모두 유랑객들이어서 몸이 타향에 있든 국내에 있든 마음은 변방을 떠돌아야 했다. 그들의 사상은 정권이나 시대 속으로 받아들여지지 못했다. 나는 또 일련의 해외 중국어 사이트를 읽기 시작했다. 그곳에서 익숙하고도 낯선 망명객들의 작품을 읽었다. 그들은 아마도 외곬으로 치우친 면이 있지만 우리가 무시할 수 없는 역량도 갖고 있다. 그들은 성실하게 중국의 현 상황에 대해 이야기하고 있다. 즉 우리가 얼마나 아름다운 명사와 개념으로 장식하든지 간에 중국은 에누리 없는 독재 체제이며, 이에 따라 모든 인간의 존엄성을 무시하는 정권이다. 우리는 정치 경제의 성공 여부로 이 정권을 이해해야 할 뿐만 아니라 그에 대한 도덕적인 판단도 내려야 한다. 그리고 도덕적인 판단을 내린 뒤 그것에 상응하는 책임도 져야 한다. 나는 시간이 지날수록 나 자신이 줄곧 무엇을 회피했는지 분명하게 인식하게 되었다. 나는 앞으로도 이처럼 계속 회피만 할 수 있을까?

2

류샤오보에 대한 11년형 선고는 세계 여론을 떠들썩하게 만들었다. 이로 인해 내 마음속에는 그에 대해 알고 싶은 욕망이 일어났고 그중에는 나 자신의 미래에 대한 우려도 감추어져 있었다. 이처럼 현대판 '문자옥文字獄(왕조 시대의 필화 사건)'이 일어나는 국가에서 글쟁이가 과연 어떻게 처신해야 하는가?

나는 인터넷에서 그의 글을 찾았고, 그가 쓴 책과 그에 대한 다른 사람의 묘사도 다운로드했다. 나는 결과적으로 생기발랄하고 재기 넘치고 사랑스럽고 자기반성에 성실한 류샤오보를 발견했다. 그것은 이미 상징화된 그의 모습과는 확연하게 달랐다. 심지어 우리는 그가 천재라고 말할 수 있을 정도다.

이 모든 것에 대해서 1986년부터 이야기를 시작하고자 한다. 그해 9월 신시기문학연토회新時期文學研討會가 베이징에서 개최되었다.

그 대회는 자아 경축의 분위기로 넘쳐났다. 거의 10년의 세월이 지난 뒤 작가와 지식인들은 모두 자신의 성취에 자부심을 가질 만한 이유를 지니고 있는 듯했다. 그들은 비애와 원망이 가득한 '상흔문학傷痕文學'을 시작으로 '뿌리찾기 문학尋根文學'을[3] 거친 뒤 슬픔, 초조, 섹스, 실의 등등을 탐색했다. 그들은 목숨을 걸고 외래 사조를 흡수하고 목숨을 걸고 문학작품을 창작했다. 이전의 공백의 세월에 대해 반항하는 것 같았고 현실의 유혹을 뿌리치기 어려워하는 것 같았다. 즉 소설 한 편, 시 한 수, 수필 한 편만 있으면 바로 창강長江강의 남과 북을 붉게 물들일 수 있다고 느끼는 것 같았다. 지식인들은 또다시 국가생활의 중심에 서게 되었다. 그들과 당 및 국가의 관계는 아주 달콤했고 이에 자신들에게 이 나라 미래의 방향을 결정할 역량이 있다는 믿음을 갖고 있었다. 사회 대중은 기갈이 들린 듯한 그들의 독자이므로 이들을 추종할 이념과 호소문, 때로는 심지어 구호까지 준비했다. 그들은 자신들이 하나의 '신시기'를 창조했다고 생각했다.

그러나 베이징사범대학에서 온 문학 전공 대학원생 한 명은 그렇게 보지 않았다. 그는 고작 31세였고 여전히 심한 만주東北 사투리를 쓰고 있었으며, 흥분하면 말을 더듬기도 했다. 그는 한두 편의 산문 외에 모양을 갖춘 어떤 작품도 발표한 적이 없지만 다음과 같이 선언했다. "신시기 문학에는 자부심을 가질 만한 것이 아무것도 없고, 오히려 문학의 위기만 겹겹으로 잠복해 있다." 그는 위기를 목도했다. 그 위기란 작가들이 바야흐로 자만과 후퇴의 길로 빠져들고 있다는 것이다. 그들이 '문혁 의식'을 부정하기 위해 추진한 '뿌리찾기 문학'은 돌아올 수 없는 길로 나아가고 말았다. 전통을 찬송하는 가운데 현실에 대한 철저한 비판의식과 회의정신 그리고 반항정신은 모두 부지불식간에 소실되고 말았다.

그의 발언은 즉흥적이고 번잡하고 극단적이었다. 류신우劉心武[4]와 아청阿城[5]에서 칸트와 루소로 비약했다. 그는 용속적 이성에 대한 혐오와 비이성적 요소에 대한 숭배의 마음을 조금도 숨기지 않았다. 그는 태연자약하게 이렇게 결론을 내렸다. "전통과 대화할 때 바로 다음의 것들을 최고조로 강조해야 합니다. 그것은 바로 감성, 비이성, 본능, 육체입니다. 육체에는 두 가지 의미가 내포되어 있습니다. 그 하나는 섹스고, 다른 하나는 돈입니다. 돈은 좋은 것입니다. 누구라도 돈을 보면 두 눈이 반짝입니다. 비록 정인군자正人君子들이 겉으로는 입을 삐죽거리기는 하지만 섹스도 물론 나쁜 것이 아닙니다."

그의 발언으로 인하여 회의장의 일부 사람들은 불안에 떨었지만 또 다른 일부는 흥분을 감추지 못했다. 그들은 이와 같은 뜻밖의 발언이 나올 줄 상상도 하지 못했다. 그중에서 『선전 청년보深圳靑年報』기자 한 명이 얼마 뒤 그의 이 즉흥 발언을 자신들의 신문에 게재했다. 많은 사람은 금방 이 과격한 젊은이가 누군지 알게 되었다. 그가 바로 문단의 '다크호스' 류샤오보였다.

이해 연말 취재차 방문한 자리에서 왕멍王蒙[6]은 류샤오보가 잠깐 나타났다가 사라져버리는 우담바라일 뿐이라고 이야기했다. 그러나 문단의 권위자들에 비해서 대학의 젊은 청년들은 이 '다크호스'의 자극적인 목소리 듣기를 더욱 좋아하는 듯했다. 그의 강연을 게재한 신문은 가격이 4편分에서 2자오角까지 올랐다.

이 발언이 있은 뒤 오래지 않아 한 잡지에 그의 장편 논문이 실렸다. 제목만 봐도 사람들의 끝없는 상상을 자극하기에 충분한 글이었다. 그 제목은 바로 '리쩌허우와의 대화與李澤厚對話'였다. 지난 10년 동안 리쩌허우보다 명성이 더 높았던 사상가는 없었다. 미학에 대한 그의 상세한 논술은 중국을 새롭게 이해하기 위한 열쇠처럼 인식되었다. 그리고 중국 근대사에 대한 그의 해석은 다른 그 누구보다 더욱 총체적이고 심도 있었으며 또 체계적이었다.

그러나 류샤오보는 공개적으로 그에게 도전할 준비를 했고, 마침내 성공했다. 지금 내 손에 있는 이 책『선택의 비판—사상 거장과의 대화選擇的批判—與思想領袖對話』는 1989년 7월 타이완에서 출판되었고, 바로 위의 장편 논문을 더욱 발전시킨 책이다. 며칠 밤 동안 나는 그의 사상과 언어와 예기銳氣와 쾌감에 감동되어 어쩔 줄 몰라 했다. 그의 글은 격정이 넘쳐흘러서 모든 것을 휩쓸어가는 듯했다. 그의 문장과 문장 사이에서 논리 관계를 세우려는 시도는 모두 헛된 일일 뿐이었다. 의심을 허용하지 않는 어조와 수시로 번쩍이는 통찰력과 모든 것을 포괄하는 연상능력에 의해 독자들은 흥분에 휩싸일 것이다. 때로 나는 심지어 그가 단지 분출하는 사상과 감정의 부속물일 뿐이지 않을까 하는 느낌도 들었다. 그는 자신이 도대체 무엇을 써내려가는지 모르는 듯했다.

설령 1980년대의 문화 배경에 대해 이해가 부족하더라도 우리는 여전히 이 책에서 독서의 즐거움을 충분히 느낄 수 있다. 그는 단호한 어조로 다음과 같은 판단을 내리고 있다. "인간은 시종일관 인간의 한계를 의식하고 그 한계를 뛰어넘으려 하지만, 현실 속에서는 이두 가지 어려움을 진정으로 뛰어넘을 방법이 없다." 그리고 이런 문장 속에 조미료와 같은 해학을 섞어 넣고 있다. "가보옥賈寶玉[7]은 여인에게 다정하지만, 왕희봉王熙鳳[8]은 권력에 다정하다." 굴원屈原[9]과 샹린 아줌마祥林嫂[10]가 이와 유사한 원망을 토로한 바 있다.

「신시기 문학의 위기新時期文學的危機」와 마찬가지로 이 책은 방대하고 잡다한 표면 아래에 모든 속박에 대한 개인의 반항이라는 주제가 뚜렷하게 자리 잡고 있다. 이러한 속박은 역사에서 온 것일 뿐만 아니라 현실에서 온 것이기도 하다. 또 정치적이면서도 문화적인 연원을 가진 것이며, 사회 시스템과 인간 내면의 연약함에서 유래한 것이기도 하다. 류샤오보는 아마도 일종의 무소불위의 권력이 막 각성하기 시작한 개인을 그대로 삼켜버릴지도 모른다는 예감을 다시 한번 하고 있었던 듯하다. 그의 공언과 과격함은 이에 대항하는 유일한 방법이었던 셈이다.

많은 사람에게 존중되고 있는 리쩌허우의 '침전설積澱說'[11] 배후에서 류샤오보는 다만 케케묵은 권위를 빌려 썩어가는 시체에 생명을 불어넣으려는 의도를 발견했다. 그 권위는 바로 중국의 전통문화일 뿐만 아니라 마르크스주의의 경제 결정론이기도 했다. 리쩌허우의 신념에 의하면 모든 심미와 가치는 특정한 시대의 산물이며 그 사회의 심리와 밀접하게 연관되어 있다고 한다. 문화적 전통과 단절된, 그리고 문화적 경험이 지리멸렬한 시대에 리쩌허우의 탐색은 사람들이 갈망하는 일체감과 지속감을 가져다주었다. 사람들은 이제 더 이상 자신들이 의지할 데 없이 고독하다고 느끼지 않았다. 문화대혁명은 틀림없이 감히 되돌아보고 싶지 않은 경험이었지만 그전의 중국 역사는 여전히 가치가 있다는 것이다. 또 역사는 결코 언제나 광적인 모습만 보이는 것이 아니라, 역사에는 특정한 논리가 내포되어 있다는 것이다.

류샤오보는 리쩌허우의 글이 "충돌을 두려워하는 중용관, 싸구려 이상주의, 허망한 낙관주의, 보수적 이성주의, 연약한 복종의식"에 침윤되어 있다고 말하면서 이러한 특징이 바로 중국 전통적 지식인의 고질병이라고 했다. 그는 이와 같은 리쩌허우의 논리 속에서 또다시 개체의 사망을 감지했다. 그는 환경과 시대의 산물이었다. 개인을 증명하는 유일한 방법은 반항과 대결 그리고 영원한 불복종이었다. 과격함으로 중용에 맞서고, 환멸과 비극의식으로 싸구려 이상주의와 낙관주의에 대항하고, 적나라한 감각 체험으로 이성주의에 대항하려 했다. 그는 반드시 강대한 자아를 만들어 그 자아가 모종의 더 강대한 질서 속으로 투항하는 것이 아니라 자신의 생명력과 창조력의 원천이 되게 하려고 했다. 그는 그 질서가 국가이든 전통이든 아니면 사회이든 상관하지 않았다. 그러한 중국 전통을 격파하기 위해서 그는 중국 문화에는 결핍되어 있고, 서구 문화에만 있는 완전한 미적 이미지를 억측해냈다.

/
322

그러나 그의 온갖 판단이 퇴고를 거친 것인지, 그것이 대담하게도 니체와 루쉰을 직접 도용한 것은 아닌지, 또 그것이 오직 이성주의의 전통이 지속되는 것에 대한 반대에 불과한 것이 아닌지는 아무도 따져 묻는 사람이 없었다. 청년들은 이처럼 선명한 그의 태도를 사랑했다. 그들은 막 획득한 자유의 문이 다시 폐쇄되고, 정치와 사회의 압력이 또다시 그들을 습격해올지도 모른다고 느껴지자, 급히 어떤 통로를 찾아 이러한 억압에서 벗어나고자 했다. 류샤오보는 사방에서 강연 요청을 받았고 그의 발언은 언제나 사람들을 놀라게 했다. 그는 칭화대학에서 이렇게 말했다. "중국 문학은 굴원과 두보를 타도해야만 출구가 생깁니다." "모든 사람은 자기 자신을 완성해야 합니다. 자신이 바로 하느님입니다." 그리고 그는 또 베이징대학 예술제에서는 베이다오北島나 구청顧城[12]보다 더 열렬한 환영을 받았다. 그의 영향력은 언어에서 온 것일 뿐만 아니라 표정과 동작에서 온 것이기도 했다. 한 목격자는 다음과 같이 언급하고 있다. "당신은 그의 얼굴에서 형언할 수 없는 압제자의 격정을 느낄 수 있을 것이다. 이러한 격정은 그의 도도한 언어로부터 쏟아져 나와 돌연 그 자신을 광적인 상태로 몰아넣을 수도 있다. (…) 그는 항상 자줏빛으로 변하는 입술로 담배꽁초를 단단히 물고 있는 힘을 다해 맹렬하게 담배를 빤다. 그 순간 당신은 말로 표현할 수 없는 고통스러운 그의 표정을 목격할 수 있을 것이다. 심지어 당신은 그의 이러한 표정이 냉혹과 흉악에 가깝다고 느낄 수도 있을 것이다."

1988년 그는 전설적 인물이 되었다. 이해 6월에 있은 그의 박사 논문 발표회는 마치 학술상의 로큰롤 공연장 같았다. 6월 25일 아침 100명이 넘는 학생이 베이징사범대학 한 회의실을 가득 채웠다. 그들은 문예 이론 박사생 류샤오보의 발표회를 방청하러 왔고, 논문 제목은 '심미와 인간의 자유審美與人的自由'였다. 복도에까지 사람들이 가득 차자 총장은 400명을 수용할 수 있는 대회의실로 발표회장을 옮겨서 진행하도록 했다. 류샤오보는 9명의 심사위원의 질문에도 대답해야 했고, 400명이나 되는 방청객의 시선도 감내해야 했다.

류샤오보는 새로운 명성을 누렸을 뿐만 아니라, 명성과 돈에 대한 갈망을 전혀 감추지 않으면서 수시로 도전적인 모습을 드러냈다. 그의 친구 리제李頡는 1986년 9월에 있었던 연토회에서 류샤오보가 얼마나 다급하게 사람들의 주목을 받으려 했는지 기억하고 있다. 그는 엘리베이터 안에서 더듬거리는 만주 사투리로 "이번에 우리가 그들을 확실하게 처치하자"고 했다는 것이다. 또 그는 『대학생大學生』 잡지의 기자에게 자신이 외국인 전용 상점友誼商店 카운터 앞에서 양주한 병을 깨뜨렸는데, 몇백 원이나 되는 가격을 지불할 수 없었다고 했다. 그의 한 친구는 또 그가 어떤 문학 살롱에서 얼마나 불손한 언어로 모든 대화 상대를 불안에 떨게 했는지 기억하고 있다. 가슴 가득 배고픔과 목마름에 지쳐 있는 어린아이가 그것을 어떻게 표현해야 하는지 모르는 것처럼 그는 오만으로 조급함을 은폐했고, 예리함으로 사람들의 관심을 이끌어냈으며, 방자한 모습으로 보통 사람들과는 다른 표현을 쏟아냈다.

그러나 그는 금방 이러한 명성과 오만이 얼마나 허약한 것인지를 알게 되었다. 1988년 여름 그는 처음으로 나라 밖으로 나가게 되었다. 노르웨이에서 하와이를 거쳐 다시 뉴욕으로 갔다. 당대 중국에서 가장 논쟁적인 젊은 비평가로서 그는 서구세계에서 그의 안목으로 보는 중국문학을 강의하고자 했다. 그는 여전히 일관된 분노를 유지한 채 홍콩을 지나는 길에 이 도시가 마치 끊임없이 무언가를 씹고 있는 큰 아가리 같다고 했다. 그는 여전히 중국을 저주하면서도 이 식민지가 얻은 성과에 환호했다. 그는 이렇게 말했다. "중국은 300년 동안 식민지가 되어야" 비로소 현재 상황을 바꿀 수 있다. 그는 또 당시 강렬한 반향을 불러일으킨 다큐멘터리 「하상河殤」[13]에 대해서 과도한 찬양은 하지 않았다. 설령 그들이 모두 "격렬한 반전통주의자"로 간주되고 있었지만 말이다. 오슬로대학에서 그는 그의 강연을 초청한 중국학 연구자들에게 '당신들은 조금도 중국을 알지 못한다'고 했다.

그러나 그의 내면 깊은 곳에서는 일종의 심각한 낙담과 자아 회의가 여행의 진전에 따라 만연되기 시작했다. 그의 신념은 베이징 외국인 상점의 양주 가격에 의해 깨지지 않았지만, 오히려 뉴욕 메트로폴리탄 미술관을 관람하면서 붕괴되었다. 그는 정교한 인류 문명을 마주 대할 때 자신이 심한 무력감을 느낀다는 사실을 알게 되었다. 그가 의지하고 있는 중국 전통 비판 이론은 서구세계에서 아주 진부한 무기일 뿐이었다. 그는 이 무기를 어떻게 사용하여 그의 비판을 계속해야 할지 알지 못했다. 그는 사람들의 어리석음을 숙련되게 비판했지만 어떻게 더욱 높은 경지의 지혜를 이해하고 창조해야 하는지 몰랐다. 동시에 그는 또 다른 사람의 관심에서도 멀어지고 있었다. 그를 초청하는 중국학 연구자들 외에는 그에게 흥미를 보이는 사람이 없었다.

그는 아내에게 보낸 편지에서 이렇게 썼다. "뉴욕은 중국이 나에게 부여해준 모든 외재적 장식과 헛된 명성을 찢어버렸소. (…) 나는 문득 내가 얼마나 보잘것없는지 알게 되었소. 나는 심지어 나 자신을 대면할 용기도 없소. 그리고 나는 또 세계적인 지식인들과 진정으로 대화할 능력도 없소."

그는 무력감을 느꼈지만 실어증에 걸리진 않았다. 이와 반대로 그의 글쓰기는 어느 때보다 더 빠르고 더 많이 쓰였고 더 격렬해졌다. 그는 고독과 자아 회의를 새로운 분노로 전환시켰다. 이 분노는 중국 전통을 겨냥했을 뿐만 아니라 자기 자신도 겨냥했다. "중국에서는 나의 배경으로서 세상에 만연한 어리석음이 내 지혜를 두드러져 보이게 했고, 선천적으로 멍청한 사람들이 나의 덜렁대는 행동조차 특출나 보이게 했다. 그러나 서구에서 이러한 어리석은 배경이 사라져버리자 나는 더 이상 지혜롭게 보이지 않았다. 멍청한 사람이 없는 곳에 서자 나는 온몸이 병든 것 같은 환자로 보였……." 그는 1989년 하와이에서 이렇게 썼다. "중국에서 나는 90퍼센트 물로 된 헛된 명성을 위해 살았다. 그러나 서구에서 나는 비로소 처음으로 진실한 생명의 노출과 잔혹한 인생의 선택에 직면했다. 허황한 고봉에서 순식간에 진실의 심연으로 곤두박질치고서야 비로소 나 자신이 시종 고봉에 올라간 적이 없고 줄곧 심연 속에서 몸부림쳤다는 사실을 알게 되었다." 그는 또 중국에 대한 자신의 비판이 얼마나 단호하든지 간에 여전히 협소한 민족주의의 입장에 발을 딛고 있다는 사실을 인정해야 했다. 중국은 그가 유일하게 관심을 기울이는 대상이지만 그의 비판이 의지하고 있는 무기는 서구에 대한 일방적인 소망을 미화한 데서 온 것이었다.

외부의 명성과 내면의 자신감이 함께 붕괴된 뒤 그는 어지럼증을 느꼈다. 그렇게 오랫동안 자아를 발견하자고 외친 뒤, 류샤오보는 진실한 자신과 세계를 혼자서 마주한다는 것이 이처럼 어렵다는 사실을 알게 되었다. 그것은 마치 "오랫동안 암흑 속에서 태양을 보지 못한 눈이 갑자기 열린 천정 창문으로 햇볕을 바라보게 되었을 때 그 햇볕에 조속하게 적응하기 어려운 상황"과 같았다.

그는 또 왜 중국은 동유럽과 소련식의 망명객을 탄생시킬 수 없는지 추궁했다. 그들은 낯선 대지에서 여전히 각자의 나라에 속할 뿐만 아니라 전 인류에게 속하는 정신적 성취를 창조하고 있는 것이다.

이러한 추궁은 계속되지 못했다. 왜냐하면 더욱 거대한 유혹이 그를 기다리고 있었기 때문이다. 그가 저주한 대지가 여전히 그를 유혹하고 있었고, 그는 그곳에서 사람들 시선의 중심에서 살아가기를 갈망했다. 중국으로 떠나기에 앞서 그는 뉴욕 거리에서 작가 베이링貝嶺에게 이렇게 말했다. "중국에서는 네가 방귀를 뀌어도 사람들이 주목하지만, 미국에서는 네가 가장 큰 목소리로 함성을 질러도 무수한 잡음이 그것을 삼켜버린다."

후야오방이 4월 15일 세상을 떠나자 중국에서 뜻밖의 격렬한 반응이 일어났다. 죽음은 사람들의 정서와 상상력을 자극한다. 마치 1976년 저우언라이의 죽음이 10년 내란(문화대혁명)에 대한 사람들의 분노를 폭발시킨 것처럼 후야오방의 죽음도 개혁이 정체된 2년 동안 부단하게 방치되어온 좌절과 억압을 폭발시킬 돌파구를 마련해주었다. 통화 팽창, 국가기관의 불법전매, 가격 역전, 부패, 언론 부자유 등등 사람들은 모든 문제를 해결하기 위해 절규했고, 아울러 민주주의가 이 모든 문제를 해결해줄 수 있다고 인식했다. 이 정권의 일관된 오만함과 젊은이들의 조급함이 일련의 경미한 충돌을 사회와 정권의 격렬한 대결 양상으로 몰고 갔다. 류샤오보가 베이징으로 돌아오기 하루 전 『인민일보』의 사설은 학생들의 청원운동을 '반혁명 동란'으로 정의했다.

류샤오보는 귀국 전에 쓴 어떤 글에서 다음과 같이 물었다. "무엇 때문에 저우언라이, 펑더화이彭德懷, 후야오방과 같은 비극적 영웅들에 대한 중국인들의 추모가 웨이징성과 같은 비극적 인물들에 대한 회고를 훨씬 뛰어넘는가?" 1986년 9월 회의장에 가득한 사람들을 놀라게 한 것처럼 그는 후야오방에게 보내는 지식인들의 애도와 찬양을 함께 향유할 준비를 하지 않았다. 후야오방에 관해 연속으로 세 차례 발표한 글에서 그는 이러한 추모 열기에 의문을 표했다.

"이번 후야오방 서거 이후에 나타난 현상에는 민주주의를 요구하는 중국인의 절박하고 조급한 심리가 반영되어 있을 뿐만 아니라 현행 정치 체제의 부패도 반영되어 있고, 또 민주주의에 대한 중국 지식인들의 천박하고 잘못된 이해도 드러나고 있다"라고 류샤오보는 해석했다. 그는 또 다음과 같이 진술했다. "이것은 중국 엘리트들의 민주주의 의식에 대한 한 차례의 시험이며 아울러 이 과정에서 공식적으로 인정된 수많은 민주 투사의 약점이 적나라하게 드러나고 있다. 이 약점은 주로 세 가지 부문에 집중되고 있다. 첫째, 집권당 개명파 권력에 대한 기대기와 독립성 부족 현상이 드러난다. 둘째, 개명한 군주에 기대어 중국의 민주화를 완성하려고 하면서 민간의 민주 역량은 무시하고 있다. 셋째, 민주주의에 대한 이해가 주로 이데올로기화된 구호에 머물러 있고, 민주화 절차에 대한 관심은 부족하다."

3년 전처럼 류샤오보는 여전히 소수파였다. 그러나 사람들에게 널리 알려진 그의 과격함은 깨끗하게 사라졌다. 다른 사람들의 흥분 상태에 비해서 그는 놀랄 만한 냉정함을 보여주었다. 그는 대학생들의 격렬한 행동에 반대하지는 않았지만 오히려 방법과 절차의 구체화·다양화 그리고 실효성 있는 추구를 강조했다. 그는 민주의 이데올로기화가 민주운동의 답보 상태를 초래하는 심층적인 원인이라고 믿고 있었다.

그는 타이완의 『자유중국自由中國』과 『대학大學』 잡지가 민주주의의 전환기에 보여준 역할을 예로 들어 "중국에서도 독립적인 발언권을 지닌 민간 간행물과 독자적인 자치권을 지닌 민간 단체가 민주화에 기여하는 중요한 의미가 집권당의 개혁 정책을 훨씬 능가한다"는 사실을 강조했다.

하지만 그가 톈안먼 광장으로 갔을 때, 그때까지 문자로 표현해낸 그의 이성은 아무런 힘도 발휘할 수 없었다. 어쩌면 군중 운동이 그의 강렬한 감정을 쉽게 격동시켰던 것 같다. 아마 그의 이성도 또 다른 반발, 즉 열광적인 군중에 반발하려고 했을 뿐이었던 것 같다. 그는 아주 쉽게 광장의 학생들과 한덩어리가 되었다. 그는 겨우 34세였으므로 겉으로 보면 그들과 아무 구별도 없는 것 같았다. 게다가 이보다 앞서 몇 년 전 교수직에 있을 때, 그는 항상 남학생 기숙사로 가서 밤새도록 토론을 했고, 또 그들과 모래사장에서 레슬링을 했다. 그의 제자 왕샤오산王小山은 다음과 같이 회고하고 있다. "다른 사람들도 왕푸런王富仁, 런홍위안任洪淵, 란디즈藍棣之 등과 같은 교수님을 좋아하여 항상 함께 밥을 먹고 술을 마시며 담소를 즐겼지만 운동장으로는 함께 가지 않았다." 베이징사범대학 학생들은 6·4운동의 주역이었고, 당시 2학년이었던 외르케시 될레트吾爾開希, Örkesh Dölet[14]는 전국 학생운동의 지도자가 되었다.

그러나 당시 그들이 각축을 벌인 장소는 베이징사범대학 운동장에서 톈안먼 광장으로 변했고, 그 각축의 대상도 더 이상 그들 서로간이 아니라 바로 공산당 정권이었다. 그들의 역량은 현격하게 차이가 났다. 연좌, 단식, 구호가 그들의 유일한 무기였고 상대방은 모든 걸 갖고 있었다. 그들에게는 미래의 운명을 예견할 수 있는 사람이 드물었고, 정치활동의 경험도 전혀 없었다. 훗날 민주 투사, 톈안먼 4군자 혹은 '막후 괴수'라는 평가를 받은 것과 비교해보면 당시 톈안먼 광장의 류샤오보는 여전히 운동장에서 학생들과 레슬링을 하던 커다란 어린이에 불과한 듯했다. 단식도 심사숙고 끝에 내린 결정이라기보다는 당시 현장 분위기에 따라 단행되었다.

"톈안먼 광장에서 단식할 때, 샤오보는 줄곧 우리와 함께 행동했다. 단식이 진행된 다음 날 그는 이렇게 말했다. '여러분 안심하십시오. 국제 관례에 따르면 단식 72시간이 되었을 때 어떤 정부도 단식하는 사람과 대화를 하게 됩니다. 여러분 제 말을 들으십시오. 72시간이 지나가기를 고대하십시오.'" 왕샤오산은 위와 같이 회고했다. 이어서 그는 또 다음과 같이 말했다. "마침내 72시간이 지났지만 정부 측에서는 아무런 움직임도 없었다. 샤오보는 침울해지기 시작했다. 그는 '남아공 같은 국가조차도 이렇게까지 하진 않았습니다'라고 했다. 그러나 당시 남아공은 지금과 달리 만델라가 아직도 감옥에 있었다는 사실을 알아야 했다. 다시 이틀이 지나자 샤오보는 낙관적으로 말했다. '베이징에 100만 명을 웃도는 사람이 떨쳐 일어나서 시위를 하며 성원을 보내고 있습니다. 이번엔 정부가 틀림없이 대화를 하러 나타날 것입니다. 그렇게 하지 않는다면 정말 말도 안 되는 정부로 평가해야 할 것입니다.'"

정부의 최종 반응은 모든 사람이 상상한 것보다 더욱 '말도 안 되는' 것이었다. 심지어 류샤오보와 그의 3군자 친구들[15]이 말한 상징적인 3일을 기다리지도 않고, 또 그 단식이 코미디 같은 행위였음에도 불구하고 탱크와 선혈로 광장의 소란, 낙담, 분노를 종료시켰다. 도처에 공포, 죽음, 아픔이 가득했고 안정을 찾지 못한 채 경악에 몸을 떠는 영혼들이 숨을 죽이고 있었다.

그러나 류샤오보는 의외로 흥분 속에서 진정된 모습을 보여주었다. 광장을 떠난 뒤 그는 잠시 비교적 안전한 곳에 머물렀다. 그의 한 친구가 회고한 바에 의하면 대부분의 사람이 절망에 빠져 내란이 일어날 것이라고 생각하는 가운데서도 류샤오보는 여전히 평소처럼 밥을 먹고 농담을 하고 끊임없이 담배를 피웠고, 또 수시로 친구들에게 전화를 걸어 큰 소리로 '여보세요, 나 샤오보야!'라고 통화를 했다고 한다. 이것은 일관된 그의 성격의 연장일까 아니면 가을 매미가 제철이 얼마 남지 않은 것을 알고 죽어라고 울어대며 죽음의 초조함을 완화시키려는 행위와 같은 것일까?

6월 6일 저녁 그는 여전히 자전거에 한 친구를 태우고 귀가하다가 길옆 승합차에서 뛰어내려온 사람들에 의해 체포되었다. 그 뒤 6월 24일에 이르러서야 언론 매체에서는 그가 구금되어 있다는 소식을 보도했다.

3

1986년 말 왕멍은 류샤오보가 우담바라처럼 금세 무대에서 사라져 버릴 인물이라고 예언했다. 3년 뒤 왕멍은 문화부 장관에서 면직되었지만, 류샤오보는 여전히 무대 중앙에 서 있었을 뿐만 아니라 사람들로부터 대대적인 비판을 받는 주인공이 되어 있었다.

톈안먼 사태 뒤 『류샤오보 그 사람 그 사건劉曉波其人其事』이란 책이 학습자료로 사방으로 배포되었다. 그 책에 다음과 같은 내용이 있다. "이 작은 책자에 편집되어 있는 류샤오보의 발언은 반동적인 미치광이가 쓴 반공 기문奇文이다. 우리는 독자 여러분과 공동으로 이 독초를 분석·비판한 뒤, 뿌리째 뽑아 비료로 만들어 우리 사회주의 정신 문명 진지를 강대하고 공고하게 할 수 있기를 기대한다."

전통적인 전제 체제와는 달리 현대 독재주의는 선전과 사상 개조의 작용을 깊이 꿰뚫고 있다. 정권은 그 합법성을 획득하려고 권력의

독재의 유혹

정통성을 대표하려 할 뿐만 아니라 사상의 정통성도 대표하려 한다. 정권은 '이단'에 대한 비판을 통하여 보통 사람들을 교육하려 한다.

도망갈 사람은 도망가고, 감옥에 갈 사람은 감옥에 가고, 침묵할 사람은 침묵하는 이들 지식인 가운데서 류샤오보는 가장 권위적이거나 가장 유명한 사람이 아니었다. 그는 심지어 이 운동 과정에 뒤늦게 참여한 사람이었다.

그러나 그는 더할 나위 없이 좋은 비판의 표적이었다. 그처럼 방자한 그의 발언은 짜릿한 쾌감을 주기도 했지만 수많은 맹점도 노출했다. 사상에서 행동까지 그는 의심할 바 없고 동정할 수 없는 '이단'이었다. '중국은 300년 동안 식민지가 되어야 한다' '전반 서구화론' 등과 같은 그의 발언은 전체 사회에서 사람들의 분노를 쉽게 불러일으켜 지난날의 굴욕감을 다시 떠오르게 했다. 그에 대한 비판도 지식인들에게 그리 큰 동정심은 불러일으킬 수 없었다. 문학 분석에서 정치 평론까지 그는 늘 지식인들을 불안하게 했다. 그는 난입자에 불과했다.

류샤오보는 결국 목소리를 잃었다. 그것은 그가 감옥에서 정치적인 박해를 받고 있기 때문만이 아니라, 그보다 더 큰 이유는 무정한 신시대가 도래했기 때문이었다. 그가 1991년에 출판한 『말일 생존자의 독백末日倖存者的獨白』도 한바탕 풍파를 불러일으켰다. 여전히 사람을 경악시키는 언어와 인정사정없는 비판을 통해 그는 비판의 칼끝을 일찍이 그와 톈안먼 광장에서 생사를 함께했던 엘리트 지식인과 학생 지도자들을 향해 직접 겨냥했다. 일부 사람들은 그 책을 진실한 참회록으로 여기면서 바진巴金의 『수상록隨想錄』이나 심지어 루소의 『참회록』처럼 자기 내면을 고통스럽게 탐색하면서 자신의 상처를 용감하게 드러내고 있다고 인식했다. 그러나 다른 일부 사람들은 오히려 이 책에 대하여 또 한 차례 자신의 이미지를 다시 만들어내기 위한 조작으로 보았다. 톈안먼 사태를 직접 겪은 사람들은 그가 사실을 날조하고 있을 뿐만 아니라 진실한 것처럼 보이는 모든 참회와 무정한 비판 아래 '나는 여전히 이처럼 형편없는 엘리트 지식인들 중에서 가장 형편없는 사람은 아니다'라는 의미를 감추고 있다고 보았다. 또 다른 일부 사람들은 이러한 자기 수치감 배후에 관심을 받으려는 갈망에 감옥에서 행하는 사죄 행위, 즉 당국을 향한 '반성문' 쓰기가 숨어 있다고 믿고 있다.

그러나 이 풍파는 해외에 망명한 지식인들 사이에서 '찻잔 속 태풍'에 그쳤을 뿐 그가 가장 갈망한 중국 대륙 독자들에게는 아무런 영향도 끼치지 못한 듯했다. 심지어 전체 지식인 집단은 신속하게 주변부화되어 그의 이러한 호소도 새롭게 도래한 시대에 의해 매몰되고 말았다. 전체 사회의 발언 방식도 바뀌었다. 니체, 루소, 고독, 항쟁과 같은 어휘는 이미 흘러간 옛 노래가 되었고, 젊은 사람들은 빌 게이츠, 핵심 역량 이론, 에인절 투자, PC, 비즈니스 클래스 등에 관한 이야기를 듣고 싶어한다.

류샤오보의 반역자 이미지도 시대에 뒤떨어진 것이 되었다. 깨끗함, 단정함, 직업적 미소, 양복, 영어야말로 새로운 세대 젊은이들이 선택하고자 하는 것들이다. 그들은 글로벌 시대의 엘리트가 되려고 하지 몰락하고 기진맥진한 비주류 반역자가 되고 싶어하지는 않는다. 이제 더 이상 400명의 사람이 미학 발표회를 보러 강의실로 몰려들지 않는다. 오직 글로벌 기업의 인재 초빙에만 그렇게 많은 사람이 모여들 뿐이다. 심지어 정상을 벗어난 그의 행동도 그렇게 대단한 것으로 생각하지 않는다. 그는 일찍이 돈과 섹스를 크게 언급했고, 그것은 당시 사회적 금기였지만, 지금은 사람들 누구나 그것을 말하고 있고 또 단지 그것을 말하는 것에만 그치지 않고 있다. 그는 저명한 지식인들을 질책했다. 왜냐하면 그들은 당시 사회의 중심 역량이었기 때문이다. 그러나 이제 그들도 주변부로 밀려났고 그들에 대한 질책도 그다지 큰 의미가 없다. 한 세기가 진행되는 동안 중국 지식인들은 처음으로 강대한 중국과 마주하고 있다. 그것은 이제 그들의 구제를 필요로 하지도 않고, 심지어 더 이상 그들의 의견에 귀를 기울여주지도 않는다. 마치 1980년대를 풍미했던 희망, 이상, 열정, 자아숭배에 대한 역반응을 보여주는 것처럼 그들은 자신의 작은 세계로 숨어들거나 차라리 다른 모습으로 신시대를 포용하고자 했다. 그들은 더 이상 자신이 비평가의 역할을 맡아서 공동의 가치와 의미를 탐색해야 한다고 생각하지 않는다. 그들은 이제 신질서의 찬미자가 되고 싶어한다.

다만 비평 대상만이 전혀 약화되지 않고 더욱 강대하고 더욱 폐쇄적으로 중국 정치를 몰아가고 있다. 류샤오보는 재기 발랄하던 비평가로서의 모습은 잃어버리고, 강경한 반체제 인사로 재탄생했다. 나날이 다양해지는 서구 언론의 중국 경제 보도 기사 가운데, 류샤오보의 이름이 가끔씩 끼어 있을 뿐이었다. 그는 '반부패 건의서'를 당국에 전달했다가 노동개조형에 처해져서 다시 구금되었다. 그는 민주와 인권을 위해 싸우는 투사가 되었다. 10여 년 전 그는 인정사정없이 베이징의 '서양인 문학 살롱'을 비판했다. 중국 작가와 예술가들은 마치 서구 외교관, 기자, 중국학 연구자들의 문화적 애완동물처럼 보였다. 그러나 이제 그의 이름은 반드시 서구 언론 매체에 의지해야만 가까스로 망각에서 벗어날 수 있게 되었다.

시대는 더 이상 그를 거들떠보지도 않았지만 그는 여전히 완강하게 성장하고 있었다. 최초의 공연식 비판과 반성이 천천히 새로운 생명력을 얻어가고 있었다. 어쩌면 자신이 해외생활의 공허함에 빠져들까봐 중국에 남는 길을 선택한 것인지도 몰랐다. 그는 점차 한 소모임의 고립무원의 사람들을 대표하는 핵심 인물이 되어갔다. 그들은 망각의 역사를 거부하는 '톈안먼 어머니天安門母親'[16] 사람들, 그리고 중국의 잔혹한 굴기 과정을 비판하는 사람들, 침묵하기를 거부하는 사회활동가들 등이었다. 아파트가 갈수록 더욱 높아지고, 간선도로가 더욱 넓어지고, 공기는 더욱 오염되어가고, 소음은 더욱 시끄러워지고, 정서는 더욱 조급해지는 베이징 성에서 그들은 '보이지 않는 사람들', 즉 '국가의 적'이었다. 그들의 집은 늘 감시당하고 있었고, 그들을 방문하는 사람은 조사와 추궁을 당해야 했다. 그들은 자유롭게 외출할 수 없었을 뿐만 아니라, 심지어 시장에 갈 때도 미행하는 사람이 있었다. 이 정권은 한편으로 그렇게 강대한 것처럼 보이지만, 다른 한편으로는 허약하기 이를 데 없어서 겨우 컴퓨터 자판이나 두드리고 기억을 유지하려고 하는 소그룹 사람들에 의해 전복될까봐 두려워하는 것 같았다. 그들은 정권에 의해 감시당하고 사람들에게 회피당하는 가운데 서로의 몸으로만 서로의 체온을 나누고 있었다. 그들을 '투사'라고 부르기보다는 인간의 가장 기본적인 존엄을 완강하게 지키려는 사람들이라고 불러야 할 것이다. 몇몇 부문에서 류샤오보는 더욱 성숙해졌고 더욱 따뜻하게 변했다. 딩쯔린丁子霖은[17] 그가 아주 열심히 자신을 보살펴주었다고 기억하고 있으며, 그의 제자 왕샤오산도 그가 자신의 정상생활을 보호하려고 노력했다고 회고하고 있다.

독재의 유혹

그러나 류샤오보가 끊임없이 발표한 정치평론에는 청년 비평가의 그림자가 아직 그대로 남아 있다. 20년 전 그는 중국의 문화 전통을 모두 부정했다. 왜냐하면 그것이 대대로 자유로운 영혼을 집어삼켰기 때문이다. 그는 사람들이 미학을 통해 자신의 영혼을 구제받기를 희망했다. 현재 중국은 끊임없이 강대해지고 있지만 사람들은 여전히 이러한 자유와 존엄을 획득하지 못하고 있다. 중국인들은 이제 더 이상 정보의 암흑 속에서 생활하고 있지 않고, 메트로폴리탄 미술관 때문에 놀라지도 않는다. 그러나 이와 같은 표면적인 개방과 자유 아래에서 더욱 놀랄 만한 감금생활이 이어지고 있다. 고압 정치에 의해 유발된 공포, 소비가 가져온 유혹과 현실도피, 정보 범람에 의해 조성된 무지, 도덕 결핍에 의해 초래된 인성 마비 등등의 현상이 마구 뒤엉켜 있다. 사람들은 이러한 현상의 포로가 되어 있으면서도 오히려 자기 자신이 운명을 주재하고 있다고 여긴다. 20년 전과 비교해볼 때 류샤오보의 적은 더욱더 많아진 듯하다. 그를 분노케 한 바보들이 갖가지 새로운 모습으로 다시 나타나고 있기 때문이다. 그는 '후·원신정胡溫新政'에[18] 대한 환상을 타파하려 하고 있고, 민수주의의 범람과 애국주의의 위험성에 대해서도 경계심을 가져야 한다고 인식하고 있다. 더욱 중요한 것은 지식인과 전체 사회가 날이 갈수록 더욱 강렬한 견유주의犬儒主義에 빠져드는 새로운 현실에 대해 그가 계속 저항해야 한다고 주장한다는 점이다. 이제 사람들은 아무것도 믿지 않고 있고, 반항조차도 일종의 웃음거리가 되고 있는 실정이다. 그는 지금까지 '허무주의자'가 아니었으므로 부정과 반항 이후에도 새로운 삶의 의미를 찾으려고 한다.

4

2010년 1월 6일 하벨Vaclav Havel과 그의 친구들은 류샤오보에게 11년형을 선고한 중국 정부에 항의하는 공개편지를 전달하기 위해 프라하의 중국 대사관으로 향하고 있었다. 그날은 바로 '77 헌장' 발표 33주년 기념일이었다. 1977년 1월 6일 바츨라프 하벨, 얀 파토츠카, 지리 하예크 등 일군의 체코슬로바키아 지식인들은 프라하 정부에 청원서를 제출하고 체코 헌법에 보장된 모든 사람의 민주적 권리를 존중하라고 요구했다. 청원서에는 전혀 의외의 내용이 없었다. 그것은 체코 헌법 가운데 일부 내용을 강조하거나 재천명한 것에 불과했다. 그것은 또 1년 전 체코 정부가 참가 서명한 헬싱키 협정에 대한 일종의 반응이라고 할 수 있다. 그 정부가 다시 또 얼마나 지속될지 아는 사람은 아무도 없었다. 그 정부는 경제성장을 방해하고 생태환경을 파괴하고 있을 뿐만 아니라 인간의 정신생활까지 부패·질식

독재의 유혹

시키고 있었다. 당시 체코의 공기 속, 그리고 체코인들의 대화 속에는 냉담, 무감각, 냉소적인 분위기가 만연해 있었다.

그러나 다른 선언서들과는 달리 '77 헌장'은 정치적 선언서가 아니었고, 정치적 조직에 의해 발표된 것도 아니었다. 또 그것은 당시 정치질서에 도전할 뜻을 보이지 않았고, 다만 자신의 신념에 대한 지식인들의 의지를 재천명한 것에 불과했다. 그것은 어쩌면 일종의 상호 권면이라고 할 수 있는 것이었다. 그 선언서는 정부에 제출했지만 사실상 사회를 향한 발언으로서의 의미가 강했다. 즉 그 의미는 다음과 같다. "설령 현실 정치가 결코 변함이 없더라도 우리는 마음속으로 기대하는 방식에 따라 생활하기 위해 노력해야 하고, 성실하게 자신의 생각을 표현해야 하고, 자신의 원칙에 따라 일을 처리해야지, 이제 더 이상 거짓말 속에서 생활해서는 안 된다." 이것이 동유럽에서 분출되어 나온 새로운 철학이었다. 그들은 현행 체제에 직접 대항하는 것이 불가능하다는 것을 알았고, 소위 당내 정치 개량파에 대한 기대가 늘 물거품으로 돌아간다는 것도 알고 있었으며, 또 그런 기대는 언제나 지식인의 독립성 상실을 대가로 요구한다는 사실도 알고 있었다.(그들은 늘 이처럼 개량이란 얼굴로 출현하는 권력에 의지하려 했던 것이다.) 따라서 그들은 자치를 모색하는 데 힘쓰면서 사회 공간의 독립적인 성장을 호소하는 것이 더 낫다고 인식했다.

하벨의 이야기는 마침내 현대의 동화가 되었다. 한 극작가가 현실 정치를 연출하는 감독이 되었고, 그는 결국 정치 지도자가 되어 한 국가를 전제정치에서 민주정치로 이끌었다. '77 헌장'은 20세기 지성사에서 빛나는 한 페이지를 장식하게 되었다. 그러나 동화 배후에는 현실의 잔혹함이 감추어져 있다. 헌장의 서명자들은 감옥에 가고 망명을 갔다. 그들 스스로도 자신들의 행동이 훗날 성공하리라고는 예상하기가 어려웠다.

류샤오보는 몇 년 전 이렇게 썼다. "6·4 이후에 계속된 적막과 망각의 중요한 원인은 우리에게 용감하게 분투하는 도의道義의 거인이 없기 때문이다." 그가 말한 도의의 거인은 바로 소련의 솔제니친과 사하로프(1975년 노벨 평화상 수상자), 체코의 하벨, 남아공의 만델라와 같은 사람을 가리킨다. 그들은 자기 민족의 영혼이 은폐될 때 그 민족의 정신적 좌표와 도덕적 고무자 역할을 했다. 여기에서 다시금 류샤오보가 20년 전에 제기했던 문제를 상기하게 된다. 그것은 다음과 같다. "왜 중국에서는 위대한 영혼을 탄생시킬 수 없는가? 해외 망명자든 아니면 국내의 반체제 인사든 상관없이, 그들은 창조적 역량과 도덕적 역량에서 사람들의 경탄을 자아낼 만한 성취를 이루지 못하고 있을 뿐만 아니라 심지어 자기들끼리 서로 싸우는 진흙탕에 빠져들기도 한다."

어떤 의미에서 '08 헌장'은 '77 헌장'의 메아리라고도 할 수 있다. 이 두 선언서는 모두 일종의 보편적 가치관에 대한 지식인들의 확인인 셈이다. '77 헌장'처럼 '08 헌장'도 어조가 부드럽고 이미 인정된 논리들을 재천명한 것에 불과하다. 그것은 60년 전에 확정된 인권 공약에 대한 호응이며 또 그것은 중화인민공화국 헌법의 범위 내에 자리 잡고 있다.

하지만 '08 헌장'은 사람들에게 두려움을 안겨준 '다크호스'가 되었다. 이 정권을 경악시킨 것은 그 내용이 아니라 20년의 압제와 분화 그리고 매수를 겪고 나서도 여전히 일군의 지식인들이 한데 모여 집단적인 목소리를 낼 수 있다는 사실이었다. 류샤오보에 대한 재판은 이미 여러 해 동안 분화된 지성계의 공감을 확실하게 불러일으켰다. 하벨 문집 중국어 번역자인 추이웨이핑崔衛平은 전화 인터뷰에서 주요 지식인들, 즉 류샤오보의 관점에 동의하든 동의하지 않든 간에 주요 지식인 거의 모두가 이 재판에 불만을 품고 있다고 했다. 그것은 또 한 차례의 필화사건이라고 할 수 있다.

한편으로 중국은 날마다 새롭게 변하는 것처럼 보인다. 20년 전에는 아무도 중국이 오늘날과 같은 모습으로 변하리라고 상상할 수 없었다. 그러나 다른 한편으로 중국은 여전히 정체된 채 앞으로 나아가지 못하고 있고 심지어 어떤 때는 후퇴의 모습을 보이기도 한다. 2009년 말 이루어진 한 차례 인터뷰에서 여러 해 동안 얼굴을 드러내지 않던 리쩌허우는 다음과 같이 말했다. "우리는 봉건 자본주의의 관문을 통과해야 한다." '봉건주의'의 확실한 정의가 무엇인지에 대해서는 잠시 상관하지 않기로 하자. 지난 한 차례 '봉건주의'에 대한 논쟁은 1982년에 있었고, 관성이 극대화된 전제적 문화 전통으로 이해되었다.

사람들은 또한 보통 '문자옥'이란 용어로 류샤오보의 투옥을 형용한다. 바로 청나라 강희康熙·옹정雍正·건륭乾隆 연간 태평성대에 독립적인 사상을 지닌 문인들이 대량으로 학살당했다. 역사학자 위잉스余英時는 류샤오보를 또 다른 범중엄范仲淹[19]에 비견한다. 범중엄의 유배처럼 류샤오보도 투옥될 때마다 그의 위대함이 더욱 커졌다. 이 두 사람은 왕권에는 도전했지만, 더욱 위대한 도통道統(올바른 진리)에는 순종했다. 위잉스의 관점으로 볼 때 진정한 유가적 이상은 필연적으로 지금 이 시각의 보편적 가치관과 유사하지 않을 수 없다는 것이다.

341
/

이러한 비유가 어쩌면 반드시 타당하지 않을지도 모른다. 류샤오보도 틀림없이 이러한 비유를 좋아하지 않을 것이다. 그가 중국 전통에서 목도한 것은 그 어떤 찬란함이 아니라 끝도 없는 억압과 암흑이었다. 그러나 격렬한 반전통주의자들의 신상에 흔히 전통의 흔적이 깊이 새겨져 있는 것처럼 류샤오보의 신상에서도 그에 상응하는 특징을 발견할 수 있다. 만약 범중엄이 류샤오보와 완전히 부합하지 않는다면 우리는 명나라 말기 이지李贄[20]의 신상에서 아주 유사한 점을 발견할 수 있다. 도처에 만연한 정통 사상의 압제를 마주하고 이지는 광증狂症으로 자유를 획득했다. 개인 자유는 중국 역사에서 이처럼 찾아보기 어렵다. 정치권력의 압력과 유혹, 방대한 인간관계, 유가 사상의 지배 역량 등이 개개인의 독립과 자유의 가능성을 거의 말살했다. 위진魏晉시대 문인들이 아름다운 산수로 도피하는 것이 그 하나의 방식이었고, 이지식의 광증도 최후의 가능성이 될 수 있었다. 1980년대 말의 류샤오보도 지난날의 모든 정통 역량과 새롭게 정통이 된 역량에 반대했고, 또 그 반대의 과정에서 잠시나마 자유를 느끼지 않았던가?

이러한 의미에서 그는 마오쩌둥 시대의 피해자인 동시에 수혜자이기도 하다. 마오쩌둥 시대는 서로 모순된 방식으로 중국인을 빚어냈다. 한편으로 그 시대는 사상적인 면에서 고도의 전제적 방식을 써서 모든 사람이 한 가지 책을 읽게 했고 한 가지 구호만 외치게 했다. 그러나 다른 한편으로 홍위병과 같은 젊은이들은 공전의 자유를 누린 시기이기도 하다. 모든 기관이 혼란에 빠졌고 모든 사회가 속박에서 벗어났다. 어린 소년들은 하지 못할 일이 없었다. 류샤오보가 '다크호스'의 자태로 문단에 난입한 것은 '반란에는 이유가 있다造反有理'는

'홍위병'의 공격 방식과 유사한 것이다.

　이러한 비유는 아마도 류샤오보를 이해하는 데 도움을 줄 수 있겠지만 그의 내면으로 들어가는 데는 아무런 도움도 주지 못한다. 우리는 그가 과연 11년 형기를 마칠 수 있을지 없을지 알 수 없다. 만약 2020년이 되어 그가 60세의 나이로 출옥했을 때 과연 한층 더 진보된 모습을 보이며 일부 반체제 인사들이 기대하는 민족 영웅이 되어 있을까? 간디, 만델라, 김대중과 같은 아주 소수의 사람만 오랜 감옥 생활에서 다시 살아났지만 대부분의 사람은 몸과 마음이 모두 망가지고 말았다.

　그러나 한 가지 사실만은 아주 명확하다. 류샤오보는 우담바라식의 인물이 아니라 여전히 무대 중앙에 살아 있다는 사실이다. 설령 그 무대가 잠시 가려져 있고 잊혀 있기는 하지만 말이다. 그의 지금 상황은 다음과 같은 버나드 쇼의 명언을 생각나게 한다. "정상인들은 세계에 적응하며 살지만 광인은 항상 세계를 자신에게 적응시킨다. 역사의 개혁을 추진하는 사람은 거의 모두가 광인이다."

　"류샤오보는 우담바라 같은 순간적 인물이다"라고 예언한 왕멍은 지금 도가道家의 표일飄逸을 크게 떠벌리며 중국문학이 역사적으로 가장 좋은 시기를 맞이하고 있다고 설파하고 있다. 류샤오보가 늘 시대와 불화를 일으키며 사는 것과 비교해보면 그는 언제나 시대와 발맞춰 그렇게 정상적으로 살아가고 있다.

343
/

후기

나는 위의 글을 2010년 3월에 썼다. 7개월 뒤 그는 노벨 평화상을 수상했다. 그건 정말 뜻밖의 결과였지만 한편으로 예상할 수 있는 결과이기도 했다. 노벨상에 대한 중국인의 모든 관심사 중에서 가장 드물게 언급되는 것이 바로 평화상이다. 1989년 평화상을 획득한 달라이 라마는 더더욱 외국인으로 간주되고 있는 실정이다. 물리, 화학, 문학, 경제에 비해서 평화는 지나치게 추상화된 개념이다. 한 세기 동안 중국인은 자신들의 내부 문제에 얽혀 있어서 더욱 광범위한 세계 문제에 관심을 기울일 수 없었다. 이러한 도덕상의 무감각은 북한, 미얀마, 수단을 대하는 우리의 태도에서 그 대략적인 모습을 엿볼 수 있다. 평화상은 언제나 세계의 분쟁과 관련을 맺어왔지만, 우리는 단지 우리 자신의 분쟁에만 관심을 가졌을 뿐이다. 우리는 언제나 경제성장이나 스포츠 제전이 세계적으로 더욱 큰 가치를 발휘한다고 생각해왔지만, 우리 내부의 분쟁이 동일하게 세계적인 가치를 지니고 있다고는 거의 의식하지 못했다. 이러한 의미에서 류샤오보는 자신의 능력을 아주 낮게 평가했다고 할 수 있다. 21년 전 그는 뉴욕 메트로폴리탄 미술관에서 중국 지식인들이 단지 서구의 사상을 학습하며 복제하고 있다고 탄식했다. 그러나 사실은 결코 이와 같지 않다. 자유·민주·인권이란 이념은 이미 세대마다 서구 이론가들에 의해 '과도적 해설'이 이루어져서 명확한 정의와 경계 설정이 되어 있는 것처럼 보인다. 그러나 실천 앞에서 개념은 단지 개념에 불과할 뿐이다. 한 차례 한 차례 실천에는 모두 새로운 내용과 새로운 차원이 덧보태진다. 노벨 평화상 수상 소식이 전해진 뒤 우리는 베이징

공기 속에서 출렁이는 희열을 느낄 수 있었다. 사람들은 함께 모여 술을 마시며 마음속으로 연애 감정과 같은 달콤함을 만끽하며 그것을 시급히 더 많은 사람에게 알려주고 싶어했다. "아세요? 그 상금이 무려 1000만 위안이래요. 둥얼환東二環 지역에서 가장 좋은 집을 살 수 있는 돈이죠." 나의 한 친구는 택시 기사에게 이렇게 말하며 류샤오보가 누구이며 노벨 평화상이 또 얼마나 가치가 있는지 설명하려 했다.

'공기 속에서 출렁이는 희열'은 물론 과장된 말이고 우리 심리의 기묘한 반영에 불과하다. 왜냐하면 도시의 절대 다수인 1700만의 사람이 류샤오보가 누군지 전혀 몰랐기 때문이다. 심지어 어떤 저명한 대학의 학생 서클 담당 지도교수가 학생들에게 민감한 활동을 하지 말라고 경고하면 이렇게 말했다고 한다. "왕샤오보라는 반체제 작가가 노벨 문학상을 받았다고 한다."

관방 언론 매체의 신랄한 성토에 따라 류샤오보의 이름은 더 많은 사람에게 알려졌다. 그러나 그의 노벨상 수상이 중국에 심도 있는 영향을 미칠 수 있을까?

이에 대한 판단을 내리기에는 아직 시기가 이르다. 역사 속 인물과 비교해보는 것도 그리 타당해 보이지 않는다. 류샤오보는 1975년의 사하로프가 아닐 뿐 아니라 1991년의 아웅산 수 치도 아니기 때문이다. 이 두 사람이 노벨 평화상을 받을 때 그들은 이미 자기 나라의 저명 인사로 대단한 도덕적 명성을 누리고 있었다. 설령 이와 같기는 하지만 그들이 자기 나라 정국에 미친 직접적인 영향은 낭만주의자들이 묘사한 것처럼 그렇게 두드러지지 않는다. 중국공산당 정권의 끈기와 중국 사회의 망각과 냉담은 모두 사람들이 상상하는 것보다 훨씬 강력한 힘을 갖고 있다.

"반체제파의 재통합이 자동으로 완성되었다"라고 나의 한 친구는 노벨 평화상의 효과를 이렇게 정리했다. 류샤오보는 자동으로 민간 반체제파의 지도자가 되었다. 그는 여전히 원자바오 총리가 정치 개혁 문제를 다루면서 행한 대담한 발언을 당내 자유파의 각성으로 이해했다. 그의 입장에서는 이 두 가지 역량(민간 반체제파와 당내 자유파)의 결합이 장차 중국을 변화시킬 것이라고 인식하고 있다. 나는 이러한 입장이 많은 사람이 생각하는 낙관적인 정서의 주요 근원이라고 생각한다.

나는 이에 대해 가타부타 대답을 하지 않겠다. 그러나 내 마음속엔 상당한 불안감이 존재한다. 왜 우리는 어떤 문제를 고려하는 시각이 언제나 이처럼 공리화되어 있을까? 위대한 정감이 구체적인 행동과 결과로 전환될 수 있었던 경우를 제외하고는 여태껏 한 번도 독립적인 의미를 가진 적이 없는 것 같다. 나는 심지어 사람들이 류샤오보 자신에 대해서는 흥미를 잃어버리고 단지 그의 상징화된 의미가 어떤 현실적 가치를 지니고 있는지에만 관심을 기울이고 있는 것처럼 느껴진다.

류샤오보가 노벨 평화상을 받은 뒤 어떤 사람은 황당한 뉴스를 만들어 중국 정부의 격분을 풍자했다. 소문에 의하면 난징에서 반노르웨이 시위를 주도한 사람들은 북유럽 작은 나라에서 온 연어를 먹지 말자고 의견을 제시했다고 한다. 또 흥분한 군중 한 명은 즉석에서 무라카미 하루키村上春樹의『노르웨이의 숲』을 불태웠다고 한다.

이러한 뉴스는 정말 사람들로 하여금 실소를 금치 못하게 한다. 하지만 나는 오히려 무라카미 하루키가 몇 년 전 예루살렘 문학상 시

상식에서 행한 다음과 같은 연설이 생각났다. "만약 여기에 견고하게 높은 장벽과 그 장벽에 부딪혀 깨진 계란이 있다면 나는 언제나 그 계란 편에 설 것입니다. (⋯) 우리는 모두 국적·인종·종교를 초월한 개개인이며, 체제라는 이 높은 장벽과 맞서고 있는 하나하나의 계란입니다. 언뜻 보면 우리에겐 승리할 희망이 조금도 없는 것 같습니다. 장벽은 저렇게 높고 저렇게 단단하고 저렇게 냉혹합니다. 만약 우리가 승리와 비슷한 작은 희망이라도 가질 수 있다면, 그 희망은 자신과 타인의 영혼이 절대 존엄하며 어떤 것도 그것을 대체할 수 없다고 믿는 것으로부터, 그리고 그 영혼과 함께하는 따뜻함으로부터 올 것입니다."

류샤오보가 바로 이와 같은 계란이다.

347
/

제11장

우리
이 세대

"만약 우리 이 세대가 이 나라의 심층적인 곤경을 직시할 수 없어서, 천박한 유행으로 이러한 내재적 곤경에 대한 우리의 이해와 개선 의지를 바꾸어버린다면 우리가 경박한 세대라는 걸 증명하는 데 그칠 것이다. 우리는 인터넷과 소비주의에 의해 만들어진 편협한 세계로부터 걸어나와 이 진실한 사회를 영접해야 한다. 사회의 모든 전환기와 마찬가지로 오늘날의 중국도 지난한 업무와 마주하고 있다. 우리 이 세대와 미래의 몇 세대는 우리의 열정과 정력을 살아갈 만한 가치가 있는 좋은 사회를 건설하는 과정에 투입해야 한다. 우리에겐 암흑을 폭로하는 신문기자, 정의감이 풍부한 변호사, 사회적 양심을 지닌 상인, 개혁 추진을 원하는 관리, 존경받을 만한 비정부 조직이 필요하다."

1

징선京瀋 고속도로[1] 더우거좡豆各莊 톨게이트에서 빠져나와 한 줄기
용수로 곁의 숲길로 차를 운전해 들어가서 다시 우회전하면 바로 그 마을에 이른다. 그곳은 아주 평범한 교외의 한 촌락이다. 큰길 가에 는 작은 점포가 즐비하다. 산시山西 칼국수 집에서 휴대전화 가게와 잡화점, 그리고 이발과 안마를 모두 서비스하는 미용실 등에 이르기 까지, 저질의 빨강 파랑 바탕에 스프레이로 쓴 광고판이 하나씩 하나 씩 무질서하게 뒤엉켜 있다. 노면은 전부 먼지투성이고 차가 지날 때 마다 그 먼지가 한바탕 휘날아 오르면 사람들은 아무 데도 피할 곳이 없다.

그래도 길가의 사람들은 전혀 개의치 않고 태연자약한 모습으로 그릇에 담긴 볶음면을 먹고는 아주 흡족하게 담배를 한 대 피워 문 다. 그들 중 일부는 아직 나이 어린 청소년이고 일부는 이미 연로한

노인들이다. 그들은 모두 웃통을 벗어젖힌 체 번들번들한 검은 피부를 드러내고 있다. 그들은 이 마을 주민이 아니고 이곳에서 멀지 않은 곳에 건설 중인 대형 아파트 공사장에서 일하는 노동자들이다. 마침 점심시간이어서 그들은 잠시의 여유를 즐기고 있다. 담배를 피우고 차를 마시며 안후이성安徽省 출신 여주인과 시시껄렁한 농담을 주고받고 있다. 맞은편 미용실 아가씨들은 가게 앞에 비스듬히 앉아 뜨개질에 전념하며 왼 다리 위에 오른 다리를 걸치고 리드미컬하게 떨고 있다. 빨간 슬리퍼는 금방이라도 벗어질 듯 허공으로 뻗은 오른발 끝에 아슬아슬하게 걸려 있다.

건설 중인 대형 아파트 건물을 제외하면 베이징시 구치소가 더우거좡에서 가장 방대한 건축물이다. 높은 담장과 철제 대문이 전체 규모를 감추고 있어서 대략 6~7층 높이의 사무실 건물 두 동만 보일 뿐이다. 대기실 뒷창문을 통해 함석집처럼 지어진 2층 건물이 내 눈에 들어왔다. 회색빛의 간단한 건물이었다. 구금된 사람들이 그곳에 있는지, 그리고 이런 건물이 몇 동이나 있는지 알 수 없었다.

인터넷으로 유포된 소식에 의하면 쉬즈융許志永이 바로 그곳에 감금되어 있다고 했다. 그가 내 친구 중에서 처음 체포된 사람은 아니었지만 아마도 나에게 '체포'라는 감각을 처음으로 분명하게 느끼게 해준 사람은 바로 그였다.

2009년 7월 23일 밤 우리는 함께 베이징대 근처 한 식당에서 밥을 먹었다. 저녁을 먹는 동안 그는 일관된 낙관과 믿음을 유지하고 있었다. 9일 전 세무 당국이 중국공익연맹中國公益聯盟을 갑작스럽게 방문조사하고 거의 광증에 가까운 징벌 조치를 내렸지만 그는 조금도 신념을 흐트러뜨리지 않는 듯했다. 누구라도 이 조치가 경제 조사를 빌미로 그 단체에 압력을 가하려는 행위임을 분명하게 알 수 있다.

중국은 언제나 이처럼 터무니없는 거짓말에 겹겹이 둘러싸여 있는 듯하다. 도처에서 조화로운 사회和諧社會를 외치면서도 정부의 도덕은 붕괴되었고 사회에는 온갖 충돌이 끊임없이 계속되고 있다. 헌법에서는 모든 사람의 언론 자유를 보장하고 있지만, 국가의 안전을 해칠 위험이 있다고 여겨지는 행위에 대해서는 또 다른 법률로 처벌할 수 있다. 우리는 어떤 말을 조심하지 않으면 이 거대한 국가를 전복시킬 수 있는지 명확하게 말할 수 없다. 일부 공무원들은 사방으로 처녀를 찾아다니며 섹스 서비스 받기에 여념이 없다. 그러면서도 정부에서는 하나의 통제 시스템을 만들어 인터넷에 접속하는 어린이들이 음란 콘텐츠에 피해를 보지 않도록 보호해야 한다고 공언하고 있다.

쉬즈융과 그의 동지들은 이 사회에 무한한 책임감과 깊은 동정심을 품고 자신의 법률 지식으로 어려움에 처한 낯선 사람들에게 도움을 주면서 이 사회의 불공정성을 완화시키고 저들 비관에 젖은 힘없는 사람에게 희망을 주려 하고 있다. 그러나 그들이 이와 같은 민간 기구를 만들려고 할 때, 이 기구를 담당하려고 하는 정부 부서가 한 곳도 없어서, 민간 비영리 단체로는 등록할 수가 없었다. 이에 이 민간 기구는 부득불 '베이징공익연맹 자문 유한공사北京公盟諮詢有限公司'로 등록하여 생존을 추구하지 않을 수 없었다.

전제 정권은 언제나 사회적 역량 제거를 제일 중요한 임무로 삼고, 사람들이 뜻을 함께하며 한데 어울리는 것을 허용하지 않는다. 권력 중심의 권위를 분산시킬 수 있기 때문이다. 한 나라의 모든 사회적 역량이 제거되었을 때 그 나라는 독재사회가 되어 국가의 권력이 미치지 않는 곳이 없게 된다. 월급명세서에서 침실까지 모든 곳에 정치 권력이 미친다. 연애편지에 마오 주석의 어록을 인용하던 시대가 바로 이와 같지 않았던가? 독재정치는 공포와 기만을 통해 독립적 사고를 상실한 고립무원의 개체를 양성하고, 그들은 한 차례 한 차례 끊임없이 황당한 군중 비극의 재료가 될 뿐이다. 30년 동안 개혁이 진행된 뒤 우리는 시장 역량의 신속한 흥성은 목도할 수 있지만 사회적 역량의 성숙은 찾아볼 수 없다. 건강하고 강대한 시민사회가 있어야만 다원화된 가치관을 배양하여 강대한 정치권력을 제어하는 동시에 시민들이 생산자와 소비자로 전락하는 것을 방지할 수 있고, 마침내 그들을 건강한 공민公民으로 성장시킬 수 있다. 집권자들은 이러한 사실을 알고 비영리 공익단체 등록을 개인 기업의 등록보다 훨씬 더 어렵게 만든 것이다. 이러한 조치에 내포된 의미는 매우 분명하다. 즉 나는 네게 돈을 버는 것은 허용하지만 다른 것에 대해서는 지나치게 많은 간섭을 해서는 안 된다는 것이다.

그러나 쉬즈융과 그의 동지들은 많은 것을 간섭할 생각이었다. 왜냐하면 우리는 일찍이 많은 것이 왜곡된 사회에서 생활했기 때문이다. 그들이 부지런히 노력하는 배후에는 근래 새롭게 형성된 중국 사회가 자리 잡고 있다. 그 양상은 다음과 같다. 경제의 진보가 더 이상 전체 사회에 보편적인 복리를 가져다주지 못하게 되어 소득 격차가 급속히 벌어지고 있다. 정치권력과 상업 이익이 새롭게 결합하여 이익을 독점하는 집단이 출현하게 되자 보통 사람들의 기회가 줄어들 뿐만 아니라 그들의 이익도 항상 침해를 받고 있다. 금전이 정치권력의 확장을 촉진하여 왜곡된 경제 구조를 양성하고 있다. 왜곡된 경제 구조는 환경과 생태의 파괴를 야기했고 도덕 윤리까지 유린하여 더욱 많은 피해자를 만들어내고 있다. 이에 중국이라는 이 방대한 경제 열차는 굉음을 내며 앞을 향해 나아가고 있고, 수많은 사람은 그 바퀴 뒤로 떨어지거나 바퀴에 깔려 목숨을 잃고 있다. 그러나 그들의 절규는 항상 열차의 굉음에 파묻혀 사라지고 있다.

이렇게 떨어진 사람들은 방 안에서 탄식하거나, 상급 기관으로 몰려가 하릴없이 해결의 희망을 기다리거나, 원통하다는 팻말을 들고 법원이나 검찰청 혹은 CCTV 방송국 앞에 서서 침묵 시위를 할 수 있을 뿐이다. 언론 매체는 그들에게 발언의 공간을 제공하기가 매우 어렵다. 매체들도 이데올로기에 의해 통제되고 있을 뿐만 아니라 오락화의 흐름에 편승해야 하기 때문이다. 사회 엘리트들도 그들의 존재에 거의 관심을 기울이지 않는다. 엘리트들은 중국의 세계적 지도력과 경제성장률을 대대적으로 토론하면서, 약자들이란 경제발전 과정에서 불가피하게 희생된 사람에 불과하다고 인식한다. 물론 관료 조직에서도 그들에게 관심을 가질 리가 없다. 이 정권 수립의 기본 철학이 바로 인간의 존엄을 무시하는 것이었기 때문이다. 즉 인간은 도구이며 재료에 불과하다는 것이다. 일찍이 국가주석을 역임했던 사람 중에서도 그처럼 비참하게 죽은 자가 있는데, 하물며 저들 보통 사람에 있어서랴? 광대한 일반 백성들은 자기 곁의 불행한 자들이 얼마나 불행한지 목도했기 때문에 목숨 걸고 신분상승을 꾀하며 조금이라도 안전장치를 마련하려고 한다. 이 같은 사회에는 불공정과 암흑이 가득 차 있기 때문에 더욱더 정의와 양심을 갈망하게 된다.

공익연맹 산하 10여 명의 변호사는 대부분 서로 다른 단체의 사람들에게 무료로 법률 서비스를 제공하는 동시에 각종 방법으로 법률 상식을 제공하고 있다. 불법 수용, 송환 제도 폐지를 추진하는 것에

355
/

서부터 덩위자오鄧玉嬌 사건[2] 변호와 멜라민 오염 우유 피해 가정 변호에 이르기까지 공익연맹은 마치 지난 6년간 중국의 법치 발전의 축소판을 보여주는 듯했다. 일군의 청년들이 어떻게 하면 법률이란 무기로 보통 사람들의 기본권과 존엄 획득을 도와줄 수 있는지 보여준 것이다. 그들은 구호나 이론은 거의 사용하지 않고 하나하나의 구체적인 행동으로 시민들의 권리 증진을 추진했다. 그들은 절망과 조소가 충만한 공적 공간에 희망을 보태주었다. 그들은 또 체제 내의 경우를 포함하여 사회를 개선할 수 있는 어떤 기회도 포기하지 않았다. 쉬즈융은 2003년 하이뎬구海澱區 인민대표대회 대의원으로 당선된 이후에도 끊임없이 새로운 신분을 이용하여 갖가지 문제를 폭로했다. 3개월 전 한 차례의 강연에서 언급한 것처럼 그들은 단결, 공감, 참여, 봉사를 추구한다. 그들은 하나하나의 노력을 통해 장기간 지속되어온 중국의 열악한 정치 행태를 변화시키려 하고 있다. 어떤 때 그들은 성공을 거뒀지만, 또 어떤 때 그들은 실패를 맛보아야 했다. 물론 그들은 적지 않은 권력자와 이익집단의 범죄를 밝혀냈다. 그들이 피해자를 위해 공정함을 요구하면 이로 인해 특권자들의 특권은 약화되기 마련인 것이다.

7월 23일 밤 그는 도대체 무엇 때문에 공익연맹이 곤경에 빠지게 되었는지 추측해보려고 했다. 이데올로기가 종언된 이후 당과 정부는 일찌감치 상이한 이익집단으로 분화되었다. 그러나 그들의 이익이 침해를 받으면 인정사정없이 수중의 권력을 사용하게 되는 것이다.

위와 같이 모든 것을 분석하고 나서도 즈융은 여전히 일관된 낙관을 유지하고 있었다. 기억하건대 2년 전에 나눈 한 차례 대화에서 그는 원기왕성한 모습을 보이며 2008년 올림픽이 장차 중국에 거대한 개혁의 계기를 제공해줄 것이라고 믿었다. 전 세계가 베이징을 주시하게 되면 정치권력도 축소될 수밖에 없고 다양한 민간단체도 이 호기를 이용하여 시민사회의 공간을 확장해야 한다는 것이다. 그전에 일어난 일련의 사건들도 모두 인터넷 모임과 그 정보 전파 효과를 통해 약자들도 다윗과 골리앗처럼 강자들과 싸움을 벌일 수 있고 그 승부도 알 수 없다는 사실을 밝혀주었다.

그러나 지금은 어떤가? 2년 동안 나는 정부의 권력이 중요한 국가 행사에 수반하여 더욱 강력해져왔음을 목도했다. 쓰촨 대지진, 올림픽, 금융 위기와 같은 도전이 있을 때마다 정부는 반드시 그 기회를 국가권력을 확대하는 것으로 대응해왔다. 재난 구제는 오직 정부의 명의로만 진행되었고, 사망자 명단은 국가 기밀이 되었다. 올림픽의 모든 것은 오직 국가만이 담당할 수 있었고, 가장 부유하게 된 것은 바로 정부 소속의 중앙기업들이었다. 젊은이들은 모두 공무원이야말로 세계에서 가장 아름다운 직업임을 인식하게 되었다. 스스로 개성이 강하다고 생각하는 네티즌들도 가볍게 '애국주의'의 홍수에 휩쓸려 들어갔다. 양심적인 사회적 역량은 갖가지 어려움에 직면하게 되었다. 그들은 신분이 불안하고 재정이 긴박해져서 늘 기구 개편의 위험에 노출되어 있었다.

그러나 즈융은 곤경 속에서도 희망을 보고 있었다. 그는 상급 기관에 항의하려는 사람들에게 법률 자문을 제공하고 독이 든 분유 피해자 부모들을 위해 손해배상을 추진했다. 또 베이징의 사설 감옥시설을 탐방하다가 폭력배들에게 구타를 당한 뒤 감금되기까지 했다. 왜냐하면 폭력배들에게 수난을 당한 뒤 실어증에 걸린 일군의 피해자들을 위해 공정한 해결 방법을 찾아주려고 했기 때문이다. 아마도 그는 일련의 개인 경험을 통해 정의와 양심에 대한 사람들의 거대한 갈망을 느꼈을 것이다. 이러한 갈망이 그를 따뜻하고 굳세게 만들었다.

　그날 저녁 우리는 지먼차오薊門橋에서 헤어졌다. 나는 우리가 헤어질 때 그가 한 마지막 말을 기억하고 있다. "가장 나쁜 결과는 저들이 나를 감옥에 가두는 것이지만 그건 뭐 내게 대수롭지 않은 일이다." 하지만 나는 그의 말이 현실이 될 거라곤 생각하지 못했다. 나는 저들이 보통 변호사에겐 엄중한 조치를 취할 수도 있겠지만, 쉬즈융처럼 많은 사람의 관심이 집중된 인물에게는 더 신중한 방법을 쓸 것이라고 생각했다. 하물며 즈융의 방법은 무척 온화하지 않은가? 한 차례 강연에서 그는 이렇게 강조했다. "우리의 방식은 비판이 아닙니다.—비판이 아주 중요하더라도—또 개량도 아니고 대항은 더더욱 아닙니다. 우리의 방식은 건설입니다." 게다가 그는 인민대표대회 대의원이 아닌가? 그를 체포하려면 인민대표대회의 결의를 통과해야 한다.

　그러나 1주일도 되지 않아 내 예상과 완전히 어긋난 소식이 들려왔다. 7월 29일 새벽 5시 회사 경비원의 목격에 따르면 그가 낯모르는 네댓 사람에게 어디론가 끌려갔다고 한다.

2

대략 6년 전 베이징 더우거좡에서 훨씬 먼 동쪽 교외 아파트에서 위제余杰와 나는 농담식으로 근래 몇 년 동안 미행과 검열을 당한 그의 경험에 대해 이야기하고 있었다. 우리는 1997년 베이징대에서 만났다. 그는 나보다 3년 선배였지만 같은 과는 아니었다. 나는 그가 자신이 직접 복사하여 만든 문집 『내일明天』을 읽고 억누르기 어려울 정도로 가슴이 뛰었다. 사상의 열정, 비판의 예리함, 드넓은 시야 등 모든 것이 내 젊은 마음에 뒤엉켜들었다. 이것이 바로 우리가 베이징대학 캠퍼스에 기대하면서도 지금은 거의 찾아볼 수 없는 기상 아닌가?

우리는 친구가 되었다. 글 속에서 드러나는 날카로움에 비해서 일상생활에서 위제는 선량하고, 제멋대로이고, 작은 허영심을 갖고 있고, 후이궈러우回鍋肉를 좋아하고, 다리가 늘씬한 한 아가씨를 죽어라고 짝사랑하는 청년이었다. 우리가 알고 나서 1년 뒤 한 출판사에서 그 복사 문집을 발견하여 출판한 뒤, 그는 갑자기 대학사회, 청년 계층, 사회 엘리트들 속에서 아주 인기 있는 인물이 되었다. 당시는 톈안먼 광장의 비극이 일어난 지 10년이 가까워오는 시점이었다. 이 10년 동안 사상적인 침체와 과도기적인 근신이 계속되었다. 그러나 한 젊은이가 뛰쳐나와 거의 치기어린 어투로 문화, 사회, 정치에 대한 그의 관점을 이야기했다. 그의 용기와 열정은 모든 사람에게 영향을 주었다. 위제는 분명 젊으면서도 노숙한 면을 드러냈지만 그는 겨우 25세였다. 그러나 그는 중국인들이 가장 잘 아는 방식을 사용했다. 즉 글을 쓰고 사상을 토론하고 논쟁을 일으켜서 사람들의 사고를 자극했다. 그는 때때로 사유 방식이 지나치게 단조롭기는 하지만 계몽주의자라고 할 수 있다.

이어진 그의 삶의 궤적은 더 이상 순조롭지 않았다. 그의 단호한 비판 태도는 학교 당국을 불안하게 했고, 그보다 더 많은 보수주의자 역시 아주 언짢게 생각했다. 2000년 졸업 후 그는 본래 그를 채용하기로 한 직장에서 그를 거부했다는 사실을 알게 되었다. 그는 독립 작가가 되었다. 그는 여전히 논쟁을 불러일으켰다. 2000년인지 2001년인지 잊어버렸지만 그는 어떤 잡지에 「쿤데라와 하벨—우리는 무엇을 선택하고 무엇을 책임질 것인가?昆德拉與哈維爾—我們選擇什麼? 我們承擔什麼?」라는 글을 발표하여 두 체코 작가에 대한 중국 지식인들의 태도를 빌려 1990년대의 문화심리 분석을 시도했다. 그 주요 내용은 당시 우리는 굉장히 총명했지만 진지한 도덕적 입장은 부족했다는 것이었다.

지식인들 사이에서 벌어진 모든 공개 토론은 가치관이 전복되기 전의 마지막 항거 같았다. 1993년 인문정신에 관한 토론이 있은 후 오히려 인문정신은 헌 짚신짝처럼 버려졌다. 그리고 '지혜와 입장'에 관한 이번 논쟁이 지나간 뒤에는 '입장'의 마지막 방어선이 붕괴되었다.

명성이 높아짐에 따라 위제의 교류 범위도 넓어져서 해외 언론 매체에도 글을 쓰게 되었다. 그러나 위제는 점차 반체제 작가라는 또 다른 작가군으로 분류되기 시작했다. 곧바로 이어서 그의 책을 중국 내에서 출판할 수 없게 되었고, 언론 매체들도 그의 글을 싣는 걸 금지했으며, 다시 이어서 그는 기독교도가 되었다.

우리의 관계도 갈수록 소원해졌다. 대학을 졸업한 뒤 우리는 각자 서로 다른 생활 궤적을 갖게 되었기 때문이다. 이와 동시에 어쩌면 내 잠재의식 속에 그가 지나치게 단순한 방식을 사용한다고 느꼈기 때문인지도 모른다. 새로운 시대가 도래하여 수많은 일이 새롭게 등장하는데도 불구하고 여전히 과도하게 도덕적 판단에만 의지하는 것은 분명 단순하고도 거친 태도로 생각되었다.

새로운 시대가 진정으로 도래했다. 1999년 인터넷 열풍이 중국을 휩쓸었다. 루소, 카프카, 루쉰이나 리아오李敖[3]가 아니라, 빌 게이츠, 스티브 잡스, 딩레이丁磊[4], 장차오양張朝陽[5] 등이 새로운 우상이 되었다. 책이나 사상이 아니라 자본과 기술이 시대정신의 담지체가 되었다.

나는 먼저 인터넷 회사에서 일하다가 나중에 신흥 잡지사로 옮겼다. 그 잡지가 보도하려는 것은 다음과 같은 새로운 사회 현상이었다. 중국이 어떤 글로벌화 과정을 걷고 있는가? 다국적 자본이 어떻게 중국의 면모를 변화시키는가? 기술이 어떻게 갇힌 사회를 깨뜨려 여는가? 시장화가 어떻게 계획체제를 파괴하는가? 민영기업이 어떻게 시대의 영웅이 되었는가? 결국 우리는 서로 다른 세계를 바라보

361
/

고 있었던 듯하다. '젠장할' 정치 문제, 이데올로기 문제, 도덕적 입장 문제 등은 참을 수 없을 정도로 진부한 주제였다. 우리는 애플 컴퓨터와 구글, 출국 여행 정보, 넘치는 취업 기회와 섹스 등을 다루어야 했다. 게다가 우리는 또 실리콘밸리 정신과 로큰롤 정신의 유사점을 크게 다루어야 했고 9·11 사건과 미국 외교 정책을 평론해야 했으며 이따금씩 제임스 조이스도 인용해야 했다. 우리는 편안하고 흡족한 마음으로 이렇게 말했다. "혁명과 이별하자. 중국이 필요로 하는 것은 점진적인 개혁이다. 비판을 포기하자. 우리가 필요로 하는 것은 건설적인 의견이다. 도덕을 강조하는 것은 바보 같은 짓이다. 왜냐하면 도덕에 대한 지나친 강조는 사회적 재난과 통하기 때문이다. 또 이렇게 생각했다. 우리는 총명하고 첨단을 걷고 있고, 모르는 것이 없고, 굉장히 쿨하다. (…) 우리는 중국의 경제 기적이 낳은 세대이기 때문이다.

3

2년 전 쉬즈융을 알게 되었을 때, 나는 그의 몸에서 뿜어져 나오는
활력과 강렬한 정의감에 탄복했다. 그것은 나를 감탄케 하기도 했지만 동시에 나를 불안하게 하기도 했다. 나는 물론 이 광대한 중국 땅에 무수한 개인 비극이 있다는 것을 알고 있다. 우리가 중국의 현縣이나 시골 마을을 여행하다보면 온몸을 엄습해오는 질식감에 숨을 쉴 수 없게 된다. 그것은 인간 내면의 비극성 때문이 아니고 아주 쉽게 눈에 띄는 사회적 불공정과 제도적 피해 때문에 야기된 일이다. 그러나 쉬즈융은 이들 개개인의 분노를 행동으로 전환하도록 만들어준다. 위제와 마찬가지로 그도 1973년에 태어났다. 그의 출생지가 아마 그의 앞길을 정해준 것 같다. 그는 허난성河南省 민취안民權 출신이다.

우리는 한 청년 조직 때문에 알게 되었다. 이 조직의 대다수 사람

은 모두 중국의 성공자들이었다. 은행 투자자, 출판업자, 기업 고위층·예술가로 구성된 그들 조직은 중국 경제 기적의 참여자이며 수혜자였다. 쉬즈융이 이야기하는 것은 또 다른 세계였다. 상급 기관에 항의를 하려는 사람, 막무가내의 부모를 둔 젊은이, 억울한 재판의 피해자 등등 그것은 모욕당하고 상처받는 사람들의 세계였다. 그들의 세계에 대해서 우리는 오랫동안 고개를 돌린 채 그들이 이 세상에 존재하지 않는 것처럼 가장해왔다. 우리는 성공한 사람만 무절제하게 숭배하면서 그들이 어떻게 성공했는지는 추궁하지 않았다. 또 실패자를 위해 잠시도 머무르려 하지 않았고, 그들의 곤경을 이해하려고도 하지 않았다. 그러나 바로 이러한 홀대와 회피로 인해 이 암흑 세계는 나날이 확대되어왔고, 마침내 모든 사람에게 악영향을 미치고 그들을 집어삼킬 수 있게 되었다. 우리 현실을 향해 물어보자, 우리의 심장은 어디에 있는가?

쉬즈융의 체포 때문에 위제의 모습이 다시 떠올랐다. 나는 그의 그 분노와 절규가 더러 단편적이긴 해도 여전히 이 사회에 지극히 중요하다는 사실을 처음으로 깨달았다. 쉬즈융과 같은 온화한 건설자조차도 이처럼 잔혹하게 다루어야 한다면 이 나라가 품고 있는 거대한 암흑의 힘도 끊임없이 검토되고 바로잡혀야 한다. 일찍이 나에게서 잊혔던 책과 인물들이 다시 내 뇌리에 떠올랐다. 조지 오웰의 『1984』와 마르틴 니묄러의 유명한 시가 바로 그것이다.

그들(나치)이 먼저 공산당을 잡으러 왔을 때,
나는 침묵했다. 나는 공산당원이 아니었기 때문이다.
그다음 유대인을 잡으러 왔을 때,

나는 침묵했다. 나는 유대인이 아니었기 때문이다.

그다음 노조원을 잡으러 왔을 때,

나는 침묵했다. 나는 노조원이 아니었기 때문이다.

그들이 또 가톨릭교도를 잡으러 왔을 때,

나는 침묵했다. 나는 개신교도였기 때문이다.

마지막에 그들이 나를 잡으러 왔을 때는,

이미 나를 위해 말을 해줄 사람은 아무도 없었다.

6년 전 나는 열정적으로 글 한 편을 써서 1970년대에 태어난 우리 세대 사람들의 사명과 희망을 이야기한 적이 있다. 글로벌화와 기술 혁명이 우리에게 가져다준 자유와 역량에 기대 우리는 중국을 새로운 무대로 이끌어갈 수 있다. 지금도 희망은 존재한다. 저와 같은 천박한 낙관은 신속하게 사라져야 한다. 우리 이 세대가 이 나라의 심층적인 곤경을 직시할 수 없어서, 천박한 유행으로 이러한 내재적 곤경에 대한 우리의 이해와 개선 의지를 바꾸어버린다면 우리가 경박한 세대란 걸 증명하는 데 그칠 것이다. 우리는 인터넷과 소비주의에 의해 만들어진 편협한 세계로부터 걸어 나와 이 진실한 사회를 영접해야 한다. 사회의 모든 전환기와 마찬가지로 오늘날의 중국도 지난한 일과 마주하고 있다. 우리 이 세대와 미래의 몇 세대는 우리의 열정과 정력을 살아갈 만한 가치가 있는 좋은 사회를 건설하는 과정에 쏟아부어야 한다. 우리에겐 암흑을 폭로하는 신문기자, 정의감이 풍부한 변호사, 사회적 양심을 가진 상인, 개혁 추진을 원하는 관리, 존경받을 만한 비정부 조직 등이 필요하다. 그들은 각각 유사한 원칙을 고수하며 미래에 대해서 비슷한 동경을 품고 있다. 그들은 소극적인 조롱 대신 적극적인 사고와 행동을 견지하고 있으며, 허망하게 절규하는 대신 구체적이고 세밀하게 행동하고 있다. 풍부한 격정은 오히려 충분한 냉정함을 보여주고 있다.

물론 우리 대부분은 쉬즈융처럼 용감하지 못하고 이기적이고 비겁하다. 또 우리는 저 강대한 관료 조직에 맞설 능력도 없다. 그러나 우리가 노력하기만 한다면 이 사회의 건설적인 구성원이 될 수 있다. 우리 신변에 만연해 있는 거짓말을 거부하고 거리낌 없이 바른말을 하는 사람이 될 수 있다. 항의서에 서명하고 우리의 입장을 표명할 수 있다. 우리는 인권 변호사가 될 수는 없지만 그들 조직을 위해 성금을 내거나 다른 도움을 줄 수 있다. 우리가 신문기자라면 우리 신문에 무료한 오락 뉴스를 보도하는 데 그치지 않고 이 사회의 불공정성을 보도하는 데 더 많은 지면을 할애할 수 있다. 우리는 우리 곁의 사람들과 동반 여행을 하며 이 나라의 현실을 진심으로 이해할 수 있다. 우리는 인터넷에서 캠페인을 벌이며 저 죽일 놈의 검열에 저항할 수 있다. 우리는 우리가 창설한 회사에서 졸렬한 시장 법칙이 아니라 자존과 공평의 문화를 강조할 수 있다. 훌륭한 의사가 된 사람들은 환자에게 인간다움을 느끼게 할 수도 있다. 우리는 식탁에서 우리 친구에게 주식이나 집값 이야기는 그만두고 최근 읽은 책 이야기를 나눌 수 있다. 우리는 팡쭈밍房祖名[6]에 대한 이야기는 그만두고 쉬즈융과 그 단체가 한 일에 대해 이야기할 수 있다. 우리는 자기변명(나도 어쩔 방법이 없다)의 태도는 내던져버리고 개인의 역량을 믿을 수 있다. 우리는 주위 사람들에게 좋은 영향을 미칠 수 있고, 그러면 이러한 영향은 널리 확산되어 나갈 수 있다. 우정, 동정, 공정, 정직 등과 같이 아름다운 것들이 점점 우리 앞에 나타날 것이다.

독재의 유혹

4

내가 다시 즈융을 만난 것은 2009년 8월 말이었고, 나는 곧 영국으로 1년 유학을 떠났다. 1개월 동안 구금된 뒤 그는 석방되었다. 체포될 때와 마찬가지로 석방에 대한 구체적인 설명은 아무것도 없었다. 아마도 거대한 여론의 압력 때문에 석방할 수밖에 없었을 것이다. 그런 경험도 그의 낙관에 아무런 영향을 끼치지 못했다. 오히려 반대로 그는 더욱 낙관적으로 변한 듯했다. 감옥에까지 가본 이상 더 이상 두려울 것이 뭐가 있겠는가? 하물며 그를 석방한 조치 그것만 놓고 보더라도 사회가 바야흐로 진보하고 있음을 설명해주는 것이 아닌가?

이전처럼 우리의 대화는 여전히 표면적·즉물적이었고 심지어 괴상하기까지 했다. 그는 자신이 구치소에 있을 때 마음이 이상할 정도로 평온해져서 뇌리는 온통 우주의 기원과 시공의 변화 문제로 가

득 차 있었다고 했다. 나는 그의 내면의 연약함, 무력함과 깊은 초조
감, 그리고 그를 지탱해준 근본적인 신념을 알고 싶었지만 그는 이러
한 화제로 진입할 마음이 없었다. 아마도 내가 그의 좋은 대화 상대
가 아닌지도 모르겠다. 겉으로 보기에 그는 단순하지만 여전히 수수
께끼 같은 친구다.

나와 위제도 다시 연락이 되었다. "나는 밤새도록 잠도 자지 않고
목 놓아 울었다." 그는 2010년 10월 8일 메시지에서 이렇게 말했다.
그때 그는 마침 샌프란시스코에서 TV 화면을 통해 노벨 평화상 위원
회의 발표를 보고 있었다. 류샤오보가 노벨 평화상을 받았던 것이다.

나는 그의 눈물 속에 포함된 복잡한 의미를 다소나마 감지할 수
있었다. 미칠 듯한 환희 이외에도 그 한길을 걸어온 풍상고초가 녹
아 있을 것이다. 지난 10년 동안 그는 류샤오보의 가장 친한 친구 중
한 명이었다. 그들이 함께 참여하고 있는 독립중문필회獨立中文筆會
(http://blog.boxun.com/hero/liuxb)는 이 방대한 국가에서 소규모 반
체제 작가들이 모여 있는 임시 피난처다. 잔혹한 국가 기관도 물론
가증스럽지만 반체제 인사 내부의 다툼도 사람을 초조하게 만든다.
이와 같은 이중의 압력 아래에서 독립적인 인격과 건설적인 태도를
유지하는 것은 어렵고도 어려운 일이다. 때로 어쩔 수 없이 좌절감에
빠져들 때도 있을 것이다. 중국은 역사의 함정으로 빠져들고 있고,
그 통치자와 반체제 인사들은 모두 독재적 사고에 젖어 작은 폭군이
큰 폭군을 대신하는 활극을 반복하고 있는 것이다. 이와 동시에 그들
은 또 다소 불안하게 국제사회의 애매한 태도를 바라보고 있다. 세계
인들은 모두 중국 정부와 거래하기에 급급하여 '중국 모델'의 유효성
을 끊임없이 찬탄하지만, 민주·자유·인권에 대해서는 역사의 구닥다

리로 본다.

위제는 이렇게 말했다. "우리가 모든 것에 아무런 희망도 느끼지 못할 때, 하느님은 갑자기 우리에게 이와 같은 선물을 내려주셨다." 그는 베이징으로 돌아왔다. 우리 몇몇 친구는 그가 거주하는 주택단지의 한 식당에 모였다. 그 식당 입구 긴 의자에는 7~8명의 청년이 앉아 있었다. 그들은 명령을 받고 위제를 감시하러 왔다. 마치 이 문약한 작가가 갑자기 예측 불허의 위협을 가할까봐 걱정하는 듯했다. 하지만 이러한 감시의 형태와 분위기에도 이미 변화가 일어나고 있었다. 지난날의 이데올로기는 일찌감치 효력을 잃었고 이 청년들도 더 이상 자신이 당과 국가에 보답한다고는 생각하지 않았다. 그들은 어쩔 수 없이 '이건 우리의 업무예요'라고 말했다. 내키지 않는 일을 한다는 표정이 역력했다. 그들 인성의 따뜻함을 불러일으키려 하지 말라. 영화 「타인의 삶Das Leben Der Anderen」에서와 같은 일은 일어나지 않는다. 우리는 굉장히 자주 중국사회가 한나 아렌트가 말한 '악의 평범성banality of evil'의 소굴로 빠져들고 있음을 느낀다. 모든 사람이 어쩔 수 없어 보이는 방식으로 이 시스템을 계속 굴러가게 만들고 있다. 강대한 관성이 즉각 바뀌리라고는 기대하지 말라.

나와 위제는 여전히 많은 부분에서 생각이 다르다. 나는 그의 지속적인 용기에는 찬탄을 보내지만 그의 지나치게 단순한 사유 방식에는 불편한 마음을 갖고 있다. 우리는 함께 있을 때 더러 12년 전의 모습을 생각한다. 그는 박학다식한 중문과 대학원생에다 신예 작가였고 나는 대학 3학년 문학청년이었다. 이 느낌은 사람을 편안하게 하는 동시에 마음을 좀 비틀기도 한다.

나는 그가 자기 행동의 포로가 되었다고 느낀다. 그는 중요한 반체제 인사가 되었지만 더 이상 언어와 사상을 강구하는 작가는 아니다. 우리가 함께 밥을 먹은 다음 날 그는 자신의 집에 연금되었다. 4명의 청년이 밤낮으로 그의 집 문 앞을 지키고 있다. 그중 한 명은 뜻밖의 기온 강하로 독감에 걸렸다. 그를 방문하려는 사람들은 모두 제지당하고 있고 그도 집 밖으로 나올 수 없다. 이어서 그의 핸드폰이 끊겼다. 그는 이 붐비는 도시의 격리자가 되었다. 이런 부자유한 상태는 아마도 12월 10일 노벨 평화상 시상식 때까지 계속 이어질 것이다.

그는 류샤오보와 마찬가지로 소위 이 나라의 적이다.

/
370

서문 역사의 함정?

1 왕지춘王之春(1842~1906)은 후난성湖南省 취안清泉 출신이다. 중국번曾國藩·이홍장李鴻章 등의 막료로 태평천국 진압에 참여했고, 이후 산시순무山西巡撫·광시순무廣西巡撫 등을 역임했다. 일본, 러시아, 독일, 프랑스 등지를 방문한 후 귀국하여 여러 차례 변법자강에 관한 상소문을 올렸다. 쓰촨성四川省 여동신余棟臣 등의 의거를 진압하는 등 여러 차례 혁명당 탄압에 참여했다.

2 심보정沈葆楨(1820~1879)은 푸젠성福建省 푸저우福州 출신으로 청말 명신 임칙서林則徐의 사위다. 1874년 일본 오키나와 어민들이 타이완에 표류하여 그곳 고산족들에게 살해되는 사건이 일어나자 청 정부는 심보정을 흠차대신欽差大臣으로 임명하여 일본과의 외교 문제를 전담하게 하고, 이후 해상방위와 외국과의 교섭을 담당하게 했다.

3 원명원圓明園은 중국 베이징에 있는 청나라 황실의 별궁지다. 지금의 베이징대 바로 북쪽에 있다. 청 함풍咸豊 10년(1860) 영국과 프랑스 연합군에 의하여 상당 부분의 궁궐·사묘寺廟·누정樓亭이 폐허가 되었다. 중국 정부에서는 지금도 파괴된 유지遺址를 보존하여 중국인들에게 외세 침략에 대한 경각심을 일깨우고 있다.

4 『성세위언盛世危言』은 원래 청나라 정관응鄭觀應이 지은 부국강병에 관한 저작이다. 청일전쟁에서 패배한 후 조야朝野에 위기감이 높아지자, 정관응이 이 책을 지어 정치·경제·군사·외교 등의 부문에서 적절한 대응책을 제시했다. 따라서 '성세위언'은 흔히 '국가의 위기 대처 방안'이란 의미로 흔히 쓰인다.

제1장 미래의 매력

1 이 책은 안기순 번역으로 2010년 4월 비즈니스북스에서 출판되었다.
2 이 책은 한국에서 『대변혁大變革의 물결』(한국경제신문사 외신부 옮김, 동광출판사)로 1983년에 출판되었다.
3 이 책은 이동현 번역으로 2005년 7월 더난출판사에서 출판되었다.
4 이 책은 김홍기 번역으로 1997년 2월 한국경제신문사에서 출판되었다.
5 이 책은 김홍기 번역으로 1993년 10월 한국경제신문사에서 출판되었다.
6 이 책은 홍수원 번역으로 1996년 3월 한국경제신문사에서 출판되었다.

7 이 책은 안세민 번역으로 2010년 9월 부키에서 출판되었다.

제2장 타자의 상상

1 편자 주: 전하는 말에 의하면 러시아 장교 포툠킨이 당시 여제 예카테리나 2세의 호감을 사려고, 여제가 지나가는 도로 양편에 호화로운 가짜 마을을 건설했고, 이를 바탕으로 여제의 환심을 얻었다고 한다. 그리하여 포툠킨 마을은 겉으로 화려한 글을 짓는 일이나 허위로 꾸며대는 일을 가리키는 기호가 되었다. 그러나 어떤 역사학자들은 이 에피소드의 진실성 자체를 의심하기도 한다.

2 대기황大饑荒은 1959년에서 1961년까지 3년 동안 중국 대륙에서 심각한 식량 부족 현상이 발생하여 엄청난 숫자의 중국인이 아사한 사건을 말한다. 중국에서는 공식적으로 '3년 곤란 시기三年困難時期'로 부른다. 중국 내적으로 대약진운동 및 자연재해 등의 원인과 국외적으로 중소 갈등으로 인해 식량 원조가 끊기면서 3년 동안 적게는 1500만 명에서 최대 3200만 명까지 아사한 것으로 알려져 있다. 해외에서는 흔히 '3년 대기황三年大饑荒'으로 불린다.

3 웨이징성魏京生은 1950년 베이징 출신이다. 중국의 유명한 반체제 인사이며 인권운동가다. 베이징동물원에서 전기 기사로 근무하던 중 1978년 민주의 벽 운동 때「다섯 번째 현대화: 민주와 기타第五個現代化: 民主與其它」를 써서 명성을 날렸다. 이 대자보에서 그는 덩샤오핑의 개혁 개방 노선과 중국 공산당의 일당 독재체제를 신랄하게 비판했다. 이로 인해 1979년 3월 29일 군사 기밀 누설 및 반혁명 혐의로 체포 구금되었다가 1993년 9월 14일에 가석방되었다. 1994년 4월 1일 다시 체포되어 1995년 11월 21일 징역 14년형을 선고받았다. 이후 1997년 11월 16일에 병보석으로 석방되어 미국으로 망명했다. 1994년에 올로프 팔메상과 로버트 F. 케네디 인권상, 1996년 사하로프상, 1997년에 전미민주의기금상을 수상했다. 현재 해외중국민주연합OCDC을 결성하여 그 기관지「베이징의 봄北京之春」을 발간하면서 중국의 민주화 운동을 주도하고 있다. 중국의 사하로프로도 불린다.

4 보시라이薄熙來는 베이징대 역사학과를 졸업했다. 혁명 원로인 보이보薄一波의 아들이다. 1993~2001년까지 다롄시大連市 시장, 2001년 랴오닝성遼寧省 성장, 2004년 2월에서 2007년 12월까지 중국 상무부 부장(장관)을 지냈다. 2010년 10월 중공중앙정치국위원으로 당선되었고, 같은 해 11월 30일부터 충칭시重慶市 공산당위원회 서기직을 역임하면서 마오쩌둥 사상의 평등 이론을 근거로 중국의 개방 이후 심화된 빈익빈 부익부 현상을 비판하며 홍색운동을 주도하다가 2012년 권력 남용과 부패 혐의로 체포되어 몰락했다.

5 달라이 라마는 현재 중국에 장악된 티베트의 정신적 지도자다. 1959년 티베트 독립운동 때 12만 명에 달하는 티베트인이 학살되고 6000여 곳의 불교 사원이 파괴되자 인도로 망명 히말라야 산맥 기슭 다람살라에 티베트 망명정부를 세우고 독립운동을 계속하고 있다. 1989년 노벨 평화상을 수상했다.

6 류샤오보劉曉波는 1955년 중국 지린성吉林省 창춘長春에서 출생했다. 지린대학吉林大學 중문과와 베이징사범대 석·박사 과정을 졸업했다. 노르웨이 오슬로대학, 미국 하와이대에서 중국당대문학中國當代文學과 중국철학을 강의했으며, 1989년 미국 컬럼비아대 초빙학자로 연구 활동에 전념하던 중, 중국의 6·4 톈안먼 사태를 맞아 귀국하여 학생들의 민주운동을 적극 지지했다. 이후 중국의 유명한 반체제 인사가 되어 6·4 톈안먼 사태의 진상 규명과 중국의 민주화를 위해 지난한 투쟁을 전개했다. 2008년 12월 중국 비판적 지식인 303명과 '08 헌장零八憲章'을 발표하고 체포되어

징역 11년형에 처해져 현재 복역 중이다. 2010년 10월 8일 노벨위원회에서는 류샤오보에게 중국의 민주화와 인권 향상에 기여한 공적을 인정하여 노벨 평화상을 수상했다. 그러나 옥중의 류샤오보는 중국 당국의 불허로 2010년 12월에 열린 노벨상 수상식에 참여할 수 없었고, 이에 노벨위원회에서는 중국 당국에 대한 항의의 표시로 빈 의자를 설치하여 노벨 평화상을 수상했다. 우리나라에서는 2010년 12월 그의 시선집인 『내 사랑 샤에게』(글누림)와 2011년 1월 그의 선집인 『류샤오보 중국을 말하다』(지식갤러리)가 번역 출판되었다.

제3장 의심스러운 회고

1   벨벳혁명Velvet Revolution은 1989년 체코슬로바키아 공산정권을 붕괴시킨 무혈 시민 혁명이다. 1948년 공산정권이 수립된 뒤 1968년 당 제1서기인 A. 두브체크의 주도로 자유화운동인 일명 '프라하의 봄'을 시도했으나 바르샤바조약기구군의 침입으로 좌절되었다. 이후 1977년 바츨라프 하벨 주도로 '77 헌장'을 공표하여 민주와 자유를 요구했으며, 1989년 다시 바츨라프 하벨의 주도 아래 공산주의를 거부하고 자유화를 요구하는 '벨벳혁명'을 일으켰다. 그 결과로 체코 역사상 최초의 자유선거를 통해 하벨이 대통령에 당선되었다. 벨벳은 부드러운 천인데, 체코의 혁명이 피를 흘리지 않고 평화적으로 정권 교체를 이룩했기 때문에 '벨벳혁명'이라고 부른다.

2   화궈펑華國鋒은 1976년 마오쩌둥 사후 중국 군부와 개혁파가 추대한 과도기적 지도자다. 1978년 덩샤오핑에게 실권을 뺏긴 이후 1980년 국무원 총리직, 1981년 당 주석직에서 물러났다.

3   관공關公은 『삼국지연의三國志演義』에 나오는 관우關羽다. 유비劉備·장비張飛와 함께 도원결의를 맺고 한漢나라 황실의 부흥을 도모하다가 오吳나라의 전략에 휘말려 죽었다. 사후 민간에서는 그의 대의를 높이 받들며 신격화하여 무신武神으로 추앙하고 있다. 진경秦瓊은 당唐나라의 건국 공신이다. 당 고조高祖 이연李淵과 태종太宗 이세민李世民을 도와 혁혁한 전공을 세웠다. 중국 민간에서는 그를 신격화하여 대문을 지켜주는 문신門神으로 추앙하고 있다.

4   샤오후두이小虎隊는 1980~1990년대에 타이완에서 활약한 그룹으로 3명의 소년으로 구성되었다.

5   왕귀전汪國眞은 1956년 베이징에서 태어났다. 1982년 지난대暨南大 중문과를 졸업했다. 현재도 왕성하게 활동하고 있는 저명한 시인이다. 서예가, 동양화가, 작곡가로도 유명하다. 1990년 출판된 그의 첫 번째 시집 『젊은 물결年青的潮』이 베스트셀러가 되면서 '왕귀전 신드롬'을 불러일으켰다. 일상 속의 철리를 깊이 있고도 초연하게 노래하는 특징을 보이고 있다.

6   편자 주: 머우치중牟其中은 중국 난더南德그룹의 전 회장이다. 1990년대에 중국 최고 갑부의 지위에 오른 적이 있다. 그의 사업 수단은 매우 대담하여 논쟁이 분분했다. 그의 모습은 흡사 마오쩌둥 같아서 의식적으로 마오쩌둥의 행동거지를 모방하는 데 힘을 쏟았다. 2000년 금융사기 혐의로 재판을 받고 현재 감옥에서 복역 중이다.

7   편자 주: 스위주史玉柱는 중국의 유명한 사업가다. 일찍이 중국의 갑부 랭킹에 들었지만 사업 경력은 등락이 매우 심했다. 그는 공산 혁명에 특별한 애착을 가지고 『마오쩌둥 선집』을 숙독했을 뿐만 아니라 그것을 장차 비즈니스 실무에도 응용하려고 열정적으로 활동했다.

8   '和尙打傘, 無法無天'이란 말은 중국 민간 속담의 일종인 헐후어歇後語의 하나다. 여기에서 중국어로 '法(법: fǎ)'는 '髮(머리카락: fà)'와 발음이 유사하기 때문에 일종의 펀fun을 이용한 새로운 의미가 생성된다. 즉 중이 우산을 쓰면 머리카락과 하늘이 보이지 않게 되기 때문에 못하는 짓이 없게 된다는 뜻이다.

9 조설근曹雪芹은 중국 청대의 유명한 소설 『홍루몽紅樓夢』의 작자다. 가우촌賈雨村은 『홍루몽』의 등장인물로 본래 몰락한 사대부였으나 진사은甄士隱의 도움을 입어 진사進士에 급제하여 벼슬길에 오른다. 그러나 얼마 지나지 않아 탐욕과 부패 혐의로 파직되어 임여해林如海 집안 가숙家塾의 훈장 노릇을 하다가 복직된다. 나중에 다시 부하의 탐욕 죄에 연루되었다가 황상의 대사면으로 석방된다. 중국 전통사회의 전형적인 사대부가 향촌과 관계官界의 권력 구조 속에서 어떻게 생존하는지를 잘 보여준다.

10 이 시구는 마오쩌둥이 직접 지은 「심원춘: 눈沁園春: 雪」이라는 사詞의 한 구절이다.

11 '사인방四人幇'은 마오쩌둥의 비호 아래 문화대혁명을 주도했다고 알려진 왕홍원王洪文, 장춘차오張春橋, 장칭江靑, 야오원위안姚文元을 가리킨다. 1976년 체포되어 문화대혁명의 주범으로 심판을 받고 역사의 무대에서 사라졌다.

12 문화대혁명 후 1977년에 발표된 류신우劉心武의 단편소설 「담임선생班主任」과 1978년에 발표된 루신화盧新華의 단편소설 「상흔傷痕」에서 비롯된 일종의 문학 유파다. 주로 당시 시골로 하방된 청년 지식인들의 삶을 통해 문화대혁명의 상처를 드러내면서 인간성 회복을 지향한다. 1980년대 초까지 지속되었다.

13 바진巴金은 1930년대부터 활약한 중국 현대문학 대표 작가의 한 사람이다. 그의 사상과 작품은 휴머니즘적 아나키즘 경향을 보인다. 『가家』 『춘春』 『추秋』 등 중국 현대문학을 대표하는 소설을 남겼다. 중화인민공화국 건국 후 그의 아나키즘적 성향이 많은 비판을 받았고, 문화대혁명 시기에는 가혹한 비판을 받던 중 그의 부인 샤오산蕭珊이 사망했다. 문화대혁명이 끝난 후 바진은 문화대혁명의 폭력에 대항하지 못한 지식인의 자기반성을 담은 수필집 『수상록隨想錄』을 출판하여 반사문학反思文學을 이끌었다. 2005년 향년 102세로 상하이에서 사망했다.

제4장 음모와 공황

1 『화폐전쟁貨幣戰爭』은 차혜정 역, 박한진 감수로 랜덤하우스코리아에서 2008년 7월 번역 출판되었다.

2 왕치산王岐山은 현재 중국 정무원 부총리, 류촨즈柳傳志는 중국 최대 기업 롄샹聯想그룹 회장, 장쯔이章子怡은 유명한 여성 영화배우다.

3 랑셴핑朗咸平은 1956년 타이완 타오위안桃園 출신이다. 미국 펜실베이니아대를 졸업한 경제학자다. 지금은 홍콩 중문대 최고위과정 수석교수로 재직 중이다. 특히 그는 중국에서 벌어지는 자본주의 제도의 문제점을 신랄하게 분석·비판하는 것으로 유명하다.

4 후성胡繩(1918~2000)은 장쑤성江蘇省 쑤저우蘇州에서 태어났다. 베이징대 철학과에서 공부하다가 자퇴하고 상하이에서 좌익문화운동에 종사했다. 저명한 철학자 겸 근대 사학자다. 중화인민공화국 성립 후 출판총서 당서기, 인민출판사 사장, 중공당사연구실 주임, 중국사회과학원 원장, 전국정치협상회의 부주석 등을 역임했고, 『마오쩌둥선집毛澤東選集』 편찬에도 참여했다. 저서로 『제국주의와 중국 정치帝國主義與中國政治』 『중국공산당 70년中國共産黨的七十年』 『이성과 자유理性與自由』 『무엇이 사회주의이고 어떻게 사회주의를 건설할 것인가?甚麼是社會主義, 如何建設社會主義?』 등이 있다.

5 '8국 연합군'은 1900년(경자년庚子年) 중국 베이징을 침략한 미국·영국·프랑스·독일·러시아·일본·이탈리아·오스트리아 연합군을 말한다. 1900년 산둥山東의 의화단이 부청멸양扶淸滅洋(청나

라를 돕고 서양을 섬멸한다)을 기치로 반기독교 정서를 강화하며 베이징으로 진격해 들어오자, 당시 무술변법을 진압하고 실권을 잡고 있던 서태후는 이들의 힘을 빌려 서양 각국에 선전포고를 했다. 이를 계기로 중국에서 세력 확장을 꾀하던 제국주의 국가들이 힘을 합쳐 베이징을 공격했다.

6 '천진 기독교 사건天津教案'은 청 말기인 1870년 톈진에서 발생한 반기독교 항거 사건이다. 서양 선교사들이 자국의 힘을 등에 업고 현지의 문화를 야만시하거나 현지인을 멸시하는 경우가 많이 생기자, 중국인들 사이에서도 반기독교 정서가 팽배해지며 교회나 선교사들을 공격하는 일이 빈번하게 일어났다. 1870년 톈진 시민들은 프랑스 교회를 습격하여 수십 명을 살해했다.

7 승격임심僧格林沁(1811~1865)은 몽골 출신 청나라 명장이다. 태평천국과의 전투, 영불 연합군과의 전투에서 혁혁한 전공을 세웠다. 나중에 염군捻軍과의 전투에서 전사했다.

8 『중국은 불쾌하다中國不高興』는 쏭샤오쥔宋曉軍·왕샤오둥王小東·쏭창宋強·황지쑤黃紀蘇·류양劉仰의 공동 저작이다. 2009년 3월 장쑤인민출판사江蘇人民出版社에서 출판되었다. 이 책은 1996년 출판된 『No라고 말할 수 있는 중국中國可以說不』(中華工商聯合出版社)의 증보판이다.

9 『중국 일어서다中國站起來』는 모뤄摩羅의 저작으로 2010년 1월 창장문예출판사長江文藝出版社에서 출판되었다.

10 『눈앞에 닥쳐온 미중 충돌The Coming Conflict with China』은 리처드 번스타인Richard Bernstein과 로스 먼로Ross H Munro의 공동 저작이다. 1997년 2월 미국의 Alfred A. Knopf에서 출판되었다. 중국에서는 쑤이리쥔隋麗君·장성핑張勝平·런메이펀任美芬이 공동으로 번역하여 『卽將到來的美中衝突』이란 제목으로 1997년 신화출판사新華出版社에서 출판했다.

제5장 특수성의 유혹

1 이 책은 송충기 번역으로 2007년 3월 민음사에서 출간되었다.

2 『"NO"라고 말할 수 있는 일본"NO"と言える日本』은 소니그룹의 창시자 모리타 아키오盛田昭夫와 우익 정치인 이시하라 신타로石原慎太郎(도쿄도 지사)의 공동 저작이다. 1989년 光文社에서 출판되었다.

3 루자쭈이陸家嘴는 중국 상하이 황푸강黃浦江과 쑤저우강蘇州河 합류 지점 동쪽 건너편 지역이다. 상하이를 상징하는 둥팡밍주탑東方明珠塔이 있는 곳으로 유명하며, 현재 진마오 빌딩金茂大廈 등 중국 금융업을 상징하는 고층 건물들이 이곳에 밀집해 있다.

4 흑오류黑五類는 중국 문화대혁명 시기에 사회주의 혁명에 방해가 되는 다섯 계층을 비하하여 지적하는 말이었다. 즉 지주地, 부농富, 반혁명분자反, 악질분자壞, 우파분자右가 그들이다.

5 취노구臭老九는 지식인을 가리킨다. 문화대혁명이 시작된 뒤 위의 '흑오류'에다 반도叛徒·특무特務·주자파走資派가 보태졌으며, 나중에 지식인까지 가미되어 총 9가지 개조 대상으로 정착되었다. 노구老九는 형제 중에서 아홉째를 뜻하는 말로 지식인이 9가지 개조 대상 중 맨 마지막 아홉째에 해당되기 때문에 악취 나는 臭 아홉째老九로 불리게 된 것이다.

6 13급 간부十三級幹部는 중국 간부의 13개 계층에 따라 사회 각 부문에서 다양한 특전을 부여해주던 제도다.

7 랴오닝성遼寧省 안산鞍山에 있는 중국에서 두 번째로 큰 철강회사다. 중국을 대표하는 국유기업의 하나다.

8 도조 히데키東條英機는 일본 관동군 헌병사령관과 관동군 참모장 등을 역임한 침략 전범이다.

1940년 제2차 고노에近衛 내각의 육군대신으로 미국과의 전쟁을 주장했고, 1941년 10월 자신이 고노에 후계 내각에서 육군대신과 내무대신을 겸임하며 12월에 진주만을 공격, 태평양전쟁을 발발시켰다. 1943년 문부·상공·군수대신을 겸임하고, 1944년에는 참모총장까지 겸임하며 군사체제를 강화, 제2차 세계대전을 확전시켰다. 패전 후 1급 전범으로 극동국제군사재판소에서 재판을 받고 1948년 교수형에 처해졌다.

제6장 중국 특색에서 중국 모델로

1 차량용查良鏞은 홍콩의 유명한 무협소설가이며 언론인인 진융金庸의 본명이다.

2 전면 청부 책임제聯産承包責任制는 중화인민공화국 건국 이래 시행되었던 농촌 집체 경작 방식(농업합작사, 인민공사)을 폐지하고 농민들에게 다시 토지를 나누어주어 그들의 적극적인 창조성을 이끌어낸 개혁·개방의 가장 중요한 정책 중 하나다. 덩샤오핑의 개혁·개방 정책이 본격화되면서 1979년부터 시행된 토지와 농업에 관한 혁신 정책이다.

3 왕밍王明(1904~1974)은 본명이 천사오위陳紹禹다. 안후이성 진자이金寨에서 태어났다. 1925년 모스크바 중산대에서 유학하며 중국공산당에 가입했다. 1931년 코민테른의 지지로 중국공산당 대리 서기가 되어 정권을 장악했다. 같은 해 6월 좌경모험주의 혐의로 비판을 받고 보구博古에게 권력을 이양한 후 소련으로 가서 코민테른 주재 중국공산당 대표가 되었다. 1937년 항일전쟁 발발 후 귀국하여 마오쩌둥의 노선과 대립하며 갈등을 빚었다. 1942년 옌안정풍운동 때 대대적인 비판을 받았다. 중화인민공화국 성립 후 정무원 정법위원회 부주임으로 임명되었으나, 중국공산당과의 갈등으로 다시 소련으로 건너가서 1974년 그곳에서 사망했다.

4 '강 속 돌멩이를 더듬으며 물을 건넌다摸著石頭過河'는 말은 중국 민간 속담의 일종인 헐후어의 하나다. 깊이나 물속 상황을 알 수 없는 강을 처음으로 건너는 사람은 자신의 발로 직접 강물 속을 더듬으며 조심스럽게 강을 건너야 한다는 의미다. 이 말 뒤에 흔히 '매우 타당하다穩穩當當'란 말이 이어진다. 덩샤오핑이 개혁·개방 정책을 조심스럽게 추진해야 함을 비유한 것이다.

5 장징궈蔣經國는 장제스의 아들로 장제스가 죽은 뒤 타이완 중화민국 정부의 권력을 장악하고 총통이 되었다.

6 피노체트Augusto Pinochet(1915~2006)는 칠레의 독재자다. 1969년 쿠데타를 일으켜 아옌데 정권을 전복시키고 군사평의회 의장에 취임했다. 1974년 대통령에 취임하여 독재 권력을 휘두르며 장기 집권을 꾀했다. 1988년 대통령 집권 연장을 결정하는 국민투표에서 패배했고, 1989년 파트리시오 아일윈이 대통령으로 당선되자 1990년 대통령직에서 물러나 망명 도중 1998년 영국 사법 당국에 체포되었다. 그의 재임 기간 동안 공식적인 집계만으로도 3197명이 정치적인 이유로 살해되었고, 수천 명이 불법 감금, 고문을 당한 뒤 강제 추방되었고, 1000여 명이 여전히 실종 상태에 있다. 2000년 건강을 이유로 칠레로 귀국하여 가택연금되었다가 2006년 12월 사망했다.

7 수하르토Suharto(1921~2008)는 인도네시아의 전임 대통령이다. 1966년 수카르노 대통령으로부터 치안에 관한 전권을 이양받고 육군장관과 육군총사령관을 겸임하다가 제2대 대통령에 선출되었다. 특히 외교 부문에서 수카르노 시대의 반제·비동맹 노선을 버리고 미국을 포함한 친서방 정책을 추진했다. 6선 대통령이 되었지만 1998년 대규모 반정부 시위로 몰락했다.

8 폰지 사기Ponzi game는 아무런 사업체도 없이 그럴싸한 명목으로 투자자의 돈을 모아서 그 돈으로 투자자 상호간에 이자와 배당금을 지급하는 다단계 금융사기를 지칭하는 말이다. 주로 신규 투

자자의 돈으로 기존 투자자의 이자와 배당금을 돌려막기 하는 방식을 취한다. 1920년대 미국의 찰스 폰지Charles Ponzi가 이러한 사기 행각을 벌여서, 피해자 4만 명, 피해액 1억4000만 달러, 5개 은행 도산이라는 엄청난 경제·사회적 혼란을 야기했다.

9 리카싱李嘉誠, Li Ka Shing은 홍콩 상장 기업의 4분의 1과 홍콩 주식 시장의 26퍼센트를 장악하고 있는 화교 거부다. 『포춘』지가 선정한 세계 10대 영향력 있는 재벌이며, 홍콩의 자선사업가로도 유명하다.

10 퀵흑녠郭鶴年, Robert Kuok Hock Nien은 말레이시아에서 태어난 화교다. 특히 호텔 경영에 투신하여 상그릴라 호텔 그룹을 세계적인 기업으로 성장시켰다. 이후 금융업·보험업·제조업·항운업·무역업·무선TV 부문에서 뛰어들어 막대한 부를 축적했다. 세계 10대 화교 재벌 중 8위에 선정되었다.

11 폭잉둥霍英東, Henry Fok Ying Tung(1923~2006)은 홍콩의 저명한 사업가 겸 정치인이다. 1950년대부터 부동산과 연안 매립 사업으로 돈을 벌었다. 이후 건축·항운·석유·백화점·호텔업 등으로 사업을 확장하여 홍콩을 대표하는 기업인이 되었다. 1992년부터 1996년까지 홍콩중화총상회香港中華總商會 회장을 역임했고, 홍콩이 중국에 귀속된 이후 1998년부터 제8기, 제9기, 제10기 전국정치협상회의 부주석을 역임했다. 홍콩의 대표적인 친대륙 기업인이다.

제7장 문화의 결락

1 문화대혁명 기간인 1971년 반마오쩌둥 군사쿠데타에 실패한 린뱌오 가족이 중국을 탈출하다가 몽골에서 비행기 추락사고로 죽자, 마오쩌둥은 1972년부터 린뱌오와 공자를 비판하기 위한 정치운동을 벌이는데 그것이 바로 '비린비공批林批孔 운동'이다. 린뱌오의 쿠데타 계획서인 「571 공정기요五七一工程紀要」 말미에 "성공하지 못해도 인을 이루리라不成功便成仁: 실패하면 자살하라는 의미"라는 구절이 『논어論語』의 '살신성인殺身成仁'을 근거로 했기 때문에 마오쩌둥은 린뱌오와 공자를 모두 비판하면서 자신의 지도력과 정당성을 회복하려고 했다. 그러나 이 운동은 객관적이고 학술적인 근거를 바탕으로 한 것이 아니었기 때문에 결국 유가 사상과 관련된 중국의 전통문화를 무자비하게 파괴하는 결과를 초래했다.

2 다이칭戴晴은 1941년 충칭에서 태어났다. 본명은 푸샤오칭傅小慶이다. 그의 부친 푸다칭傅大慶이 항일투쟁 과정에서 일본 헌병에게 체포되어 순국한 뒤 그녀는 줄곧 혁명 원로 예젠잉葉劍英의 양녀로 보살핌을 받았다. 하얼빈군사공정대학哈爾賓軍事工程學院을 졸업했다. 1987년 『광명일보光明日報』에 처녀작 단편소설 「예쁜 눈盼」을 발표하여 호평을 받았다. 1982년부터 1989년까지 『광명일보』 기자로 재직하며 「학자 방담록學者笒問錄」 코너를 담당해 많은 독자를 확보했다. 그 인터뷰 대상에는 유명 인사 팡리즈方勵之, 엔자치嚴家其, 진관타오金觀濤 등도 포함되어 있었다. 1989년부터 싼샤댐 공사의 환경 파괴와 무리한 이주민 정책을 비판하며 중국 정부와 맞섰다. 1989년 6·4 톈안먼 사태 후 반체제 작가라는 미명하에 체포되어 친청秦城 감옥에 수감되었다가 다음 해 1월 21일 석방되었다. 1992년 국제 신문업 연합회에서 수여하는 자유금필상自由金筆賞을 수상했다. 소설집 『마지막 타원最後一個橢圓』과 수필집 『혼魂』, 르포르타주 『추안핑과 당천하儲安平與黨天下』 등 다양한 작품을 출판했다.

3 베이링貝嶺은 중국의 시인이며 출판인이다. 본명은 황베이링黃貝嶺이다. 1993년 『경향傾向』 잡지를 창간하여 중국 정부와 중국 현실을 비판하는 글을 많이 실었다. 이로 인해 2000년 불법인쇄물

출판 혐의로 체포되었다가 해외로 추방되었다. 미국을 거쳐 2003년 타이완 타이베이에서 다시 경향출판사傾向出版社를 창립했다. 뉴욕, 타이베이, 독일에도 거주한 적이 있다. 주요 작품집으로 『주제와 변주主題與變奏』 『정치여, 안녕政治, 再見』 『반선지자와 글 장사: 하벨 평론집半先知與賣文人: 哈維爾評論集』 등이 있다.

4 가오싱젠高行健은 1940년 장시성江西省 간저우贛州에서 태어났다. 미션스쿨인 난징南京 제10중학 재학 때부터 문학과 그림에 탐닉했다. 베이징외국어대北京外國語學院 불어과를 졸업했다. 문화대혁명 후 단편소설, 수필, 희곡 등 많은 작품을 발표하며 사회주의 리얼리즘 대신 서구 모더니즘 기법을 중국 문학에 접목하기 위하여 선구적인 실험을 계속했다. 이때부터 반체제 작가로 지목되어 창작활동에 상당한 제약을 받았다. 1982년 희곡 데뷔작 『절대신호絶對信號』의 베이징 공연이 큰 반향을 불러일으켰다. 그러나 1983년에 류후이위안劉會遠과 함께 창작한 부조리극 『정류장車站』은 첫 공연이 끝나고 바로 공연이 금지되었고, 또한 1985년 베이징에서 회화전을 개최하여 나라 안팎으로 주목받기 시작했으나 1986년에 상연된 『피안彼岸』도 정신 오염을 제거한다는 명목으로 공연이 금지되었다. 1987년 독일로 가서 그림 창작에 전념하다가 1988년부터 프랑스 파리에 정착 '구상具象 비평가 살롱'의 구성원이 되었다. 1990년 톈안먼 사건을 소재로 한 희곡 『도망逃亡』을 발표하여 중국 정부에 의해 반체제 작가로 단죄되었고, 그 후 중국 대륙에서는 그의 모든 작품이 금서로 묶였다. 1990년 그의 대표작인 장편소설 『영혼의 산靈山』을 발표했다. 1992년 프랑스 정부에서 수여하는 '예술과 문학 기사 훈장'을 받았다. 1997년 프랑스 국적을 취득했다. 1999년 장편소설 『나 혼자만의 성경一個人的聖經』을 발표했다. 2000년 노벨 문학상을 수상했다. 스웨덴 과학원에서는 수상 이유를 이렇게 밝혔다. "보편적인 가치와 심오한 통찰력을 갖추고 있고, 기지에 넘치는 문학 언어로 중국어 소설 예술과 연극 분야에 새로운 길을 개척했다." 우리나라에도 그의 대표작 대부분이 번역되어 있다.

5 '동풍이 서풍을 압도하다東風壓倒西風'라는 말은 본래 옛날 중국의 대가족 제도에서 서로 대립하는 양편이 있을 때, 정의의 편이 사악한 편을 제압하는 것을 비유한 속담이다. 마오쩌둥도 『각국 공산당과 노동당이 참가한 모스크바 회의에서의 담화在各國共産黨和工人黨莫斯科會議上的講話』에서 "나는 눈앞 현실의 특징이 동풍이 서풍을 압도하는 형세라고 생각한다"라고 했다. 여기서는 마오쩌둥의 이 말을 풍자하는 의미가 있다.

6 '엉덩이가 두뇌를 결정한다屁股決定腦袋'는 말은 형이하학적인 본능, 감각, 욕망 등에만 의지하여 사고, 사상, 이론의 방향과 내용을 결정하는 경향을 가리킨다.

7 중국 단위로 1 무畝는 60제곱 장丈, 즉 6000 제곱 척尺이다. 현대 면적으로 환산하면 대략 6,667아르에 해당된다.

8 '사구四舊'는 '구사상舊思想' '구문화舊文化' '구풍속舊風俗' '구습관舊習慣'을 가리킨다. 린뱌오의 1966년 5·18 담화에서 비롯되었으며, 1966년 6월 1일자 『인민일보』 사설로 공론화되었고, 문화대혁명 기간 동안 프롤레타리아 문화 건설을 방해하는 봉건주의의 근원으로 지목되어 철저한 타도의 대상이 되었다. 이에 근거하여 문혁 시기에 중국의 수많은 문화유적지가 홍위병에 의해 파괴되었다.

9 『금빛 찬란한 대로金光大道』는 1964년에서 1970년까지 하오란浩然이 쓴 장편소설을 가리킨다. 중화인민공화국 건국 이후 중국 농촌에서 벌어진 변화 과정을 문혁 시기의 주류 이데올로기에 입각하여 문학화했다. 특히 농민들이 사회주의의 집체활동을 통해 농촌의 개조를 이뤄냈음을 강조하고, 이러한 기적의 창조자인 마오쩌둥을 찬양하고 있다. 영화로도 만들어져 1975년 정식 상영되었다.

10 '악취 나는臭 아홉째老九'는 앞의 해당 각주 참조.

11 중국 총리 저우언라이가 1976년 1월에 세상을 떠난 뒤 많은 사람은 자발적으로 기념활동을 시작했다. 이 활동은 사인방 비판뿐만 아니라 당시 정부 고위층에 대한 정치 투쟁의 성격을 띠고 있었기 때문에 중국공산당의 비판과 탄압을 받았고, 결국 덩샤오핑도 이 활동에 연루되어 당 내외의 모든 직무를 박탈당하고 말았다. 이 사건은 1978년에 재평가되었고 이에 연루된 사람들도 모두 복권되었다.

12 왕스웨이王實味(1906~1947)는 허난성河南省 황촨潢川 출신이다. 베이징대에서 공부했으나 가정 형편이 어려워 학업을 마치지 못했다. 1937년 이후 옌안延安에서 마르크스, 엥겔스, 레닌에 관한 저작 200만 자 이상을 번역했다. 1941년 당시 딩링丁玲, 샤오쥔蕭軍, 아이칭艾靑 등과 공산당 지도부를 신랄하게 비판하여 옌안문예정풍 운동의 도화선이 되게 했다. 1942년 『정치가, 예술가政治家, 藝術家』『야백합화野白合花』를 써서 공산당의 특권의식과 부패 상황을 폭로했다. 이후 마오쩌둥의 지시에 의해 트로츠키 분자, 국민당 간첩, 반당 집단 구성원으로 몰려 감옥에 갇혔다가 1947년 비밀리에 살해되었다. 1990년에야 재심사를 거쳐 복권이 확정되었다.

13 추안핑儲安平(1909~1966?)은 장쑤성江蘇省 이싱宜興 출신이다. 상하이 광화대光華大 영문과를 졸업하고 영국 런던대에서 공부했다. 국민당 시기 『관찰觀察』 잡지의 사장과 주편을 역임한 저명한 평론가다. 중화인민공화국 건국 후에도 신화서점新華書店 사장과 『광명일보光明日報』 주간을 역임했다. 1957년 중국 당국에서 언론과 사상의 자유를 인정하는 쌍백雙百 방침을 발표하자, 『광명일보』에 「마오 주석과 저우 총리에게 드리는 몇 가지 의견向毛主席, 周總理提些意見」을 발표하여 중국공산당이 모든 요직을 장악하고 있는 독재적 현실에 대해 신랄한 비판을 퍼부었다. 이것이 바로 당시 중국을 뒤흔들었던 '당천하黨天下' 발언이다. 이후 그는 우파분자로 몰려 엄청난 박해를 받았고, 1966년 문화대혁명이 시작되고 나서 행방불명된 뒤 지금까지 생사를 알지 못한다. 1978년 이후 55만 명에 달하는 우파 인사가 복권되었으나 추안핑은 아직도 5대 우파분자로 지목되어 복권되지 못하고 있다. 5대 우파분자란 장보쥔章伯鈞, 뤄룽지羅隆基, 펑원잉彭文應, 추안핑儲安平, 천런빙陳仁炳을 가리킨다.

14 장둥쑨張東蓀(1886~1973)은 저장성浙江省 항저우杭州 출신이다. 일본 도쿄제국대를 졸업하고 정치대政治大, 광화대光華大, 베이징대北京大 교수를 역임했다. 1912년 난징 임시정부 대총통 비서를 역임하고, 1941년부터 중국민주동맹民盟에 참가했으며, 1946년 1월 민맹 대표로 충칭에서 열린 정치협상회의에 출석했다. 1946년 중국민주사회당을 창립하고 그 지도자의 한 사람이 되었다. 이후 장제스의 독재정치에 반대하고 중도 노선을 걷기 시작했다. 1949년 중화인민공화국 건국 후에는 중앙인민정부위원, 전국정협위원, 정무원문화교육위원, 민맹상무위원을 역임했다. 1951년 미국 특무 사건에 연루되어 모든 공직을 박탈당했고, 1973년 6월 2일 베이징의 친청秦城 감옥에서 세상을 떠났다.

15 자장커賈樟柯는 중국 영화 제6세대를 대표하는 영화감독이다. 베이징영화대北京電影學院 문학과를 졸업했다. 그의 대표작으로는 『샤오우小武』(1997: 제48회 베를린영화제 볼프강 스타우테상 수상), 『플랫폼站臺』(2000: 제57회 베니스영화제 최우수 아시아영화상 수상), 『임소요任逍遙』(2002), 『스틸 라이프三峽好人』(2006: 제63회 베니스영화제 금사자상 수상), 『무용無用』(2007: 제64회 베니스영화제 다큐멘터리상 수상), 『해상전기海上傳奇』(2010: 제13회 몬트리올영화제 다큐멘터리 대상 수상) 등이 있다. 러우예婁燁와 더불어 중국 영화 제6세대 비판정신을 아직까지 견지하고 있는 저명한 영화감독이다.

16 '중관춘中關村'은 중국 베이징대 남쪽에 건설된 첨단 IT 산업기지다.

17 베이다오北島는 1949년 베이징 출신으로 본명은 자오전카이趙振開다. 1978년 망커芒克 등과 시

전문 잡지인 지하 간행물『오늘今天』을 발행하며 모더니즘 기법으로 위선에 가득 찬 중국 현실을 비판하기 시작했다. 은유와 상징 기법을 많이 사용하기 때문에 이들의 시를 흔히 '몽롱시朦朧詩'라고 부른다. 그의 대표작인『대답回答』에 나오는 '나는 믿지 않는다我不相信'란 시구는 그의 초기 시 정신을 대표하는 구절이며 1980년대 중국문학의 정신을 상징하는 구절이기도 하다. 1989년 톈안먼 사태 때 학생들의 민주화운동을 지지한 뒤 해외로 망명해 스웨덴, 미국 등 7개국을 떠돌며 시를 썼다. 미국 미시간대와 뉴욕주립대 교수를 역임하기도 했다. 1994년 귀국을 시도하다가 베이징에서 공안 당국에 억류된 뒤, 곧바로 미국으로 추방되었다. 2011년 칭하이성青海省 정부 주최로 시닝西寧에서 열린 '칭하이후青海湖 국제 시가 축제'의 초청을 받고 22년 만에 귀국했다. 그 뒤 다시 출국해 현재는 홍콩 중문대학 강의교수로 재직하고 있다. 시집으로『낯선 해변의 백사장陌生的海灘』『베이다오 시선北島詩選』『하늘 끝에서在天涯』『영도 이상의 풍경선零度以上的風景線』등이 있고 수필집으로『푸른 등青燈』『한밤중의 문午夜之門』등이 있다. 여러 차례 노벨 문학상 후보로 오른 현대 중국을 대표하는 시인이다.

18 랴오이우廖亦武(1958~)는 쓰촨성 옌팅鹽亭 출신이다. 잠시 우한대武漢大에서 공부했으나 얼마 지나지 않아 그만두었다. 1982년부터 시를 쓰기 시작하여,『인민人民』「아이들의 시대兒子們의時代」로 문단에 등단했다. 1983년부터 지하 간행물을 발간하기 시작하여 중국 공안 당국의 감시 대상이 되었다. 1989년 톈안먼 민주화 운동 때『대학살大屠殺』이란 장시를 발표하고 나서 체포되어 4년 징역형에 처해졌다. 1999년『타락의 성전沈淪的聖殿』에 1989년 톈안먼 민주화 운동 당시 시단西單 민주의 벽에 실린 글과 웨이징성魏京生 등의 글을 실어 출판했으나 금서가 되었다. 같은 해『표류─아웃사이더 방담록漂泊─邊緣人訪談錄』을 출판했으나 역시 금서로 묶였다. 2009년 프랑크푸르트 도서전, 2010년 독일 쾰른 문학 축제, 같은 해 오스트레일리아 시드니 작가 축제에 초청받았으나, 중국 당국의 불허로 출국하지 못했다. 2011년 중국을 탈출 베트남 하노이와 폴란드 바르샤바를 거쳐 독일 베를린에 도착했다. 현재 '중국원옥사中國冤獄史' 연구에 매진하면서 자전체 소설 창작에 전념하고 있다. 우리나라에는 2010년 출판된 류샤오보劉曉波의 번역 시집『내 사랑 샤오게』(글누림출판사)에 랴오이우가 쓴 서문이 실려 있다.

제8장 머독과 구글

1 펑딩캉彭定康은 홍콩의 마지막 영국 총독 패튼Christopher Francis Patten의 중국식 이름이다. 1992년 홍콩 제28대 총독으로 부임한 이래, 1997년 홍콩이 중국에 반환될 때까지 재임했다.

2 중난하이中南海는 중국 베이징 구궁故宮 서쪽에 있는 고급 주택가로 주로 고위 관리들의 저택이 밀집되어 있다.

3 쓰허위안四合院은 네모난 담장에 둘러싸인 중국 전통식 기와집이다.

4 슈수이秀水 시장은 베이징에서 가장 유명한 비단 시장이다.

5 편자 주: 장하이디張海迪는 다섯 살 때 척수혈관류를 앓고 반신불수가 되었다. 1970년 부모를 따라 산둥성山東省 랴오청聊城으로 하방되었다. 고학으로 초등학교, 중고등학교, 대학교 과정을 마치고 침구鍼灸를 배워 현지에서 한의사로 활동했다. 1983년 중국공산당에서는 장하이디를 선전 우상으로 설정하고, '80년대의 새로운 레이펑雷鋒으로 찬양했다. 장하이디는 제9기·제10기 전국 정치협상회의 위원을 역임했고, 2008년 중국 장애인협회 제5대 주석으로 선출되었다.

6 편자 주: 장주잉蔣築英은 1950~1960년대 중국이 양성한 우수 지식인의 대명사로 일컬어지고 있

다. 그는 평생토록 각고의 노력을 하며 배움에 정진했고 다른 사람을 도와주는 데 힘을 쏟았다. 세상을 떠나기 전 4일 동안의 행적이 다음과 같이 전해온다. "새로 만든 실험실을 정리했고, 원내의 파괴된 아스팔트길을 수리했으며, 동료 집안의 하수도 수리도 도와주었고, 복부의 통증을 참고 동료 대신 출장을 갔다. 비행기가 청두成都에 도착한 당일 밤에도 그는 검수檢收 팀을 소집하여 밤 11시까지 회의를 열었다." 또 소문에 의하면 그는 출신 배경 문제로 공산당에 입당할 수 없었지만 평생토록 염원했던 최대의 소망이 바로 공산당원이 되는 것이었다고 한다. 결국 세상을 떠난 뒤에야 공산당 정식 당원으로 추인되었다. 1982년 과로로 세상을 떠났다.

7 「고련苦戀」은 바이화白樺가 1979년 9월 「시월十月」 잡지에 발표한 영화 시나리오다. 중국 현대사 속에서 화가 링천광凌晨光이 겪은 정치적 풍파를 통해 당시 중국 현실을 신랄하게 비판하고 있다. 마지막 부분에서 문화대혁명의 비인간적인 핍박을 견디지 못하고 광야로 도망친 링천광은 물고기와 들쥐를 잡아먹으며 연명하다가 결국 죽음을 맞는다. 그가 죽어가면서 온 힘을 다해 눈밭에 그린 부호는 바로 "?"이다. 이 작품의 내용을 둘러싸고 1979년부터 거의 2년간 논쟁이 벌어졌고, 결국 당 총서기 후야오방胡耀邦은 이 작품을 중국 사회주의 현실에 유해한 작품으로 규정했다.

8 '십삼항十三行'은 청나라 때 대외 무역을 위해 광저우에 개설한 13개의 상점을 말한다. 대체로 강희康熙 연간에 개설된 것으로 알려져 있다.

9 리다자오李大釗(1889~1927)는 허베이성河北省 랴오팅樂亭 출신이다. 마르크스주의를 중국에 최초로 소개한 사람 중 하나다. 1917년 러시아 10월 혁명 이후 「프랑스·러시아 혁명 비교法俄革命之比較觀」 「서민의 승리庶民的勝利」 「볼셰비키의 승리布爾什維主義的勝利」 「신기원新紀元」 등의 글을 발표하여 마르크스주의와 러시아혁명을 소개했다. 1927년 군벌 당국에 체포되어 38세의 나이로 사형을 당했다.

10 왕푸징王府井은 중국 베이징 자금성 동쪽에 있는 베이징에서 가장 번화하고 현대적인 거리다.

11 디킨스는 「두 도시 이야기A Tale of Two Cities」에서 "영광의 세월이요, 또한 치욕의 세월이었다. 지혜의 시대이자 몽매의 시대였다. 믿음의 시절인가 하면 불신의 시절이었다. 광명의 계절인 동시에 암흑의 계절이었다. 희망의 봄이 곧바로 절망의 겨울이었다. 우리 앞에 모든 것이 마련되어 있는가 했으나 실제로는 아무것도 이룰 수가 없었다"라고 묘사했다.

12 악록서원嶽麓書院은 중국 후난성湖南省 창사 웨루산岳麓山산 동측 기슭에 있는 유명한 서원이다. 송 태조 개보開寶 9년(976)에서 1903년까지 1000년 가까이 존속했다. 송대 성리학을 집대성한 주희도 오랫동안 이곳에서 학문을 강의하기도 하는 등 역대로 수많은 학자가 악록서원을 거쳐갔다. 현재는 후난대학湖南大學에서 관리하고 있다.

13 '두 가지 신문과 한 가지 잡지兩報一刊'는 모든 신문과 간행물이 폐간된 문화대혁명 시기에 간행되던 「인민일보人民日報」 「해방군보解放軍報」와 「홍기紅旗」라는 반월간 잡지를 말한다. 모두 당시 중국공산당의 이념을 선전하던 간행물이었다.

14 1972년 안토니오니는 중화인민공화국의 초청으로 중국을 방문하여 중국의 현실을 다룬 다큐멘터리 「중국Chung Kuo-Cina」을 촬영했다. 그러나 이 다큐멘터리 속의 일부 내용을 근거로 중국 당국은 이 영화를 '반중국反華·반공反共'으로 규정하고 신랄한 비판을 가했다. 이후 이 영화는 중국에서 상영되지 못하다가 2004년 11월 25일 베이징영화대北京電影學院에서 주최한 안토니오니 기념 영화제에서 처음 상영되었다.

15 '종이호랑이'는 겉은 강한 것처럼 보이지만 속은 허약한 사람, 국가, 세력을 가리킨다. 마오쩌둥이 서구 국가를 제국주의로 매도하며 자주 동원했던 비유다. 지금 여기에서도 '디지털 패권주의'와 '정보 제국주의'란 용어로 서구 국가를 매도하는 중국 정부의 태도가 마오쩌둥 시대의 그것과 흡사하

다는 것을 비유한다.

16 라비야 카디르Rabiyä Qadir, 熱比婭卡德爾는 중국 위구르족을 대표하는 여성 지도자다. 1993년 제8기 전국정치협상회의 위원으로 선출되었으며, 1995년 중국 여성 대표의 한 사람으로 베이징에서 개최된 세계 여성대회에 참석했다. 1996년 라비야의 남편이 미국으로 망명하여 위구르족에 대한 중국 정부의 불평등한 대우를 폭로했다. 1999년 8월 우루무치를 방문 중인 미국 국회의원 보좌관 대표단과 면담하던 중 체포되어 2000년 3월 해외 단체에 불법으로 국가의 정보를 제공했다는 혐의로 징역 8년을 선고받았다. 2005년 해외 신병 치료를 명목으로 석방되어 미국으로 망명했다. 미국에서 그녀는 위구르족의 인권 보호를 위해 국제 위구르족 인권과 민주 기금회國際維吾爾人權與民主基金會를 창립했다. 2006년 독일 뮌헨에서 열린 세계 위구르족 대표대회에서 주석으로 선출되었다. 이후 세 차례 노벨 평화상 후보에 올랐다.

17 편자 주: 투더우土豆와 유쿠優酷는 중국이 유튜브를 모방하여 만든 동영상 공유 홈페이지이고, 교내망校內網은 페이스북의 중국어 모방판이다.

18 독일의 반나치 신학자 마르틴 니묄러가 쓴 「전쟁책임 고백서」는 다음과 같다. "그들(나치)이 먼저 공산당을 잡으러 왔을 때/나는 침묵했다. 공산당원이 아니었기 때문이다.//그다음 유대인을 잡으러 왔을 때/나는 침묵했다. 나는 유대인이 아니었기 때문이다.//그다음 노조원을 잡으러 왔을 때/나는 침묵했다. 나는 노조원이 아니었기 때문이다.//그들이 또 가톨릭교도를 잡으러 왔을 때/나는 침묵했다. 나는 개신교도였기 때문이다.//마지막에 그들이 나를 잡으러 왔을 때는/이미 나를 위해 말을 해줄 사람은 아무도 없었다."

19 편자 주: 탕쥔唐駿은 마이크로소프트 중국 지사장을 역임했다. 2004년 마이크로소프트 퇴직 후 성다그룹盛大集團 총재에 취임했다. 생애 초기 발전을 위해 노력한 그의 분투 과정은 대단한 호평을 받았고, 이에 '아르바이트 황제'란 칭송도 들었다. 그러나 2010년 그의 미국 학위가 가짜임이 밝혀져 이미지에 큰 손상을 입었다.

20 편자 주: 마윈馬雲은 일찍이 야후 중국의 사무국장을 역임했다. 2005년 야후 중국과 아리바바가 합병되고 나서 마윈은 현재 아리바바의 CEO를 담당하고 있다. 그는 『포브스Forbes』의 표지 인물로 소개된 최초의 중국 기업인이다.

21 2008년 발생한 중국산 유제품 멜라민 오염 사건을 말한다. 자료에 따르면 이 오염된 우유를 먹고 신장결석이나 신부전증 환자가 5만3000명이 발생했고, 4명의 유아가 사망했다고 한다.

22 편자 주: 선하오沈浩는 2004년 샤오강촌 공산당위원회 제1서기로 부임하여 5년여를 재직하는 동안 "시종일관 당과 인민의 일을 중시하고, 창업을 주관했으며 부지런하고 실무적으로 일을 처리하고, 새로운 일에 용기 있게 참여하고 사사로움 없이 자신의 몸과 마음을 바쳤다. 그리하여 실제 행동으로 과학적 발전관을 실천했고 충실하게 공산당원의 신성한 책무를 이행하여 수많은 간부의 마음에 높다란 기념비를 세워놓았다." 2005년 샤오강촌은 '전국 10대 마을全國十代名村'로 이름이 났다. 또 2007년에는 '안후이성 농촌 여행 시범 마을安徽省鄉村旅遊示範點' 칭호를 수상했다. 그러나 그는 불행하게도 2009년 말 세상을 떠났다.

제9장 류빈옌에서 후수리까지

1 편자 주: 인광샤銀廣夏는 廣夏(銀川)實業股份有限公司의 약칭이다. 2001년 8월 『재경』의 커버스토리에는 「인광샤의 함정銀廣夏的陷阱」이란 글이 실렸다. 이 글은 인광샤가 공언해온 이익 취득의

근원에 조작의 혐의가 있다는 사실을 지적하고 있다. 사건이 발표된 뒤 인광샤의 고위층 여러 명이 피소되었고, 이와 관련된 회계사무소도 영업 허가를 취소당했다. 『재경』은 이 기사로 대단한 명성을 얻었다. 또한 인광샤는 이로 인해 중국 대륙 상장기업의 악폐를 상징하는 대명사로 전락하고 말았다.

2 편자 주: 왕보밍王波明은 중국의 개혁 개방 정책이 시행된 뒤 가장 일찍 해외로 파견된 유학생들 가운데 한 사람이다. 그는 미국 컬럼비아대학을 졸업한 뒤 귀국하여, 중국의 금융 증권 시장을 창립하기 위해 적극적으로 활동했다. 1988년 그는 가오시칭高西慶 등과 공동으로 흔히 '중국 증권시장 백서'라고 일컬어지는 『중국 증권시장 법제화와 규범화 촉진에 관한 정책 건의關於促進中國證券市場法制化和規範化的政策建議』를 집필했다. 1989년에 그는 중국 증권시장 연구 설계 센터를 세웠고, 그 뒤 다시 그 산하에 『재경財經』 잡지를 창간했다. 왕보밍 자신이 바로 『재경』 잡지의 주간이다.

3 편자 주: 팡리즈方勵之는 중국의 천체물리학자이며 유명한 민주주의 운동가다. 6·4 톈안먼 운동기간 동안 학생들의 호소에 지지를 보냈다. 중국 정부의 체포령이 떨어진 뒤 미국으로 망명했다. 2012년 4월 7일 미국 애리조나 주 투손에서 향년 78세로 사망했다.

4 저우싱츠周星馳는 홍콩을 대표하는 유명한 영화배우 중 한 사람이다.

5 '청천백일기青天白日旗'의 정식 명칭은 청천백일만지홍기青天白日滿地紅旗다. 중화민국 정부의 국기로 쑨원孫文에서 장제스 정부로 이어졌고, 현재 타이완의 중화민국 정부에서도 이 깃발을 국기로 사용하고 있다.

6 「무훈전武訓傳」(1950)은 무훈武訓의 일대기를 다룬 영화다. 청나라 말기 빈곤한 집에서 태어난 무훈이 구걸과 머슴살이를 하며 돈을 모아 의학義學을 만들고, 무료로 가난한 학생들에게 교육의 기회를 제공하여 백성들의 존경을 받고 조정의 포상을 받는다는 내용이다. 영화가 상연된 초기에는 무훈을 중국 민족의 근면하고 용감한 품성을 보여준 영웅 인물로 칭송했다. 그러나 1951년 마오쩌둥이 「인민일보」에 「영화 '무훈전'에 관한 토론을 중시해야 한다應當重視電影'武訓傳'的討論」라는 사설을 발표한 뒤 이러한 분위기는 완전히 역전되었다. 마오쩌둥은 「무훈전」이 봉건적 착취를 외면하고 가난의 원인을 문명 탓으로 돌리면서 개인의 덕행과 동정심을 역사 발전의 원동력으로 인식하고 있다며 신랄한 비판을 퍼부었다. 또 마오쩌둥은 「무훈전」이 사회주의 혁명의 대의와 중국 혁명의 역사를 모독하고 있다고 단정했다.

383
/

7 편자 주: 레이펑雷鋒은 곧잘 중국공산당에 의해 당과 인민을 열렬히 사랑한 대표자로 만들어진 사람이며 여러 차례 '노동 모범'과 '선진 생산자'로 선정되었다. 마오쩌둥은 일찍이 '레이펑 동지를 따라 배우자'라는 운동을 직접 비준했다. 1962년 겨우 22세의 나이로 사망했다.

8 편자 주: 왕진시王進喜는 중국의 제1세대 착정(우물 파기) 노동자로 역시 '노동 모범'으로 선정되었다. 1960년 노동자들을 조직하여 '손으로 끌고 어깨로 메는' 방법으로 착정기를 운반·설치했다. 그리고 '동이와 물통을 직접 전해주는' 방법으로 물을 길어다 부어서 우물 파기가 계속 가능하도록 해주었다. 심지어 우물 구덩이 진흙탕 속으로 직접 뛰어 들어가 자신의 몸으로 진흙을 휘저어 그것이 양수기를 통해 밖으로 뿜어져 나오게 했다. 사람들은 그를 '철인鐵人'이라고 불렀다. 1970년에 사망했다.

9 왕뤄왕王若望(1918~2001)은 장쑤성 우진武進 출신이다. 1934년 노동자 파업에 참가했다가 당시 중화민국 정부에 체포되어 징역을 살았다. 1937년 석방된 뒤 옌안으로 가서 중국공산당에 가입했다. 1957년 우파로 단죄되었고, 1968년 마오쩌둥을 비판했다가 4년 동안 감금되었다. 1978년 명예회복이 이루어져 『상하이 문학上海文學』 부주편, 중국작가협회 이사를 역임했다. 1989년 6·4 톈안먼 민주화운동에 참가한 뒤 14개월 동안 구금되었다. 1992년 미국으로 망명, 2001년 뉴욕에서 폐

암으로 사망했다.

10 '시쓰환西四環'은 베이징시를 동심원으로 둘러싸고 건설된 네 번째 순환도로의 서쪽 구간이다. 2009년 여섯 번째 순환도로六環가 개통되었으며, 현재 일곱 번째 순환도로七環가 건설 중이다.

11 『커맨딩 하이츠Commanding Heights: The Battle for the World Economy』는 다니엘 예르긴과 조셉 스태니슬로의 공동 저작이다. 국내에서는 1999년 9월 세종연구원에서 『시장 대 국가』로 번역되어 나왔고, 중국에서는 外文出版社에서 2000년 1월 『制高點』로 출간되었다. 커맨딩 하이츠란 전쟁터에서 적의 동태를 빠짐없이 감시할 수 있는 고지를 말하는데, 레닌이 이 용어를 본격적으로 사용하기 시작했다. 그에 의하면 커맨딩 하이츠는 국가에 의해 설정된 경제 목표를 위해 국가가 모든 경제 시스템을 통제하려는 행위를 말한다. 흔히 경제고지로도 번역된다. 그러나 이러한 계획경제 시스템은 줄곧 실패를 거듭했기 때문에 결국 그 형태를 바꾸면서 나약한 생명을 이어갈 수밖에 없었다. 따라서 국가는 경제 시스템에 과도하게 개입해서는 안 되고, 경제가 원활하게 작동하기 위한 윤활유 역할을 해야 한다고 한다.

12 편자 주: '쑨즈강孫志剛 사건'의 진상은 다음과 같다. 2003년 3월 17일 밤 후베이湖北 황강黃崗에서 온 대학 졸업생 쑨즈강은 광저우의 한 PC방에서 경찰의 임시 검문을 받았다. 그는 방금 광저우로 왔기 때문에 아직 임시 거류증도 신청하지 못한 상태였다. 이 때문에 경찰은 그를 삼무인간三無(신분증도 없고, 합법적인 직업도 없고, 정상 거주지도 없는 사람)으로 간주하여 유랑자 수용소에 가두었다. 그런데 사흘 뒤 그는 수용소 수감자를 돌보는 병원에서 사체로 발견되었다. 『남방도시보』의 천펑陳峰·왕레이王雷의 조사에 따르면 쑨즈강은 간호원과 병실 환자들에게 맞아 죽은 것이라고 한다. 이 일은 사회적으로 엄청난 논쟁과 반성을 불러일으켰을 뿐만 아니라, 수용 제도의 개혁을 촉진시켰다.

13 편자 주: 탕완리唐萬里와 탕완신唐萬新 등 4형제는 모두 중국의 저명한 기업인으로 일찍이 중국의 부호 명단 순위에 올랐다. 1996년부터 2001년까지 그들이 창립한 더룽회사德隆公司 산하의 신장 툰허新疆屯河, 선양합금瀋陽合金, 상휘쥐湘火炬 등 세 회사가 상장한 주가가 모두 큰 폭으로 10배 넘게 상승했다. 이 때문에 이 회사는 줄곧 성공한 사유기업의 대표로 여겨졌다. 1998년 더룽 기업은 1000만 위안을 출자하여 소련에서 민스크급 항공모함을 매입, 선전深圳에 정박시키고 항공모함을 주제로 하는 오락시설을 개발했다. 이 일은 온 중국을 들끓게 했다. 그러나 2000년부터 더룽 기업은 불법 자금 취득 소식과 기업 운영에 불리한 소식이 연이어 전해지면서 주가도 하락했다. 2004년 탕완신은 '고객의 예금을 불법으로 사용한' 혐의로 체포되어 8년형을 선고받았다. 이후 더룽 기업은 해체 매각되었다.

/
384

제10장 고독한 반항자

1 중국 속담에 '닭을 잡아 원숭이에게 보여준다殺鷄給猴看'는 말이 있다. 잔혹한 방법으로 어떤 한 사람을 처벌하여 많은 사람에게 경종을 울린다는 의미다.

2 「08 헌장零八憲章」은 2008년 류샤오보 주도로 중국 당국에 민주·자유·인권·법치의 회복을 요구한 선언서다. 당시 중국의 양심적인 지식인 303명이 서명했다. 2010년에 번역된 류샤오보 시집 『내 사랑 샤예게』(김영문 옮김, 글누림출판사) 부록에 「08 헌장」이 번역되어 있다.

3 '뿌리찾기 문학尋根文學'은 문화대혁명으로 파괴된 중국문학을 농촌·초원·전통 등에서 소재와 주제를 찾아 새롭게 복원하자는 문학 흐름이다. 문화대혁명 이후 상흔문학과 반사문학反思文學에 이

어서 대두되었다. 리튀李陀, 한사오궁韓少功, 아청阿城, 왕안이王安億, 모옌莫言, 장청즈張承志 등이 대표 작가다.

4 류신우劉心武는 1942년 쓰촨성 청두成都 출신이다. 1950년 아버지를 따라 베이징으로 이주했다. 문화대혁명 직후 단편소설 「담임 선생님班主任」을 발표하여 상흔문학의 선도적인 작가가 되었다. 그는 이 소설에서 극좌 사상이 청소년들에게 미치는 해독을 성공적으로 그려냈다. 이 작품은 1978년 제1기 중국 전국우수단편소설 1등상을 수상했다. 중국의 신시기 문학의 출범을 알리는 기념비적인 의미를 지니고 있다. 이후에도 류신우는 왕성한 작품활동을 했으며, 특히 1990년대부터는 중국 고전소설 「홍루몽紅樓夢」 연구에 전념하며 여러 성과를 내고 있다.

5 아청阿城은 1949년 베이징에서 태어났다. 고등학교 1학년 때부터 산시山西, 내몽골內蒙古, 윈난雲南 등지로 하방되어 학업을 중단했다. 그곳에서 그림을 그리며 중국 변방의 다양한 전통 문화 및 소수민족 문화와 접촉했다. 1979년 부친과 베이징으로 돌아와서 마르크스와 헤겔 철학, 중국 고전인 「주역周易」과 유가·도가·선불교에 관한 서적을 광범위하게 독파했다. 1984년 처녀작 「기왕棋王」을 발표하여 문단의 주목을 받았다. 이 작품은 1983~1984년 전국우수중편소설상을 수상했다. 이후에도 「수목왕樹王」 「어린이들의 왕孩子王」 등의 작품을 발표하며 창작을 이어갔다. 그의 작품은 중국의 민속적인 분위기가 강하고 우주·생명·자연에 관한 깊은 철리가 녹아 있어서 '뿌리찾기 문학'의 특징을 보여주는 것으로 인정되고 있다. 1990년대 후반 미국으로 이주했다.

6 왕멍王蒙은 1934년 베이징에서 태어났다. 1953년 「청춘만세青春萬世」, 1956년 「조직부에 온 젊은 이組織部來了一個年輕人」를 발표하여 공산주의의 관료화 경향을 비판했다. 이로 인해 우파로 몰려 고초를 겪었다. 문화대혁명이 끝난 후 모더니즘 기법인 의식의 흐름을 중국 현대소설에 최초로 도입했다. 「인민문학」 주편, 중국공산당 중앙위원, 중국작가협회부주석, 전국정치협상회의 상무위원 등과, 1986년부터 1990년까지 문화부 부장(장관)을 역임했다. 중국 신시기 문학을 대표하는 작가로 인정되지만, 후기로 갈수록 중국 관방 이데올로기와 타협하는 작품 경향을 보이는 것으로 평가된다. 우리나라에도 그의 여러 작품이 번역되어 있다.

7 가보옥賈寶玉은 「홍루몽」의 주인공이다. 가씨賈氏 저택에서 수많은 여인에 둘러싸여 도련님으로서의 생활을 영위한다. 임대옥林黛玉을 사랑하지만 결국 어른들의 반대로 사랑을 이루지 못하고 설보차薛寶釵와 결혼한다. 그러나 병약한 몸에 실연의 상심이 겹쳐 세상을 떠난 임대옥을 잊지 못하고 결국 출가하여 불문에 귀의한다.

8 왕희봉王熙鳳은 「홍루몽」에 나오는 여성 인물로 가보옥의 어머니 왕부인王夫人의 친정 질녀(조카딸)다. 가씨賈氏 저택의 가련賈璉에게 시집와서 총명하고 과단성 있는 성격으로 대저택의 크고 작은 일을 관장한다.

9 굴원屈原은 중국 전국시대 초楚나라의 충신이다. 회왕懷王에게 충성했으나 간신들의 모함으로 쫓겨나 상강湘江 유역을 떠돌다가 멱라수汨羅水에 투신하여 목숨을 끊었다. 그의 충성과 울분을 표현한 것이 「이소離騷」 「구가九歌」 「천문天問」 등의 초사楚辭 작품인 것으로 알려져 있다.

10 '샹린 아줌마祥林嫂'는 루쉰의 단편소설 「복을 비는 제사祝福」에 나오는 주인공이다. 농촌의 불우한 여성으로 어린 아들조차 늑대에게 잡아먹힌 뒤, 세상의 냉대 속에 고독하게 세상을 떠난다.

11 '침전설積澱說'은 리쩌허우가 그의 저서 「화하미학華夏美學」 「미의 역정美的歷程」에서 주장한 미학 이론이다. 미의식이란 장기간 인간의 의식 속에 침전되어온 집단적 무의식, 즉 문화심리 구조가 역사와 자연 등 사물과의 교섭을 통해 미적으로 발현된 것이라고 한다. 융의 무의식 이론에서 영향을 받은 것으로 알려져 있다.

12 구청顧城(1956~1993)은 베이징에서 태어났다. 1977년부터 본격적으로 시를 쓰기 시작하여 신시

기 몽롱시파를 대표하는 시인이 되었다. 어린이처럼 순진한 마음과 환상적인 느낌을 표현한 직관적이고 동화 같은 시를 많이 썼다. 1988년 뉴질랜드로 초청되어가서 중국 고전문학을 강의했다. 그곳 오클랜드대학 아시아어과 연구원으로 재직하다가 뉴질랜드 국적을 취득했다. 1993년 이혼 문제로 가정불화가 일어나 자살로 짧은 생을 마감했다. 시집으로 『한낮의 달님白晝的月亮』 『북방 고독자의 노래北方的孤獨者之歌』 『쇠방울鐵鈴』 『검은 눈黑眼睛』 등이 있다.

13 『하상河殤』은 1988년 중국 CCTV에서 방영된 다큐멘터리다. 1980년대 문화열 논쟁 중 철저재건과 전반서구화론을 주장하는 진관타오金觀濤의 이론에 근거하여 만들어졌다. 이 다큐멘터리는 중국의 5000년 역사가 사실상 봉건적인 초안정 구조에 불과하다고 하면서 그것은 마치 중국인들이 세계적으로 자랑하는 만리장성이 실은 중국의 폐쇄적 구조를 드러내는 치욕적인 유적인 것과 같다고 했다. 따라서 이를 극복하기 위해서는 전면적으로 외래 문명을 받아들여 중국의 창조적인 역량을 발휘해야 한다고 주장했다. 그리고 이 다큐 말미에 명말청초의 유명한 학자인 고염무顧炎武의 "천하의 흥망은 필부에게도 책임이 있다天下興亡, 匹夫有責"는 말을 인용하여 중국의 모든 인민은 국가의 앞날에 막중한 책임의식을 느껴야 한다고 했다. 이 다큐멘터리의 상영으로 중국은 엄청난 충격에 빠졌고, 공산당 중심의 통치 구조가 결국 중국 전통의 봉건적 초안정 구조에 불과함을 인식하게 되었다. 따라서 중국 지식인과 일반 인민은 경제적 측면의 개혁 개방뿐만 아니라 정치적 측면에서도 전면적인 민주와 자유를 요구하게 되었고, 이러한 물결이 1989년까지 이어져 6·4 톈안먼 민주화운동으로 발전하게 된다.

14 외르케시 될레트吾爾開希, Örkesh Dölet는 위구르족으로 1968년 베이징에서 태어났다. 1989년 베이징사범대학 자치회를 주도적으로 결성하고 왕단王丹·차이링柴玲 등과 함께 6·4 톈안먼 민주화 운동을 주도했다. 이후 중국 당국의 체포를 피해 해외로 망명, 미국 등지를 거쳐 지금은 타이완에 정착해 살고 있다.

15 편자 주: 1989년 6월 2일 베이징사범대 교수 류샤오보와 가오신高新, 베이징쓰퉁그룹北京四通集團公司 종합계획부 부장 저우퉈周舵 및 타이완의 저명한 작곡가 겸 가수 허우더젠侯德健 등 4명이 톈안먼 광장에서 단식 저항을 시작했고 사람들은 이들을 합하여 '6·4 4군자'라고 부른다. 저우퉈는 그 뒤 체포되어 1년간 구금되었다. 허우더젠은 대륙 공안에 의해 강제로 타이완으로 추방되었다. 가오신은 그 뒤 미국으로 망명하여 중국공산당 고위층 정치를 연구하는 작가가 되었고, 많은 책을 펴냈다.

16 '톈안먼 어머니天安門母親' 모임은 1989년 6·4 톈안먼 사태 때 당국의 무력 진압으로 자식을 잃은 어머니들이 사건의 진상 규명과 희생자들의 명예 회복을 위해 결성한 단체다. 딩쯔린丁子霖, 장셴링張先玲, 황진핑黃金平 등이 주도하여 2000년 정식 출범했다. 2000년 제2기 세계 민주대회에서 수상하는 '민주용감상'을 수상했고, 2002년과 2003년 노벨 평화상 후보에 올랐다. 현재 이 단체 홈페이지 http://www.tiananmenmother.org/에는 지금까지의 활동이 자세하게 소개되어 있다.

17 편자 주: 딩쯔린丁子霖은 '톈안먼 어머니' 운동의 발기인이다. 그녀의 아들 장제롄蔣捷連이 톈안먼 사태 때 목숨을 잃었다.

18 '胡溫新政'은 장쩌민 체제 이후에 등장한 후진타오 주석과 원자바오 총리 체제를 말한다.

19 범중엄范仲淹(989~1052)은 소주蘇州 오현吳縣 사람이다. 북송北宋 진종眞宗과 인종仁宗 때의 정치가·사상가·문학가다. 그는 청렴하고 강직한 품성에 직간直諫을 서슴지 않아 여러 차례 간신들의 모함을 받고 지방으로 폄적되었다. 벼슬은 추밀부사樞密副使·참지정사參知政事에 올랐으나 하송夏悚 일파의 견제와 모함으로 지방관을 전전하다가 병사했다. 시호는 문정공文正公이며 사후 초국공楚國公과 위국공魏國公에 봉해졌다. 『범문정공집范文正公集』(24권)이 전한다.

20 이지李贄(1527~1602)는 명나라 신종神宗 만력萬曆 연간에 활동한 사상가다. 호號가 탁오卓吾이 기 때문혜 흔히 이탁오로 불린다. 복건성福建省 천주泉州에서 태어났다. 특히 양명학陽明學 좌파 인 태주학파泰州學派 중에서도 가장 극단적인 이론가다. 이탁오는 왕양명王陽明의 심즉리心卽理 이론에서 한발 더 나아가 때 묻지 않는 아이들의 동심童心이 인간의 본성이라고 주장하면서, 일상 속의 허위를 타파하자고 했다. 이러한 입장에서 그는 유가의 허례허식을 비판했고, 문장도 유가 경 전이나 제자백가보다 『서상기西廂記』나 『수호전水滸傳』이 천하의 명문이라고 했다. 지나친 반유가 적 이론 때문에 곧잘 논란에 휩싸였고, 결국 장문달張問達의 탄핵을 받고 옥중에서 자결했다. 저 서로 『분서焚書』 『장서藏書』 등이 있다.

제11장 우리 이 세대

1 징선 고속도로京瀋高速公路는 베이징에서 선양瀋陽에 이르는 고속도로다. 1999년 개통되었다.

2 덩위자오鄧玉嬌(1987~) 사건은 2009년 5월 10일 후베이성湖北省 바둥巴東 예싼관진野三關鎭 슝 펑雄風여관에서 일어난 살인 사건을 말한다. 당일 바둥 공무원들인 덩구이다鄧貴大, 황더즈黃德 智, 덩중자鄧中佳가 슝펑여관 휴게실로 와서 그곳 종업원 덩위자오에게 특별 서비스(섹스 서비스) 를 요구했다. 그러나 덩위자오는 그것을 거부했고 결국 이들이 덩위자오를 강간하려 하자 덩위자오 가 과도로 이들을 찔러서 덩구이다는 사망하고 황더즈와 덩중자는 상처를 입었다. 사건 직후 덩위 자오는 110 긴급 전화로 자수하고 이들을 병원으로 후송했다. 이때 바둥 공안 당국에서는 덩위자 오를 고의 살인 혐의로 송치했지만, 여러 경로를 통해 덩위자오의 정당방위에 의한 과실치사 사실 이 알려지면서 당시 중국 여론은 덩위자오를 당대열녀當代烈女로 칭송했다. 2009년 6월 16일 바둥 인민법원에서는 덩위자오의 정당방위를 인정하여 무죄 석방했다.

3 리아오李敖(1935~)는 타이완의 무당파 자유주의 작가·비평가·역사학자다. 그는 비판적이고 예리 한 필체에 유머러스한 풍격을 보태어 중국 백화문 1인자로 칭송받고 있다. 저작으로 『베이징 파위 안사北京法源寺』 『발기가 안 되는 미국陽痿美國』 『리아오가 할 말 있다李敖有話說』 『홍색 11紅色 11』 등 100여 권이 있다. 이중 96권이 금서가 되었다. 서구 언론에 의해 중국 최고의 비평가로 추앙 되고 있다. 2005년 9월 중국 대륙을 방문, 베이징대, 칭화대, 푸단대復旦大에서 강연하여 대륙의 학생들에게 큰 반향을 불러일으켰다.

4 편자 주: '딩레이丁磊'는 인터넷 포털 왕이網易의 창설자로 2003년 중국 최고 갑부였다.

5 편자 주: '장차오양張朝陽'은 저명한 검색 사이트 써우후搜狐의 창설자다.

6 팡쭈밍房祖名은 본명이 천쭈밍陳祖名으로 홍콩의 유명한 영화배우 겸 가수다. 그의 부친이 바로 세계적인 배우 청룽成龍이다.

7 「타인의 삶Das Leben Der Anderen: 竊聽風暴」(2006)은 독일 감독 도너마르크Florian Henckel Von Donnermarck의 영화다. 동독의 비밀경찰 비즐러가 동독 최고의 극작가 드라이만과 드라이 만의 애인 크리스타(인기 여배우)를 감시하면서 그들의 삶과 사랑에 감동하여 이전과 다른 인간적 인 모습으로 변화한다는 내용이다.

바야흐로 정치의 계절이다. 한국에서는 12월 대선을 향해 문재인, 박근혜, 안철수 후보가 민심을 얻기 위해 동분서주하고 있다. 중국에서는 11월 8일부터 열리는 제18차 전국인민대표대회에서 후진타오胡錦濤 체제가 물러나고 시진핑習近平 체제가 들어설 전망이다. 또 일본에서는 노다 요시히코野田佳彦 현 총리 후임으로 제1야당 자민당의 아베 신조安倍晋三 총재가 총리 후보로 거론되고 있다.

그런데 흥미롭게도 한·중·일 삼국의 정권 교체 배후에는 모종의 동일한 흐름이 감지되고 있다. 그건 바로 '독재의 유혹'이다. 한국에서는 박정희의 딸 박근혜가 현 여당의 대선후보로 선출되면서 자연스럽게 박정희 독재체제에 대한 인식을 둘러싸고 논란이 일어나고 있다. 중국에서는 보시라이薄熙來 전 충칭重慶 시장에 대한 처분과 관련하여 공산당 내 개방파와 신좌파 간의 권력 투쟁이 진행되고 있다.

여기에도 마오쩌둥毛澤東의 강권 통치를 어떻게 평가할 것인가의 문제가 도사리고 있다. 일본의 경우는 최근 정계의 전체적인 우경화 경향에 편승하여 극우 편향의 아베 신조가 차기 총리 후보로 강력하게 부상하고 있다. 일본의 극우란 무엇인가? 바로 일본 제국주의 침략의 역사를 정당화하고 일왕 중심의 전제주의를 그리워하는 수구적 이념이다.

흔히 대망의 21세기라고 부르는 새 시대가 시작된 지도 이미 10년이 넘었지만 인간을 폭력으로 억압하고 인간에게 타율을 강요하며 그 체제의 비인간성을 은폐해온 독재, 강권, 전제, 억압의 유산은 끊임없이 재소환되고 있다. 20세기 말부터 세계적으로 만연한 신자유주의 체제는 정치, 경제, 사회 모든 부문의 무한경쟁을 유도하여 전 지구적으로 빈익빈 부익부 현상을 재촉하고 있다. 자본의 흐름이 소수의 사람과 대기업으로 편중되면서 소자본을 바탕으로 경제활동을 영위하던 중소기업 및 일반 시민들은 대규모 파산과 퇴출 사태에 직면했다. 아이러니컬하게도 이러한 경제적 독재와 폭압의 과정에서 파산한 시민들은 신자유주의 체제를 향해 비판의 화살을 겨누는 것이 아니라, 오히려 과거 독재 시대를 그리워하며 그 시대가 지금보다 훨씬 안정적이고 사회적 보장이 많았다고 강변한다. 러시아 역사학자 미하일 게프트는 스탈린 독재를 비판하면서 "스탈린주의의 진정한 역량과 지속적인 유산은 국가권력 구조도 아니고 지도자에 대한 개인숭배도 아니며 바로 우리 개개인의 마음속에 파고 들어온 그의 영향력이다"라고 했다. 중국의 루쉰은 이러한 현상을 한마디로 '노예근성'이라고 설파했다. 독재체제의 가공할 만한 점은 폭압적인 권력과 일방적인 이념 교육을 통해 국민의 독립적인 사고 능력과 개개인

389
/

의 자발성을 제거한 뒤 자신이 노예 상태에 처해 있다는 것도 깨닫지 못하게 한다는 점에 있다. '노예근성'의 형성 원인에 대해서는 다양한 해부와 분석이 가능하겠지만, 그걸 다 다루는 것은 이 글의 범위를 넘어서는 일이다. 그러나 중요한 점은 이러한 '노예근성'을 끊임없이 자각·환기하고 그것에서 벗어나기 위한 활동을 부단히 지속하는 일이다.

이 글의 저자 쉬즈위안은 문화대혁명이 끝난 1976년에 태어났다. 이른바 중국에서 신시기로 불리는 개혁·개방 시대의 대표적인 지식인이다. 이념에 종속되어 현실비판적 시각을 상실했던 중국 지식인 층에 새롭고 건강한 지식인이 성장하고 있다는 증거를 그에게서 찾을 수 있다. 그는 이 책에서 이렇게 서술하고 있다. "한 세대 또 한 세대 중국인이 마주했던 가장 찬란한 순간은 바로 그들이 마치 저항이 불가능한 것처럼 보이는 역사의 역량과 대결을 펼칠 때였다." '노예근성'에 대한 그의 자각은 매우 명확하다. 그렇다. 어떤 나라이든 비판적 지식인이 사라진 사회는 죽은 사회일 뿐이다.

쉬즈위안은 이러한 입장에 근거하여 중국의 현 체제를 전통적인 전제 제도와 사회주의 그리고 자본주의가 결합된 기괴한 시스템이라고 인식한다. 말하자면 현 중국은 그들 정부의 말대로 '중국 특색의 사회주의'가 아니라 '중국 특색의 자본주의'라는 것이다. 그러므로 쉬즈위안이 존 나이스빗 등 서구 미래학자들의 21세기 중국대망론을 신랄하게 비판하는 것은 어쩌면 당연한 일이다. 중국이 21세기에 정치, 경제, 문화 부문의 대국이 되어 세계 지도국가가 된다는 건 중국인의 입장에서 얼마나 달콤한 유혹인가? 그러나 그는 21세기에 중국이 세계 여러 나라와 평화적으로 공존하기 위해서는 중국의 특수성을 강조하기보다 세계의 보편성을 인정하고 그 가치에 공감하는 것이 훨씬 중요하다고 주장한다. 따라서 그는 민주와 인권을 위해 싸워 온 류빈옌劉賓雁, 후수리胡舒立, 쉬즈융許志永, 위제余杰, 류샤오보劉曉波 등 비판적 지식인을 매우 고귀하게 평가한다. 중국의 미래는 이들에 의해 훨씬 더 보편적, 평화적, 세계적, 민주적으로 발전할 것으로 기대된다. 그 젊은 비판적 지식인의 대열에 쉬즈위안이 서 있다. 그리고 우리는 이들과의 대화를 통해 한국 및 중국 그리고 세계의 새로운 지평을 여는 단서를 마련할 수 있을 것이다.

　또 한 권의 책을 출판하기 위해 많은 분의 노력에 힘입었다. 좋은 책을 기획해준 노승현 선생과 강성민 대표, 그리고 이은혜, 박민수, 김신식 등 편집부의 여러분께서 불철주야 애를 써주셨다. 디자인과 장정에 애써주신 여러분께도 감사드린다. 마지막으로 어머니, 이번 한가위에 찾아 뵈었을 때 몸무게가 자꾸 줄어든다고 쓸쓸하게 말씀하셨다. 요즘 자꾸 불현듯 그 말씀이 떠올라 가슴이 무너진다. 눈물로 그분께 보잘것없는 마음을 드린다.

391
/

2012년 10월 9일
불사재不舍齋에서
옮긴이 씀

독재의 유혹

초판인쇄	2012년 10월 22일
초판발행	2012년 10월 29일

지은이	쉬즈위안
옮긴이	김영문
펴낸이	강성민
기획	노승현
편집	이은혜 김신식 박민수
독자모니터링	황치영
마케팅	최현수
온라인 마케팅	김희숙 김상만 이원주

펴낸곳 (주)글항아리 | 출판등록 2009년 1월 19일 제406-2009-000002호

주소 413-756 경기도 파주시 문발동 파주출판도시 513-8
전자우편 bookpot@hanmail.net
전화번호 031-955-8891(마케팅) 031-955-2670(편집부)
팩스 031-955-2557

ISBN 978-89-6735-025-3 03400

글항아리는 (주)문학동네의 계열사입니다.

이 도서의 국립중앙도서관 출판시도서목록(CIP)은 e-CIP홈페이지(http://www.nl.go.kr/ecip)와
국가자료공동목록시스템(http://www.nl.go.kr/kolisnet)에서 이용하실 수 있습니다.
(CIP제어번호 : CIP2012004605)